编委会

中国开发区
建设与发展

ZHONGGUO KAIFAQU

JIANSHE YU FAZHAN

梁盛平 张召堂 ◎ 主编

人民出版社

目　　录

序　言

　　开发区建设，是我国改革开放中的创新探索和成功实践。开发区承担着国家创新驱动战略任务和创新发展的使命，在促进体制机制改革、改善投资环境、引导产业集聚、推动自主创新、发展开放型经济等方面发挥了不可替代的重要作用，为我国走出一条具有中国特色的发展国民经济新路子、增强国家综合实力和国际竞争力作出了重大的贡献。

　　党的十八大以来，在应对世界百年未有之大变局新形势新挑战中，我国各类开发区贯彻新发展理念、促进高质量发展，进一步发挥先行先试、示范引领和辐射带动的作用，奋力在社会主义现代化新征程中走在前列、做出表率，为新发展阶段、构建新发展格局、建设高水平开放经济、促进国民经济稳定持续健康发展，建立了新功，取得了举世瞩目的新成就。

　　目前，全国的国家级开发区已达600多家，省级开发区2000多家，各类开发区的经济总量，已经拥有全国经济的半壁江山。从某种意义上说，开发区建设和发展，提升了中国在世界经济舞台上的大国地位，为发展中国家经济发展探索出了一条新的发展路径和建设模式。开发区由对内改革的"试验田"变成为"高产田"，由对外开放的重要窗口变成为主要阵地。"先行先试变成了示范引领，探索创新成为了创新引领"。各类开发区已经成为我国建设现代化经济体系的重要载体和依托平台，为自主创新和经济发展都提

1

供了有力支撑。

　　历史成就不可低估，未来发展更加可期。在全面建设社会主义现代化国家的新征程中，我国开发区建设将进入新阶段，面临着新任务新使命新要求。各类开发区必须在产业转型升级、新动能培育转换、发展方式转变、科技自主创新、体制机制变革等方面作出更大的努力，关键要坚持以深化改革为强大动力、以提高开放水平为基本方向、以创新驱动为永恒主题，进一步把开发区建设成为新型工业化和新业态发展的引领区、优质营商环境的示范区、大众创业万众创新的集聚区、开放型经济和体制创新的先行区，为实现国家高质量发展、加快社会主义现代化建设步伐作出更大贡献。

魏礼群

原国务院研究室主任

2022 年 5 月 5 日

总论 新发展格局：
新时代中国开发区的新使命

　　面对当今世界百年未有之大变局，以习近平同志为核心的党中央提出"加快形成以国内大循环为主体、国内国际双循环相互促进的新发展格局"。中国开发区作为承担国家发展改革开放战略任务的重要载体，在体制机制改革、转变发展方式、优化产业结构、科技自主创新、增强国际竞争力等方面发挥了重要作用，走出了一条具有中国特色的发展和振兴国民经济的道路。截至 2021 年底，中国开发区的地区生产总值占全国国内生产总值（GDP） 50% 左右，共有 2689 个，在全球近 5400 个中位列第一，其中，国家级开发区 677 个，省级开发区 2012 个。党的十八大以来发展迅速，年均增速达 12% 左右。另外，中国已在 72 个国家或地区共建了 237 个海外开发区，其中"一带一路"沿线国家或地区共建了近 140 个。实践证明，党的十八大以来，中国七大地区和港澳台开发区无论是增速效应还是溢出效应总体表现较好[1]，尤其是长江经济带、粤港澳大湾区、山东河南组团、台中成为"双高"（高增长、高溢出）发展显著的区域。同时也发现开发区主要存在发展不均衡、新动能不足和南北开发区区域发展差距增大趋势。

---

[1]　郑智等：《经济技术开发区建设对中国经济格局的影响》，《经济地理》2019 年第 6 期。

到2035年未来经济还有年均8%的增长潜力①,人口增质还有累计40%以上的增长潜力。如何将潜力转化为现实生产力和化解当前"供给冲击、需求收缩、预期转弱"三重压力,中国开发区大有可为。新发展阶段,对开发区统筹评价,深入总结好新鲜经验,精准对标"供给、需求和预期"研判,立足新经济,从要素市场上更深入"先行先试",扩大混合用地和弹性用地,探索开发区之间编制、土地带规划、双碳指标、能耗指标、大数据等流通。发展新模式,以体制机制改革作为切入点,探索平台企业与开发区联合运营模式、跨越物理边界的虚拟开发区和产业集群挖掘新潜力,重点统筹国内和"一带一路"沿线市场,与发达地区共建开发区,推进走出去和引进来螺旋式相互提升。推动开发区从"考"到"导",编制国内开发区与国外开发区导则,设立针对性强的基金,及时复制自贸区、自贸港等经验。把中国开发区建设成为自主创新为主体、开放型经济为目标具有区域特色的综合型现代产业载体,坚持国内大循环为主体,奋力推动构建新发展格局的历史使命。

一、党的十八大以来中国开发区新发展

党的十八大以来,中国开发区建设发展效应显著,一方面体现在增速效应方面,主要集中于长江经济带区域,开发区建设在长江经济带经济发展中起到重要支撑作用,而西部的新疆、西藏以及甘肃省北部等区域,开发区增速高于当地经济增长速度,对当地经济仍然发挥着示范引领作用。另一方面体现在溢出效应方面,溢出效应高值开发区主要分布在长江经济带上游以及西南沿边区域,中部地区制造业发展坚挺,相比于西部地区有着更强的能力应对2014年以来全球贸易低迷的国际形势,对当地经济发挥着显著的溢出

---

① 林毅夫:《百年未有之大变局下的中国新发展格局与未来经济发展的展望》,《北京大学学报》2021年第5期。

作用，东部地区由于加速转型升级，溢出效应不很明显。

总的来讲，东部进入转型提质阶段，中部更依赖制造业，西部受益于产业转移和沿边贸易而增速明显，东北随着国家级开发区发力也进入启速阶段，华南随着经济特区等引领作用不断增强，台湾地区开发区成立较早，已经历了 3 次转型升级，形成较成熟的半导体产业供应链创新链。中国海外开发区逐渐构建起"一带、一路、一环"全球空间布局。中国开发区发展阶段发展类型丰富，具有较大的协同发展空间，对于构建新发展格局可以发挥关键"牛鼻子"牵引作用。

（一）中国开发区概况

党的十八大以来，中国开发区在七大地区和港澳台加速布局。据公开资料显示，截至 2021 年年底，中国开发区总数量 2689 个，其中，国家级开发区 677 个，省级开发区 2012 个，另外在国外设立的开发区 237 个。区域角度看，华东地区 762 个、华中地区 516 个、西南地区 349 家、华北地区 345 个、东北地区 252 个、西北地区 248 个、华南地区以 216 个、台湾地区 127 家。中国开发区按区域分为华北、华东、华南、华中、西北、西南、东北七大地区和港澳台地区。国家经开区、国家高新区、国家级新区、国家自创区、国家自贸区等国家级开发区发展迅速，年均增速达 12%。自我国首个自贸区上海自贸区于 2013 年成立以来，国务院批复成立新的国家自贸区达 21 个。截至 2021 年底，国家级新区自上海浦东新区成立以来，已成立 19 个，国家自创区自北京市中关村科技园首个批复以来，已批复了 21 个国家自主创新区，国家经开区增加到 230 个，国家高新区增加到 169 个，海关特殊监管区增加到 163 个，边境经济合作区增加到 19 个。这些国家级开发区在产业转型升级、大众创业、万众创新、发展新经济、培育新动能、引进外资等方面发挥重要的示范、辐射和引领作用。

中国开发区数量区域分布情况图

地区	省区市	国家级经开区	国家级高新区	海关特殊监管区	边/跨境合作区	国家级自贸区	国家级新区	国家级自创区	经济特区	其他国家级	省级开发区	加总	备注
	全国	230	169	163	19	21	19	21	7	28	2012	2689	
华北 (345)	北京	1	1	2	0	1	0	1	0	0	16	22	
	天津	6	1	5	0	1	1	1	0	0	21	36	
	河北	7	5	4	0	1	1	0	0	0	174	192	
	山西	4	2	1	0	0	0	0	0	0	25	32	
	内蒙古	3	3	3	2	0	0	0	0	1	51	63	
华东 (762)	山东	16	13	13	0	1	1	1	0	1	132	178	一家省级升级，三家撤销
	江苏	27	18	21	0	1	1	1	0	3	102	173	
	安徽	13	6	5	0	1	0	1	0	0	95	121	
	浙江	22	8	11	0	1	1	2	0	1	82	128	
	福建	10	7	7	0	1	1	1	1	6	66	100	
	上海	6	2	10	0	1	1	1	0	2	39	62	
华南 (216)	广东	7	14	16	0	1	1	2	3	2	95	141	
	广西	5	4	4	2	1	0	0	0	1	49	66	
	海南	1	1	3	0	1	0	0	1	1	1	9	
华中 (516)	湖北	9	12	5	0	1	0	1	0	0	79	107	
	湖南	10	8	5	0	1	1	1	0	0	109	135	
	河南	9	7	5	0	1	0	1	0	1	147	171	
	江西	10	9	4	0	0	1	1	0	0	78	103	
西北 (248)	宁夏	2	2	1	0	0	0	0	0	0	11	16	
	新疆	9	3	4	5	0	0	1	2	3	59	86	
	青海	2	1	1	0	0	0	0	0	0	12	16	
	陕西	5	7	7	0	1	1	1	0	0	40	62	
	甘肃	5	2	1	0	1	0	1	0	0	58	68	
西南 (349)	四川	8	8	6	0	1	1	1	0	0	116	141	
	云南	5	3	2	5	1	1	0	0	1	64	82	
	贵州	2	2	3	0	0	1	0	0	0	57	65	
	西藏	1	0	1	0	0	0	0	0	0	4	6	
	重庆	3	4	4	0	1	1	1	0	0	41	55	

续表

地区	省区市	国家级经开区	国家级高新区	海关特殊监管区	边/跨境合作区	国家级自贸区	国家级新区	国家级自创区	经济特区	其他国家级	省级开发区	加总	备注
东北 (252)	辽宁	9	8	5	1	1	1	1	0	4	65	95	
	吉林	5	5	2	2	0	1	0	0	0	49	64	
	黑龙江	8	3	2	2	1	1	0	0	1	75	93	
港澳台	香港	香港北部都会区				香港科技园							
	台湾	科学园区13家			出口加工区10家		入编产业园区62家		其他42家			127	暂没加总
	澳门												暂没统计

注：根据《中国开发区年鉴》、科技部官网、商务部官网等公开资料统计，截止到2021年。

（二）中国开发区空间布局

中国开发区主要位于国家级优先开发和重点开发区域，地处沿海通道、京沪通道、京港（台）通道、京哈—京港澳通道、呼南通道、京昆通道、包（银）海通道、兰（西）广通道等"八纵"通道和绥满通道、京兰通道、青银通道、陆桥通道、沿江通道、沪昆通道、厦渝通道、广昆通道等"八横"的国土开发主轴带以及5个国家级城市群、9个区域性城市群和6个地区性城市群。直接服务"一带一路"、京津冀协同发展、长江经济带、粤港澳大湾区等国家战略，具有较强的发展基础和发展潜力，是多种国家战略和专项先行先试平台的叠加区。19个国家级新区中的5个被赋予国家综合改革配套改革试验区，13个国家级新区叠加自由贸易试验区。在"一带一路"沿线建立的近140个各种类型、各种级别的海外开发区，主要位于中巴经济走廊、孟中缅印经济走廊、中新经济走廊、中蒙俄经济走廊、新亚欧大陆桥经济走廊等沿线国家和地区，已逐渐构建成沿"新丝绸之路经济带""21世纪海上丝绸之路"、环非洲海岸的"一带、一路、一环"全球空间布局。

（三）中国开发区管理体制

党的十八大以来，中国开发区管理体制日渐成熟，主要体现在四种典型的模式：派出机构模式、区政统筹模式、企业管理模式、法定授权模式。一是派出机构（管委会）模式。其主要特征：组织架构方面，开发区管委会作为上级市政府的派出机构，并代表该级政府行使职权，管委会内部设立若干机构，但并不与上级政府机构一一对应。人事管理方面，开发区管委会领导班子实行任免制，领导班子成员由上级党委政府任免，主要领导一般高配（行政级别）。财政核算方面，国家级开发区设立独立财政，编制和实施预决算（报经相应人大或常委会批准）。比如，天津开发区、苏州工业园区等。二是区政统筹模式。开发区管委会与所在地的区（政府）交叉融合统筹运作的一种模式。其主要特征有：组织架构方面，管委会和区委区政府部分领导兼职，下设职能部门统一使用，可以挂两块牌子，开发区侧重于开发建设，区（或地方）政府侧重于社会管理。但是，职能辐射或覆盖的范围一般都打破两者的区域界限。组织人事方面，干部统一管理使用，选用制和任免制同时存在。财政核算方面，开发区和区政府两个财政独立设账，统筹使用。比如，宁波开发区、广州开发区等。三是企业管理模式。其特征有：组织架构和人事管理按企业体系执行，个别开发区采用政企联合（或一段时间内）的模式，配有部分行政事业人员。开发公司除了负责基础设施建设外，还承担项目规划、项目环保、外资入区和高新技术企业认定等审批事项的初审权。财务核算按企业标准执行，部分开发区通过土地一次性转让或税收部分返回（或转移支付）享有开发性收益。比如，上海漕河泾开发区等。四是法定授权机构管理模式。如前海深港现代服务业合作区就是实行法定授权机构的管理模式。另外，横琴粤澳深度合作区实行"双主任制"属于国内开发区机制建设的首创，实现粤澳共属共建共管共享，意义重大。

（四）中国开发区建设与区域发展

党的十八大以来，中国开发区的建设和发展取得了显著成就。在经济发展、对外开放、技术自主创新、体制机制改革等方面都取得了明显成绩，成为中国经济最有活力、最具潜力的经济增长极，建成了比较完善的投资环境，开发区经济取得高速增长，开发区产业效益处于较高水平，成为中国对外开放先导区，在体制机制改革方面积极探索取得了许多成果，在国际上产生了重要影响。比如，国家级自贸区开创、国家级新区加速设立、国家自创区快速推进等。

国家经开区实现地区生产总值自 2013 年的 6.91 万亿元增长至 2020 年的 11.6 万亿元，同比增长 6.4%，增幅高于同期全国平均水平（2.3%）4.1 个百分点，占同期国内生产总值比重为 11.5%。2013—2020 年国家经开区实现地区生产总值年复合增长率为 7.68%，截至 2020 年底，国家经开区实现地区生产总值占我国 GDP 的 11.42%。2020 年，国家经开区实际使用外资和外商投资企业再投资金额 611 亿美元，同比增长 14.85%，实现财政收入 2.1 万亿元，同比增长 2.8%，占全国财政收入比重为 11.7%。税收收入 1.9 万亿元，同比增长 2.3%，占全国税收收入比重为 12.4%。其中，东部地区实现财政收入 1.5 万亿元，中部地区实现财政收入 0.38 万亿元，西部地区实现财政收入 0.25 万亿元。2020 年，实现进出口总额为 6.7 万亿元，同比增长 4.8%，占全国进出口总额比重为 20.8%，其中，东部实现进出口总额 48462 亿元，占比 72.33%；中部实现进出口总额 4842 亿元，占比 7.23%。

国家高新区数量快速增长，2018—2019 年，全国国家高新区数量达 169 个。同时，2013—2019 年期间，全国国家高新区入园企业数量加快增长，特别是 2016 年以后，入园企业数量同比增速均在 10% 以上，主要因"十三五"期间我国经济产业结构调整、战略性新兴产业得以发展等因素的影响，2019 年，国家高新区的入园企业数量达 14.11 万个。从营业收入来看，2019 年综合排名前六的国家高新区中，共有 4 家园区的营收规模在万亿元以上。其中，北京中关村科技园实现的营业收入最多，达 6.65 万亿元，这也促成了北京市成为全国国家高新区中实现营收最高的省市。营收排名第二的是上海张江高科技园区,共实现营收约 2.52 万亿元。

国家级新区建设发展取得了显著成效。截止到 2021 年底,地区生产总值约 4.6 万亿元,以占全国约 0.2% 的土地面积,承载约 4.5% 的地区生产总值,对区域经济发展发挥了较强拉动作用,将在构建新发展格局中发挥更大作用。例如,2020 年,浦东新区地区生产总值、规模以上工业总产值双双超过 1 万亿元,财政总收入超过 4000 亿元,高居国家级新区榜首;两江新区和江北新区直管区的经济增速同比增长分别为 16.4%、13.1%,大幅高于所在城市的 6.3% 和 8.0% 的增速。贵安新区、西咸新区、天府新区等西部新区均保持 10% 以上的快速增长。中部的赣江新区建立省级国家级 R&D 平台 50 余个,引进院士等国家级领军人才 30 余人,国家绿色金融改革创新试验区建设成效明显,以赣江新区为主战场的江西绿色金融排名全国第 4 位。

国家自贸区创立发展迅速、发展和改革创新成效显著。截止到 2021 年底,批复设立 21 个国家自贸区。2019 年,18 个自贸区落地外资企业 6242 个,利用外资 1436 亿元,占全国比重超过 15%。2020 年 1 月至 5 月,全国 18 个自贸试验区实际使用外资 602.5 亿元,以不到全国千分之四的国土面积,占到了全国 17% 的外商投资。在疫情防疫的特殊形势下,前四批 12 个自贸试验区实际使用外资 518.7 亿元,同比增长 18.4%。2013—2019 年,国家自贸区累计有 260 项制度创新成果向全国复制推广,包括六批集中复制推广 143 项改革经验,覆盖投资管理、贸易便利化、服务业开放、金融创新、事中事后监管、人力资源改革等多个领域。国家自贸区试点经验集中复制推广实现常态化每年集中复制推广一批经验。各部委自行复制推广 74 项改革经验。商务部形成三批共 43 个"最佳实践案例"。自贸区在制度创新方面的试点先行作用进一步突出。

国家自创区建设效果明显。国家自创区建设,不仅加快推进创新体系建设和高新技术产业发展,还在推动区域自主创新、调整经济结构、转变发展方式、实现经济增长等方面发挥示范引领作用,有力促进了创新型国家建设，全面服务了国家发展大局，促进了区域协调发展，支撑了双循环新发展格局构建。其出口额、就业带动、科技自主创新等方面都较过去有了很大的进步。21个国家自创区已经拥有了大批科技孵化基地、众创空间、大学科技园。截至2020年，中关村拥有几千家双创服务机构、2个日孵化创新项目、98%的示范区科技孵化项目，深圳有近2000个重点实验室，上海拥有近1000家跨国公司研发机构，深圳和广州共孵化了6000多家挂牌企业，珠三角地区拥有近10000家孵化企业获得近5000亿元管理资本。

"一带一路"沿线中国开发区在2013年"一带一路"倡议提出以来，海外开发区在沿线国家进入了快速发展阶段。截至2021年底，中国共有海外开发区237个，其中加工制造型开发区113个，农业生产型开发区40个，商贸物流型开发区39个，资源利用型开发区26个，科技研发型开发区19个。而在"一带一路"沿线就达到近140个。中国开发区的发展在亚洲、欧洲、非洲、大洋洲、北美洲以及南美洲等6大洲均有分布，构建起多向联系，基本上打造了中国对外开放的新高地，成为"一带一路"愿景与行动的重要平台，空间布局形态和空间集聚性得到加强，逐渐构成沿"新丝绸之路经济带""21世纪海上丝绸之路"，以及环非洲海岸的"一带、一路、一环"全球空间布局。如今，"一带一路"沿线国家和地区的开发区已成为全球最重要的外资流入地，以及仅次于欧盟的全球第二大贸易板块，对全球经济的影响力进一步提升。海外开发区为中国企业走出国门、发挥国际比较优势提供了产业转移载体和便利、通过技术转移实现本土产业和技术升级，并且还可以倒逼国内开发区转型升级发展，促进构建国内国际新发展格局。

七大地区与港澳台开发区各具特色。截至2021年底，华北地区开发区数量增加了83个，吸引高端人才回流，工商注册企业数增加7倍，新增了国家级自贸区和边/跨境合作区，营商环境除了北京居全国之首外，其他均低于全国平均水平，北京一枝独秀，区域溢出效应不明显，地区发展不均衡问题明显。东北地区截至2021年底，开发区数量252个，其中国家级开发区 63 个，省级开发区 189 个，以 0.74% 的土地、16.7% 的人口贡献了 38.8% 的地区生产总值，国家级开发区年均增 2.6 家，省级开发区年均增 4 个，存在三省增长差异较大，辽宁省占比超过 52%，国家级开发区引领作用明显。截至 2021 年底，西北地区开发区数量总共有 248 个，其中，经济特区 2 个，国家级经开区 23 个，省级开发区 180 个，输出技术成交金额为超 2000 亿元，从业人员为近 140 万人，开发区种类较为单一，国家级自贸区仅 1 个，边 / 跨境合作区仅 5 个，在对外贸易方面的引领作用不明显。华东地区主要由上海市、浙江省、江苏省、安徽省、山东省、福建省组成。截至 2021 年底，开发区数量总共有 762 个，其中，国家级开发区 245 个，省级开发区 517 个。江浙沪是中国经济规模最大、最具活力的地区。高新区和经开区人均产出效率差别较为显著。产业发展以上海为龙头不断向周边延展，传统产业向新兴产业过渡。营商环境评价很高，上海是标杆类。截至 2021 年底，华中地区开发区共计 516 个，数量在全国七大区域中位居第二，制造业是主力军，高于地方经济增长速度，溢出效应明显，电子产业在承接沿海产业转移方面发展迅速，开发区空间密度高，有外延扩张向存量提升。截至 2021 年，华南地区开发区数量总计 216 个，经济特区 4 个，生产总值超过三省地区生产总值 55%，电子信息产业占比超 30%，产业数字化和智能化发展趋势明显，自贸区龙头作用日渐凸显，批复以来实际利用外资年均增长 30%，同时，地区省际和东西区域间发展不均衡问题突出。截至 2021 年底，西南地区开发区共计 349 个，总面积约 23 万公顷，占西南地区国土总面积约 0.1%，实现总产值约 6 万亿元，约占地西南地区生产总值的 50.9%，贵州、重庆和西藏地区生产总值增速连续多年位居全国前三名。香港特别行政区和台湾地区各类型开发区先行作用显著，截至 2021 年底，台湾各类工业区共有 127 个，入园企业数量近万个，自 20 世纪 60 年代以来已经过 3 次较大的转型升级，集成电路建成了上中下游全产业链，对世界产业影响较大。香港北部都会区和香港科技园建设稳步推进，已成为推动香港人工智能、生物医学、数据和智慧城市以及金融科技、绿色科技、信息交流科技等多个领域跨界发展的枢纽。"一带一路"沿线中国开发区快速发展，截至 2021 年底，中国海外开发区共 237 个，在"一带一路"沿线就达近 140 个，成为"一带一路"愿景与行动的重要平台，逐渐构成沿"新丝绸之路经济带""21 世纪海上丝绸之路"，以及环非洲海岸的"一带、一路、一环"全球空间布局。

二、中国开发区新形势新挑战

中国依托未来经济发展空间、市场规模、人才增质和后发优势，到 2035 年，中国 GDP 年均保持 8% 增长潜力。如何把增长潜力转换为现实生产力，还面临国内外形势和开发区本身转型升级等严峻挑战。

(一)国际国内"百年未有之大变局"形势与挑战

1900 年，攻打北京的八国联军 GDP 总量按照购买力平价计算是全世界的 50.4%，到 2018 年，比重下降到 34.7%[①]，失去了主导世界政治经济格局的能力，被"二十国集团"取代。GDP 按购买力平价计算，中国在 2014 年超过美国，成为世界第一大经济体，现在是世界第一大贸易国，是全球 120 多个国家最大的贸易伙伴。为此，美国为霸权而发起与中国的贸易战、科技战等，给全世界带来很多挑战和不确定，"百年未有之大变局"因此而起。据预测到 2050 年，当中国人均 GDP 达到美国一半，中国经济总量是美国的两倍，美国将不再有科技优势，可以卡中国脖子的领域基本没有了，中美之间的关系可能会趋向缓和，并且美国会为了自己的就业、发展和繁荣，需要和中国维持良好的经济和贸易关系。"百年未有之大变局"起因于新兴市场经济体的崛起，尤其是中国的快速发展，一个新的、稳定的格局也将由于中国的进一步发展而出现。

---

① 林毅夫：《中国经济的世界意义与世界表达》，《中华工商时报》2021 年 7 月 22 日。

近期来讲，主要面临"供给冲击、需求收缩、预期转弱"三重压力，主要原因：一是国际格局重构。国际力量对比发生深刻变化，尤其是 2022 年发生的俄乌冲突事件影响巨大，世界经济格局面临重构。二是国际市场增长疲软。中美经贸摩擦具有长期性和复杂性，全球经济和贸易增长疲软态势仍然存在。三是国际投资贸易"双重挤压"。开发区面临高端回流、低端分流的"双重挤压"。四是中国经济"三期叠加"压力。增长速度换挡期、结构调整阵痛期、前期刺激政策消化期"三期叠加"影响持续深化，宏观经济下行压力加大，但总的趋势平稳向好。

（二）中国开发区制度在更深层次改革创新不多

中国开发区发展最重要的是体现"新"字，尤其是要打破惯性思维，不断改革，打破小利益的"金箍圈"，理顺机制，按照小政府大社会的要求，立足不同发展阶段和自身特点构建各具特色和高效运转的行政架构，坚持为人民服务，打造便捷开放的服务平台，强化政府统筹和引导职能，盯住加快发展和民生保障不动摇，出新招、出实招，通过发展解决阶段性矛盾。

机制改革缓慢、不深入，主要体现在：一方面是所设机构不断增多，人员不断增加，形成既不同于传统行政区的机构，也不同于大部门扁平化的高效机构，出现不规范的所谓创新机构，对于政务通达高效有较大阻碍；另一方面是激励机制不健全，甚至缺少激励机制。开发区刚建立时可以靠激情工作，但是要可持续发展就要有合理的激励机制，否则将出现懒政怠政，回到不断加人加机构的老路子。

（三）中国开发区特色优势产业不明显，产业创新力整体表现还不强

中国开发区实体经济、科技创新、现代金融与人力资源协同发展的现代产业体系尚未健全，区域产业结构不合理，特色优势产业还有待培植。大部分开发区产业结构仍然以第二产业为主，第三产业对经济增长的贡献率不高。高耗能、产能过剩、同质化竞争依然困扰开发区的发展。创新是

国家赋予开发区发展的重要使命，然而大多数开发区还没有找到自主创新的有效路径，存在偏重向国家要政策的倾向，自主创新的环境需要进一步优化。

有的开发区把创新驱动流于表面形式，影响新旧动能转换，尤其是高新技术研发和转化能力不足严重制约发展后劲和整体竞争力。开发区要充分发挥自身平台，从优质特色产业切入，结合大数据智慧分析，找准基点，努力破解产业创新驱动发展的难题，不断完善产业链、增强创新链，积极探索新路子，形成自身核心竞争力。

（四）中国开发区深入"无人区"探索不够

中国开发区作为综合性改革创新平台，在面对深刻变化的国内外环境以及改革开放深入到"无人区"时，更应该挺身而出，勇立开放创新潮头，积极探索发展经验，闯出一条新路子。但在具体实践中，不敢真正深入"无人区"，即使进入"无人区"也不敢有所作为。

此外，开发区在具体落实时存在打折扣的现象，没有能够真正探索出有价值的实践路径。试错探索不够，管理者求稳怕担风险，怕影响政绩。

三、中国开发区新发展格局

构架新发展格局与中国开发区建设的关系是什么？中国开发区如何推动构建新发展格局？无疑是值得认真思考的理论和现实问题。

（一）建设中国开发区和构建新发展格局具有相同的基本内涵

中国的"以国内大循环为主体"以及参与的国际循环要从过去中低质量迈向新发展阶段的高质量。这就要求中国更加重视国内大循环效率和水平，改善我国生产要素质量和配置水平，增强科技不断自主创新，提升新动力，发展新模式，并且不断主动参与到国际大循环来，甚至引领某些产业、某些区域的国际大循环。建设中国开发区与构建新发展格局基本内涵是一致的，有利于提高"国内国际双循环相互促进"的高质量水平，对推动新发展格局的形成具有重要作用。

（二）推动区域协同发展夯实新发展格局大底盘

国家级开发区充分发挥区域创新的重要节点牵引作用，打破传统行政梗阻，进一步推进京津冀协同发展、长江经济带发展、粤港澳大湾区建设、长三角一体化发展、黄河流域生态保护和高质量发展等国家战略区域发展实施。推动东部开发区按照市场导向原则，加强与中西部开发区对口合作和交流，促进要素商场发展。探索异地孵化、飞地经济、伙伴开发区等多种合作机制，打通国内开发区主体循环的区域协同堵点，实现共建共链共赢的协同效果，夯实国内区域协同新发展格局的大底盘，加快释放出国内超大市场规模的潜力。

（三）促进构筑国内大循环产业链供应链关键点

鼓励以国家级开发区为主体整合或托管区位相邻、产业互补的省级开发区等，打造更多集中连片、协同互补、联合发展的创新共同体。支持符合条件的地区依托国家级开发区按相关规定程序申请设立综合保税区。支持国家级开发区跨区域配置创新要素，提升周边区域市场主体活力，深化区域经济和科技一体化发展。鼓励有条件的地方整合国家级开发区资源，打造新的自由贸易区，总结海南自由贸易港经验，在更高层次探索创新驱动发展新路径。夯实产业链，建设互补完善的供应链。

（四）加快设立支柱国别海外开发区域创新中心

面向未来发展和国际市场竞争，在符合国际规则和通行惯例的前提下，支持中国开发区在支柱国别通过共建海外创新中心、海外创业基地和国际合作开发区等方式建设区域开发中心，加强与国际创新产业高地联动发展，加快引进集聚国际高端创新资源，深度融合国际产业链、供应链、价值链。推进有实力的中国开发区内企业"走出去"，参与国际标准和规则制定，拓展新兴市场。鼓励中国开发区开展多种形式的国际开发区合作，支持中国开发区与"一带一路"沿线国家开展人才交流、技术交流和跨境协作。截至 2021 年底，中国已在 72 个国家或地区建设了 237 个海外开发区，其中近 140 个位于"一带一路"沿线国家或地区，占比达到 69%。

四、中国开发区新使命

中国的经济发展既决定于中国未来发展的增长潜力，也决定于挖掘这个潜力的关键抓手。实践证明，中国开发区就是中国经济发展的关键抓手。

（一）国家现代化的新阶段

中国开发区从产业开发起步到产业集聚进而走向产城融合，既是中国开发区自身发展过程的真实写照，更是中国开发区在国家现代化进程中的新的历史定位。中国开发区是中国改革开放取得巨大成功的真实写照和最佳形象代言人，其蕴含的经验弥足珍贵。中国开发区是中国影响力和软实力的金字招牌，尤其是在"一带一路"的对外开放当中将会发挥重要的示范作用。中国开发区是中国国家现代化发展的重要载体，尤其是发展中国家希望在较短时间内赶上现代化步伐的有效形式。而产业现代化是中国开发区的目标，是创新发展的内生动力，更是国家现代化的重要组成部分之一。实践证明，中国开发区是成功的发展战略，也是成功的发展模式，对发展中国家实现国家现代化尤其具有重大启发作用。

（二）高质量发展的新要求

中国经济已由高速增长阶段转向高质量发展阶段。自党的十八大以来，世界已发生了巨大变化，贸易保护、逆全球化、民粹主义兴起，外部环境不容乐观。同时，全世界新一轮科技和产业革命如火如荼，各国都在竞争创新制高点，新的经济发展周期成为现实。中国开发区应化压力为动力，直面挑战，迎难而上，勇担起高质量发展历史使命，深化改革体制机制、打造经济发展新引擎、扩大区域高水平开放、创新转型升级新路径、探索协调发展新模式、面向全球配置资源、建设生态栖居地等。

（三）新发展格局的新使命

今后二十年是推进新发展格局的关键时期。加快形成以国内大循环为主体、国内国际双循环相互促进的新发展格局，是党中央立足于世界正经历百年未有之大变局，面对中国经济转向高质量发展阶段出现的矛盾和问题，结合自身优势和特点，综合作出的强国战略。中国开发区要以国内大循环为主体，意味着着力打通国内各开发区生产、分配、流通、消费的各个环节，发挥中国超大规模市场优势，首先以满足国内需求作为经济发展的出发点和落脚点，同时坚持国内国际双循环相互促进，强调以国内经济循环为主不意味着关门封闭，而是通过发挥内需潜力，使国内市场和国际市场更好地联通、促进，建设中国驱动的循环主场。

五、中国开发区思考建议

中国开发区要把握"百年未有之大变局"带来的机遇，发挥后发者优势，加速双碳目标转变为生产力，聚焦新经济，把中国未来经济发展潜力转化为现实竞争力，为中华民族伟大复兴发挥中国开发区战斗堡垒作用。

（一）抓住新机遇，持续同频共振与时俱进

一是科技革命的机遇。新一轮世界科技革命孕育兴起，一些重要科学问题和关键核心技术呈现革命性突破先兆，脑科学、量子计算和材料基因组等前沿科技领域展现重大应用前景，多学科、多技术和多领域交叉融合创新趋势更加明显，尤其是信息技术、生物技术和材料科学等不同领域的新技术相互渗透、互为支撑，跨学科创新成果、颠覆性技术层出不穷，全球科技创业浪潮已从互联网、移动互联网进入到"硬科技"阶段，人工智能、新能源技术、新材料技术、基因技术、空间技术等成为科技创新最前沿。二是产业变革的机遇。新技术突破加速带动产业变革，对世界经济结构和竞争格局产生了重大影响，全球领先经济体纷纷实施创新发展战略或新经济培育计划，新产业、新业态、新技术和新模式不断涌现，跨界融合、

平台化、生态化成为未来产业发展的重要特征，世界经济正由工业经济进入新经济发展时期，人工智能、区块链、5G、量子通信、基因生命工程等成为全球新一轮产业竞争的制高点与经济发展的新增长点。三是新时代开放发展的机遇。中国特色社会主义进入新时代，中国开启了全面建设社会主义现代化国家的新征程，迎来了开放发展新机遇。四是中国超大规模市场优势的机遇。超大规模市场优势重新定义中国投资吸引力，有利于将外资群体转化为中国全球创新生态体系中新的力量。当前，主要依靠低成本生产要素的传统产业规模扩张模式已难以为继。新的产业升级和高质量发展则主要依靠在超大规模国家基础上形成的超大规模市场，超大规模市场具有拉动现代经济增长、促进专业化分工、虹吸生产要素和资源等基本功能和作用，可与飞速发展的信息技术、网络技术结合，成为推动重大技术进步和结构变迁的主要力量。

（二）聚焦"卡脖子"技术，持续提升产业创新能力

中国开发区要打造若干竞争力强的创新平台，瞄准国际前沿技术加强攻关，尤其要聚焦元宇宙、新能源、新材料、生物医药、新兴信息技术、绿色动能等"卡脖子"技术不断提升创新能力，勇于在创新"无人区"有所作为。完善创新激励和成果保护机制，打造一批拥有知名品牌和核心知识产权的特色优势企业。积极吸纳和集聚数据、人才等创新要素，大力推进人工智能发展。不断完善特色优势产业链，增加研发投入强度。

在填补产业链关键环节、强化产业链、培育新兴产业链主导优势上开拓创新，着力打造能力更强、创新更活跃的区域经济引擎。围绕产业链部署创新链，推动创新链高效服务产业链；围绕创新链布局产业链，实现创新成果快速转移转化并推动产业结构优化升级。对接国际标准，遵循市场化原则，科学培育并紧密围绕主导产业，突破一批关键核心技术，培育新业态新模式，促进新旧动能顺畅转换，做实做强做优实体经济。在产业布局和具体实施过程中，创新链与产业链互为支撑，以实现科技与实体经济深度融合，重

大科技专项和大众创业、万众创新相互推动。同时，应注重产业间纵向和横向的互动关系，构建紧密的区域经济循环链，辐射周边地区的高质量发展。深度参与全球产业分工，在更深层次、更宽领域以更大力度推进全方位高水平开发。

（三）深化机制改革，持续释放效率红利

中国开发区要扎实推进"刀刃向内"改革，精细分类、精准施策、动态统筹，聚焦机制改革，不断完善新机制，优化管理运营机制。运用数字化新平台，实施"规建运管"扁平化闭合措施，探索虚拟共享平台。坚持大部门制、扁平化发展，定期评估评效，确保机制高效，持续提升服务水平，持续释放效率红利。

要赋予国家级开发区相应的对应级别经济社会管理权限，不断下放部分省级经济管理权限，持续夯实开发区作为改革"桥头堡"的机制基础，提升政务服务能力，开展体现开发区特点的营商环境评价，打造一流营商环境，在深化"放管服"改革方面走在前列，建设小政府大社会，真正建成高效的服务型政府。开发区各级部门应着力构建改革容错机制，鼓励大胆试、大胆闯，避免让先行先试者独自承担"试错"成本，加快形成改革举措前后呼应、互相配合、上下互动的良性格局。不断提升高素质人才在开发区管理团队中的配置，提升区域政策制定的前瞻性、科学性和合理性。不断厘清政治、经济、科技各职能部门定位，重视科技职能部门在开发区机构中的核心作用，使创新驱动发展真正落到实处。

（四）提升产业化能力，持续彰显特色和综合发展成效

中国开发区要着重根据自身发展实际和区域定位增强特色产业化承载能力，推动产业补链强链延链，发挥区域辐射带动作用，协调并集约节约利用资源，推进体制机制创新，努力探索新途径、创造新模式、形成新示范，为建设中国特色社会主义科技产业化发展贡献新智慧和新方案，探索虚拟开发区、云上开发区等。

要从高效公共服务、新型基础设施建设等方面着手，不断增强开发区产业化承载能力。既要着力满足群众生产生活需要，更要为企业创造良好发展环境和发展条件，提升开发区产业和人口集聚能力。要加大工作力度，完善开发区新型基础设施和公共服务设施，促进开发区内各类基础设施互联互通，加快推进开发区对外联系的跨区域重大基础设施建设。改善开发区物流基础设施，完善交通运输网络，降低物流成本。率先建设包括 5G 网络、新能源汽车充电桩、大数据中心、人工智能、工业互联网等新型基础设施。推进地下综合管廊试点，合理布局教育、医疗、文化、旅游、体育等公共服务设施，适当提高建设标准。维护公平的市场竞争环境，发挥市场在资源配置中的决定性作用。在制定税收、财政、产业等方面政策时，要严格执行国家政策，避免造成非良性竞争。把生态环境质量逐年改善作为开发区发展的约束性要求，严把开发区环境准入条件，严格生态空间用途管制，统筹处理好经济发展和生态建设的关系。

（五）加快沿"一带一路"走出去，螺旋提升循环经济质量

"十四五"时期是中国由全面建成小康社会向基本实现社会主义现代化迈进的关键时期，当代世界和当代中国都发生了深刻而重大的变化，中国与世界的关系也发生了根本性变化。"一带一路"有效促进了国际贸易和投资发展、全球经济治理拓展完善、各国民生福祉提升，助力人类命运共同体建设，中国前所未有地走近世界舞台的中心，为改革开放发展带来了新的空间和朋友圈伙伴。

中国开发区重新再出发，练好国内为主体的大循环内功，打破传统行政梗阻，从要素角度统筹好国内开发区之间差异化市场，再向更深层次改革开放要生产力，同时加快"一带一路"沿线开发区统筹规划，培养"一带一路"区域节点市场，以点带线，以线带面，坚持"点线面"多层级布局，夯实"一带一路"沿线开发区软硬件建设，重点建设支柱国别开发区区域创新中心，倒逼反向推进国内区域开发区转型升级，统筹走出去和引进来，通过

要素市场螺旋式流通达到不断提升经济规模，不断推进中国开发区高质量发展。

（六）聚焦数字经济，引领高质量发展

数字经济发展速度之快，辐射范围之广、影响程度之深前所未有，正在成为重组全球要素资源、重塑全球经济结构、改变全球竞争格局的关键力量。 中国开发区发展到现在，最大的变量就是数字经济的迅速发展，给我们带来颠覆式认知，其原因是数字经济的底层逻辑发生了根本的改变。数字经济成为未来发展的增长引擎，云和 SaaS 产业的发展建设节奏，将深刻影响产业智能化升级转型的进程。数字经济快速挑战现有市场、政策框架。开发区未来发展只能拥抱数字经济，聚焦数字经济，不断升级，持续支持形成创新技术应用的创新发展生态体系，包括人才、产业、市场、治理、监评等体系，开发区才能不断拥有更广泛和持久的竞争力，扎实推进高质量发展。

梁盛平

2022 年 9 月

国研大数据研究院 & 中关新园

第一章　华北地区开发区建设与发展

华北地区由北京市、天津市、河北省、山西省、内蒙古自治区五个省、直辖市、自治区组成，包括 2 个直辖市，2 个省，1 个自治区。截至 2021 年底，华北地区有开发区 345 家。其中，国家级开发区有 57 个，省级开发区 288 个。党的十八大以来，华北地区新增开发区 83 家，新增国家级新区、国家级自贸区、边 / 跨境合作区三种类型，布局更加合理。华北地区开发区基本定位是服务京津冀"首都经济圈"，河北省属于京津冀都市圈大发展直接受益省，山西、内蒙古属于京津冀辐射地区。华北地区开发区在传统产业转型升级、战略新兴产业引领带动、现代服务业创新发展、产业链供应链优化稳定等方面取得了一系列重大成就。为实现 2035 年绿色化、智能化、数字化、国际化、高端化、创新化远景目标，仍然需要在发展水平、空间布局、产业转型、创新发展、开放发展、绿色发展、体制改革、园区治理等方面持续改进，不断提高。

第一节　发展概况

华北地区开发区经历了探索起步、转型升级、改革创新的发展过程。党的十八大以来，取得了较大成就，一是规模不断壮大，开发区数量增加了 83 家，吸引高端人才回流，国家高新区工业产值增加近 30%，工商注册企业数增加 7 倍；二是开发区种类不断增多，新增了国家级自贸区和边 / 跨境合作区；三是高质量全面发展，开发区经济效率、社会效益和品牌效应不断提高。

一、规模

（一）开发区数量规模

华北地区有省级以上开发区 345 家。其中，北京市有 22 家，天津市有 36 家，河北省有 192 家，山西省有 32 家，内蒙古自治区有 63 家。在华北地区开发区中河北省数量较多，占比达到 56%（见图 1–1–1）。

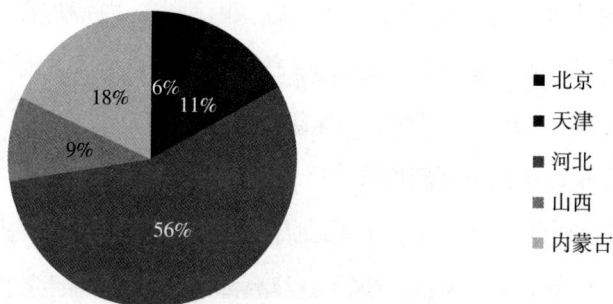

图 1–1–1　华北地区开发区数量比重

数据来源：根据统计年鉴、中国火炬统计年鉴、互联网资料等收集整理，截至 2021 年 12 月 31 日。

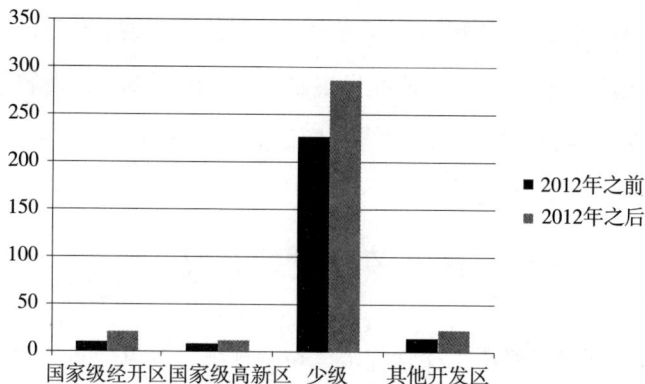

图 1–1–2　华北地区开发区十八大前后数量变化情况

数据来源：根据统计年鉴、中国火炬统计年鉴、互联网资料等收集整理，截至 2021 年 12 月 31 日。

2012—2021 年，华北地区国家级开发区数量由 32 家增加到 56 家，共增加了 24 家，平均每年增加 2.6 家。其中，国家级经开区增加 11 家，占国家级开发区增量的 45.8%。国家级高新区增加 4 家，其他国家级开发区增加了 9 家（见图 1–1–2）。

（二）开发区土地规模

华北地区省级以上开发区土地规划面积在 10000 公顷以上的有 36 家（见表 1–1–1）。

表 1-1-1　华北地区开发区规划面积统计（单位：公顷）

面积	0—5000	5000—10000	10000—
数量	280	29	36

数据来源：根据统计年鉴、中国火炬统计年鉴、互联网资料等收集整理，截至 2021 年 12 月 31 日。

在规划面积大于 10000 公顷的 36 家开发区中，有 18 家国家级经开区和高新区。其中，北京有 2 家，天津有 3 家，河北有 6 家，山西有 2 家，内蒙古有 5 家。

值得注意的是，开发区的面积大小并不能绝对地反映一个开发区的经济实力，如天津经济技术开发区，虽然规划面积不大，其地区总产值已经超过 2000 亿元，在全国经开区中综合排名第三。再加上一些保税区或高新技术产区，并不需要多大的土地规划面积就可以达到非常高的产值。

（三）开发区人口规模

近年来，华北开发区如雨后春笋般出现，开发区在人口增长特点、居民需求等方面与城市有很多不同之处。由于开发区管理模式遵循市场经济要求，相对于其他行政区域而言，制度束缚较小。开发区人口发展的一般规律是人口密度高，流动人口比例高，人口增长以机械增长为主，劳动年龄人口比重大，暂住人口比例高。人口就业经常处于变动之中，准确统计比较困难。

华北地区国家级新区与高新区共有 14 个，平均人口密度为 3925.83 人 /

平方公里。而我国平均人口密度仅为 148 人 / 平方公里，华北地区平均人口密度为 680 人 / 平方公里，其中，北京最高，为 1435 人 / 平方公里；内蒙古最低，仅为 21 人 / 平方公里。

（四）开发区就业规模

开发区作为中国最典型的区位导向性政策，一直以来是中央和地方政府促进经济增长和推动就业的重要载体。许多开发区利用国家提供的优惠政策，充分发挥企业空间相互临近带来的集聚经济效应，取得了高效的经济产出；同时，大规模的企业入驻也给本地区带来了大量新增就业岗位和劳动力需求，解决了就业难问题。例如，2016 年天津经济技术开发区创造新增就业岗位 5.6 万个，占天津全市新增就业总数的比例高达 13.2%。

华北地区共有 12 个国家级高新区，分别是北京中关村、天津滨海、石家庄高新技术产业开发区、唐山高新技术产业开发区、保定高新技术产业开发区、承德高新技术产业开发区、燕郊高新技术产业开发区、太原高新技术产业开发区、长治高新技术产业开发区、呼和浩特金山高新技术产业开发区、包头稀土高新技术产业开发区、鄂尔多斯高新技术产业开发区。2013—2019 年，华北地区高新区从业人员数量及学历呈现逐年增加的趋势（见表1-1-2），2013 年从业人员为 2789582 人，2019 年增加到 3812488 人，增加了 1022906 人，增速为 36.67%。留学归国人员增速达到 106.4%，大专以上从业人员增速达到 52.7%。这充分说明十八大以来，高新区吸引了大量就业和高端人才回流。

表 1-1-2 华北地区国家级高新区就业人员基本情况

	年末从业人员	留学归国人员	外籍常驻人员	大专以上
2013	2789582	24486	14485	1888831
2014	2944096	27736	11161	2023644
2015	3322070	33060	11907	2284245
2016	3474010	34659	10201	2434788

续表

	年末从业人员	留学归国人员	外籍常驻人员	大专以上
2017	3625338	37200	6931	2578550
2018	3664365	42151	6869	2689645
2019	3812488	50546	7084	2884814

资料来源：根据《中国火炬统计年鉴》（2014—2020）计算。

（五）开发区经济规模

1. 华北地区国家级高新区经济规模

华北地区 12 家国家级高新区 2019 年工业总产值达 21047.72 亿元，比 2013 年增加了 28.4%。企业规模及增速大幅度提升，其中，2019 年工商注册企业数、入驻企业数、高新技术企业数分别比 2013 年增长了 521968 个、13114 个和 12258 个，增速分别为 703%、61.34%、155.14%。

2. 华北地区国家级经济技术开发区经济规模

华北地区国家级经济技术开发区有 21 家，2019—2020 年地区总产值达 20591.28 亿元。

二、结构

（一）开发区类型结构

2000 年，国家级开发区只有 16 个，省级开发区有 59 个，没有国家级新区、国家级自贸区和边/跨境合作区。2021 年，华北地区共有 345 家开发区，其中国家级开发区有 58 个，省级开发区 287 个。国家级开发区包括国家级经开区 21 个，国家级高新区 12 个，海关特殊监管区 15 个，国家级新区 2 个，国家级自贸区 3 个，国家级自创区 2 个，边/跨境合作区 2 个，21 世纪以来，尤其是十八大以来，我国在开发区建设上取得了重大进步，布局更加合理。

（二）开发区分布结构

1.全部开发区省级分布

华北地区共有开发区345家，其中，国家级开发区58家，省级开发区287家。北京市有22家（国家级6家），天津市有36家（国家级15家），河北省有192家（国家级18家），山西省32家（国家级7家），内蒙古63家（国家级12家）。

2.开发区省会城市与非省会城市分布

华北地区345家开发区中，北京的22家和天津的36家位于直辖市，河北的192家中，24家位于省会石家庄，占比13%；山西省的32家中，6家位于省会太原，占比19%；内蒙古的63家中，7家在省会呼和浩特，占比11%。

3.不同类型开发区的省级分布

华北地区345家开发区中，国家级经开区有21个，其中北京市1个，天津市6个，河北省7个，山西省4个，内蒙古自治区3个。国家级高新区有12个，北京市1个，天津市1个，河北省5个，山西省2个，内蒙古自治区3个。海关特殊监管区有15个，北京市2个，天津市5个，河北省4个，山西省1个，内蒙古3个。国家级新区有2个，分别位于天津市和河北省。国家级自贸区有3个，分布于北京市、天津市和河北省。边境合作区有2个，全部位于内蒙古自治区。省级开发区有287个，北京市16个，天津市21个，河北省174个，山西省25个，内蒙古51个。

三、质量

（一）效率

华北地区12家高新技术开发区的平均每亩产值是169.61万元/亩，最高的前三位是保定高新技术产业开发区（600.62万元/亩）、石家庄高新技术产业开发区（490.25万元/亩）、中关村科技园区（340.84万元/亩）；平均人均 GDP 是 74.85 万元 / 人，而华北五省（市、区）的平均人均 GDP 是 8.75 万元 / 人；平均全员劳动生产率是 77.42 万元 / 人，最高的前三位是鄂尔多斯高新技术产业开发区（151.54 万元 / 人）、包头稀土高新技术产业开发区（111.44 万元 / 人）、承德高新技术产业开发区（101.14 万元 / 人）。

（二）效益

在经济效益方面，党的十八大以来，华北地区国家级高新区净利润、上缴税费、净资产、净资产收益率等均呈现增长态势，2013—2019 年平均增长率分别为 10.98%、10.10%、24.62%、7.62%。

在社会效益方面，华北地区国家级高新区 2013—2019 年提供的就业岗位不断增加，从业人员呈现出逐年增长的态势，从业人员从 2013 年的 278.96 万增加到 2019 年的 381.25 万，年平均增速达 6.11%，且这些就业人员大多数属于创业、科研助理等科技人员，学历普遍较高。2019 年北京中关村科技园区就业人数是 280.96 万人，"十四五"时期，北京经开区将新增就业 8 万人。

（三）品牌

1. 开发区品牌

（1）经济技术开发区

商务部 2018 年国家级经济技术开发区综合发展水平考核评价显示，华北地区综合排名进入前三十的有 5 家，产业基础排名前十的有 2 家，科技创新排名前十的有 3 家，利用外资前十的有 1 家，对外贸易前十的有 1 家。整体综合实力较强，特别是天津经济技术开发区，表现突出。

（2）高新技术开发区

科技部火炬高技术产业开发中心公布的 2020 年度国家高新区评价结果显示，华北地区 12 家高新技术企业中，北京中关村以绝对的实力排名第一，且中关村连续 30 多年来一直排名第一。中关村科技园（Zhongguancun Science Park），起源于 20 世纪 80 年代初的"中关村电子一条街"，是中国第一个国家级高新技术产业开发区、第一个国家自主创新示范区、第一个国家级人才特区，也是京津石高新技术产业带的核心园区。中关村科技园是我国体制机制创新的试验田，被誉为"中国硅谷"。内蒙古3家高新区位次明显提升。其中，呼和浩特金山高新区进位效果最为明显，排名升到第123位，较2019年晋升了10位；包头稀土高新区排名晋升5位，由2019年的第94位上升到第89位；鄂尔多斯高新区由2019年的第109位上升到第108位。高新区位次的提升，表明内蒙古实施"科技兴蒙"行动，推动国家级高新区"提质进位"工作取得了显著成效。

（3）国家授予荣誉的开发区

华北地区有国家级经济技术开发区和高新技术开发区33个。自从成立以来，特别是党的十八大以来，国家级经开区和高新区作为先进制造业集聚区和区域经济增长极，为我国改革开放和现代化建设作出了突出贡献，获得多项国家授予的荣誉称号。

2.企业品牌与商标品牌

华北地区有全球500强企业67家，占比13.4%；有中国500强企业133家，占比26.6%；有中国500强民营企业70家，占比14%；有全球500强知名品牌25家，占比5%；有中国500强知名品牌113家，占比22.6%；有中国地理标志品牌52家。

第二节　空间布局

华北地区开发区依托城市群构建了集聚集约、功能协调的整体布局，切实提高了经济发展质量和效益。秉持北京"科技创新"、天津"京津冀城市群和环渤海"，河北"雄安新区建设"，山西"绿色能源"和"对外开放新高地"，内蒙古"重要能源和战略资源两个基地"错位发展的新理念，呈现出以京津冀"首都经济圈"为主，呼包鄂城市群，关中平原城市群等相互协调为依托的多核心集聚的特征，形成了京津冀向山西、内蒙古辐射的产业承接与协同发展新格局。

一、整体布局

（一）布局概况

华北地区有省级以上开发区 345 家。按照数量多少依次是河北省有192 家，内蒙古自治区有 63 家，天津市有 36 家，山西省有 32 家，北京市有 22 家。

华北地区开发区区域布局主要分布在京津冀"首都经济圈"，包括北京市、天津市和河北省的保定、廊坊、唐山、石家庄、邯郸、秦皇岛、张家口、承德、沧州、邢台、衡水 11 个地级市以及定州和辛集 2 个省直管市，密度较高。山西、内蒙古属于京津冀辐射地区，产业承接与协同发展地位十分重要。

（二）布局特征

密度特征：开发区空间分布与城市群分布具有高度一致性，呈现以城市群为依托的多核心集聚特征，各级中心城市尤其是省会城市是开发区集聚的核心区。华北地区体现在京津冀城市群、呼包鄂城市群、关中平原城市群。按照开发区空间分布密度大小依次是天津 29.2 个 / 万平方公里、北京 12.8 个 / 万平方公里、河北省 10.1 个 / 万平方公里、山西省 2 个 / 万平方公里、内蒙古 0.05 个 / 万平方公里。

行政特征：按照行政区划来看，华北地区包括 2 个直辖市、2 个省、1个自治区。北京和天津直辖市的开发区全部属于省级以上，北京的国家级开发区占开发区总数的 27.39%，天津的国家级开发区占比高达 40% 以上；河北省属于京津冀都市圈大发展直接受益省，开发区数量众多，占到华北地区总数的 56% 以上。山西、内蒙古的开发区分布较为分散，尤其是内蒙古，由于地域广阔，需要统筹兼顾自治区内东、中、西部，全面布局。

　　经济特征：华北地区开发区主要经济特征是服务本地发展战略。华北地区五省（市、区）都明确了 2035 年发展战略定位。相对于 2020 年战略定位，北京强调了"科技创新"、天津强调了"京津冀城市群和环渤海"，河北强调了"雄安新区建设"，山西强调了"绿色能源"和"对外开放新高地"，内蒙古强调了"重要能源和战略资源两个基地"。因此，未来开发区产业布局将向这些方向发展，即北京高新技术、天津城市群产业、河北雄安新区规划、山西绿色能源产业与区域合作、内蒙古能源产业与战略资源。

二、经开区布局

　　华北地区有经济技术开发区 276 家，河北省数量最多。其中，国家级 21 个，省级 255 个，国家级最多的省份是河北省和天津市，省级数量最多的是河北省和内蒙古。

三、高新区布局

　　华北地区有高新技术开发区 44 家。其中，国家级 12 个，省级 32 个，国家级最多的省份是河北省和内蒙古，省级高新开发区只分布在河北省和内蒙古，山西省没有省级高新区。

四、其他开发区布局

　　华北地区有其他类型开发区 25 家，其中，北京 4 家，天津 8 家，河北 6 家，山西只有 1 家，内蒙古 6 家。海关特殊监管区有 15 家，河北最多，有 5 家；国家级新区 2 家，分别在天津和河北；国家级自创区 2 家，分别在北京和天津；国家级自贸区 3 家，分别在北京、天津、河北；边境合作区 2 家，均在内蒙古。

第三节 产业发展

一、产业布局

（一）空间布局

华北地区开发区在空间布局上可以分为两大块，分别是京津冀与蒙晋冀，前者是中国的"首都经济圈"，包括北京市、天津市和河北省的保定、廊坊、唐山、石家庄、邯郸、秦皇岛、张家口、承德、沧州、邢台、衡水11个地级市以及定州和辛集2个省直管市。后者是蒙晋冀，特别是蒙晋冀（乌大张）长城金三角合作区，是内蒙古乌兰察布市、山西大同市、河北张家口三地区域合作的统称。

1. 京津冀——疏解北京非首都功能、产业项目对接持续深化

产业园区是落实京津冀协同发展战略的重要载体、承接产业转移的主平台。利用京津冀协同发展战略深入实施的机遇，充分发挥经济技术开发区、高新技术产业开发区及特色产业园区等推动区域经济持续向好的支撑作用，可优化京津冀产业空间布局，带动津、冀两地产业转型升级和园区质量提升。

2. 蒙晋冀——承接与融入京津冀

蒙晋冀（乌大张）长城金三角合作区域集聚了丰富的自然资源，为整个华北地区开发区的发展，提供了充足的物质基础，并为蒙晋冀承接京津冀区域三次产业奠定了坚实的基础条件。蒙晋冀2016年达成《蒙晋冀（乌大张）长城金三角区域税收协同共建框架协议》、2017年签署《加强乌大张区域合作跨区域通办税收业务备忘录》、2020年签署了《蒙晋冀（乌大张）长城金三角合作区精品旅游线路合作协议》《推动交通运输发展战略合作协议》《新能源产业合作框架协议》等涵盖经济社会、医疗科技、文化旅游、公共安全、农牧林水的9项协议。

（二）重点产业布局

华北地区 345 家开发区共涉及 327 个产业类型，其中，涉及装备制造产业的开发区数量最多，为 127 家，占 37.24%；涉及新材料的开发区 51 家，占 14.96%；涉及食品的开发区 39 家，占 11.44%；涉及新能源的企业 30 家，占比 8.80%；涉及电子信息的 22 家，占比 6.45%。

二、传统产业转型升级

华北地区传统产业转型和升级的目标取向是绿色化、集群化、融合化、国际化、数字化、智能化、高端化、品牌化。

北京传统产业的重点领域是冶金、重化工。党的十八大以来，北京实行"一微克"行动、加强扬尘管控、定期通报 $PM_{2.5}$、TSP 排名情况等措施，取得了显著成效。第一，营商环境大幅改善，数字经济占比达 38%；第二，森林覆盖率达 44.4%，劣 V 类水体断面全面消除；第三，降尘量大幅降至 5.1 吨 / 平方公里；第四，污水处理率提高至 95%。

天津传统产业的重点领域是钢铁、冶金、石化。党的十八大以来，天津建立大气、水环境质量月排名通报制度，运用"互联网 +"技术，治理设施升级改造，出台了百亿级智能制造专项资金政策等措施，取得了显著成效。第一，完成 120 万户"散煤"取暖清洁化治理；第二，加快建设绿色港口，天津港停止"汽运煤"；第三，市级及以上工业园区污水集中处理设施实现全覆盖；第四，完成排污许可发证登记，基本实现固定污染源全覆盖。

河北传统产业的重点领域是钢铁、火电、水泥、焦化。党的十八大以来，河北通过实施"节、引、调、补、蓄、管"6 大行动，强力推动地下水超采治理工作落实，取得显著成效。第一，唐山高新区、雄安新区传统产业转型升级效果明显；第二，2019 年数字经济增加值占河北省 GDP 比重超30%，森林覆盖率从 31% 提高到 35%；第三，"十三五"以来，河北累计压减退出炼钢产能 8212 万吨、煤炭 5571 万吨、水泥 1194.9 万吨、平板玻璃

4999 万重量箱、焦炭 3144.4 万吨、火电 234 万千瓦。

山西传统产业的重点领域是煤、焦、冶、电。党的十八大以来，山西对燃气锅炉进行超低氮排放改造，扩大天然气、电能等清洁能源和可再生能源替代试点范围；依托山西的百度云计算（阳泉）中心，为人工智能、智能驾驶等重要业务提供服务，已成为助力 AI、成就未来的重要基石，取得显著成效。第一，煤炭先进产能占比达到 68%，关停煤电机组 425.6 万千瓦；第二，阳泉市累计造林 28 万亩，带动贫困人员 2767 人次，人均年收入超过 1.2 万元；第三，已建、在建数据中心约合服务器能力近 220 万台，高于全国平均水平 2 倍以上。

内蒙古传统产业的重点领域是新型化工、冶金、建材、农畜产品加工。党的十八大以来，内蒙古鄂托克经开区加强煤化工企业升级改造，鄂尔多斯高新区建云计算基地，呼和浩特敕勒川、和林格尔乳业开发区打造乳业大健康基地，取得显著成效。第一，累计完成"散乱污"企业治理 1969 家、工业窑炉整治 440 家、挥发性有机物综合治理 322 家；第二，全社会用电量的 18% 以上来自新能源；第三，新建 5G 基站 1 万余座，固定宽带和移动网络用户普及率分别达到 85.4%、97%，全区网络服务能力大幅提升。

三、战略性新兴产业发展

北京的战略新兴产业是集成电路、新能源智能汽车、医药健康、新材料；未来产业是量子信息、人工智能、工业互联网、卫星互联网、机器人。党的十八大以来，北京市建立"重点跟踪服务人才目录"，强化原创成果产出，增强自主创新能力。促进医药健康与人工智能、大数据技术融合，加快新兴业态的发展。

天津的战略新兴产业是新一代信息技术、装备制造、汽车制造、石油化工、新材料、现代冶金、轻工纺织、生物医药、新能源。党的十八大以来，天津对滨海新区战略性新兴产业集群建设给予重点支持，推动国家级战略性新兴产业发展基金优先在滨海新区设立子基金，取得显著成效。第一，培育了人工智能、网络安全、大数据、区块链、5G等一批新兴产业集群；第二，战略性新兴产业增加值占规模以上工业增加值比重达到26.1%。

河北的战略新兴产业是大数据与物联网、信息技术制造、人工智能与智能装备、生物医药健康、新能源与智能电网装备产业、新能源汽车与智能网联汽车产业、高端装备制造、新材料。党的十八大以来，河北省深入推进战略性新兴产业集群发展工程，加快省级以上战略性新兴产业示范基地建设，取得显著成效。第一，高新技术产业占规模以上工业增加值比重由2015年的16%提高到2020年的19.4%；第二，先进环保、氢能省级产业创新中心加快建设。

山西的战略新兴产业是信息技术应用创新、半导体、大数据融合创新、碳基新材料、光电、特种金属材料、先进轨道交通装备、智能网联新能源汽车、通用航空、现代医药。党的十八大以来，山西推动高端装备制造、新材料、数字产业、节能环保、现代物流等5个千亿级战略性新兴产业集群化、高端化、智能化发展，取得显著成效。第一，太原高新区聚力打造"2+9"战略性新兴产业集群；第二，"十三五"时期，山西省战略性新兴产业增加值年均增长7.8%，山西经济正加速从"一煤独大"向"八柱擎天"转变。

内蒙古的战略新兴产业是现代装备制造业、新材料、生物医药、节能环保、通用航空。党的十八大以来，内蒙古坚持市场引领，坚持创新驱动，推进"放管服"，取得显著成效。第一，2020年，规模以上工业战略性新兴产业增加值增长5.0%；第二，包头的装备制造业已形成6大门类、19小类的产业集群；第三，内蒙古机场集团运营管理乌拉特中旗、新巴尔虎右旗和镶黄旗三个通用机场。

四、现代服务业发展

北京的现代服务业重点领域是金融、科技、信息、文化创意、商务服务。党的十八大以来，北京推动服务业向专业化、高端化、标准化、品牌化发展。目标是，第一，到 2025 年北京现代服务业产业增加值占地区生产总值比重将达到 70% 左右，服务贸易规模超过 1.3 万亿元；第二，依托北京天竺综合保税区，推动国家文化出口基地建设，扩大海外文物回流、高端文化艺术品进出口贸易等文化贸易规模。

天津的现代服务业重点领域是商贸、金融、批发零售、房地产。党的十八大以来，天津拓宽金融领域开放，开展合格境外有限合伙人（QFLP）试点；天津经开区现已成为中国现代服务业增长最快的开发区之一。取得成果如下：第一，服务业成为全市新增市场主体的主力军和新动能的主要来源；第二，2020 年，服务业引进外资占天津市引进外资比重达到 87.5%；第三，天津诞生了我国飞机融资租赁第一单、船舶离岸租赁第一单。

河北的现代服务业重点领域是商贸、金融、批发零售、房地产。党的十八大以来，河北实施智慧物流、信息服务、金融服务、科技服务、电子商务、工业设计、文化创意、旅游休闲、健康养老等重点行业发展行动计划。目标和成绩如下：第一，大力发展旅游产业，推动建立京津冀大旅游格局，高标准建设环首都、环省会、沿海、燕山—太行山旅游产业带；第二，2019年服务业增加值占生产总值比重超过 50%。

山西的现代服务业重点领域是现代物流、科技服务、现代金融、信息服务、高端商务、节能环保、通航。从 2020 年起，对新增纳入统计部门"一套表"平台统计的服务业企业给予一次性奖励 10 万元。2020 年，山西省服务业增加值增长 2.1%，其中，信息传输、软件和信息技术服务业增加值增长 22.6%，金融业增长 6.8%，保险业增长 5.2%，房地产业增长 5.7%，均明显快于全省服务业增速。

内蒙古的现代服务业重点领域是商贸、金融、通信、物流、医疗、教育、旅游、餐饮。内蒙古大力整合各类资源推进服务体系建设，大学科技园、科技企业孵化器、留学人员创业园、社会组织和知识产权专业机构服务功能有效提升。取得成绩如下：第一，"十三五"期间，金融业增加值年均增长5.7%；第二，全区接待国内外游客年均增长13.9%，旅游业收入年均增长18.9%；第三，2020年，全区服务业增加值占地区生产总值比重达到48.8%，占据近"半壁江山"。

五、产业链供应链现代化

北京产业链供应链现代化的重点领域是集成电路、新型显示、生物医药、高端汽车、产业互联网、新能源汽车、机器人和增材制造、新能源与节能环保。党的十八大以来，北京狠抓"10+3"高精尖产业发展政策落地，通过"大数据征信＋担保增信＋股债联动＋不良资产处置"的方式为小微企业提供综合金融服务。在生物医药产业方面，北京经开区已培育出一些世界五百强的医药企业，也培育了一批中小创新型的生物医药企业，聚集了一批海外归国的医药企业。

天津产业链供应链现代化的重点领域是信息技术应用创新、集成电路、车联网、生物医药、新能源、新材料、高端装备、汽车和新能源汽车、绿色石化、航空航天。党的十八大以来，天津坚持产业链、创新链"双链融合"，实施"有机串链""扶优育强""补短拉长""平台搭建""引智引企""产业聚集"等六项工程。2021年天津在链企业产值、增加值高于全市平均水平。

河北产业链供应链现代化的重点领域是钢铁、石化、汽车、轨道交通装备、农业机械装备、食品、纺织服装等传统产业链和大数据与物联网、信息技术制造业、人工智能与智能装备、新能源汽车与智能网联汽车、先进环保、生物医药健康、新能源与智能电网装备、高端装备制造、新材料、氢能未来产业链。党的十八大以来，河北瞄准世界500强、中国500强、行业百强等重点企业，谋划延链补链。疫情期间，河北省免费向企业推送云办公、云设计、云管理等 174 项云服务产品。其中，乳制品产业链、肉鸡产业全产业链比较成熟。

山西产业链供应链现代化的重点领域是半导体、大数据融合创新、光电、光伏、碳基新材料、特种金属材料、生物基新材料、先进轨道交通装备、煤机智能制造装备、智能网联新能源汽车、通用航空、现代生物医药和大健康、节能环保。党的十八大以来，山西聚力打造 14 个标志性引领性新兴产业集群。半导体产业形成了第二 / 三代半导体衬底材料—芯片—封装—应用产业链，烁科晶体第三代半导体碳化硅占国内市场 50% 以上份额。

内蒙古产业链供应链现代化的重点领域是玉米深加工、马铃薯加工、大豆深加工、稀土、现代煤化工、氯碱化工、硅材料、钢铁、铝、铜。党的十八大以来，内蒙古呼和浩特着力培育以乳业、草种业为龙头的绿色农畜产品加工产业集群，全力建成"世界乳都"。取得成绩如下：第一，蒙牛、伊利、包头稀土产业链基本形成；第二，包头在原有 11 条产业链、7 大产业集群和建立链长制、群长制的基础上，重新梳理形成 19 条产业链，集中培育打造 5 条战略性新产业链，促进多元发展、多极支撑。

第四节　创新发展

党的十八大以来，华北地区开发区全面推进创新发展，R&D 人员和经费投入不断增加，科技创收效果明显，专利数、技术收入逐年增长，建立了大数据、教育、政务、医疗等多种模式的平台。在新能源电池、人工智能与医疗、半导体芯片等方面取得领先水平。创新品牌开发区获得多项荣誉，在全国名列前茅。

一、发展概况

（一）R&D 人员投入

华北地区高新区科研活动人员投入基本逐年增加，平均增速为 7.29%。其中科研人员人数最多的是北京中关村，2019 年科研人员为 863167 人。中关村是中国第一个国家级高新技术产业开发区、第一个国家自主创新示范区、第一个国家级人才特区，是我国体制机制创新的试验田。增速最快的是太原高新技术开发区，从 2015 年的 19789 人增加到 2019 年的 32970 人，增加了 13181 人，增速为 66.61%。

（二）科研活动经费内部支出

华北地区高新区科研活动经费投入逐年增加，12 家高新区从 2015 年的 19811236 万元增加到了 2019 年的 45997469 万元，平均增速是 26.44%。其中，增加额度最多的是北京中关村，增加额度为 25685540 万元，增速最快的是包头高新区，增速是 62.87%。有力地支撑了核心科技探索。

（三）科技创收效果

技术收入主要包括技术转让收入、技术承包收入、技术服务收入和接受委托科研收入。2015—2019 年华北地区 12 家高新区技术收入增加了 707935620 万元，平均增速为 15.43%；北京中关村技术收入从 2015 年的 66230207 万元增加到 2019 年的 134507879 万元，增加了 68277672 万元，增速为 203.09%。

（四）知识产权清单

2015—2019 年，华北地区五省市区开发区在创新型产业集群发明专利授权数、拥有注册商标权数中，数量和增速排名依次为北京、天津、河北、山西、内蒙古。其中北京每年在华北地区发明专利授权量及拥有注册商标权数居于榜首，领跑了华北地区。

二、制度与政策创新

制度创新是技术创新、管理创新的动力和条件，制度创新更为基础和关键。我国的开发区在建立之初，基本是以资本引进的模式创办的。经历了由单纯的"资本引进型""技术创新型"向"制度创新型"的转变，而开发区也经历了由资源禀赋优势到治理体制机制创新的转变。以国家级经济技术开发区为例，其主要是经济发展管理职能，没有更多的城市管理、社会管理职能。按照国家经开区创新提升要求，如果不赋予更大的自主权，一些推动提升创新的关键要求就会受到掣肘。"由区向城中的'区'，指的是承担实体产业发展单一功能的区域，而'城'则是教育、医疗、文体、公园等配套设施齐全的城区。"因此，党的十八大以来，以产促城、以城兴产、产城融合是园区管理体制改革的主要方向。

三、技术与产品创新

华北地区开发区扎实工作、开拓创新，通过建立新产品开发和技术设计，使开发区技术创新工作取得一定成绩。开发区加大对技术与产品创新的支持，充分发挥研发中心推动企业创新发展的引领作用，加强关键核心技术研发和技术成果转化、产学研合作和创新人才培养，促进企业提质增效，加速创新体系建设，推动经济高质量发展。主要体现在新能源电池、人工智能与医疗结合、半导体芯片和商用供热的节能。

第一，新能源电池研发走在前列。天津滨海新区作为我国新能源产业的重要基地，在产业规模和水平上始终保持着领先地位。同时，在加强前沿领域产业技术创新上，制定发布了新区新能源汽车与动力电池产业技术创新行动方案，依托中电科十八所、中科先进技术研究院等单位，加快搭建新能源汽车整车和动力电池等关键零部件检验检测与试验评价公共服务平台，大力帮扶力神电池、巴莫科技等头部企业开展技术升级创新。保定—中国电谷，以生产太阳能光伏产品为主业，已形成光伏发电、风力发电、新型储能、高效节能、输变电及电力自动化等六大产业。2012 年光伏组件出货量达到 2300 兆瓦，位居全球第一位，并且是全世界唯一一家保持 500KV 产品安全运行 24 年"零事故"的输变电企业，其变压器产量连续 3 年位居世界第一。

第二，首个人工智能与医疗大数据结合的产物。北京经开区企业零氪科技是一家致力于人工智能和医疗大数据技术开发、应用及服务的国家高新技术企业，目前正在积极推动互联网医院在新区落地，已进入方案设计及选址阶段。在 2020 年的新冠肺炎疫情防控中，零氪科技冲锋在前，将该公司研发的服务系统免费在天津、河南、福建、云南、贵州等多个省市的多家医院上线应用，辅助医生开展新冠肺炎患者早筛早诊工作。

第三，半导体芯片领域占据主导地位。天津滨海新区发布全球首款软件定义互连芯片"经纬芯"，全球首台全自主配电网带电作业机器人投入使用，新区有一批核心关键技术攻关取得了重大突破。自开放运行以来，已累计产生 50 余项重要应用成果，涵盖流体力学、能源、新材料、生物医药、天文、气候气象与海洋模拟、基础科学研究等 20 多个应用领域，为滨海新区新旧动能接续转换贡献了"超级算力"。河北石家庄高新区的中国电子科技集团第十三研究所新一代射频芯片项目研发团队经不懈努力，掌握了核心技术，形成了从设计、工艺到封装、测试的完整技术体系，开发出射频芯片系列产品千余款，实现了第三代半导体从无到有的跨越，为确保核心芯片和关键元器件自主创新作出了重要贡献。

第四，高效、节能与无人值守锅炉问世。河北唐山帝马科技有限公司最新研发了商用供热产品——全预混冷凝式商用铸铝模块锅炉，该产品拥有高效节能的品质和无人值守的智能化控制，采用进口的全预混燃烧系统和经过 30 年验证的硅铸铝设计，并根据不同需要设计有不同型号，以满足不同空间的供暖需求。其内置的硅铝合金热交换器采取铸造工艺技术，高效节能、低氮环保，热效率高达 108%，氮氧化合物排放小于 30mg/m^3，一氧化碳排放小于 90mg/m³。新产品采用火包水技术，比普通燃气炉节能 40%，能够实现大空间供热、分户计量，在有效供暖的同时达到节能减排、绿色健康的目的。

四、文化与平台创新

党的十八大以来，华北地区成立了许多服务交易平台，通过互联网大数据来助力开发区发展。

北京创新平台有北京经济技术开发区科技创新数据服务平台、开放北京信息服务平台、北京经济技术开发区—绿色园区—绿色制造公共服务平台、北京经济技术开发区公共技术服务平台、北京大数据交易服务平台、中关村数海大数据交易平台。

天津创新平台有天津经济技术开发区政务服务平台、天津经济技术开发区—绿色园区—绿色制造公共服务平台。天津武清通过"五大创新平台"满足高端项目和人才发展需要的产业生态，实现产业链迅速聚集。

河北创新平台有河北大数据交易中心、河北清河经济开发区通过企业综合服务平台、"政企双轨"运行平台、项目集约承载平台、数字化集成管理服务平台助推经济高质量发展。

山西创新平台有山西省公共资源交易平台、山西省产教融合云平台（面向未来技术和产业，深化产教融合，促进教育链、人才链与产业链、创新链有机衔接，探索专业技术人才实践能力、职业素养与创新创业能力培养）、山西省 PPP 云平台（该平台是专门为山西 PPP 从业者搭建的交流、互动、学习平台，山西省 PPP 促进会会员单位、PPP 项目各参与方可利用该平台开展线上培训、单位内部培训、线上会议、项目推介、对外宣传等工作）。

内蒙古创新平台有内蒙古科技创新大数据平台、草原 APP：打造内蒙古一号传播平台和服务平台。

第五节　开放发展

华北地区开发区在利用外资方面呈现总量扩大、结构优化、效益和质量提升、开放带动作用增强的良好发展态势。在对外贸易方面，华北地区国家级经开区对外贸易总额占全部国家级经开区的 39.3%；在对外投资方面，华北地区对外投资国家众多，投资行业涵盖范围广。与此同时，华北地区开发区通过双循环助力招商引资与对外贸易，通过走出去促进对外投资。华北地区营商环境态势较好，北京在全国各省级行政区营商环境的指数排名中位居第一。新时代，华北地区将继续发挥开发区固有优势，打造开放发展新平台。

一、发展概况

（一）利用外资

党的十八大以来，华北地区开发区持续推进"双循环"战略，积极参与"一带一路"建设，着力优化营商环境，强化招商引资，发展对外经贸，取得一系列成效，实现对外经贸疫后重振。立足于新时代开放的"高水平"和"高质量"要求，继续大踏步"走出去"，强化基础设施为招商引资筑暖巢、筑牢开放型经济基础。

（二）对外贸易

2015—2019 年，华北地区 12 家高新区出口总额增幅高达 605%，平均每年翻一倍。

（三）对外投资

华北地区对外直接投资的主要国家（地区）有中国香港、开曼群岛、英属维尔京群岛、美国、新加坡、澳大利亚、荷兰、英国、俄罗斯联邦、加拿大等。对外直接投资的领域（行业）有租赁和商务服务业、金融业、批发零售业、采矿业、制造业、信息传输／软件和信息技术服务业、房地产业和交通运输／仓储和邮政业。

二、双循环助力招商引资、对外贸易

(一) 京津冀：多举措为双循环添活力

京津冀地区为实现双循环，从四方面采取措施。第一，搭建各类经济发展对接平台。京津冀地区以智能制造为突破口，搭建创新创业平台，组建京津冀创新创业项目资源库；第二，优化投资结构。投资结构持续优化，投资驱动新旧动能转化不断加快；第三，组建创新联盟，筹集专项资金，多维度支持企业发展，京、津、冀三地30余所大学组建创新联盟，推动科技成果线上交易；第四，推进产业园区与科研院所等之间的合作。盘活京津冀地区的经济发展，不断对华北地区的其他地区产生辐射作用，使各地区都融入到双循环中。

(二) 山西：畅通"双循环"，开发谱新篇

2021年山西省明确开发区畅通"双循环"的工作重点是开发区提质升级、招商引资提质增效、对外贸易增量提质、提振利用外资、提升开放平台能级、对外投资创新、消费升级、内外贸一体化"八大行动"计划。首先，优环境促引资构建国内国际双循环。积极扩大跨境电商进出口规模，进一步开拓国际市场，推动外贸转型升级，拓展对外开放平台功能；其次，搭平台抓机遇推动高水平对外开放。全省共签约招商引资项目620个，计划总投资6355.9亿元，完成年度招商引资签约目标任务1.5万亿元的42.4%。全省招商引资开工项目234个，计划总投资1207.3亿元，完成年度目标任务5000亿元的24.1%。开工项目中当年签约并开工项目225个，签约项目当年开工率为36.3%。

(三) 内蒙古：抓住黄河流域发展契机，积极参与中蒙俄经济走廊

2021年中共中央、国务院印发了《黄河流域生态保护和高质量发展规

划纲要》，内蒙古自治区处于黄河流域，面临着难得的发展机遇。内蒙古自治区"十四五"规划纲要中明确提出，打造公用品牌影响力，带动黄河河套灌区优质农畜产品生产加工产业集群。首先，构建大型国际物流园区。加快呼和浩特等国际航空港物流园区建设，培育至俄蒙主要城市航线，实现常态化运营；积极开展跨境输电建设，探索中蒙电力多点联网；其次，提高外贸便利化水平大力发展自贸区。开展中蒙俄三国海关合作和联合监管，加快信息互换、监管互认和执法互助，推动三国海关扩大商品品类监管结果互认。丰富互贸区进口商品种类和进口国范围、支持外贸新业态新模式发展，推动市场采购贸易与跨境电商融合发展；最后，统筹开发平台建设，积极争取自贸区。明确重点口岸功能定位，优化口岸资源整合配置，集中建设满洲里、二连浩特、呼和浩特等陆港空港口岸主阵地，提升满洲里、甘其毛都、策克等边境口岸服务支撑能力。

三、走出去促进对外投资

（一）北京：跨国公司助力走出去

党的十八大以来，北京市坚持"引进来"和"走出去"并重，对外投资规模超过 500 亿美元，其中北京企业在"一带一路"沿线 31 个国家直接投资累计约为 20 亿美元。北京在"一带一路"沿线国家和地区大力推动基础设施互联互通、国际产能合作以及重点境外园区建设。跨国公司发挥了重要作用。2021 年，中国企业联合会、中国企业家协会发布 2021 中国跨国公司100 大及跨国指数，北京有 36 家企业入围。

（二）天津：国际科技合作支持企业"走出去"

随着"一带一路"科技开放合作不断深入，天津不断加强国际科技合作的顶层设计，2017 年在全国率先出台《天津市推进"一带一路"建设科技创新合作专项规划》，畅通面向重点国家的合作通道，引导一批重点企业"走出去"。2017 年底，23 家科技型企业在德国、俄罗斯、巴基斯坦等 19

个国家建立了研发中心或技术推广中心；推动 40 余家科技型企业开展了海外并购工作，拓展国际市场；新增 35 家市级国际科技合作基地，累计达到 110 家，其中国家级国际合作基地达到 18 家；积极吸引聚集国际高端创新要素落户天津市，新引进瑞士中心等一批外国创新服务机构，支持建设中俄海洋智能科技联合研发中心等一批国际合作高端研发平台。

（三）河北：梯队企业助力"走出去"

据河北省商务厅统计，截至 2019 年底，全省累计核准对外投资企业 62 家，全省累计备案（核准）对外投资企业 62 家，中方对外投资额 29.9 亿美元，同比增长 13%。从主体结构看，已形成三个梯队：以河北钢铁、华药集团、冀东发展、开滦集团、河北控股等为代表的省属企业已成为河北省走出去的主力军，以天威英利、巨力集团、新奥集团、三河汇福、文丰实业等为代表的民营企业则是脱颖而出的生力军，以武安钢铁、安平丝网、霸州钢木家具、平乡电动自行车为代表的县域特色产业正在成为河北省"走出去"的后备军。目前，河北省境外投资市场分布在 6 大洲的 71 个国家和地区。重点市场相对集中在 3 个区域，分别是亚洲区域包括我国的周边国家和地区、东盟国家和中亚国家，共计有 190 家企业。非洲区域 70 家企业。北美洲区域，主要集中在美国和加拿大两国家的 70 家企业。境外投资增长较快的市场有 3 个区域，即欧洲区域、南美洲区域和大洋洲区域。初步形成了以周边国家地区为依托，以区域合作为支撑，以发展中国家为重点的多元化市场格局。同时境外投资层次不断提高，呈现出由建立境外个体企业向建立境外生产基地、资源开发基地和工业园区拓展的趋势。冀东发展集团通过低成本融资，低成本投资，利用产品资源优势、区位条件优势在南非、赞比亚、缅甸、马来西亚和越南建立了 5 个水泥生产基地，实现低成本扩张。河北钢铁集团借助与发达国家高端客户的合作，促进企业经营管理向世界一流靠拢，最终通过投资入股，兼并重组，股权交易与跨国公司全产业链合作，延伸了产业链，提高了价值链，走出了一条国际化引领产业转型升级之路。

（四）山西：品牌宣传扩大"走出去"

2018 年，山西省贸促会与中国信保山西分公司签署合作备忘录，未来双方将利用各自优势共同为山西省企业"走出去"给予帮扶和培育，带领山西品牌企业行至马来西亚、泰国、柬埔寨、德国、捷克、奥地利、阿联酋、阿曼、印度等"一带一路"沿线国家，一路走一路宣传推介山西，一路招商引资、一路把山西企业引领到国际市场促成合作发展，通过山西品牌行行出山西品牌新优势、新自信、新发展、新未来。

（五）内蒙古：贸促会助力走出去

内蒙古自治区贸促会着力打造对外经贸合作新平台，助力企业走出去。2019 年，内蒙古贸促会共举办各类展会论坛 18 场次，中外参展企业 3130 家、总现场成交额 3.09 亿元，共签订各类意向性合作协议 46 项、总协议资金 498 亿元。截至 2019 年内蒙古已经与"一带一路"沿线的 62 个国家开展了进出口贸易。在 2014—2019 年的 6 年间，内蒙古累计与"一带一路"沿线国家实现贸易值 3566.2 亿元。2019 年内蒙古对"一带一路"沿线国家的贸易额较 2016 年增长约 42.7%。

四、营商环境

2020 年《中国省份营商环境评价》对中国内地地区和海南省共 31 个省级行政区的营商环境进行了评估，包括市场环境、政务环境、法律政策环境、人文环境四个营商环境建设一级指标。参照该评价结果，在全国各省级行政区营商环境的指数排名中，北京居第一。在营商环境的四项子环境中，北京市场只有环境指数排名第一，得分 80.03，但远高于第二名广东（56.61）。由于社会信用评价体系建设不足，河北与天津排名靠后；河北虽为沿海省份，但是对外开放程度低，未能发挥环京津地区的优势，全国各省人文环境指数平均分为 55.5。

（一）华北地区营商环境均衡度排序与子环境得分

1. 北京营商环境

北京营商环境指数为78.23，全国排名第一（A+级），是中国省级行政区中优化营商环境的标杆，与其当年人均GDP排名持平。

北京营商环境的子环境均衡度在31省份中排名居首。四个子环境排名由高到低依次为：市场环境（第1），政务环境（第3），法律政策环境（第3），人文环境（第3）。未来应保持整体领先优势，并进一步优化政务环境、法律政策环境、人文环境。

华北五省营商环境均值为55.13，高于全国总体均值（53.86）；区域营商环境标准差为12，高于全国总体标准差（10.06）。其中，北京营商环境指数（78.23）远高于区域总体均值，排名第一；子环境均衡度也位居首位。北京未来应发挥标杆作用，为区域营商环境优化提供更多可复制经验。

2. 天津市营商环境

天津营商环境指数为51.76，全国排名第18，处于中等水平（B级），远低于其同年人均GDP排名（第7）。

天津营商环境的子环境均衡度全国排名第24，低于其营商环境指数排名。四种子环境排名由高到低依次为：法律政策环境（第11），市场环境（第22），政务环境（第25），人文环境（第29）。未来应着力优化市场环境、政务环境、人文环境，提高整体营商环境水平。

华北五省营商环境均值为55.13，略高于全国总体均值（53.86）；营商环境指数标准差为12.00，高于全国总体标准差（10.06）。其中，天津营商环境指数（51.76）略低于华北均值，排名第三；子环境均衡度排名倒数第一。四项子环境中，人文环境得分处于末位。未来应着重借鉴北京在人文环境方面的优化策略。

3. 河北省营商环境

河北营商环境指数为53.93，全国排名第16，处于中等水平（B级），高于其同年人均 GDP 排名（第 25）。

河北营商环境的子环境均衡度全国排名第 20。四种子环境排名由高到低依次为：政务环境（第 11），市场环境（第 17），法律政策环境（第 17），人文环境（第 25）。除政务环境外，其余三项子环境尤其是人文环境均处于全国中下游，尚存较大提升空间。

华北五省营商环境均值为 55.13，略高于全国总体均值（53.86）；营商环境指数标准差为 12.00，高于全国总体标准差（10.06）。

其中，河北营商环境指数（53.93）略低于五省均值，位居第二。子环境均衡度排名也较为落后。未来可对标北京，优化市场环境和人文环境，为山西和内蒙古树立对标对象。

4. 山西省营商环境

山西营商环境指数为 46.74，全国排名第 23，处于落后水平（B− 级），略高于其当年人均 GDP 排名（第 26）。

山西营商环境的子环境均衡度在全国排名第 8，处于上游。四种子环境排名由高到低依次为：人文环境（第 18），市场环境（第 21），法律政策环境（第 24），政务环境（第 24）。未来应着重优化政务环境和法律政策环境，从而提升整体营商环境排名。

华北五省营商环境均值为 55.13，高于全国总体均值；营商环境指数标准差为 12.00，高于全国总体标准差（10.06）。

山西营商环境指数（46.74）低于区域均值，区内倒数第二。人文环境具有相对优势，法律政策环境则位居倒数。未来可长期对标北京，短期将天津作为赶超对象。

5. 内蒙古营商环境

内蒙古营商环境指数为 44.97，全国排名第 25，处于落后水平（B− 级），远低于其当年人均 GDP 排名（第 11）。

内蒙古营商环境的子环境均衡度排名第 15。四种子环境排名由高到低依次为：政务环境（第19），市场环境（第26），法律政策环境（第26），人文环境（第30）。可见，人文环境、市场环境和法律政策环境，是未来需要着力优化的领域。

华北地区营商环境均值为55.13，高于全国总体均值；营商环境指数标准差为12.00，高于全国总体标准差（10.06）。

内蒙古在华北地区处于垫底水平，未来应集中改善人文环境、法律政策环境和市场环境。其中，人文环境优化工作可向同处华北地区的山西学习，法律政策环境则可对标北京、天津。

（二）华北地区开发区营商环境

1. 政务环境

（1）北京经开区：极简化"亦庄"新样板

北京经开区紧抓"两区"建设契机，推出了一系列极简化改革措施。便利化改革方面：推动政务服务创新与互联网、物联网、大数据、云计算、区块链、人工智能等新技术深度融合，便利企业群众办事。极简化改革方面，将结合"证照分离"改革，推动"审管执信"流程再造。规范化改革方面，将建立健全审批服务标准体系，科学细化量化审批服务标准。品质化改革方面，严把审批准入关，坚持审批标准与经开区高质量发展要求相适应。阳光化改革方面，公开审批标准、审批程序、审批结果。

（2）天津经开区："12345"模式

"12345"营商环境建设模式，"1"就是建立经开区优化营商环境暨"放管服"改革领导小组；"2"就是形成经开区营商环境指标体系和优化营商环境36条攻坚计划；"3"就是建立三级决策和议事规则，即决策面上的优化营商环境暨放管服改革领导小组会、执行面上的营商环境暨放管服改革专题会、工作面上的营商环境暨放管服改革问题会商会；"4"就是完善企业服务工作制度、优化工作联络员和信息报送制度、监督考核制度、监督咨询委员会制度；"5"就是聚焦五项主要内容，即政务环境、法治环境、人文环境、产业环境。

（3）河北：政务事项 80%"最多跑一次"

河北省营商环境优化小组提出，2021 年省市县三级依申请政务服务事项实现 80%"最多跑一次"、100%网上可办（涉密或不宜网办事项除外）、80%以上掌上办、70%以上全程网办，106 项高频办事服务套餐全部落地，用水、用气接入无外线工程的不超过 4 个工作日，有外线工程的不超过 10 个工作日（不含设计、施工、气密性试验、立项用地审批等时长），纳税缴费时间压减至 110 小时以内。

（4）山西：六大制度体系

山西着力构建以承诺制为引领的审批制度体系、以信用为基础的新型监管制度体系、以标准化为基础的政务服务制度体系、以信息化为基础的共享共用制度体系、以法治化为基础的政策保障制度体系、以快速响应为基础的政企沟通制度体系等六大制度体系，为建设一流营商环境提供制度支撑。探索提出推行行政审批告知承诺制、持续深化"一枚印章管审批"等一批创新性、突破性改革，形成了全面创优营商环境的规范化"路线图"、标准化"任务书"、精细化"项目表"等。

（5）内蒙古："一日办结"

内蒙古自治区联合多部门共同推出"一表填报""一窗办理""一网通办""一次认证""一照通行"等具有内蒙古特色的创新举措。通过创新性地落实企业开办"一日办结"各项措施，自治区企业开办环节压缩至 1 个，开办时间压缩至 1 日。新登记市场主体和企业户数同比增长 28.9%和 18.6%，略超新冠肺炎疫情防控前水平。2021 年全区实有市场主体 234 万户，同比增长 5.2%。企业开办营商环境的改善，使初入市场的企业切身感受到发展氛围，增强了创业信心，为经济发展提供了新动能。

2.法治环境

（1）北京：最高法支持北京打造面向世界的国际商事纠纷解决中心

最高法持续加强对北京"两区"建设的司法服务和保障，助推北京打造数字经济试验区，支持北京打造面向世界的国际商事纠纷解决中心。一是在助力服务业开放，最高法支持北京金融法院建设成为国际一流的金融专门法院，积极回应金融服务业改革创新的司法需求。二是在健全国际商事纠纷解决机制，最高法指导北京市高级人民法院加强国际商事审判工作，加强国际商事纠纷解决机制建设，积极支持国际商事争端预防和解决组织落地、运营。三是在加强涉外审判体系和审判能力现代化建设，最高法立足北京国际交往中心的功能定位，坚持首善标准，拓展国际视野、对标国际一流，深入实施涉外商事的审判精品战略，加强涉外法制人才培养，深化国际私法交流合作、推动涉外审判体系和审判能力现代化。

（2）天津：多元化解国际商事纠纷

2020 年 8 月 21 日，滨海新区（自贸区）人民法院、滨海新区司法局、国际商事调解中心三方签订了《诉调对接、一站式纠纷解决合作协议》，标志着多元化解国际商事纠纷机制在滨海新区正式建立。天津滨海新区将通过与商事调解中心对接合作，充分发挥专业调解机构优势，探索"法院审判＋专业调解"的纠纷解决模式，高效率、低成本、有效化解具有新区特点的融资租赁、商业保理、产城融合等各类纠纷，进一步优化新区法治化营商环境。

（3）河北：中国国际经济贸易仲裁委员会雄安分会

2021 年 6 月 18 日，中国最老牌、解决国际商事纠纷最多的国际商事争议纠纷解决机构——贸仲在雄安正式设立分会。贸仲的国际化品牌，正与坚持"世界眼光、国际标准、中国特色、高点定位"的雄安新区建设相契合。贸仲雄安分会将努力探索符合雄安新区经济发展的调解与仲裁解决机制，为雄安新区提供优质高效的商事法律服务。贸仲从 1956 年先后颁布实施了与国际仲裁同步发展的 9 部仲裁规则。还拥有专业化、国际化、多元化的仲裁员队伍，2021 年 5 月 1 日刚刚启用的新一届仲裁员名册中，共有仲裁员 1698 名。港澳台及外籍仲裁员有 483 名，分别来自 85 个国家和地区，"一带一路"沿线国家的分布从 28 个增加到 47 个,为"一带一路"沿线企业走出去保驾护航。

(4)山西:山西省贸促会

2018 年 10 月 31 日,山西省贸促会商法机构成立揭牌仪式举行,经中国贸促会批准,"中国国际贸易促进委员会山西商事法律服务中心""中国国际贸易促进委员会知识产权服务中心山西分中心"和"山西省经贸摩擦预警中心",三个中心作为山西省贸促会的内设机构正式设立。三个中心的挂牌,标志着山西省在完善涉外商事法律服务机构,创建服务载体和平台,拓展深化服务之路上迈出重要一步。三个中心的设立将一方面为解决山西省企业涉外商事法律"不知道去哪找和该找谁"的问题提供途径,为企业提供商事法律培训咨询、海外重大项目法律服务和海外商事活动维权等服务;另一方面为解决山西省知识产权机构缺乏、服务需求快速增长的问题提供平台,为山西品牌丝路行、山西品牌中华行的品牌战略和示范区及全省企业的知识产权保护进行系统化服务。

(5)内蒙古:司法厅推动律师"走出去"

内蒙古自治区司法厅积极引导和扶持广大律师走"国际化"道路,大力推动内蒙古自治区律师"走出去",积极为"一带一路"倡议实施和"中蒙俄"经济走廊建设提供优质高效的法律服务和保障。2019 年 7 月,自治区司法厅与自治区外办、教育厅等 9 家单位联合制定支持律师"走出去"服务全面对外开放大局的政策措施,进一步推动丝绸之路经济带同俄罗斯东部开发战略、蒙古国草原之路倡议进行对接,建立健全涉外法律服务工作机制,构建法律服务全方位对外开放新格局,涉外法律服务制度建设和律师行业对外交流取得了新进展。

3.市场环境

公平竞争是市场经济的核心,公平竞争制度是一个包含竞争性政策、公平竞争审查、公平产权保护等一系列制度在内的制度集合,是以竞争政策为前提，以公平为原则的产权保护制度为基础，以公平竞争监管为保障的制度体系。华北地区出台了相应的营商环境条例、贸易与投资自由化改革。

（1）北京：营造更便利的市场环境

针对贸易与投资自由化改革，第一，在自贸区推行食品经营（仅销售预包装食品）备案制。第二，通过营业性演出在线审批系统实现跨区演出信息共享。第三，优化新业态新模式市场准入环境。针对数字经济领域市场准入事项数量多、条件高、手续繁等问题，研究提出放宽数字经济领域市场准入的改革措施。第四，着力解决市场准入多头审批、重复审批问题。第五，落实"一照多址"改革，市场主体已公示其分支机构实际经营场所或在营业执照注明分支机构住所的，各审批部门应依法为其分支机构办理相关许可事项审批手续。

（2）天津：更简、更实、更高

更简，要全面推行互联网＋服务，实现各类事项掌上办、网上办。实现不动产登记信息查询及部分业务办理24小时不打烊、推行"互联网＋招标采购"、涉税事项精简同质化流程50％；更实，攻坚计划每一条都要做到可操作、能落实。比如推动企业成本进一步降低，提出免收小微企业（含个体工商户）申请不动产登记费用、推动工业用户一路蒸汽免费到红线改革、全面落实减税降费、加大稳岗支持力度；更高，攻坚计划要求各项工作对标全国最高水平。一是各项指标任务标准全部提高，二是对各项工作的管理水平要求更高，三是对日常服务标准要求更高。

（3）河北：利用数字化技术、提高贸易水平、优化市场环境

第一，提升传统外贸数字化水平。引导传统外贸企业运用云计算、人工智能、虚拟现实等先进技术，创新管理模式、运营模式和营销模式。第二，完善市场采购贸易方式政策体系。进一步完善白沟试点信息联网平台功能，实现源头可溯、风险可控、责任可究。第三，加快市场采购贸易方式发展步伐。鼓励白沟试点加大招商推介力度，挖掘河北特色产业。

(4) 山西：推行"承诺制＋标准地＋全代办"改革

第一，符合条件的项目，只要按照政府制定的标准作出书面承诺后，即可"先建后验"开始建设。项目所需的土地，出让时各项指标均已完备，拿地即可开工。在此基础上，项目从筹备、建设到运营的所有手续，由专业团队提供全周期免费代办服务。第二，聚焦减税降费，强化智能靶向宣传，以优惠政策的精准落实服务高质量。第三，研发服务平台化、孵化服务多元化、技术服务专业化、高企服务精准化、创新合作国际化。

(5) 内蒙古：四大举措优化市场环境

第一，进一步放开民营企业市场准入。深化"放管服"改革，进一步精简市场准入行政审批事项，不得额外对民营企业设置准入条件。第二，实施公平统一的市场监管制度。第三，强化公平竞争审查制度刚性约束。坚持存量清理和增量审查并重，持续清理和废除妨碍统一市场和公平竞争的各种规定和做法，加快清理与企业性质挂钩的行业准入、资质标准、产业补贴等规定和做法。第四，破除招投标隐性壁垒。对具备相应资质条件的企业，不得设置与业务能力无关的企业规模门槛和明显超过招标项目要求的业绩门槛等。

第六节　绿色发展

要加快建立绿色生产和消费的法律制度和政策导向，建立健全绿色低碳循环发展的经济体系。

开发区发展模式可以分为生态发展、循环发展、低碳发展三种模式。

第一种是生态发展模式体现为生态工业园区。截至 2017 年，国家共批准 48 家园区为国家生态工业示范区，批准 45 家园区开展国家生态工业示范园区建设，华北地区有 9 家。

第二种是循环发展模式体现为循环经济示范区。2014 年和 2015 年公布两批通过验收的国家循环经济试点示范单位名单，其中包括园区 33 家，华北地区有 4 家。

第三种是低碳发展模式体现为低碳工业园区。截至 2018 年 6 月，全国共有 55 家工业园区成为国家低碳工业园区试点，华北地区有 9 家。

2018 年，参照工业和信息化部评选绿色园区六类考核指标，赛迪顾问建立了包括能源利用、资源利用、基础设施、绿色产业、生态环境和运行管理的开发区绿色发展指数评价体系，包括二级指标 14 个。评出了《2018 中国开发区绿色发展指数及 TOP100 白皮书》。其中，华北地区只有 9 个园区上榜。

从中国开发区绿色发展百强区域分布概况可以看出，开发区绿色发展百强分布呈现出中东部地区较多、西部地区较少的态势，华北地区绿色指数偏低。

一、产业改造升级

（一）天津经济技术开发区——新技术替代传统高污染

2020 年，开发区已有 50 家企业完成 VOCs（挥发性有机物）治理设施升级改造、29 家企业开展了燃气锅炉低氮改造。长城汽车产业园、勤威等企业的屋顶光伏发电项目改造，杰士电池、东邦铅资源等企业的回收再生资源项目起到了良好的示范效应。天津经开区 2020 年万元生产总值能耗同比下降 6.7 %；$PM_{2.5}$ 由 2015 年 75μg/m³ 下降到 2020 年 50μg/m³，下降 33.3%；重污染天数较 2015 年下降 65.6%，优良天数比例较 2015 年提升 8%。未来经开区将实施双碳"五个一"工程，重点打造低碳产业集群，吸引低碳技术研发、碳资产管理、碳认证等双碳服务产业加速聚集。

（二）内蒙古包头稀土高新技术产业开发区——绿色发展倒逼产业转型

包头稀土高新区以绿色发展倒逼产业转型，通过优化产业布局，淘汰落后产能。包头三隆稀有金属材料有限责任公司投入近 700 万元对环保设施改造升级，改造后 99% 排放的废料可二次利用，一年可节省近 200 万元原材料费用。高新区秉承"减量化、再利用、资源化"的循环经济发展理念，统筹做好沿黄生态系统保护、绿色环保产业发展、生态文化旅游"三篇文章"，逐步形成沿黄生态化、产业绿色化、生活节能化的产业发展新格局。

（三）山西太原高新技术产业开发区——清洁能源替换工程

太原高新技术产业开发区围绕"碳达峰、碳中和"加快进入新的能源转型时代，绿色、低碳、多元、数字、高效、智能等趋势正在推动新一轮能源变革。一方面着力提高能源供给体系质量。以清洁能源替代散煤采暖锅炉，对燃气锅炉进行超低氮排放改造，扩大天然气、电能等清洁能源和可再生能源替代试点范围，因地制宜发展地热能、太阳能等可再生能源。另一方面着力升级产业形态。以传统产业转型升级、新兴产业培育壮大为突破口，聚力打造"2+9"战略性新兴产业集群，着力构建生态产业链条，提升产业绿色化水平。

二、循环利用

（一）北京经济技术开发区——提升危废利用

自 2019 年 9 月入选国家"11+5""无废城市"建设试点以来，北京经济技术开发区不断探索与尝试，初步形成核心产业绿色升级带动全产业链减废提质、危险废物管理的"管家式"服务、服务工业固体废物全生命周期的数字化管理、以"无废园区"打造城市绿色循环枢纽、生活垃圾分类产城一体化、市场体系建设助力节能环保产业培育等六大亮点突出、成效鲜明的"无废城市"建设经验模式。

（二）内蒙古鄂托克经济开发区——循环经济串起绿色产业链

鄂托克经开区自 2013 年获批国家级循环化改造示范试点园区以来，初步形成了"区域大循环、园区中循环、企业小循环"的多元化循环经济发展格局。建元煤化公司成立于 2005 年，作为一家老牌焦化企业，多年来始终把循环经济作为立企之本，构筑起四条循环产业链，彻底从"以焦为主"转向"为化而焦"。

（三）河北清河经济开发区——废旧合金高端化利用

河北清河经济开发区作为国家新型工业化产业示范基地、省级清洁生产示范园区和省级双创示范基地，近年来不断加快绿色发展步伐，致力于集聚高端要素、发展高端产业、培育创新业态、营造创新生态，高水平打造创新引领发展的绿色高新开发区。开发区不断加大投入力度，从环境保护制度、环境综合治理、产业结构优化、节能减排、循环经济、基础设施、运行管理等各个方面进行调整优化，持续推进园区绿色化建设进程。中航上大高温合金有限公司首创以真空感应炉、电磁炉为基础，建设成了国内第一条高温合金返回料超声波清洗线，并采用具有完全自主知识产权的无污染清洗、特种渣系去杂、高真空提纯等新技术。河北久亿有色金属科技有限公司通过引进新项目，成功将"湿法"和"火法"有机结合，使废旧合金回收率接近100%；目前，清河经济开发区涌现出规模以上企业近50家，形成了废旧稀贵金属循环利用的产业集群，利用废旧合金再生的各类产品占到了全国市场的1/3。

三、生态修复

（一）天津滨海新区——从盐碱滩涂到生态乐土

过去，位于天津滨海新区中新天津生态城的亿利生态精灵乐园化验时发现土壤含盐量最高值达到18.9‰，简直就是生态禁区。经过多方调研和论证，最终确定了"浅密式暗管排盐"技术。——通过在地下铺设排盐干管、支管与盲管，构成一整套地下排盐网络，抑制客土层的次生盐碱化，为植物长期生长提供条件。在滨海新区各级政府和主管单位的推动下，亿利成功将这片盐碱地的土壤含盐量平均值由10‰以上降至3‰，为植物生长打开了"生命通道"。如今，亿利生态精灵乐园已经栽下木本植物114种、草本植物130余种，既有满足鸟类栖息需求的落叶乔木，也有适合食草动物的多年生草本植物，还有水禽类喜欢的水生植物和昆虫类生存必备的多花类灌木。

（二）河北邯郸经济技术开发区——聚焦聚力，生态修复滏阳河

滏阳河是全省确定的 14 条生态补水河道之一，也是邯郸经济技术开发区生态水系重要组成部分。随着经济发展，滏阳河水域遭到破坏，并且垃圾遍地。在经开区段，共涉及 22 个村（社区），生态修复项目包含河底清淤、河道扩挖、违建拆除等一系列工程。实施滏阳河全域生态修复，是一件造福人民群众的大事、好事。邯郸经开区把滏阳河生态修复作为一项重大的政治工程、生态工程和民心工程，按照"水清河畅、行洪安全、岸绿景美、贴近自然"的目标，聚焦聚力，持续推进河道清淤、疏浚、扩挖、截污、拆违等工作，有力提升了整体治理效果。

（三）内蒙古通辽科尔沁工业园区——污染地区变生态公园

内蒙古通辽科尔沁工业园区以 PPP 模式斥资 1.68 亿元，建设科尔沁工业园区（南区）水资源综合利用及人工湿地生态一体化项目。工业园区 67 家企业排放的污水通过污水收集管网到提升泵站再到污水处理厂，经过处理达到国家一级 A 排放标准。其中一部分输送至湿地公园，进行二次利用。目前，污水处理厂每天收集 2.8 万—8 万吨污水，经过处理提供给企业回用。污水处理厂每天仅为梅花和伯恩露笑两家企业就提供中水 4000 立方米。通过中水回用，工业园区一天大约能节省 2 万吨水。

四、绿色政策

（一）北京经济技术开发区——奖励环保项目

北京经开区于 2021 年制定绿色发展资金支持政策，一是 2017 年 3 月 31 日之前建成的燃气锅炉，通过更换低氮燃烧器或整体更换锅炉等方式，有效降低氮氧化物排放浓度的治理工程，在改造后氮氧化物浓度稳定达到 $30mg/m^3$ 以内的，给予实际支付金额（不含税）的 20% 奖励；二是大气和水污染防治环保技术改造类项目，给予实际支付金额（不含税）的 20% 奖励；

三是现有企事业单位对污水或废气监测点位规范化改造后达到要求，且总投资在 10 万元及以上的，给予实际支付金额（不含税）的 30% 奖励。北京经开区鼓励区内企业进行绿色化发展，共建宜业宜居绿色新城市。

（二）内蒙古呼和浩特敕勒川、和林格尔乳业开发区——乳业项目贷款贴息

乳业作为低能耗、低排放的绿色产业，是"十四五"时期实现产业绿色转型的重点产业。呼和浩特敕勒川乳业开发区、和林格尔乳业开发区致力建设全球一流的乳业高质量发展中心，在进一步提升内蒙古乃至全国乳业的国际竞争力和影响力方面将发挥重要的引领作用。为进一步增强招商引资吸引力，促进产业链上下游协同，以高质量招商引资促进乳业开发区高质量发展，于 2021 年 5 月 21 日特制定优惠政策。对引进的固定资产投资 5000 万元以上的乳制品、健康食品加工项目及其上下游配套工业项目，其固定资产投资从商业银行贷款获得的，按同期贷款市场报价利率（LPR）的 50% 给予固定资产投资贷款贴息。如实际贷款利率低于同期贷款市场报价利率的，按实际贷款利率的 50% 给予固定资产投资贷款贴息。同一项目年度贴息总额不超过 2000 万元，贴息期最长不超过 3 年。

（三）天津经济技术开发区——补贴绿色发展企业

天津经济技术开发区大力推动能源资源节约和生态环境保护，推进生态文明建设。第一，鼓励企业以节能为主要目的。在新建或改造项目中使用高效电机。第二，鼓励企业回收再利用。对工业生产过程产生的烟气余热、冷却介质余热、废气废水余热采用热交换技术、吸收式热泵技术或低温余热发电、余热制冷供热技术等装置进行余热回收再利用。第三，鼓励资源综合利用，鼓励生产型企业开展资源综合利用或废物减量化。第四，给予奖励，鼓励企业积极提升能效水平。对获得国家级能效"领跑者"称号的企业，给予一次性奖励 10 万元。第五，重污染天气减排，鼓励企业在重污染天气预警期间自愿减排。第六，设立"天津经济技术开发区绿色发展专项资金"，每年预算 1 亿元。天津

经开区有效改善了区域环境质量，提升了园区资源能源综合利用水平。

第七节　体制改革

党的十八大以来，在管理体制、土地管理制度、投融资制度方面，国家出台了较多的指导性政策。华北地区相关配套政策也比较完善，取得了较为显著的成效。主要体现在九个方面：（1）审批制度：从审批制、核准制和备案制，到试点承诺制；（2）政府职能：从重视前期审批到事中事后监管；（3）管理责权：从"转变政府管理职能，确立企业的投资主体地位"到开出"三个清单"，推行审批首问负责制；（4）管理手段：从简政放权到"互联网＋政务服务"的放管服；（5）融资模式：从"政府投资项目和企业投资项目"到PPP模式；（6）融资渠道：从"投资体制改革"到"投融资体制改革"；（7）中介服务：从"建立公开透明的中介服务市场"到"多评合一，统一评审"，集中技术审查；（8）立法保障：2016年底国务院发布了投资建设领域的第一个行政法规——《企业投资项目核准和备案管理条例》，2017年7月国务院法制办牵头制定的《基础设施和公共服务领域政府和社会资本合作条例》开始征求意见；（9）配套改革：财税、金融、价格、土地管理、国有企业等多领域综合改革，协同形成合力。

一、北京市经济技术开发区

（一）管理体制改革

1. 机构改革

北京经开区自党的十八大以来始终坚持"小政府、大社会、专业化、社会化"的原则，围绕"转变政府职能、提高行政效能、完善机构职能、激发干部潜能"的主题，开创性提出重构以职能属性和职权运行方式划分的分工体系。一方面，在模式运行上呈现出"一轴多面数点"的图谱样态，面轴点相互分工协同、"咬合"运行；另一方面，整合机构、加大精简力度，削减比例超过了 60%，经过一系列改革，工委、管委会内设部门由原来的 23 个削减为 14 个。

2."放管服"改革

北京经开区不断深入贯彻"放管服"。在结构精简方面：构建了机构—行政审批局的新模式，把之前分散在 16 个部门的审批权限集合于一身，"一枚印章"解决了所有的行政审批事项，提升了政府服务效能，加快了企业运行效率。在首批纳入用章范围的 194 项事项中，已有 149 项在行政审批局集中办理，7500 件以上行政审批事项通过这种新方式办理，真正做到了给企业减负；在考核制度改革方面，创新选人用人机制，探索市场化方式，试行全员聘任，完善绩效激励制度，允许实行兼职兼薪、年薪制、协议工资制等分配方式。

（二）土地管理制度改革

北京经济技术开发区为探索土地全生命周期管理新机制，推动亦庄新城高质量发展，在标准地改革、"净地"制度和节约用地制度、土地审批制度三个方面推进土地资源要素高效配置。

1.标准地改革

北京经开区在推进标准地改革时上采取：首先，在土地出让前，政府完成区域综合评估、确定指标体系，完成通平设施建设。以区域评估代替项目评估。其次，在土地出让时，按指标体系出让，签订入区协议和土地先租后让合同。最后，在土地出让后，支持企业按照全流程告知承诺方式办理，建立从开工建设、竣工验收、达产复核到后期企业综合评价、城市更新的全过程服务和监管机制。截止到 2020 年，北京经济技术开发区已划定 31 平方公里一级、6.5 平方公里二级工业用地红线。

2."净地"制度和节约用地制度

北京经开区行政审批局在"净地"制度和节约用地制度上：积极推进经

开区企业投资项目承诺制改革试点工作，制定实施细则文件，尝试建立以政策性条件引导、企业信用承诺、监管有效约束为核心的投资管理新模式，解决投资项目报建审批"最后一公里"问题，全面提高项目审批效率，是"拿地即开工"，加快推进"两区"建设任务落地的一个实践。截至2020年北京经开区对近60公顷工业用地实现"先租后让、达产出让"，首批31个城市更新产业升级项目可实现纳税超50亿元。

3. 土地审批制度

北京经开区在土地审批制度改革上：不断细化政府配套服务，深化告知承诺制审批改革，建设工程建设审批平台，实现"一个窗口办受理、一套图纸跑报建、一个系统办审批"。探索行政审批与技术审查相分离，加大政府配套服务力度。探索建设标准化产业用地数字地图，方便企业按照项目需求以最优方案选择、配置标准地块。

（三）投融资制度改革

1. 投资项目"三个清单"管理制度

北京市各大高新区在投融资改革方面建立投资项目"三个清单"管理制度：一是根据国务院公布的政府核准的投资项目目录，及时修订并公布本市政府核准的投资项目目录。二是建立企业投资项目管理权力清单制度，将各级政府部门行使的企业投资项目管理职权以清单形式明确下来，严格遵循职权法定原则，规范职权行使，优化管理流程。三是建立企业投资项目管理责任清单制度，厘清各级政府部门企业投资项目管理职权所对应的责任事项，明确责任主体，健全问责机制。

2. 投融资开放改革

北京市各大高新区在不断加快构建更加开放的投融资体制。在推进投融资开发改革的进程中，高新区一方面创新有利于深化对外合作的投融资机制，坚持将各类资金用好，为开发区内企业走出去和重点合作项目提供更多投融资支持；另一方面，完善境外发债备案制，鼓励和支持开发区内资信状况好、偿债能力强的企业发行外债，募集资金优先用于"一带一路"建设等重大工程和重点领域。加强与境外企业、金融机构等之间的多层次投融资合作。

二、天津市经济技术开发区

（一）管理体制改革

1.机构改革

天津经济技术开发区对法定机构、人员编制进行了大部制改革。改革以立足经济发展主责主业为主要目标，坚持企业化管理为方向，以实现干部能上能下、员工能进能出、工资能升能降，以业绩为导向，以结果论英雄。一方面，开发区确立以市场化为导向的开放灵活的用人机制，取消编制管理和终身制，实行全员聘任制、聘期制，所有人员全部起立，重新竞聘上岗，统一签订合同，聘期三年。另一方面，以事定岗、以岗择人，拓宽用人视野，打破固有身份、年龄、资历等条条框框和隐性台阶，唯才是举、以绩取人、人岗相适。取消了原有的 1000 多个行政事业编制岗位，实行员额制。

2."放管服"改革

"一颗印章管审批"的模式实现了相对集中行政许可权改革的积极成效。一方面，为推进"放管服"改革向纵深发展，完善天津高新区相对集中行政许可权改革，进一步明确集中审批部门和监管部门之间的职责边界，健全完善审批与监管联动机制。另一方面，审批与监管职权相对分离后，构建了行政审批局和监管部门无缝衔接的审管联动工作模式，形成了部门间各司其职、各负其责、信息共享、相互配合、齐抓共管的工作机制。

（二）土地管理制度改革

1."标准地"制度

天津滨海新区在土地出让前，要求土地受让土地储备机构及土地整理单位完成评估评价工作，提前到土地出让地进行考察，进而明确土地储备机构及土地整理单位需要在土地出让前完成的地质灾害危险性评估、水土保持方案、水资源论证（特殊情况除外）、地震安全性评价、压覆重要矿产资源、土壤污染状况调查及修复、必要的考古调查、勘探发掘等各类评估、评价和调查工作。实现了从"事后提要求"向"事先定标准"转变，有力促进地方新型政商关系的构建和营商环境的优化。

2. 土地审批制度改革

天津经济技术开发区采用"用地清单制"来作为项目审批管理、技术审查的主要依据，提高效率的同时真正做到物尽其用。一方面，依托"一张蓝图、多规合一"业务协同平台，土地储备机构及土地整理单位将地块相关信息上传至平台，并发送至各相关行政主管部门、市政公用服务单位；各部门依据各自职责对地块的生态环境、风貌建筑、市政建设、给排水、能耗、园林绿化、通电通信等方面提出管理要求及技术设计要点，完成进而招商引资工作。另一方面，土地储备机构及土地整理单位汇总各部门提出的管理要求、技术设计要点以及各类评估评价成果，形成地块的"用地清单"。

（三）投融资制度改革

1. 投资项目"三个清单"（负面清单、责任清单、权力清单）管理制度

天津经开区在探索投资与贸易便利化方面，应用"准入前国民待遇＋负面清单"管理模式，试点放宽行业外资股比限制，支持猎聘网成为全市第一家拿到增值电信业务许可证的外资互联网企业，并办理了全国首张中外合资企业人力资源服务许可证。

2. 投融资开放改革

天津自由贸易试验区在不断拓宽领域和升级层次来探索全面深化改革、扩大开放的新路径、新模式，厘清政府与市场的关系，着力构建与国际接轨的高标准投资贸易规则体系。截至 2018 年底，已有 117 家《财富》500

强跨国公司在区内投资了 390 个项目；截至 2020 年，全区累计引进外资项目 5613 个，实际使用外资 564 亿美元，其中，投资总额千万美元以上项目 1415 个。

三、河北雄安新区

（一）管理体制改革

随着雄安新区进入承接北京非首都功能疏解和大规模开发建设同步推进阶段，为迎接外来人口和疏解对象的不断涌进，新建的片区开始陆续建成并投入使用。因此，新区社会治理亟须转型，开发区内的管理体制应秉持"坚持先行先试、大胆探索，敢为天下先，敢克天下难，聚力深化重点领域改革创新"的思想理念向城市管理体制快速过渡，将用改革创新的办法解决发展中遇到的问题，不断优化调整新区各级党政机构设置、职能配置和人员编制配备，努力打造体制机制新高地，为新区疏解工作、建设发展和民生事业保驾护航和提供强有力的体制机制保障。

一是建立健全新区管理体制，根据新区实际调整优化机构设置，实行党政合设、大部门制、扁平化管理，精干高效的管理体系基本形成。

二是构建服务疏解组织保障体系，健全"指挥部＋管委会＋工作专班＋综合服务中心"疏解服务机制，为疏解单位和疏解项目落地提供"一站式""一条龙"全方位贴身服务。

三是统筹各类机构编制资源保障重点领域重点工作需要，在总量内为任务繁重部门调增人员控制数，为新建片区教育医疗机构调剂事业编制，探索设立无行政级别、无编制新型事业单位满足重点或专项工作需要。

四是以行政审批制度改革为突破口，建设一流营商环境，打造"雄安服务"品牌，全面实行"三集中、三到位、三个一"，深入推进"多规合一、多审合一、多评合一、多验合一"。

五是以《河北雄安新区条例》实施为契机，积极推动新区向城市管理体制过渡，成立人大政协工作联络机构，厘清部门职责边界，明确对口联系省直部门，建立与县直部门工作指导和对接机制，实现"雄安事，雄安办"。

六是聚焦项目建设"生命线"，结合重点片区和重大项目建设，不断完善新区项目建设推进机制，投融资体制、城市建设体制，做到"建一片、成一片、用一片"。

七是推进司法体制机制创新，为新区建设提供有力法治保障，构建刑事、民事、行政三位一体生态环境保护集中审判和检察体系。

八是不断完善简约高效基层管理体制，稳妥推进县乡两级改革，在乡镇全面推行"一枚印章管到底""一支队伍管执法"。

（二）"放管服"改革

雄安新区全面深化"放管服"改革，着力推进"一枚印章管审批"改革模式，以便民便企为出发点，推行政务服务中心"无差别受理"工作，实现了324项行政许可事项"无差别受理"，政务服务效能大幅提升。通过优化审批服务流程，推动企业和群众办事"最多跑一次"，全面提升政务服务质量和水平。自2020年5月至12月底，实行"无差别受理"的行政许可窗口共受理1359笔业务。受理审批流程清晰，办件流转顺畅，将结合高频事项受理要素变化，进一步梳理完善标准化收件清单、常态化培训，不断提高综合受理窗口人员的业务素质。

（三）土地管理制度改革

推进"多规合一"，划定并严守生态保护红线、永久基本农田、城镇开发边界三条控制线，研究建立雄安新区空间规划体系，强化国土空间规划对各专项规划的指导约束作用。建立健全多元化土地征收制度，完善国土空间开发利用差别化准入制度，在雄安新区实行产业准入负面清单管理。建立土地利用全生命周期管理制度。探索建立建设用地多功能复合利用开发模式，研究制定符合雄安新区特点的建设用地标准，建立"人地挂钩""增存挂钩"机制，将土地节约集约利用水平纳入目标责任考核。

（四）投融资制度改革

一是放宽外汇资金进出管制，促进雄安新区投融资汇兑便利化。支持在雄安新区设立国际性仲裁、认证、鉴定权威机构。拓宽中外金融市场合作领域，金融领域负面清单以外事项实行内外资统一管理。放宽外汇资金进出管制，促进雄安新区投融资汇兑便利化，稳步推进人民币资本项目可兑换。

二是支持在雄安新区设立外商独资或中外合资金融机构。加强供应链创新和应用，开展服务贸易创新发展试点，支持设立跨境电商综合试验区。建设面向全球的数字化贸易平台，便利跨境支付结算。

三是加大对雄安新区直接融资支持力度，建立长期稳定的建设资金筹措机制。加大对地方政府债券发行的支持力度，支持中国雄安集团有限公司提高市场化融资能力，规范运用社会化、市场化方式筹资。优先支持符合条件的雄安新区企业发行上市、并购重组、股权转让等，支持在雄安新区探索推广知识产权证券化等新型金融产品。

四是筹建雄安股权交易所，支持建立资本市场学院。研究建立金融资产交易平台等金融基础设施，筹建雄安股权交易所，支持股权众筹融资等创新业务先行先试。支持建立资本市场学院（雄安），培养高素质金融人才。

（五）其他改革

一是构建灵活高效的用人制度。面向全国选拔优秀人才到雄安新区工作，构建适应雄安新区定位和发展需要的干部人才管理制度，完善考核评价机制，创新激励方式方法。创新人员编制管理，赋予雄安新区统筹使用各类编制资源的自主权和更大用人自主权。制定实施符合雄安新区发展需求的人才政策，对特殊人才实行特岗特薪。

二是建立科技人才激励机制。赋予雄安新区科研机构和高校更大的收入分配自主权，建立以增加知识价值为导向的薪酬分配制度。建立健全前沿科技领域人才和团队稳定支持机制，探索在科研经费和科技成果管理等方面实行负面清单制度。

三是优化境外人才引进和服务管理。建立吸引海外人才回国创新创业服务机制，探索实行更开放的境外人才引进和出入境管理制度，支持雄安新区开展国际人才管理改革试点，为外籍创新创业人员提供更多签证和居留便利，建立外籍高层次人才申请永久居留和工作居留直通车制度。

四、山西转型综改示范区

（一）管理体制改革

山西省开发区针对规模不大、作用发挥有限、带动力不强的企业，探索推动开发区整合、改制、扩区、调规。首先，形成"一区多园"格局、实行统一领导、统一规划、统一政策；其次，综改示范区管委会由原来的 5 个开发区管理机构整合为 1 个，编制由原来的 453 名压缩为 130 名，精简 71%。

（二）"放管服"改革

山西开发区明确职能权限，按照"能放尽放，能授尽授"的原则，推动向开发区赋权。首先，严格把控依法赋权的精准度。做到赋权事项全面梳理、全面对接、全面落地，确保放得准、放到位；其次，针对开发区制度性交易成本高、活力不足的问题，各开发区统一设立行政审批局，职权统一划转至审批局集中行使，统一设立综合执法局，行政处罚权统一划转至综合执法局集中行使，统一设立政务服务大厅或政务服务中心；最后，山西开发区创新考核奖惩机制。第一，省内开发区签订责任书，建立动态进退机制；第二，国家级开发区连续两年考核不合格的，调整领导班子；第三，省级开发区连续两年考核不合格的，退出省级开发区。

（三）土地管理制度改革

一是执行"净地"出让，推行"标准地"供应。山西省开发区严格执行"净地"出让规定，推行以"标准地"方式供应国有建设用地。一方面全面实施区域节能评价、区域环境影响评价、洪水影响评价、压覆重要矿产资源评估、地质灾害危险性评估和地震安全性评价等区域评价，为"标准地"落地提供坚实基础；另一方面，做好承诺事项。用地企业对标竞价取得土地后，在签订国有建设用地使用权出让合同的同时，签订"标准地"投资建设合同。

二是节约用地制度。第一，按照"一市一国家级"在各设区市布局国家级开发区，全省共布局 10 个国家级开发区，用地规模 1600 平方公里左右；第二，按照"一县一省级"在各县布局省级开发区，安排工业类项目为主的开发区 80 个左右，生态文化旅游或现代农业产业开发区 20 个左右，用地规模 1600 平方公里左右。

（四）投融资制度改革

对属于限制类的新建项目，一方面，各个投资管理部门不得审批、核准和备案，国土资源管理、城市规划和建设、环境保护、质监、消防、工商等部门不得办理有关手续；另一方面，禁止投资建设，金融机构不得提供信贷支持，有关单位不得提供水、电、气等要素支持。

五、内蒙古开发区

（一）高新区体制机制改革

一是给予高新区充分放权。将科技创新、产业促进、人才引进、市场准入、项目审批、财政金融等经济管理权限全部下放高新区；建立国家级高新区与自治区有关部门直通车制度。赋予高新区项目立项、住房城乡建设、执法、环保等管理职能和行政审批权限。

二是优化机构人员设置。设立独立运行、精简高效的高新区管委会机构，选派有专业背景和管理经验的人员从事管理工作。

三是鼓励市场化运营。鼓励社会资本参与高新区基础设施建设、提供公共服务等。

四是深化放管服改革。大力推动企业投资项目审批全流程改革，减少不必要的行政干预和审批备案事项，提高建设项目审批效能。

（二）土地管理制度改革

一是提高开发区（园区）集约用地水平。鼓励通过追加投资、推动产业转型升级提高存量建设用地集约利用水平，对符合规划和安全要求，不改变用途，在原厂区新建、扩建、翻建多层标准厂房提高土地容积率的，不再增收土地出让金。

二是鼓励多方式供应产业项目用地。鼓励对国家支持的产业（房地产开发除外）项目用地实行长期租赁、先租后让、租让结合等多种供地方式，优化产业项目周期与土地使用权年期的匹配程度，降低企业用地成本。

（三）投资制度改革

一是投资项目改革：投资项目多评合一、多审核一。建立健全企业投资项目"三个清单"（负面清单、责任清单、权力清单）管理制度。建立健全企业投资项目管理负面清单制度、权力清单制度、责任清单制度，并及时向社会公布清单。

二是融资制度改革：发展直接融资的改革。大力发展直接融资。健全和充实上市挂牌后备企业资源库，推动步入成熟期和扩张期的企业主板上市，推动高成长和高科技的企业创业板上市，推动中小企业挂牌"新三板"或区域股权市场。引导辖区内银行业金融机构积极开展抵押贷款资产支持证券（CLO）、住房抵押贷款资产支持证券（RMBS）等信贷资产证券化业务，盘活存量信贷资源。

三是投融资开放改革：构建更加开放的投融资体制。积极创新跨境人民币业务，推动境内银行为境外项目提供人民币融资业务，开展境内外联动的人民币融资产品创新，在满洲里、二连浩特国家重点开发开放试验区开展人民币跨境双向贷款等跨境融资。积极争取国家开发银行支持区内企业在俄蒙能源、基础设施等重点领域的投资项目。积极开展双边／跨境保险业务合作，通过委托代理等方式，为对方保险公司开展理赔业务提供便利。

第八节 园区治理

社会治理方式现代化主要体现在发挥政治引领、法治保障、德治教化、自治强基、智治支撑作用上。这是我们党领导人民探索中国特色社会主义社会治理之路的实践结晶，也是新时代推进社会治理现代化的基本方式。改革开放以来，以高新区、经开区、城市新区以及各类区域产业园区为主的园区经济在区域创新、产业结构升级、做强实体经济以及产城互动方面发挥了重要引领示范作用。有研究表明，各类园区对所在城市地区生产总值平均贡献度逾12%，园区在研发投入、营商环境等经济转型指标上更是遥遥领先于传统行政区。这一切离不开党的领导、社会治理与文化建设。

一、党建引领

立足新发展阶段，贯彻新发展理念，构建新发展格局，进一步强化党建引领，明晰功能定位，加快转型升级，把开发区打造成经济高质量发展新引擎。

（一）北京经开区党建："亦家亲"暖心驿站

北京经济技术开发区发挥党建引领作用，首先，按照街道社区、亦企服务港区域划分，布设"亦家亲"暖心驿站；其次，街道社区把关怀送到身边，助力融入社区；第三，设立亦企服务港；第四，多方联动推进基层治理。

（二）天津经开区党建：共同缔造理事会

首先，坚持全区"一盘棋"打出服务"组合拳"；其次，找准自身定位，精准共同缔造；此外，经开区企服局、人社局、党委办、党建工作部、两新办、总工会组成经开区共同缔造服务小组，下沉园区企业、为企业提供专业定制化服务。

（三）河北磁县经开区党建："党建＋"模式激活发展新动能

党建＋阵地建设。投资700余万元由开发区和鑫盛公司共同打造的超大型磁县经济开发区暨鑫盛公司党群活动服务中心。

党建＋企业文化。把党建引领与企业文化融为一体，增加了学习的趣味性、多样性和主动性。

党建＋扶贫济危。哪里有困难，哪里有需要，哪里就有党员的身影，哪里就有党组织的温暖和关怀。在企业中开展困难职工帮扶活动。

党建＋人才培养。开发区联姻校企合作，培养适应企业发展需要的高素质专业人才队伍。

党建＋安全生产。实施安全发展战略，坚持把安全生产作为企业党建工作的一项政治任务，把企业党建工作目标与安全目标、安全管理同步。

（四）山西晋城经开区："四个重点"践行"四个融入"

重基础，把党建融入日常。一是下好结合功夫，推动学习常态化；二是下好设计功夫，推动组织责任到位；三是下好规范功夫，推动支部全面进步。

重机制，把党建融入考核。一是注重指标量化；二是注重指数量化；三是注重导向作用；四是注重结果运用。对党建工作中担当作为、贡献突出的干部在评先评优、干部选任、考核奖金上予以体现，对工作不力的党支部约谈问责，有针对性地对干部作出调整。

重目标，把党建融入中心。一是巩固教育成果。始终把习近平新时代中国特色社会主义思想作为党的建设和党员学习的终身课题；二是激发内生动力，优化岗位设计；三是工作落实到位。党支部经常性对照党章党规检视问题，持续用力抓好专项整治整改。

重培育，把党建融入服务。一是凝聚思想共识；二是加强党员队伍建设；三是发挥先锋模范作用。围绕品牌树形象，成立"党员先锋队"。

（五）内蒙古通辽经开区：以"党建+"发展模式促农村振兴

首先，以党建+特色产业，打造新引擎。探索建立"党支部+合作社+基地+种养户""党支部+企业+农户"的利益联结机制。其次，以党建+乡土人才，注入新动能。落实党管人才工作责任，重点培育农村新型经营主体领军人才、职业农民核心群体和回乡创业的新生群体。最后，以党建+休闲旅游，盘活新资本。坚持"党建引领、旅游富民"的发展思路，让党组织参与旅游建设，做好人居环境整治、基础设施建设、美化绿化等工作，提高乡村"颜值"。

二、社会治理

（一）北京中关村：群防群治之"海淀网友"

推进市域社会治理现代化，是党中央作出的一项重大决策部署，是推进国家治理体系和治理能力现代化的重要内容。从"街乡吹哨、部门报到"到"接诉即办、未诉先办"；从赋权下沉增效到多元化主体协商共治……北京正通过一系列工作创新、机制创新、制度创新，构建具有首都特点的超大城市基层治理新格局。

（二）天津滨海新区："数字社区"社会精准化治理新模式

天津滨海新区泰达街探索出一条"数字社区"新模式，在推动社会治理精准化的同时，更为谋求辖区居民幸福感不断努力。首先，在泰达街社区，物联网传感器的利用让社会资源分配更精细；其次，泰达街还将辖区所有医疗卫生机构在物联网传感器上串联在一起，统筹配置医疗资源；再次，在文明行为引导上，泰达街善用云计算、大数据等前沿技术，推出文明积分制度，将行人过马路闯红灯、车辆转弯不礼让等不文明行为作为扣分项，志愿服务等作为加分项，在后台统一记录。

（三）河北秦皇岛开发区："幸福开发区"工程提高社会治理水平

首先，通过平台建设，全面提高社会治理水平，让职能部门服务效率越来越高，让企业发展越来越好，让群众幸福指数越来越高；其次，同步建设了线上和线下服务终端，手机客户端APP可提供238项行政审批事项、30多项个人常用事项的在线办理以及650项政务事项查询服务，实现了复杂政务事项指导办、常用事项在线办、公共服务一网通办、生活所需一键到家；同时，"幸福开发区"工程还带动了智慧出租车、建筑与工业节能、环保质量检测、三维时空信息管理平台等技术的示范应用。

（四）山西长治经开区：创优环境加快产城融合

第一，以大城市交通基础设施建设为基础，以片区开发为先导，以产业发展作为支撑，以数字化、网络化、智能化为引领，坚持"建链、补链、强链、延链"，遵循生产、生活、生态"三生融合"规划理念，形成产业联动、高端开放的新格局，释放新兴产业的新动能。

第二，积极落实领办帮办代办机制，切实为企业发展排忧解难。目前，经开区行政服务中心已陆续承接了76项市级行政审批服务事项，逐步实现了"一枚印章发证照、一个大厅办成事，区内事区内办"的政务新格局，从根本上提高了行政审批效率。

（五）内蒙古腾格里经济技术开发区：创新"基层党建＋社会治理"

一是以"基层党建＋社会治理"实践模式为牵引，通过有效发挥基层党组织核心领导作用和党员先锋模范作用，带动多种社会治理主体参与共享共建，做实"党建"与"治理"的融合文章。

二是推进矛盾纠纷调处建设，有效整合联合接访中心、诉讼服务中心、公共法律服务中心、市场监督投诉举报中心等平台，完善规章制度，发挥派出所、司法所联动优势，及时化解矛盾纠纷。

三是推进"互联网＋政务服务"，深化"放管服"改革，优化营商环境，全面推进一体化在线政务服务平台建设，努力实现"一网通办""一网通管"，为企业和广大农牧民群众办事营造便利条件，为开发区经济社会发展注入"新动能"。

三、文化建设

（一）北京经济技术开发区——五个特色区

北京经开区重点推动建设以"区级—街区级—社区级"3 级公共文化设施为主，着力建设社会主义先进文化示范区、全国创新文化先导区、全国科文融合产业样板区、国际一流公共文化服务活力区、对外文化交流前沿区等在内的"五个特色区"。以企业运营文化设施为补充的"3+N"公共文化设施体系；塑造大都东南科技艺术节、书香亦城、文化艺术节等亦庄新城特色文化品牌；推动科技、文化、旅游的深度融合，打造首个全域工业科技旅游示范区，培育科技创新与历史文化融合旅游新业态。

（二）天津滨海新区——第二批国家级文化产业示范园区

天津滨海新区智慧山文化创意产业园成功入选第二批国家级文化产业示范园区创建。智慧山文化创意产业园位于滨海高新区核心区华苑科技园（环内），总建筑面积 20 余万平方米，固定资产总投资逾 20 亿元。经过不断发展，文化产业细分行业的产业链不断完善，聚集性不断增强，园区特色不断突出，形成了智慧山南塔作为创意产业的总部基地，智慧山北塔双子座作为互联网＋文化产业聚集地，智慧山西塔作为新媒体＋数字服务聚集地，并成功吸纳超过 50 家国内领先的文化科技企业进驻。智慧山围绕着企业发展需求，构建了创业孵化平台、技术服务平台、金融服务平台、市场推广平台、交易服务平台、创业培训平台、文化交流平台等七大公共服务平台，为入驻企业提供创业孵化、商业办公、融资渠道、市场交易推广等全方位的服务体系，真正发挥园区在整合广告资源，促进产业集聚，助推经济发展的重要作用。

（三）河北廊坊开发区——打造动漫文化创意产业园

2020 年 11 月 26 日，廊坊开发区"动漫文化创意产业园"和"动漫研创总部基地"两个动漫产业项目签约。两个项目均落户廊坊开发区科技谷园区，总投资约 10 亿元，预计年营收 38 亿元，对增强区域文化竞争力将起到积极的促进作用。"动漫研创总部基地"项目主要以两点十分、阿里、优酷三大行业龙头企业为核心，导入峰瑞资本等一线创投资本，吸引动漫产业平台型总部、第二总部落户，实现产业集群集聚发展。项目将建设总部聚集区、动画制作与创新孵化区、产业投资与人才教育区 3 大功能板块，打造京津冀动漫产业发展新核心、新引擎。

（四）太原经济开发区文化创意产业基地——创意产业孵化中心

太原经济开发区文化创高产业基地项目位于太原经济开发区新闻中心某地块，建设动漫、新媒体、创意孵化三个大楼以及产品展示交易、合作交流中心配套服务功能，是太报传媒文化创意产业基地项目的组成部分。配合山西省大力发展创意产业的战略规划，走具有山西特色的创意产业规模化、集群化、国际化的可持续发展道路、为山西省创意企业提供一个全方位的产业化服务集聚平台，充分发挥文化创意产业的局部集群和区域经济战略优势、用制作中心这个"引擎"带动山西文化创意产业的快速发展。

（五）内蒙古通辽开发区——打造文化产业人才"强磁场"

内蒙古通辽经济技术开发区坚持从体制机制、发展环境和成果转化等关键环节入手，通过政策支持和服务保障，打造文化产业人才"强磁场"。成立文化执法大队，细化行业规范，健全完善文化产业市场体系，建立"一站式"高层次人才服务绿色通道和生活服务体系，推广"订单式"培训，兴办实训基地，打造科技大市场等孵化基地为文化企业团队提供专业化运作平台。重点扶持笔克那达慕风情园、"红格尔敖包"演艺中心、科尔沁文化展示中心等 16 个文化产业项目建设。

第九节　未来展望

一、产业发展展望

(一)北京：高精尖产业、国家中枢

北京有 22 家开发区，其中有 6 家开发区的战略定位是产业转移，这 6 家开发区都是为了承接北京非首都功能而建立的开发区，都处于北京的较偏远地区。其余开发区担负着实现创新发展、绿色发展和科技创新的重任，这也与北京是全国的政治文化中心有着密不可分的关系。北京开发区是全国高精尖产业和产业创新孵化的聚集地。

(二)天津：科技兴区、进出口贸易产业

天津市的战略定位与其得天独厚的地理位置有着密不可分的关系，天津外紧邻渤海，内与北京、河北、山东等相接，地处平原，不论是发展进出口还是发展国内物流都有着不可多得的优势，因此天津的物流、跨境电商、进出口贸易非常发达。再加上近年来电商的发展，在很大程度上带动了互联网科技的进步，天津越来越多的开发区也在大力发展科技，总之天津开发区的战略定位主要是我国北方对外贸易的重要口岸，同时也是连接国内各省的重要关卡。

(三)河北：产业协作、配套发展

河北省在地理位置上作为北京的护城河，在经济发展布局上也是围绕北京开展，河北很多开发区的战略定位是产业协作、配套发展、协调发展；其次河北省的唐山、邯郸等地有着丰富的矿产资源，这两个地方的开发区主要定位就是资源密集型；最后河北省的开发区数量较多，其各类定位都有所涉及，可以说较为全面。

(四)山西：产业转移、循环经济示范区

山西省的战略定位较为简单，有一部分原因是山西省有 40 多家开发区

尚未核定完标准，从目前已有的数据可以看出，山西省开发区的主要定位是产业转移、循环经济示范区和物流中心。山西是全国设立循环经济示范区较早的几个省份之一。

（五）内蒙古：资源密集型、绿色发展和产业转移

内蒙古自治区地大物博，矿产、石油、天然气、稀土以及绿色草原等资源闻名全国，因此内蒙古的开发区也都围绕着这些天然资源展开。再加上近年来国家大力发展西部，出台的西部大开发、中蒙俄经济走廊等战略性规划，有大量的产业从中部地区转向内蒙古自治区，内蒙古自治区近年来几乎每个盟市都成了一个专门承接产业转移的开发区。内蒙古自治区与蒙古国、俄罗斯边境接壤，在二连浩特、满洲里等地有着众多的通商口岸，因此在内蒙古的边境地区有着很多开发区以发展物流、进出口贸易等为战略目标。内蒙古的乳业闻名于全国，呼和浩特有着"乳都"的美誉，因为蒙牛和伊利的不断壮大，内蒙古多地抓住发展机遇形成了配套乳业发展的众多开发区。

二、统筹发展

北京：更加突出京津冀协同发展。牢牢抓住疏解非首都功能这个"牛鼻子"，以减量倒逼集约高效发展，推动北京城市副中心和河北雄安新区两翼齐飞，增强与天津、河北联动，构建现代化都市圈，建设以首都为核心的世界级城市群。

天津：加强大学科技园顶层设计，发挥大学科技园成果转化、创业孵化、集聚资源、培育人才和协同创新等核心功能，将其打造成为成果转化"首站"和区域创新创业"核心孵化园"，为天津高质量发展提供强力引擎和策源支撑。建立健全大学科技园建设体制机制，探索"一校一园""一校多园"和"多校一园"等多元建设模式。推动校区、园区、社区"三区"协同发展。建立推进大学科技园发展的协调工作机制，实施动态管理、定期评

估、科学监督和优胜劣汰制度。

河北：推动区域协调发展。加快空间治理现代化，强化"四区"联动发展。环京津核心功能区，重点抓好北京非首都功能疏解承接工作，打造与京津一体化发展先行区；沿海率先发展区，重点发展战略性新兴产业、先进制造业以及生产性服务业，打造环渤海高质量发展新高地；冀中南功能拓展区，重点承担农副产品供给、科技成果产业化及高新技术产业发展功能，打造制造强省战略支撑区；冀北生态涵养区，重点发挥生态保障、水源涵养、能源建设、旅游休闲等功能，大力发展绿色产业和生态经济，规划建设太行山—燕山自然保护地，打造生态引领示范区。

山西：城乡融合发展形态基本形成。"一主三副六市域中心"体系建设取得明显进展，太原成为具有国际影响力的国家区域中心城市，省域副中心城市集聚辐射能力显著提升，市域中心城市功能品质全面提升，乡村振兴战略深入推进，城乡区域协调发展水平明显增强。

内蒙古：积极融入京津冀协同发展战略，以邻近北京的盟市为重点，强化与京津冀地区全面合作，形成北京对内蒙古多点带动新格局。完善京蒙协作机制，吸引北京企业在内蒙古设立区域总部、生产基地、研发中心和营销中心，推动园区共建合作。加强与天津、河北港口资源使用和内陆港合作，共同打造陆港群。支持乌兰察布建设冬奥会辐射延伸产业基地，大力推进蒙晋冀（乌大张）长城金三角合作区建设。加强与长三角、粤港澳大湾区等地区合作交流，加强与沿黄省区及毗邻地区合作，建设承接产业转移示范区。探索发展"飞地经济"，用好发达地区资金、技术、人才等要素，加快设立产业飞地、科创飞地，吸引企业总部和分部、研发机构、行业协会、产业联盟入驻，实现借力发展。推动西部陆海新通道建设，加强锡林郭勒—赤峰—朝阳—锦州、四平—辽源—铁岭—通辽、哈尔滨—大庆—齐齐哈尔—呼伦贝尔协同创新。

三、共同发展

北京：顺应数字产业化、产业数字化发展趋势，实施促进数字经济创新发展行动纲要，打造具有国际竞争力的数字产业集群，建设全球数字经济标杆城市。深入实施北京大数据行动计划，加紧布局 5G、大数据平台、车联网等新型基础设施，推动传统基础设施数字化赋能改造。实施应用场景建设"十百千工程"，率先在城市副中心、"三城一区"、冬奥园区、大兴国际机场等区域建设一批数字经济示范应用场景。鼓励线上教育、在线医疗、远程办公、云上会展等新业态发展。加快企业数字化赋能，促进平台经济、共享经济健康发展。

天津：深入推进京津冀全面创新改革试验，深化"通武廊"地区"小京津冀"改革试验。创新跨行政区域城市公共交通服务供给，加快实施天津中心城区经武清、廊坊延伸至通州市域（郊）铁路。探索建立"通武廊"产业合作示范园区，深入推进"通武廊"人才一体化发展示范区建设。推动宝坻区、蓟州区与北京市通州区、河北省唐山市依托京唐、京秦高铁纽带，共同打造"京东黄金走廊"。深化"静沧廊"地区一体化改革，在交通、人才、社会治理等领域建设一批共建共享工程。深化办学办医合作，拓展跨省市购买养老服务试点。推动京津冀教育协同发展，深化"通武廊"区域教育合作，推进基础教育一体化发展。探索理顺"飞地"管理体制，推进统一规划、统一建设、统一管理。

河北：大力发展数字经济。深化数字经济和实体经济融合发展，加快数字产业化、产业数字化。深入推进"上云用数赋智"行动，构建生产服务＋商业模式＋金融服务的数字化生态体系。抓好数字社会、数字政府建设，提升公共服务、社会治理等数字化、智能化水平。加快基础设施数字化改造，建设数据统一共享开放平台，实施数字乡村建设工程，缩小城乡数字鸿沟。完善数据安全保障体系，加强个人信息保护。办好中国国际数字经济博览会，推进雄安数字经济创新发展试验区、石家庄数字经济产业园和张家口怀来大数据产业基地建设发展。

山西：跨界融通培育新业态。突出数字化引领、撬动、赋能作用，着力推进数字经济与实体经济、民生服务深度融合，全面建设"数字山西"。培育智能制造新业态，加快制造向智造升级。加快形成人工智能和工业互联网产业"生态圈"。培育智慧物流新业态，开展智慧物流园区建设试点，提升物流业网络化数字化智能化水平。培育智慧城市新业态，加快数据开放共享、应用场景拓展，依托阳泉市、晋城市等全国"智慧城市"试点，打造一批先行区、示范区。大力发展"互联网+"新模式，培育扶持平台经济，积极探索"旅游+""文化+""农业+"等新业态。健全数字规则，依法规范发展平台企业。到"十四五"末，数字经济发展体系全面立体构建，新业态发展加速推进。

内蒙古：打造现代物流业。支持呼和浩特、包头、赤峰、鄂尔多斯等地争创国家物流枢纽，实施乌兰察布—二连浩特陆港型（陆上边境口岸型）、满洲里陆上边境口岸型国家物流枢纽建设工程。提升乌兰察布、赤峰、通辽等区域性物流枢纽地位。加快培育第三方物流企业，大力发展多式联运、甩挂运输、网络货运等特色物流，建设或改造一批智能化仓储物流示范基地。调整运输结构，持续推进大宗货物"公转铁"。构建绿色流通链，引导大型商场增设绿色产品专区，促进报废汽车回收再利用，建立废旧物品逆向物流回收体系。创新流通供应链，加快仓储设施、搬运设备、单元化物流器具标准化、信息化、数字化改造和资源协同共享。建设全面通达、普惠城乡的邮政快递网络，推动盟市邮政快递区域枢纽建设，实施邮政快递基础设施提升改造工程，重点在老旧小区完善智能信包箱、邮政综合服务站等基础设施，在新建小区布放智能快递箱格口，建设标准综合服务站，提升快件处理能力和末端收寄服务水平，升级农村牧区服务网络，重点建设80个旗县集散中心，到2025年，全区基本实现"村村通快递"。

第二章 东北地区开发区建设与发展

东北地区包括黑龙江省、吉林省和辽宁省，截至 2021 年底，开发区数量 252 家，其中国家级开发区 63 家，省级开发区 189 家。党的十八大以来，国家级开发区年均增 2.6 家，省级开发区年均增 4 家，但存在三省增长差异较大，辽宁省占比超过 52%，开发区（尤其是国家级开发区）在产业转型升级、创新发展、协调发展、绿色发展、开放发展、共享发展等方面发挥了领头雁作用。2021 年，东北开发区以 0.74% 的土地、16.7% 的人口贡献了 38.8% 的地区生产总值。

第一节 发展概况

一、发展规模

（一）开发区数量规模

截至 2021 年底，东北地区开发区共计 252 个。其中，国家级开发区 63 个，占 25%；省级开发区 189 个，占 75%。东北地区的开发区数量在七大区域中位居中游，国家级、省级开发区数量占全国总数量的比重分别为 9.4%、9.5%。

1. 国家级开发区数量不断增加

2012—2020 年，东北三省国家级开发区数量由 42 家增加到 63 家，共增加了 21 家，平均每年增加 2.6 家。其中，国家级经开区增加 7 家（2013年增加了 6 家），国家级高新区增加 3 家；其他国家级开发区则增加了 11 家，占国家级开发区增量的 52.4%。详见图 2-1-1。

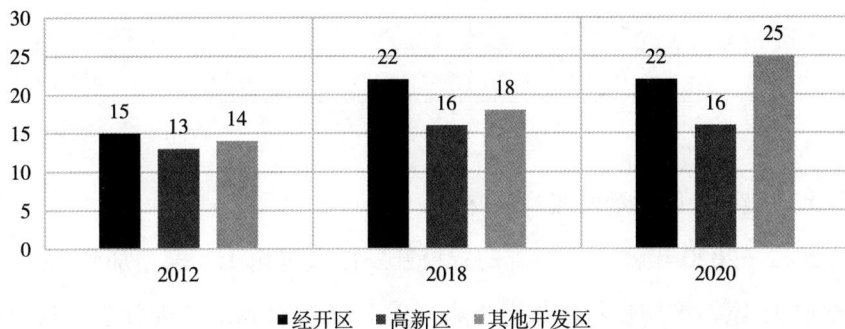

图 2-1-1 东北地区国家级开发区数量变化情况（2012—2020 年）

2020 年，辽宁省拥有国家级开发区 30 家，占东北地区的 47.62%。其中，国家级经开区 9 家，国家级高新区 8 家，其他国家级开发区 13 家。2013 年至 2020 年，辽宁省国家级开发区数量增加 12 家，占该时期东北地区增加量的 60%。其中，国家级经开区、国家级高新区、其他国家级开发区分别增加 4 家、2 家和 6 家。

2020 年，吉林省拥有国家级开发区 15 家，占东北地区的 23.81%。其中，国家级经开区 5 家，国家级高新区 5 家，其他国家级开发区 5 家。2013至 2020 年，吉林省国家级开发区数量增加 4 家，其中，国家级经开区与高新区各增加 1 家，其他国家级开发区增加 2 家。

2020 年，黑龙江省拥有国家级开发区 18 家，占东北地区的 28.57%。其中，国家级经开区 8 家，国家级高新区 3 家，其他国家级开发 7 家。2013年至 2020 年，黑龙江省国家级开发区数量增加了 5 家。其中，国家级经开区增加 2 家，其他国家级开发区增加 3 家。

表 2-1-1　2013—2020 年东北三省各类国家级开发区增加量（家）

	国家级经开区	国家级高新区	其他国家级开发区	合计
辽宁	4	2	6	12
吉林	1	1	2	4
黑龙江	2	0	3	5
合计	7	3	11	21

2.省级开发区数量增加差异较大

2012—2020 年，东北三省的省级开发区数量由 158 家增加到 189 家，共增加 31 家，平均每年增加近 4 家。截至 2020 年底，黑龙江省、辽宁省和吉林省的省级开发区数量分别为 75 家、65 家和 49 家，分别占东北地区数量的比重为 39.68％、34.3％和 25.93％。2013 年至 2020 年，黑龙江省和辽宁省的省级开发区数量分别增加 23 家和 8 家，而吉林省的省级开发区数量相当稳定且无增长。所以，从增量上看，东三省的发展速度差异较大，其中黑龙江发展速度相对较快。

（二）开发区土地规模

截至 2020 年底，东北地区开发区土地面积共约 59.6 万公顷，占东北三省面积的 0.74％。其中，国家级开发区、省级开发区土地面积分别占 74％、26％。

1.国家级开发区土地规模

东北地区国家级开发区面积共约 43.98 万公顷。其中，辽宁省国家级开发区面积最大，约 30.4 万公顷，占东北国家级开发区面积的 69.1％；吉林省国家级开发区面积约 6.26 万公顷，占东北国家级开发区面积的 14.2％，黑龙江省国家级开发面积约 7.33 万公顷，占东北国家级开发区面积的

16.7%。

表 2–1–2　2020 年东北三省各类国家级开发区土地面积（公顷）

省份	国家级经开区	国家级高新区	其他国家级开发区	合计
辽宁	8123	7771	288013	303907
吉林	4978	6397	51209	62584
黑龙江	5847	4131	63332	73310
合计	18948	18299	402554	439801

东北地区面积 1000 公顷以上的国家级开发区共计 23 个，面积合计 41.94 万公顷，占东北地区国家级开发区面积的 95.3%，非常集中。其中，辽宁省 11 个，面积 29.31 万公顷；吉林省与黑龙江省各 6 个，面积分别为 5.84 万公顷与 6.79 万公顷。该 23 个国家级开发区面积相对较大，主要是 8 个其他国家级开发区面积相当大，合计 39.5 万公顷，占 23 个国家级开发区总面积的 94.1%。15 个国家级经开区与高新区共计 2.46 万公顷，平均 1369 公顷，相对较小。共有 6 个面积超过 1 万公顷的国家级开发区：大连金普新区，22.99 万公顷；长春新区，4.99 万公顷；哈尔滨新区，4.94 万公顷；沈抚改革创新示范区，2.85 万公顷；中国（黑龙江）自由贸易试验区，1.2 万公顷；中国（辽宁）自由贸易试验区，1.2 万公顷。此外，还有面积近万公顷的沈大国家自主创新示范区（0.97 万公顷）。该 7 个其他国家级开发区面积共计 39.12 万公顷，占东北地区国家级开发区总面积的 88.9%。

2. 省级开发区土地规模

东北地区省级开发区面积共约 15.61 万公顷。其中，辽宁省级开发区面积最大，约 9.15 万公顷，占东北省级开发区面积的 59%；吉林省级开发区面积约 3.58 万公顷，占东北省级开发区面积的 23%；黑龙江省级开发区面积约 2.88 万公顷，仅占东北省级开发区面积的 18%。

（三）开发区人口规模（国家级开发区）①

2020 年，东北地区国家级开发区人口合计约 1660 万人，占东北地区总人口的 16.7%。其中，辽宁、黑龙江、吉林的国家级开发区人口占各自省份总人口的比例分别为 19.9%、16.6%、10.9%。

从开发区省别来看，辽宁省国家级开发区人口最多，吉林省最少。辽宁省、吉林省、黑龙江省的国家级开发区人口分别约为 868 万人、261 万人、530 万人，占东北地区国家级开发区总人口的比例分别为 52.3%、15.8%、31.9%。

从开发区类型来看，其他国家级开发区人口最多，国家级高新区最少。其他国家级开发区人口共约 850 万人，占东北地区国家级开发区总人口的 51.2%。其中，辽宁省、吉林省、黑龙江省分别为 500 万人、70 万人、280 万人，占比分别为 58.8%、8.2%、33%。国家级经开区人口共约 487 万人，占东北地区国家级开发区总人口的 29.4%。其中，辽宁省、吉林省、黑龙江省分别为 190.3 万人、99.54 万人、197.5 万人，占比分别为 39.1%、20.4%、40.5%。国家级高新区人口共约 322 万人，占东北地区国家级开发区总人口的 19.4%。其中，辽宁省、吉林省、黑龙江省分别为 177.75 万人、91.94 万人、52.5 万人，占比分别为 55.2%、28.6%、16.2%。

（四）开发区经济规模（国家级开发区）

2020 年，东北地区国家级开发区 GDP 合计约 20660 亿元，占东北地区 GDP 的 38.8%。其中，辽宁、黑龙江、吉林的国家级开发区生产总值占各自省份生产总值的比例分别为 43.6%、38.1%、30.7%。

从开发区省别来看，辽宁省国家级开发区 GDP 共计 10942 亿元，占

---

① 东北地区省级开发区的人口、经济等规模相对较小且数据缺失严重，本节不予统计分析。其他国家级开发区部分缺失数据根据平均水平估计。

东北地区国家级开发区 GDP 的 52.3%；吉林省国家级开发区 GDP 共计 5518.45 亿元，占东北地区国家级开发区 GDP 的 26.7%；黑龙江省国家级开发区 GDP 共计 4200 亿元，占东北地区国家级开发区 GDP 的 20.3%。

从开发区类型来看，国家级经开区、国家级高新区、其他国家级高新区的 GDP 分别为 8133 亿元、4678 亿元、7849 亿元，占东北地区国家级开发区 GDP 的比例分别为 39.4%、22.6%、38%。2020 年东北地区 GDP 超过 800 亿元的国家级高新区共 9 家，其中，国家级经开区包括大连经济技术开发区（1289 亿元）、沈阳经济技术开发区（1043 亿元）、长春汽车经济技术开发区（1105 亿元）、哈尔滨经济技术开发区（838 亿元）等 4 家；国家级高新区包括长春高新技术产业开发区（1020 亿元）、哈尔滨高新技术产业开发区（858 亿元）等 2 家；其他国家级开发区包括沈大国家自主创新示范区（3020 亿元）、大连金普新区（2079 亿元）、长春新区（824 亿元）等 3 家。

二、发展质量[①]

（一）经济效率

1. 人均 GDP

2020 年，东北地区国家级开发区人均 GDP 约 12.5 万元，是东北地区人均 GDP 的 2.3 倍。其中，辽宁省、吉林省、黑龙江省的国家级开发区人均 GDP 与各省份人均 GDP 的比值分别为 2.1、3.5、1.8。

辽宁省国家级开发区人均 GDP 为 12.6 万元，其中国家级经开区为 19.5 万元，国家级高新区仅 5.8 万元；吉林省国家级开发区人均 GDP 为 21.1 万元，其中国家级经开区、国家级高新区分别为 25 万元、22.3 万元；黑龙江省国家级开发区人均 GDP 为 7.9 万元，其中国家级高新区高达 30.2 万元，国家级经开区仅 9.9 万元。由此可见，辽宁省国家级经开区的经济发展水平

---

① 由于省级开发区经济规模相对较低且数据缺失严重，本部分仅分析国家级开发区。

显著好于国家级高新区，黑龙江省恰好相反，吉林省则两者比较均衡；由于整体创建时间较晚，其他国家级高新区的经济发展水平相对较低，尤其是黑龙江。

2. 亩均GDP

2020年，东北地区国家级开发区亩均GDP为31.3万元，其中辽宁省、吉林省、黑龙江省的国家级开发区亩均GDP分别为24万元、58.8万元、38.2万元。如果剔除其他国家级开发区，则东北地区国家级开发区亩均GDP为229.3万元，其中辽宁省、吉林省、黑龙江省的国家级开发区亩均GDP分别为198.9万元、266万元、235.9万元，差距不大。

东北三省中，辽宁省的国家级开发区亩均GDP最低，但国家级经开区亩均GDP较高（303.9万元），辽宁省的其他国家级开发区面积大（28.8万公顷）、亩均GDP低（14.4万元），大幅拉低了辽宁省整体水平；吉林省的国家级开发区亩均GDP相对较高，主要是其他国家级开发区面积相对较小（5.12万公顷），且国家级经开区亩均GDP相当高（332.8万元），国家级高新区亩均GDP也较高（214万元）；黑龙江省也受到其他国家级开发区的拖累（亩均GDP仅7万元），但国家级高新区亩均GDP较高（256万元），其国家级开发区亩均GDP处于中游水平。

（二）品牌建设

1. 品牌经开区

依托厚实工业基础，经过多年发展，东北地区成功建设了辽宁省的沈阳经开区与大连经开区、吉林省的长春经开区、黑龙江省的哈尔滨经开区等一批全国知名国家级开发区，该4个经开区的GDP、人均GDP、亩均GDP等经济指标均在东北地区乃至全国位居前列。

2020年国家经开区综合发展水平考核评价结果（商务部）前三十强中，上述4家经开区上榜：沈阳经开区位列第19名，大连经开区紧随其后位列第20名，哈尔滨经开区与长春经开区分别位居第23名、第25名；其中，大连经开区较 2019 年上升 10 位，沈阳经开区、长春经开区相较 2019 年排位上升 3 位。2020 年，有 2 家经开区的开放发展处于国家级经开区第一阵列：哈尔滨经开区吸收利用外资排第 6 名，大连经开区的进出口总额排第 9 名。

2021 年，中国园区高质量发展百强榜（赛迪）中，大连经开区（第 50 位）、沈阳经开区（第 53 位）、哈尔滨经开区（第 73 位）、长春经开区（第 78 位）4 家国家级经开区同样上榜。

2.品牌高新区

近年来，东北地区的大连高新区、长春高新区、哈尔滨高新区、沈阳高新区等一批国家级高新区全力推进科技创新，大力发展高新技术产业、战略性新兴产业，创新发展取得突破性成就，成为全国知名高新区。

2020 年，国家高新区综合排名（科技部火炬中心）中，大连高新区排第 18 位。2021 年中国园区高质量发展百强榜中，东北地区有 2 家高新区上榜：大连高新区排第 38 位，居东北地区第一；长春高新区排第 68 位。

第二节　空间布局

一、总体空间布局

（一）总体空间布局特征

1.空间布局密度特征

东北地区开发区空间布局密度具有显著的南高北低特征。2020 年，东北地区省级以上开发区合计 252 个，空间分布密度为 3.11 个 / 万平方公里，略高于全国平均水平（2.78 个 / 万平方公里），由南到北递减：辽宁省级以上开发区的空间分布密度比较高，为 6.39 个 / 万平方公里，比全国平均水平高 130.2%；吉林省级以上开发区的空间分布密度为 3.42 个 / 万平方公里，比全国平均水平高 22.98%；黑龙江省级以上开发区的空间分布密度为 1.97 个 / 万平方公里，比全国平均水平低 29.2%。

2. 空间布局行政特征

东北地区开发区空间布局具有一定的行政集聚特征：开发区相对集中布局在副省级城市。2020 年，哈尔滨、长春、沈阳与大连四个城市的省级以上开发区数量共计 69 家，占东北地区省级以上开发区总数量的 27.38%。其中，辽宁省开发区的空间布局行政集聚度（省会城市与副省级城市开发区数量占本地区开发区总量的比例）相对较高：沈阳与大连的省级以上开发区共计 36 家，占辽宁省的 37.89%。

东北开发区行政集聚度存在类型差异：国家级开发区的行政集聚度显著高于省级开发区。2020 年，东北国家级开发区的行政集聚度高达 47.6%，比省级开发区高 27 个百分点。其中，辽宁省的差异相当大，其国家级开发区的行政集聚度高达 60%，比省级开发区高 32.3 个百分点；吉林省的差异也较大，国家级开发区的行政集聚度比省级开发区高 26.7 个百分点；黑龙江省的差异相对较小，国家级开发区的行政集聚度比省级开发区高 14.7 个百分点。

3. 空间布局经济特征

东北地区开发区空间布局具有比较显著的经济集聚特征：开发区相对集中布局在经济相对发达城市：60% 以上的开发区布局在人均 GDP 排名前十的城市；70% 以上的国家级开发区布局在人均 GDP 排名前十的城市。

（二）国家级开发区空间布局

1. 现有国家级开发区空间布局（2020 年）

东北三省国家级开发区的空间分布主要受区域中心城市、交通条件、地理区位等影响，总体空间布局呈现南密北疏、西密东疏特征。东北三省大部分国家级开发区分布在"两线四片"区域，集聚程度较高，点、线、面结合较好，布局比较合理。

"两线"包括"哈长沈大主线"与"沿边副线","哈长沈大主线"指哈尔滨—长春—沈阳—大连沿线,"沿边副线"指东北与俄罗斯、朝鲜边界线,"四片"指国家级开发区比较集中的四个片区:哈尔滨片区(7家开发区)、长吉片区(长春与吉林,8家开发区)、辽沈片区(辽阳与沈阳,13家开发区)与大连片区(8家开发区)。

哈尔滨—长春—沈阳—大连沿线共布局了40个国家级开发区,占东北地区国家级开发区总数量的63.5%。东北与俄罗斯、朝鲜边界线共布局了9个国家级开发区,占东北地区国家级开发区总数量的14.3%。所有国家级开发区均布局在胡焕庸线东南区域,表明自然资源、气候等条件对国家级开发区布局具有重大影响。

东北地区国家级开发区的空间分布密度为0.78个/万平方公里,略大于全国平均水平(0.69个/万平方公里)。其中,辽宁省国家级开发区的空间分布密度为2.02个/万平方公里,比全国平均水平高190.6%;吉林省国家级开发区的空间分布密度为0.8个/万平方公里,比全国平均水平高15.2%;黑龙江省国家级开发区的空间分布密度为0.38个/万平方公里,比全国平均水平低45.2%。

2.新增国家级开发区空间布局

2008—2020年,东北地区国家级开发区由24家增加到63家,增长162.5%,经历了两个阶段:2008—2013年,国家级经开区与高新区数量快速增长阶段,经开区增加16家,高新区增加7家,其他国家级开发区增长2家;2014—2020年,其他国家级开发区快速增长阶段,国家级经开区与高新区共增加2家,其他国家级开发区增加11家。2020年,东北地区国家级开发区没有发生变化。

2009年以来,东北地区新增国家级开发区主要围绕内陆区域中心城市(沈阳、哈尔滨、长春)与沿海沿边进行布局,三个区域中心城市(亦是省会城市)的众多省级开发区凭借行政、经济、交通等优势,在国家振兴东北老工业基地战略的支持下，成功升级为国家级开发区；部分沿边沿海省级开发区也凭借自身特色与区位优势升级为国家级开发区。因此，东北地区新增国家级开发区大部分布局在"两线三片"。其中，海岸沿线增加 6 家，边界沿线增加 3 家，哈尔滨片区增加 5 家，长吉片区增加 4家，辽沈片区增加 9 家，合计增加 27 家，占新增国家级开发区总数量的69.2%。

2013—2020 年，东北地区新增 21 家国家级开发区，年均增加 2.6 家，开发区类型结构进一步优化：其他国家级开发区数量增长最多（11 家），包括 2 家自由贸易试验区、3 家新区、2 家综合保税区、1 家自主创新示范区、1 家改革创新示范区、1 家边境经济合作区与 1 家高端装备产业园。新增国家级开发区全部位于胡焕庸线东南区域，相对集中在区域中心城市（10 家）与沿海沿边（5 家），两者合计占新增国家级开发区数量的 71.4%。

（三）省级开发区空间布局

1. 现有省级开发区空间布局（2020 年）

东北地区省级开发区共计 189 家，整体空间布局具有两个显著特征：一是南密北疏、西密东疏，二是整体分散、相对集聚。

东北地区省级开发区整体空间分布密度为 2.34 个 / 万平方公里，略高于全国平均水平（2.08 个 / 万平方公里），由南到北递减：辽宁省级开发区的空间分布密度比较高，为 4.37 个 / 万平方公里，比全国平均水平高110.1%；吉林省级开发区的空间分布密度为 2.61 个 / 万平方公里，比全国平均水平高 25.6%；黑龙江省级开发区的空间分布密度为 1.59 个 / 万平方公里，比全国平均水平低 23.9%。

东北地区省级开发区相对集中布局在哈尔滨—长春—沈阳—大连沿线，辽沈片区集聚度最高，其次是长吉片区，但大部分省级开发区零散布局在其他地级市。

2. 新增省级开发区空间布局

2012—2020 年是东北地区省级开发区快速增长时期：由 124 家增加到 189 家，增长 52.4%。其中，黑龙江省增加 49 家，占东北地区增加量的 75.4%，辽宁省增加 16 家，占东北地区增加量的 25.6%。2013 年以来，东北地区 3/4 的新增省级开发区布局在开发区相当欠缺的黑龙江省，且分散布局在非省会城市。

二、不同省份开发区空间布局（国家级开发区）

（一）辽宁省

2020 年，辽宁省 30 个国家级开发区分布非常集中：辽沈片区 13 家，环渤海湾 13 家（包括大连片区 8 家），两者合计占 86.7%。

2013 年以来，辽宁省新增 12 家国家级开发区。其中，国家经开区 4 家，国家级高新区 2 家，其他国家级开发区 6 家。新增国家级开发区主要布局在长春市（4 家）和环渤海湾（5 家）。

（二）吉林省

2020 年，吉林省 15 个国家级开发区主要布局在长吉片区（8 家）和国界沿线（4 家），集聚程度相当高。

2013 年以来，吉林省新增 4 家国家级开发区。其中，国家经开区 1 家，国家级高新区 1 家，其他国家级开发区 2 家。新增国家级开发区分散布局在沈阳市、通化市、延吉市和松原市四个城市。

（三）黑龙江省

2020 年，黑龙江省 18 个国家级开发区主要布局在省会城市和国界沿线：哈尔滨 7 家，国界沿线 4 家，两者合计占 61.1%。

2013 年以来，黑龙江省新增 5 家国家级开发区。其中，国家经开区 2 家，其他国家级开发区 3 家。新增国家级开发区分散布局在哈尔滨市（2 家）、牡丹江市、双鸭山市等地。

三、不同类型开发区空间布局（国家级开发区）

（一）国家级经开区

2020年，东北国家级经开区共22家。其中，辽宁省9家，吉林省5家、黑龙江省8家。东北三省国家级经开区相对集中在区域中心城市连线区域：15家集中布局在辽—长—沈—大沿线，占68.2%。

2013年，东北国家级经开区共增加6家。其中，辽宁省增加4家，吉林省与黑龙江省各增加1家。新增国家级开发区主要布局在一般地级市（5家）。2014年之后，东北国家级经开区相当稳定，只增加了双鸭山经济技术开发区。

（二）国家级高新区

2020年，东北国家级高新区共16家。其中，辽宁省8家，吉林省5家、黑龙江省3家。可见，东北地区的国家级高新区空间布局与经济发展水平密切相关。东北国家级高新区空间布局呈现大分散、小集聚特征：16家高新区分散布局在15个城市，但有9家集中布局在辽—长—沈—大沿线。

2013—2015年，东北国家级高新区共增加3家。其中，辽宁省增加2家，吉林省增加1家，新增国家级高新区全部布局在一般地级市。2016年之后，东北国家级高新区没有变化。

（三）其他国家级开发区

2020年，东北地区其他国家级开发区共25家。其中，辽宁省13家、吉林省5家、黑龙江省7家。东北三省其他国家级开发区全部集中在辽—长—沈—大沿线（17家）与国界沿线（8家）。

从具体类型来看，东北地区其他国家级开发区布局最多的是发展国际经贸与国际合作的开发区，共计18家。其中，海关特殊监管区9家，边境合作区6家，自由贸易试验区2家，中外合作产业园1家。

2012年以来，东北地区其他国家级开发区共增加11家。其中，辽宁省增加6家，吉林省增加2家，黑龙江省增加1家。新增其他国家级开发区主要布局在辽—长—沈—大沿线（9家）。

第三节 产业发展

基于资源禀赋与历史产业基础，东北地区的装备、化工、医药、食品等工业具有比较优势，借助开发区的产业集聚、技术创新、规模经济、改革开放等优势，逐步发展成为开发区和地方的主导产业。近年来，东北三省各类开发区，尤其是国家级开发区全面贯彻落实新发展理念，着力推进传统产业转型升级，大力发展战略性新型产业和现代服务业，辐射带动作用不断增强，成为地方产业与经济高质量发展的领头雁。

一、国家级开发区主导产业发展概况

（一）总体概况

东北地区国家级开发区共计38家，主导产业绝大部分是装备制造、化工、食品制造、生物医药、建材、农副产品加工、新材料等工业行业，商贸物流等现代服务业作为主导产业的开发区极少。其中，装备制造、化工、食品制造作为主导产业的国家级开发区分别有28家、11家、11家，分别占国家级开发区数量的73.7%、29%、29%。

装备制造业为主导产业的开发区中，以汽车制造、机械制造为主导产业的开发区分别有8家、3家。化工产业为主导产业的开发区中，石油化工、煤化工为主导产业的开发区分别有6家、1家。

（二）国家级经开区

东北22个国家级经开区主导产业中，占比最高的是装备制造、食品制造和化工三大制造业：以装备制造、食品、化工为主导产业的国家级经开区占东北国家级经开区总数量的比例分别为81.8%、36.4%、31.8%。

装备制造是东北地区经开区最大的产业，在东北地区经济社会发展方面具有极为重要的地位，以其为主导产业的国家级经开区有 18 家。以食品加工业为主导产业的国家级经开区有 8 家，沿"牡丹江—哈尔滨—长春—沈阳"交通线集聚。东北地区油田和煤炭资源丰富，开采历史较长，以化工为主导产业的国家级经开区相对较多（7 家），相对集聚在辽南出海口附近。

（三）国家级高新区

东北 16 个国家级高新区主导产业中均有战略性新兴产业、高新技术产业，占比最高的是装备制造业，其次是信息技术产业与生物医药产业，以装备制造、信息技术、生物医药为主导产业的国家级高新区占东北国家级高新区总数量的比例分别为 62.5%、43.8%、31.3%。

以装备制造为主导产业的国家级高新区共 10 家。其中，辽宁省 5 家，吉林省 2 家，黑龙江 3 家，高端装备制造逐渐占据主导地位。沈阳、长春、哈尔滨等省会城市抢抓新一代信息技术与先进制造技术深度融合契机，充分发挥高新区在软件服务、智能机器人、IC 装备制造等领域的基础优势，不断探索新模式、新业态，不断发展壮大信息技术产业集群，全力打造新一代信息技术产业高地，以其为主导产业的国家级高新区上升到 7 家。5 家国家级高新区以生物医药为主导产业：凭借资源、规模、政策等优势，吉林省生物医药产业形成以通化高新区和长春高新区为核心的两个生物医药产业集聚区域，辽宁省则形成以沈阳高新区和本溪高新区为主要载体的生物医药产业集群。

二、辽宁省开发区产业发展概况

（一）总体概况

2021 年上半年，辽宁省开发区工业总产值超过 8700 亿元，占全省工业总产值的比重超过 60%，同比增长超过 20%，引领全省疫后重振。其中，经开区共实现工业总产值 4696 亿元，同比增长 25.8%，形成了包括沈阳汽车及零部件产业集群、沈北农产品精深加工产业集群、大连金州电子信息产业集群等在内的一大批特色产业聚集区；高新区实现规模以上工业总产值4050.4亿元，同比增长20.7%，高技术制造业产值达401.4亿元，同比增长21.4%，沈阳高新区新能源汽车、铁岭高新区高端装备制造、腾鳌高新区精细化工、喀左高新区信息半导体等新兴产业增速超过35%，经济拉动作用十分显著。

（二）传统产业转型升级

2019年以来，辽宁省委省政府先后发布《关于推进全省经济开发区高质量发展的实施意见》《关于创新各级各类开发区体制机制推动高质量发展的决定》等政策文件，推动各级开发区高质量发展、产业转型升级。辽宁省国家级开发区的两大主导产业——装备制造与化工作为传统制造产业不断创新研发，智能工厂、数字车间相继涌现，打造以智能制造为特色的产业体系，省内高新区高技术企业数量从2013年的537家跃升至2019年的1802家，提升幅度高达238.9%。

三、吉林省开发区产业发展概况

（一）总体概况

吉林省开发区基本形成了汽车及汽车零部件、生物医药、农产品深加工、光电子技术、信息技术、新型建材和旅游等七大产业集群，初步形成了集聚化发展态势，逐渐成为助推吉林省经济高质量发展的新引擎。2020年，长春市开发区整体地区生产总值、公共财政预算收入、固定资产投资占全市比重分别达到72.3%、72.2%、77.3%。

（二）传统产业转型升级

吉林省支持国家级开发区将推动产业高质量发展放在突出位置，支持国家级开发区立足区域资源禀赋和本地基础条件，改造提升传统产业，培育壮大新兴产业，做大做强主导产业。汽车产业作为长春乃至整个吉林省开发区的优势支柱产业，在产业转型升级、融合发展中率先突破——由数量向质量转型，由简单扩张向特色集聚转型，由整车扩能向发展零部件体系转型，由中间生产加工向两端研发、后市场转型。省内高新区高技术企业数量从 2013 年的 137 家跃升至 2019 年的 684 家，提升幅度近 400%。

四、黑龙江省开发区产业发展概况

（一）总体概况

黑龙江省扎实推进"百千亿级"园区培育提升工作，在全省开发区实施产业链"链长制"，聚焦聚力 109 条核心产业链开展"稳链、补链、延链、强链"行动，逐步构建了装备制造产业集群（哈尔滨、大庆、齐齐哈尔所属开发区）、农副产品加工产业集群（绥化、佳木斯、伊春所属开发区）、资源化工产业集群（鸡西、七台河、双鸭山、鹤岗所属开发区）、医药制造产业集群（哈尔滨、牡丹江所属开发区）、信息技术产业集群（哈尔滨所属开发区）等五大千亿级产业集群。

2020 年，共有 61 家开发区承接了全省 172 个百大项目，占全省百大项目总数的 34.4%，产业项目占全省项目总量的 72.8%，共计投资 1773 亿元。2021 年上半年，黑龙江省开发区实现工业总产值 4177.13 亿元，同比增长 24%，承载省百大项目 91 个，占产业项目量的 72.8%，总投资 2787.9 亿元，年计划投资 475.4 亿元。

（二）传统产业转型升级

2016 年以来，黑龙江省委省政府先后发布《黑龙江省人民政府办公厅关于促进全省开发区转型升级创新发展的实施意见》《关于黑龙江省支持开发区改革创新发展使用财政资金项目管理办法》等文件，促进全省开发区转型升级、创新发展。食品产业作为黑龙江省开发区的主导产业之一，不断面向现代化转型升级——以打造名牌产品为抓手，坚持绿色食品产业发展思路，大力发展绿色食品深加工产业，着力引进平台型项目、产业园区型项目、城区功能型项目、配套型项目，推动食品产业向中高端发展。省内高新区高技术企业数量从 2013 年的 271 家跃升至 2019 年的 455 家，提升幅度达到 67.9%。

第四节　创新发展

一、创新发展总体概况

党的十八大以来，东北地区大力实施创新驱动战略，国家级高新区在创新主体发展、创新平台建设、创新能力提升、创新投入增长、创新成果及其转化等方面发挥了带头引领作用，取得了良好成效。国家级经开区在科技创新、产业创新等方面，其他国家级开发区在制度创新等方面也发挥了积极作用。

（一）国家级高新区 ①

1. 创新主体快速成长

2013 年至 2019 年，东北国家级高新区的高新技术企业由 945 家逐年增长到 2941 家，增长 211.22%，年均增长 20.83%；2017 年至 2019 年呈超高速增长态势，年均增长 39.3%。2016 年以后，东北高新区的高新技术企业数量占全国高新区的比重逐年递增，2019 年占比达 3.7%。

2. 创新平台扩面提质

党的十八大以来，东北地区高新区大力发展科技企业孵化器、国家级示范生产力促进中心、国家大学科技园、软件产业基地、众创空间等各类创新平台，孵化众多中小型科技企业、高新技术企业，有力地促进科技成果转

---

① 如无特别说明，本节国家级高新区相关数据来自 2013—2020 年《中国火炬统计年鉴》。

化，提高东北地区整体科创实力，推动创新发展。

3.创新能力不断提升

2013 至 2017 年，东北国家级高新区研发人员由 9.35 万人增加到 11.28 万人，增长 20.66%；研发人员占企业从业人员的比重从 7.3% 上升到 10.6%。2019 年，长春高新区、大连高新区、沈阳高新区的研发人员数量分别为 17128 人、16230 人、16044 人，合计 49402 人，比 2015 年增长 120%。

4.研发投入相对稳定

2012 年至 2017 年，东北高新区科技活动经费内部支出和研发经费内部支出分别增长 8.26%、33.05%，研发经费内部支出在科技活动经费支出的占比提高到 62.6%。2018 年至 2019 年，科技活动经费内部支出稳定在 380 亿元左右，研发经费内部支出稳定在 210 亿元左右。

5.创新成效比较显著

2012 年至 2019 年，东北高新区技术总收入由 946.49 亿元增加到 1246 亿元，增长 31.5%。2014 年至 2019 年，东北地区发明专利授权数由 833 件快速增加到 1950 件，年均增长 18.54%；注册商标数年均增长 23.63%。

（二）国家级经开区

东北地区部分国家级经开区着力改善创新环境，建设创新平台，发展创新主体，取得了明显创新成效。

1.大连经开区（辽宁省）

2020 年，拥有国家级科技企业孵化器 3 家、国家级众创空间 7 家、市级以上研发机构 244 家、高新技术企业 666 家，孵育瞪羚及种子、潜在独角兽企业 31 家，形成技术合同登记 318 项，技术合同成交额 51.74 亿元。

2.锦州经开区（辽宁省）

2020 年，累计拥有省级专业技术创新中心、企业技术中心和技术工程实验室 39 个，市级专业技术创新中心 11 个，省级综合服务平台 1 个；拥有国家、省、市级工程技术研究中心 95 家，省级重点实验室 23 个，院士工作站

5家；拥有高新技术企业32家，科技型中小企业16家，科技成果转化37项。

3.吉林经开区（吉林省）

"十三五"期间，建设省级科技企业孵化器3个，研发服务机构达到39家；累计承担国家和省市科技发展计划项目200余项，取得科技研发成果134项，其中达到国际领先（先进）水平17项、国内领先（先进）水平107项，科技成果转化率超过85%。

4.哈尔滨经开区（黑龙江省）

"十三五"期间，百度、阿里、腾讯等各类科技孵化平台、孵化器达到32个；市级以上工程技术研究中心、企业技术中心、重点实验室、院士工作站等各类研发机构达到139家，中国航空工业空气动力研究院风洞实验室建成投用；航空航天、核电装备、汽车发动机、机器人等领域取得重大科技成果，高新技术企业数量占规模以上工业企业的30%。

（三）其他国家级开发区

东北地区其他国家级开发区致力于制度创新，加强体制机制创新，采取诸多创新举措，助力开放发展。

金普新区（辽宁省）：金普新区内的辽宁自贸区大连片区持续推进制度创新，保税混矿监管模式、进境粮食检疫全流程监管模式等制度创新成果在全国复制推广。区内推广实施商事登记五位一体确认制度、危化品经营许可信用承诺制度、政银一体化制度、非侵入式稽查制度等创新举措，2020年成功实现大连自贸片区进口整体通关时间50.88小时，相比2017年压缩57.83%；出口整体通关时间7.67小时，相比2017年压缩55.49%。

黑龙江自由贸易试验区（黑龙江省）：截至2020年，黑龙江自由贸易试验区完成近200项制度创新成果，显著改善了营商环境，吸引大量企业涌入自贸试验区，新设立企业数比自贸试验区挂牌前增长66.8%，开放经济迅速增长。2020年，自贸试验区外贸总额达204.9亿元，同比增长12.8%。2021年1—7月外贸总额达128.9亿元，同比增长44.9%，高于全省平均增幅约

25 个百分点。

二、辽宁省开发区创新发展

辽宁省国家级高新区相对较多（8 家），创新主体众多，创新能力较强，在辽宁省乃至东北地区创新发展方面发挥了引领带动作用。

（一）创新主体健康成长

2013—2019 年，辽宁省国家级高新区高新技术企业由 537 家增加到 1802 家，增长 235.57%。辽宁省一些国家级高新区的创新型企业、高新技术企业通过与大连理工大学、辽宁工程技术大学等高等院校合作、探索和实践，促进产学研用深度融合；开发区所在地政府与高校签订协议，创建市级及以上的研究院、研究中心，在产业发展、产学研合作、人才交流、成果转化、资源共享等方面展开全方位合作，有力地促进高新技术企业成长，培育发展大批科技型中小企业和技术研究中心等创新主体。

（二）创新环境明显提升

近年来，辽宁省国家级开发区出台一系列创新政策和举措，改善创新环境，汇聚创新要素，提高创新能力，促进科技发展。创新科技金融政策，支持开发区所在地政府协助搭建企业融资信息需求服务平台，完善跟踪服务机制；建立科技创新资金风险池，发放创新券；开展专利权质押融资服务。创新人才引培政策，提供年薪制、协议工资制、项目工资等灵活度高的高层次人才引进分配方式；提供高能人才安居房、举办创新创业活动；积极引进国外人才。制定科技支持财税政策，为科技型中小企业减负。

（三）创新平台快速发展

辽宁省国家级开发区采用多种方式，大力建设创新服务平台、创新创业平台等创新平台，鼓励企业与高校、科研院所合作创立研究中心与研发平台。国家级经开区不断加强对创新平台的扶持力度，在实验室设施、激励措施等方面予以政策倾斜，吸引科研成果孵化项目入驻，吸引省内外高校院所专家参与。国家级高新区则加强与银行合作，建强科技融资平台；与高等研究院共建科技成果转化服务信息平台；支持大连理工大学等高等院校牵头，依托国家重点实验室，联合建设技术创新平台。

（四）创新投入稳步增长

1.研发资金投入稳步增长

2012 年至 2019 年，辽宁省国家级高新区的 R&D 经费投入由 110.23 亿元增加到 112.69 亿元，增长 2.23%。其中，2019 年大连高新区 R&D 经费内部支出为 33.17 亿元，位居东北高新区第二位、辽宁省高新区第一；沈阳高新区 R&D 经费内部支出为 31.02 亿元，为 2012 年的 1.79 倍，位居东北高新区第三位。

2.研发人员投入稳步增长

2013 年至 2019 年，辽宁省国家级高新区的研发人员由 46361 人增加到 47075 人，增长 1.54%。其中，大连高新区 16230 人，位居辽宁省高新区之首；沈阳高新区 16044 人，居东北高新区第三位。

（五）创新成效日新月异

1.发明专利数量稳步增长。2014 年至 2019 年，辽宁省国家级高新区创新型产业集群发明专利授权数由 664 件增加到 1793 件，增长 170%，年均增长 21.98%，占东北地区的 91.95%。中国中车大连机车研究所（简称中车大连所）等一批企业研发机构取得了丰硕的高价值研发成果。

2.高新技术与产品不断涌现

2016 年至 2020 年，辽宁省开发区在装备制造、化工、环保、节能等领域涌现众多高价值创新技术与产品。

3.技术收入稳定增长

2019 年，辽宁省国家级高新区的技术收入增长到 762.65 亿元，是 2012 年的 1.23 倍，占东北地区的 61.28%。其中，沈阳高新区、大连高新区位列东北地区前两名，分别为 383.7 亿元、260.4 亿元。

4.创新型产业集群营业收入稳定增长

从 2014 年到 2019 年，辽宁省国家级高新区的高新技术企业营业收入由 0.13 万亿元增长到 0.17 万亿元，增长 33.33%。

三、吉林省开发区创新发展

吉林省国家级高新区数量较多（5 家），创新主体快速成长，创新发展前景大好，创新成效较为明显，在东北地区创新发展上呈现持续增长的趋势。

（一）创新主体快速成长

2013 年至 2019 年，吉林省国家级高新区高新技术企业由 137 家增加到 684 家，增长 399.27%。吉林省国家级开发区的高新技术企业、创新型企业坚持科技创新，加大研发投入，建立研发平台，加强与科研院所合作，推进产学研融合，促进科技成果转化，创新能力与水平不断提升。

（二）创新环境明显改善

近年来，为提高开发区创新能力，鼓励技术人才、高层次人才创新创业，提升科技型中小企业创新成效，吉林省开发区制定并出台一系列创新政策：创新型企业培育发展政策，对认定的高新技术企业、孵化器等创新主体予以资金奖励；创新活动激励政策，对企业的研发支出实行税收优惠；人才引培政策，对高级人才创业资金、购房住房等进行补贴；科技金融政策，对金融机构予以政策资金支持，鼓励加大开发区高新技术企业的信贷投放。

（三）创新平台稳步发展

2018 年以来，为培育高新技术企业，吉林省开发区大力发展研发平台，形成高效、协同、开放三位一体的技术创新体系；完善新型产业技术服务平台，促进校企深度融合，共建资源共享的开放实验室；引进并打造优质的创新创业服务机构，为企业科技创新提供服务，实行创业导师制度，与国内外知名创业导师合作，为创业者解决创业难题；与创新服务机构合作，为科技型中小企业从孵化到上市提供多层面、全方位的支持。

（四）创新投入快速增长

1.研发资金投入高速增长

2012年至2019年，吉林省国家级高新区的R&D经费投入由17.81亿元增加到79.77亿元，增长347.9%。其中，2019年长春高新区R&D经费内部支出为68.04亿元，位居东北高新区之首；长春净月高新区R&D经费内部支出为2.63亿元，为2012年的4.24倍，位居吉林省高新区第三位。

2.研发人员快速增长

2013年至2019年，吉林省国家级高新区的研发人员由19551人增加到24673人，增长26.2%。其中，长春高新区17128人，位居东北高新区第一；吉林高新区4770人，居吉林省高新区第二位。

（五）创新成效较为明显

1.注册商标数量稳步增长

2014年至2018年，吉林省国家级高新区创新型产业集群注册商标数由868件增加到1215件，增长39.98%，年均增长8.77%。吉林省光电子产业孵化器（简称光电子产业孵化器）等一批科技企业孵化器成功孵化众多科技中小型企业并取得了一系列高价值研发成果。

2.高新技术与产品不断涌现

2016年至2020年，吉林省开发区在新材料、化工、食品、节能等领域涌现较多高价值创新技术与产品。

3.技术收入稳定增长

2018年，吉林省国家级高新区的技术收入增长到362.76亿元，是2012年的1.81倍。其中，长春净月高新区、长春高新区分别为187亿元、168.56亿元，位居吉林省地区第一、第二位。

4.创新型产业集群出口创汇高速增长

2014 年至 2019 年，吉林省国家级高新区创新型产业集群出口创汇由 25.8 万元增长到 13.78 亿元，增长 5338 倍。

四、黑龙江省开发区创新发展

黑龙江省国家级高新区较少（3 家），创新主体平缓增长，创新能力有较大发展空间，创新成效较为明显。

（一）创新主体较快增长

2013 年至 2019 年，黑龙江省国家级高新区高新技术企业由 271 家增加到 455 家，增长 67.9%，年均增长 9%。

（二）创新环境持续优化

2016 年以来，黑龙江省国家级开发区发布创新政策鼓励创新创业，创新环境持续优化。出台综合性人才政策，予以人才安家费、租房和创业补贴，对博士后科研工作站给予资金补助，对进站博士的科研项目给予科研和生活补贴；提升高校毕业生资助标准；对高科技人才给予科技研发与生活补贴，设立重大贡献奖励。出台科技创新支持政策，加大资金投入，支持专项领域立项项目；对新认定的高新技术企业按照规上规下两个档次分别进行奖补。出台企业创新激励政策，实施研发费用投入后补助。

（三）创新平台不断完善

2016 年以来，黑龙江省国家级开发区与东北石油大学、黑龙江八一农垦大学等省属高等院校、科研院所紧密合作，创建了新材料技术、数据支撑服务等公共技术服务平台；引进区域股权交易中心，为科技型中小企业解决融资难、融资贵等问题；鼓励企业创新，加快建设公共服务平台；积极建设众创空间，为创新创业者提供开放的资源共享空间。

（四）创新投入恢复增长

1.研发资金恢复增长

2019 年，黑龙江省国家级高新区的 R&D 经费投入为 15.95 亿元，同比增长 47.18%。其中，哈尔滨高新区 R&D 经费内部支出为 12.39 亿元，位居黑龙江省高新区首位。

2.研发人员恢复增长

2019 年，黑龙江省国家级高新区研发人员恢复到 10975 人，同比增长 11.4%。其中，哈尔滨高新区研发人员数量恢复到 7702 人，增长 34%。

（五）创新成效比较显著

1.发明专利和注册商标数量

2014 年至 2019 年，辽宁省国家级高新区创新型产业集群发明专利授权数由 83 件增加到 101 件，增长 21.69%；注册商标数量由 143 件增加至 156 件，增长 9.1%。

2.高新技术与产品

2016 年至 2020 年，黑龙江省开发区在装备制造、电子信息等领域涌现一些高价值创新技术与产品。

3.技术收入震荡上行

2012 年至 2019 年，黑龙江省国家级高新区创新型产业集群的技术收入由 127.3 亿元增长到 282.3 亿元，增长 121.8%，年均增长 12.1%。其中，哈尔滨高新区技术收入 2019 年为 243.7 亿元，占当年全省高新区的 86.34%。

4.营业收入震荡上行

2014 年至 2019 年，辽宁省国家级高新区创新型产业集群的高新技术企业营业收入由 822.32 亿元增长到 857.24 亿元，增长 4.25%。

第五节　开放发展

一、开放发展总体概况

党的十八大以来，东北地区开发区持续推进开放发展战略，着力优化营商环境，强化招商引资，发展对外经贸，取得一系列成效，实现对外经贸疫后重振。立足于新时代开放的"高水平"和"高质量"要求，继续大踏步"走出去"，以高质量开放积蓄高质量发展动力，大招商招大商形成开放大格局，以强化政策引领带动营商环境优化，强化基础设施为招商引资筑暖巢、筑牢开放型经济基础。

二、辽宁省开发区开放发展

（一）招商引资

1. 招商引资平台

辽宁省政府实行"能放皆放"的授权管理原则，积极引导、推动合作创新区体制机制和商业模式创新，为合作创新区争取、提供各类政策支持，开辟绿色通道；通过"进博会""辽恰会"等招商引资重要活动，组织外资企业和投促机构参加，深入推进开放合作。

2. 招商引资政策

2019 年，辽宁省出台《关于推进全省经济开发区高质量发展的实施意见》，为提高招商引资实效，将招商引资完成情况纳入对所在地政府的考核之中，鼓励出台招商引资相关优惠政策；开发区实行"金十条"新方法、新政策。

3. 招商引资模式

积极探索产业链招商、以商招商、委托招商等新模式，有针对性地吸引企业。

4.招商工作机制

推行"一个重点产业、一条产业链、一个链长、一个工作专班"的工作推进机制，深入开展产业链招商。

5.招商引资成效

2021年上半年，辽宁省国家级开发区实际利用内资568亿元，同比增长12.9%；实际利用外资4.9亿美元，同比增长8.9%，增速高于全省平均水平。其中，沈阳经开区、沈阳辉山经开区、大连经开区和盘锦辽滨沿海经开区实际利用外资均突破8000万美元。

（二）对外贸易

1.对外贸易平台

当前有1个自贸试验区——辽宁省自贸试验区，包括大连片区、沈阳片区和营口片区，在营口、盘锦和抚顺建设3个跨境电商试验区，在大连、沈阳以及营口建设4个综合保税区，在辽宁西柳服装城设立1个国家市场采购贸易试点园区。

2.对外贸易政策

相继出台推进贸易高质量发展和支持出口产品转内销等政策，对外贸企业进一步加大融资支持和强化出口信用保险保障。实施"1+12"强力推进全省外贸稳增长系列专项行动。开展外贸"双量增长"计划。辽宁自贸区大连片区推行出港船舶"零送单"等贸易便利化制度。

3.对外贸易模式

辽宁省开发区在国内率先开辟"日本—大连—中亚"商品车过境运输模式。为促进跨境电商的蓬勃发展，辽宁自贸试验区沈阳片区开辟一条新的空中通道，跨境电商定班国际货运班机实现首航。"十三五"期间，金普新区充分发挥区位优势、产业基础和对外开放条件，深度融入共建"一带一路"，全面参与中东欧"17+1"交流合作，加快推进东北亚经贸合作，打造对外开放新前沿。

4.外贸发展成就

辽宁省开发区商品出口到全球 214 个国家和地区。2021 年上半年，辽宁省国家级经济开发区实际利用内资 568 亿元，同比增长 12.9%，占全省进出口总额比重达 53%，其中大连经开区、沈阳经开区、大连长兴岛经开区、营口经开区和盘锦辽滨沿海经开区的进出口总额均达到 100 亿元以上；实际利用外资 4.9 亿美元，同比增长 8.9%；进出口总额 1685 亿元，同比增长 19.4%，在全省经济发展和对外开放中发挥龙头作用。

（三）营商环境

辽宁省开发区将营商环境提升至事关全局的发展战略问题，着力解决公务人员的服务精神、法治环境、信用环境等突出问题，打造法治化、市场化、国际化营商环境。各开发区充分利用开发区（园区）闲置厂房，完善基础设施配套，把盘活开发区存量资产作为促进招商引资的重要抓手，为高质量项目落地提供要素保障。

三、吉林省开发区开放发展

（一）招商引资

1.招商引资平台

站在吉林招商引资和对外开放前沿的全省各地开发区，肩负防控疫情、稳定经济、引领发展等多重责任。各开发区招商部门抢抓机遇、借船出海，多次组织参加央企进吉林、第十三届中国—东北亚博览会、第六届全球吉商大会、500 强高峰论坛、上市公司吉林行等重大经贸交流活动，取得了较好招商成效。

2.招商引资模式

吉林省开发区积极利用外地友好工商联和各类商会提供有价值的信息招商，开展以商招商；积极与科研院所等联系，推动科研院所与企业对接合作，利用科研院所科技成果转化招商；利用"数字化"技术，借助互联网将传统的"面对面"招商转变为"屏对屏"在线洽谈。

3.招商引资成效

近年来，吉林省开发区积极承接重大项目，精心做好项目谋划，提升招商引资质量，推动项目建设提速增效；据2018年国家级经济开发区利用外资排名显示，长春经开区利用外资排在国家级经开区第二位。

（二）对外贸易

1.对外贸易平台

推进电子商务示范城市、示范基地、示范企业建设，设立国家级跨境电商综合试验区3个。在长春兴隆与珲春建设2个综合保税区。发展"长满欧""长珲欧"等中欧班列，中欧班列运量快速上升——2020年中欧班列货运量达到4631标箱，是2019年的4.52倍。

2.对外贸易政策

支持综合保税区完善各项功能，加快外向型产业发展，适时支持符合条件的国家级开发区申请设立综合保税区。充分运用外经贸发展专项资金等，支持国家级开发区企业优化贸易结构，开拓国际市场，开展国际认证、品牌培育，应对贸易摩擦。支持建设外贸转型升级基地和外贸公共服务平台向符合条件的国家级开发区倾斜，加快培育新型贸易业态，扩大规模优化结构。鼓励企业参加国际性展洽会。支持加工贸易企业出口转内销，积极搭建各类平台帮助适销对路的出口产品开拓国内市场。支持国家级边境经济合作区发展壮大加工贸易，深入推进互市贸易进口商品落地加工试点工作。

3.对外贸易机制

实行"链长制"工作机制，加大开放合作力度保供应链稳定，推进开放平台发挥重要作用。整合境外招商资源，鼓励国家级开发区与省驻国（境）外经贸代表机构建立联动招商机制。

4.外贸发展成就

近年来，吉林省国家级开发区重点围绕战略性新兴产业、重大科技领域，积极搭建国际化创新资源整合及项目组织实施平台。其中，长春新区年均新引进重大产业项目100个以上，主要经济指标增速始终在省市保持领先。长春经开区外贸规模持续扩大，2017年至2020年，进出口总额由118.5亿元增加到161.7亿元，增长36.5%，进出口总额占吉林省的比重上升到12.6%以上。

（三）营商环境

《吉林省人民政府关于加快推动全省国家级开发区高质量发展的实施意见》提出：按照权责一致原则，聚焦企业设立、办证、项目建设行政审批全链条，以国家级开发区发展需求为导向，采取"点菜"方式赋予国家级开发区地市级经济管理权限，做到"应放尽放"，确保权力运行可行、顺畅、高效，实现"区内事区内办"。赋予国家级开发区省政府审批和报告事项直报权，同时抄报所在地政府及相关部门。积极推动国家级开发区结合自身发展需要，加快复制自贸试验区投资贸易自由化便利化、金融开放创新、事中事后监管、服务体系支撑等方面改革试点经验。

吉林省各开发区率先成立营商环境建设局和多个项目服务局，形成各司其职、衔接有序、多方联动的服务保障体系；以"一站受理、一点办结"为目标，提供便捷一站式服务，不断提升政务环境。创新性利用智慧法院推行细致周到的诉讼服务，为开发区工商业发展腾飞提供良好法治环境。吉林省开发区积极构建项目推进"绿色通道"，妥善处理好回归人才的居住、就医、子女教育和各种社会保障问题，营造良好市场环境。

四、黑龙江省开发区开放发展

（一）招商引资

1.招商引资平台

黑龙江省开发区利用互联网采用线上招商，开展点对点、屏对屏的网上招商活动。积极利用线下综合性展会贸易平台邀请全球各国企业入驻开发区。

2.招商引资措施

开发区积极试行外商投资鼓励政策，积极鼓励外商落地黑龙江。自贸试验区三个片区通过线上线下多渠道招商，包括在全国设立首个中俄边民互市交易结算中心、开通首个铁路互贸交易市场、率先建立内贸货物跨境运输体系。集中推出 97 家省级以上经济开发区产业招商"家谱+图谱"，全面展示其产业基础、发展潜力、招商方向，以直观清晰的谱系结构向投资者提供全面系统的产业招商服务，方便投资者便利快捷地找到投资发力点、产业落地点、企业落脚点，促进开发区产业链提升，壮大开发区产业规模。

3.招商引资模式

产业链招商，结合地域自身优势，实施差异化招商，形成一个产业链条；委托招商，实现高效招商、精确招商；产业链线上招商推介会与全国各地相关企业在线共谋合作发展之路。

4.招商工作机制

黑龙江省开发区建立完善了"专班+园区""目标+考核"的工作机制；集中推出省级以上开发区服务招商引资和营商环境政策 122 件并进行公开发布，形成了公开、透明、有竞争力的开发区政策环境体系。将全年招商目标任务逐项分解落实到具体牵头领导和责任部门，全市动员、全员参与。

5.招商引资成效

近年来，黑龙江省开发区充分发挥平台载体作用，持续优化投资环境，招商引资取得显著成效。2019 年，黑龙江省开发区实际利用境外资金 2.68 亿美元，占全省的 50.2%；110 个省百大项目落户开发区 78 个，占 70.9%，助推开发区经济带动作用明显增强。2021 年上半年，全省开发区实际利用内资金额 485.21 亿元，同比增长 75%。

（二）对外贸易

1. 对外贸易平台

建设黑龙江自贸试验区，包括哈尔滨片区、黑河片区和绥芬河片区。建设哈尔滨试验区、绥芬河试验区和黑河市试验区 3 个跨境电商试验区。建设哈尔滨综合保税区和绥芬河综合保税区 2 个综合保税区。建设哈尔滨新区，包括哈尔滨市松北区、呼兰区、平房区的部分区域。

2. 对外贸易政策

为入驻企业建立了专属服务平台"龙江商企通"，致力于解决企业投融资等方面的问题。2020 年以来，黑龙江 24 个省直部门制定 28 个政策支持文件，提出近 400 项支持自贸试验区高质量的政策措施，以政策支撑体系引导产业项目快速聚集。

3. 对外贸易模式

探索"多仓联动数据集成集运新模式"，为开发区在"一带一路"沿线国家发展跨境电商提供便利。俄运通公司在省内首家获批"网络货运道路运输经营许可证"，被列为 2020 中国国际服务贸易交易会示范案例。

4. 外贸发展成效

近年来，黑龙江省开发区对外贸易稳定增长。2020 年上半年，全省开发区实现进出口总额 285.29 亿元，同比增长 2%，占全省总额的 36.1%。其中，出口总额 97.79 亿元，同比增长 11%，占全省总额的 56.9%。2021 年新认定国家外贸转型升级基地名单中，大庆高新技术产业开发区（装备制造）、哈尔滨经济技术开发区（航空航天及零部件）、牡丹江市穆棱开发区（木制品）3 家外贸转型升级基地榜上有名。

（三）营商环境

黑龙江省开发区聚焦"放管服"、贸易便利化、投资自由化等重点领域推进改革创新，提升政务能效。积极推进"智慧法院"建设，完善多元纠纷化解机制，优化法治环境。全面落实公平竞争审查制度，健全公平竞争审查保障措施，营造公平竞争的市场环境。组织全省 102 家开发区制定、修订、完善招商引资和营商环境政策，汇集形成了公开、透明、有竞争力的开发区政策环境体系，进行公开发布，构建创新激励、引资引智、要素保障、企业服务政策体系，营造良好营商环境。

第六节　绿色发展

一、绿色发展总体概况

党的十八大以来，东北地区开发区大力推动产业绿色转型发展，开发区产业园区积极探索生态发展、循环发展、低碳发展等绿色发展路径与模式，在资源集约利用、减排降污、生态环境保护修复等方面取得了较好的成效，大连高新区、长春高新区等 4 家开发区入围 2018 年全国开发区绿色发展百强榜；沈阳经开区、长春汽车经开区、沈阳高新区、长春经开区等 4 家开发区获批国家生态工业示范园区，大连经开区、大连松木岛化工园区、吉林省四平循环经济示范区等 3 家单位入选国家循环经济试点示范单位名单，大连经开区、沈阳经开区、长春经开区、哈尔滨高新区等 7 家开发区获批国家低碳工业园区试点单位 [1]。

党的十八大以来，东北地区开发区采取以下有效举措，推进绿色低碳发展、综合污染治理、生态环境保护修复等工作：

绿色低碳发展举措。一是推动资源集约节约利用。优化开发区国土空间规划布局，落实用途管制，建立土地集约利用的长效机制，提高土地资源的利用效率；鼓励研发与使用循环工艺，实现废弃物再利用、再循环与

---

① 资料来源：《2018 中国开发区绿色发展指数及 TOP100 白皮书》，工业和信息化部赛迪研究院。

资源化。二是推进能源双控。持续发展清洁能源、保障能源供给稳定与安全的同时，制定与执行严格的能耗标准，支持使用节能技术、节能产品，着力控制工业等重点领域能耗。三是持续推进产业绿色化发展。大力建设循环经济示范园区、生态工业示范园区，构建绿色低碳循环发展的现代产业体系。

推进综合污染治理举措。严格落实河长制、湖长制，强化江河、湖泊、海洋水污染治理，在开发区建设循环水系统和污水处理系统，强化水污染监控与惩治。持续提高工业废气减量化、无害化和资源化处理能力，有效降低与控制大气污染。加强土地污染防治和环境整治，逐步解决土地污染问题。引入第三方提供专业的管控治理服务，全方位支持生态环境监管。

推进生态保护修复举措。加强生态环境保护地方立法，推进生态环境保护与修复法治化。成立生态保护修复专项资金，加强环保基础设施建设，统筹推进山水林田湖草沙一体化保护修复工程。整合生态环保执法机构与执法力量，推进环保联合执法。

二、辽宁省开发区绿色发展

由于资料缺失，本节选择部分代表性开发区分析东北地区开发区绿色发展情况。

（一）锦州经开区：实现绿色低碳转型

绿色发展主要举措。一是以转变经济发展方式为主线，优化能源结构和提升能源利用效率，建立涵盖能源利用、产业优化、社会管理等多领域的绿色发展推进机制。二是实行项目准入审查制度，依据绿色低碳示范园区标准，在招商引资及项目推进的过程中，符合产业政策和生态环保达标的项目方能落地，大力支持光伏、储能、互联网平台等项目落地。三是推行绿色建筑和绿色出行，完善公共交通网络，倡导绿色生活方式。四是有序推进能源审计、重点用能单位节能考核与绿色制造体系建设，提升企业节能绿色意识，鼓励企业积极开展节能改造，加强能源管理。五是落实能源消费双控制度，实施绿色低碳发展专项政策。

绿色发展主要成效。2019年至2020年，锦州经开区碳排放量由121.71万吨下降到89.23万吨，同比下降26.7%，单位GDP二氧化碳排放量下降24.43%，单位GDP能耗下降19.92%。2021年9月，中国国际投资促进会在全国范围内选评出12家"绿色低碳示范园区"，锦州经开区名列其中。

（二）沈阳高新区：推动产业绿色化发展

绿色发展主要举措。一是大力发展绿色产业。依托新能源汽车产业园、中日产业园等平台，重点打造新能源汽车及能源环保两条产业链。"十四五"规划中，沈阳高新区绿色发展将聚焦新能源整车及零部件、智慧出行、能源环保三大细分领域。同时，联合万科打造绿色低碳产业专业园区——中日产业园，重点布局节能环保等产业领域，着力构建生产、生活、生态"三生"融合的国际化产业社区。二是技术赋能绿色转型。深入实施"蓝天""碧水""青山"工程，积极利用数字手段推动治理方式迭代升级，推广实行线上审批流程，开展实施在线监督监测，大力推动区内工业企业走绿色发展之路。三是打造高品质城市绿色空间。在做好城市洁化、序化、绿化、亮化基础上，积极建设宜业、宜居、宜乐、宜游的现代化高品质城区，打造"一环、一网、两河、三公园"的城市绿化格局。

绿色发展主要成效。截至2021年9月，沈阳高新区13家企业获批进入省级绿色制造体系名单，3家企业获批进入国家级绿色制造体系名单，2家企业获批国家级绿色工厂称号，8家企业获批省级绿色工厂称号；全区生态环境得到极大改善，居民享受到了绿色发展福利，绿色发展理念深入人心，爱绿护绿蔚然成风。

（三）沈阳经开区：构建节能型产业体系

绿色发展主要举措。一是大力推进产业结构绿色化。指导企业引进推广节能新技术、新工艺，培育发展清洁型生产企业和绿色产业，发展循环经济。新上项目与节能减排指标挂钩，把符合环境标准作为新上项目首要条件，实行环境标准"一票否决"制。二是创新绿色发展机制。通过金融信贷等手段，构建"市场配置环境资源、经济杠杆撬动节能减排"新机制，对高污染、高耗能项目实行"信贷封杀"，对节能减排、改善生态环境的项目提供信贷支持；实行"一厂一档"的节能减排监测制度，对重点耗能排污企业进行重点监控。三是空间规划与时俱进，经开区始终坚持规划引领，积极推动经开区在发展空间上由单一功能分区向产城融合转变，实现生产、生活、生态"三生"融合发展，建设宜游宜乐、宜居宜业的智能化、绿色化、国际化产业新城。

绿色发展主要成效。2016年，通过实施医药、化工、钢铁、建材等重点耗能行业余热再利用和绿色照明项目，节省资金15亿元左右。2020年，沈阳经开区上榜工信部公示的第五批绿色制造名单，被评为绿色工业园区，区内6家企业被评为国家第五批绿色工厂，区内2家企业的产品被评为国家绿色设计产品。2021年，沈阳经开区的华晨宝马沈阳工厂改进生产工艺技术，提升资源利用效率，企业总装线车辆清洗和淋雨测试工位的水循环利用率达到90%，居行业领先。

三、吉林省开发区绿色发展

（一）长春经开区：激发绿色发展新动能

绿色发展主要举措。一是着力发展绿色制造。大力倡导制造业技术创新，降低节能环保技术成本，逐渐淘汰高投入、高消耗、高污染产能。充分利用工业转型升级、技术改造、节能减排、科技计划等资金渠道及政府和社会资本合作（PPP）模式，加大绿色制造相关专项支持力度，构建绿色产业链。支持制造业重点企业建设绿色工厂。二是建立健全绿色发展政策体系。完善绿色产品政府采购和财政支持政策，落实资源综合利用税收优惠政策、节能节水环保专用设备所得税优惠政策；积极争取协调地方配套资金，将绿色制造体系建设项目列入现有财政资金支持重点；鼓励金融机构为绿色制造示范企业、园区提供便捷、优惠的担保服务和信贷支持。三是拓展城市绿色空间。结合经开区街路、公园、广场、绿地等地形地貌，研究设计具有本地特色的层次多、立体感强、树种丰富的城市绿化景观，应绿尽绿。

绿色发展主要成效。2018 年，长春经开区打造完成"一个商圈，两个公园，七个街角"为核心的绿化景观精品工程。2017 年，实现新增绿化面积 45 万平方米。区内一大批绿色工厂实现清洁生产，大部分产品环保节能，废水废料得到重新回收再利用，基本实现全程环保无污染。2020 年，福耀集团、安道拓汽车饰件成功获批国家级绿色工厂，中粮可口可乐、三鼎变压器等 4 户企业获批省级绿色工厂，14 个产品荣获国家级绿色设计产品称号。"亿阳升生物"成功申报绿色制造体系建设试点示范项目，"中粮生物"已成功申报国家级绿色制造系统集成项目，并获得上级助推企业发展绿色产业专项资金扶持。

（二）吉林经开区：建立生态环保监管新模式

绿色发展主要举措。吉林经开区是石油化工、生物化工、精细化工、化工材料等为主导产业的化工产业集中区，化工项目的工艺复杂，有毒有害物质多，环境风险隐患大，环境监管任务重。2019 年，吉林经开区加入国家级经济技术开发区绿色发展联盟，引领区内工业企业绿色转型升级。2020年，吉林经开区与吉林莱美检测技术有限公司签订"环保管家"合约，由第三方专业环保服务公司向园区提供监测、监理、环保设施建设运营、污染治理等一体化环保服务和解决方案。

绿色发展主要成效。截至 2021 年，吉林经开区清理河道边沟 123.5公里，修补主次干道、背街小巷、居民小区道路破损 2310 平方米，投入3000 余万元栽种绿植 5 万余株、花草 9.3 万平方米，生态环境、人居环境质量和"花园式工业区"形象得到整体提升。"环保管家"新模式显著提升了环保监管水平，为区内环境监管治理提供精准专业的治理意见，提高治理效率。

（三）吉林高新区：建立生态环境保护长效机制

绿色发展主要举措。为了建设产业创新、生态和谐、环境优美的国家高新区，2018年吉林高新区出台《关于建立生态环境保护长效机制的实施意见》，建立六项科学有效的长效机制：一是建立问题发现机制，加强环境网络化监管，畅通群众投诉举报渠道，完善公众参与机制；二是建立工作落实机制，健全完善问题整改清单管理制度，打好污染防治攻坚战，严格执行环境影响环评制度，建立执法联动机制；三是建立督办考核机制，对环境保护责任落实不力的部门开展专项督察；四是建立责任追究机制，对环境整改不到位、中央生态环保督察"回头看"发现重大问题的干部严肃追责；五是建立统筹协调保障机制，健全完善生态环境责任体系，建立环境问题定期会商机制和多元筹资融资机制，推进生态环境治理社会化；六是建立宣传发动机制，大力宣传生态文明建设，推广和普及生态环保知识，增强全民生态环境保护意识，凝聚全社会环境保护合力。

绿色发展主要成效。吉林高新区积极落实"七边"环境卫生治理行动要求，区域环境卫生得到显著改善。截至2021年5月，高新区"七边"治理共查找6类问题14050处点位，已整改13346处，完成整改问题的95%。2021年1—7月份，全市空气质量优良天数比例达到84.4%，较上年同期提高12.6个百分点；全市19个国控考核断面水体优良比例达到84.2%。

四、黑龙江省开发区绿色发展

（一）宾西经开区：实现绿色发展求突破

绿色发展主要举措。党的十八大以来，宾西经开区突出绿色生态导向，落实生态建设、环境保护和绿色发展任务。一是开展资源保护行动。推进国土绿化，实施国家级黑土地保护利用试点，加强湿地保护和恢复，开展退耕还湿、退耕还草，逐步修复生态功能。二是开展治霾行动。严格落实秸秆禁烧政策，扩大饲料化、燃料化、肥料化规模；完善大气污染防控体系，有效应对重污染天气；推进燃煤小锅炉淘汰改造，排查清理涉气"散乱污"企业。三是开展治污净水行动。大力实施宾州河综合治理项目，完善日常管护机制，努力实现"河畅、岸固、水清、景美"目标；实行最严格水资源管理，促进水资源可持续利用；深入落实河长制，定期开展巡河清河行动；加大排污企业管控力度，确保污水达标排放；防治二龙湖水源地保护区农业、生活面源污染，保障群众饮水安全。

绿色发展主要成效。宾西经开区成为国家循环化改造示范试点园区，获得国家循环经济发展专项资金 8040 万元，2019 年 4 月通过国家验收。当前，园区资源能源利用率明显提高：园区内副产物综合利用量约 15 万吨 / 年，减少废水排放约 25 万吨 / 年，节电约 3 万度 / 年、节水约 30 万吨 / 年；资源产出率由 0.114 万元 / 吨提升至 0.56 万元 / 吨，能源产出率由 1.62 万元 / 吨标准煤提升至 4.2 万元 / 吨标准煤；工业用水重复利用率达到 86.8%。完成造林 1.5 万亩、森林培育 7 万亩。

（二）哈尔滨经开区：精算"生态大账"坚持绿色发展

绿色发展主要举措。一是铁腕治污"增绿""护蓝"，以铁腕治污倒逼转型升级，帮助企业在新常态下华丽转身。二是实行严格的招商准入制度，拒绝一切触碰生态保护"红线"的项目入园区。三是持续加大生态建设和环境保护力度，节约高效利用能源，扎实推进节能减排、治水、治污、治霾各项工作，加快推进河长制工作。

绿色发展主要成效。2019 年，哈尔滨经开区整治"散乱污"企业 45 家，淘汰 123 台 10 蒸吨及以下燃煤锅炉。实现全域、全时段、全面禁烧秸秆。深化河湖长制工作，大力开展河湖水系"清四乱"行动，整治沿河垃圾 120 余吨，拆除水系范围内违建 3 处，治理黑臭水体 2 处，工业园 A 区截污管线工程完工。完成垃圾填埋场土壤和地下水污染调查与风险评估项目。推行垃圾分类，智能垃圾分类回收站进入试点小区，创建垃圾分类示范区 31 个。

第七节 体制改革

一、体制改革总体概况

党的十八大以来，东北地区开发区持续推进行政管理体制、土地管理制度、投融资制度等改革，不断释放"改革红利"，促进经济社会高质量发展，起到了较好的示范引领作用。沈阳高新区、长春高新区、通化医药高新区等开发区积极引入市场机制，探索"管委会＋公司"等行政管理体制，更好地适应现代市场经济体系发展需要。哈尔滨经开区、铁岭经开区等开发区探索"两区合一""三区合一"等管理体制，精简部门、理顺权责，更好地服务开发区企业。长春高新区等开发区探索"标准地＋承诺制"等土地管理制度，在盘活闲置土地、推动土地集约节约利用的同时，有力地促进招商引资和项目建设。长春高新区、大连高新区、哈尔滨高新区推进融资便利化低成本化、投资自由化便利化等投融资制度改革创新，在促进投资、解决企业融资难融资贵等方面发挥了显著效果。

二、辽宁省开发区体制改革

（一）行政管理体制改革

近年来，辽宁省部分开发区结合园区实际情况，探索创新管理体制，取得了较好成效。

铁岭经开区："三区合一"管理体制。2019 年，铁岭经济开发区、铁南经济开发区和铁岭高新技术产业开发区整合成铁岭经济技术开发区，实施以服务企业为中心的"三区合一"管理体制。铁岭经济技术开发区大幅精简部门，成立企业服务中心、一站式服务中心、五大片区服务中心，细化工作范围，定岗定责，全力为企业服务。

沈阳高新区："管委会＋公司"管理体制。2020年2月，沈阳高新区"管委会＋公司"改革正式启动；同年6月，沈阳高新发展投资控股集团有限公司（简称"高发投"）正式运营，建立"集团公司—板块公司—专业公司"三级架构，逐步承接沈阳高新区管委会市场化职能。成立后的半年时间里，高发投签约亿元以上项目73个、总投资额500亿元，落地亿元以上项目38个、总投资额287.2亿元，助力沈阳高新区招商工作走在辽宁省前列。

辽宁自贸试验区："以企业为单元＋全程信任"监管体制。2019年，辽宁自贸试验区对符合条件的企业正式实施"以企业为单元＋全程信任式监管"制度，即在管理模式上将原来的"以合同为单元"改为"以企业为单元"，同时叠加政策信任、单耗自核信任、风险担保信任、通关便利信任、认证培育信任等6项信任监管制度。新制度简化了审核作业程序，取消了13个业务环节，并将加工贸易业务与通关、企管、稽核查等业务高效对接，实现一体化监管互通作业模式，提升了通关效率及通关质量。

（二）土地管理制度改革

大连高新区：严格永久基本农田保护。进一步加大永久基本农田保护力度，巩固划定成果。永久基本农田一经划定，任何单位和个人不得擅自占用或改变用途。国土监察部门加大巡查和设立举报电话，接受举报和监督。有效推进节约集约用地。对已设立的永久基本农田保护界桩和标识，各相关单位加强保护。不断盘活存量用地，严控增量加大统筹，严格控制建设用地、合理开发其他土地，不断提高土地利用效率和减少项目建设占用耕地。

（三）投融资制度改革

沈阳高新区："融资＋融智＋融商"金融服务制度。沈阳高新区根据企业需求积极沟通协调域内银行、保险机构，订单化定制既能满足企业资金周转"短平快"特点，又能助力企业复工复产的专项金融服务方案。同时，启动绿色审批通道，简化业务流程，充分发挥"金融＋"优势，将企业申请融资需求到发放贷款缩短为三天时间。截至 2020 年 6 月，共为 8 家重点企业实现融资 9.83 亿元。

大连高新区："直接＋间接"多层次融资对接制度。大连高新区成立由区内 18 家银行机构组成的高新区科技金融联盟，推动金融产品创新，服务中小企业。与大连银保监局等部门合作，举办民营企业小微企业融资对接大会。采取"政府＋产业园区"、产业联盟（商）协会、投资型孵化器等第三方力量模式，拓宽政府融资服务工作面，延长融资服务工作线。利用中国海外学子创业周平台，促进投资机构与企业对接。聚焦科创板，引导企业利用资本市场进行直接融资。截至 2019 年，大连高新区共组织各类融资对接活动十多次，参与企业和金融机构累计 870 余家，为 92 家企业发放改制上市补贴累计 8383.1 万元。

三、吉林省开发区体制改革

（一）管理体制改革

通化医药高新区："管委会＋投资公司"管理体制。2018 年，通化医药高新区全面推行"管委会＋投资公司"管理体制，建立"档案封存、全员竞聘"运行机制，实行"基础工资＋绩效奖金"薪酬制度，内设部门从 11个增加至 21 个，并从市直机关选聘 7 名干部，从社会招聘 99 名全日制本科以上学历的工作人员，平均年龄 32.5 岁，干部队伍结构进一步优化，优秀人才脱颖而出。全区已拥有本科以上学历的干部 211 名，占全区工作人员总数的 80.2%，其中硕士研究生 26 名；党员人数增加到 131 名，占全区工作人员总数的 49.8%。

长春高新区："管委会＋公司＋园区"管理体制。2020 年，长春高新区打造"管委会＋公司＋园区"运行新模式。推行"大部制",将原有14个部门整合"瘦身"为7个机构,形成"大经济""大商务""大建设""大管理"的行政管理架构;推进"公司化"开发,剥离管委会开发、建设、运营等适宜企业化运营的职能,划转到新发集团和高新股份。截至2021年,奥来德光电成为全省首家科创板上市企业,吉大正元深证中小板上市,中邦园林香港上市,开创全省企业上市"连中三元"的崭新历史,全区上市企业达到8家,新三板挂牌企业12家,区域创新活力不断增强,"管委会＋公司＋园区"入选中国改革2020年度50个典型案例。

（二）土地管理制度改革

长春高新区:"标准地＋承诺制"。2018年,长春高新区在吉林省率先探索推行"标准地＋承诺制"改革——将一块"标准地"项目全流程分为地块定标、按标出让、承诺许可、按标施建、对标验收五个阶段,采用一块"标准地",一次性告知、一次性承诺、一次性办结的方式,全面容缺、联合审批,使项目审批速度、服务企业效率大幅提升,有力推动了招商引资、项目建设和实体经济发展。2019年,长春高新区土地集约利用评价在全国421个工业主导型开发区中综合排名第33位。

（三）投融资制度改革

长春净月高新区:"金融服务团＋金融服务专员"制度。2020年,长春净月高新区建立"金融服务团＋金融服务专员"制度,联合银行、保险、证券、政策性担保等机构,成立金融服务团,设立融资服务专员,及时掌握区内中小微企业融资诉求,建立问题台账,开展跟踪和服务。建立"2+3"工作制度,即对于企业提出的融资需求,先由融资服务专员与企业开户行对接,在2个工作日内提出融资建议,若开户银行无法解决,则由金融服务专员会同金融服务团成员等进行综合评估,并在3个工作日内提出融资建议。截至2020年底,全区已入驻金融、类金融机构139家,集聚金融注册资本近300亿元,初步建立起以银行、保险、证券为主体,以汽车金融、消费金融、融资担保、商业保理为补充的产业体系。

长春高新区：建立科技金融创新服务中心。2014年，长春高新区管委会与长春科学技术局、吉林省捷诚投资有限公司合作共建长春科技金融创新服务中心，该中心与12家银行、30余家金融服务机构建立了合作关系，综合运用科技信用担保、股权投资、"互联网＋科技普惠金融"等多种融资方式，为企业提供"一站式、个性化、全流程"的无缝对接服务，无偿提供一揽子投融资解决方案。截至2018年，长春科技金融创新服务中心科技企业备案入库数达到1375户，组织投融资项目对接会50余场，累计为科技企业提供投融资金额达到55.5亿元。

四、黑龙江省开发区体制改革

（一）管理体制改革

哈尔滨经开区："政区合一"管理体制。2016年，平房区和哈经开区构建政区合一的新组合，实行机构统一管理，开发区党工委、管委会与平房区委、区政府合署办公，实现开发区与行政区挂两块牌子，用一套班子、一套机构、一套人马统筹管理地区经济及社会各项事务。机构整合融合后，机构从原来总共46个，变成"16+5"的新组合。内部实行扁平化管理，人员实行岗位责任制，减少管理层级，以最大限度避免政府职能交叉、政府多门多头管理，从而提高行政效率，降低行政成本。

哈尔滨高新区："互联网＋政务服务"海外登记制度。2019年，哈尔滨新区借助万科公司在俄罗斯的俄中产业园内招商工作处，充分利用"互联网＋政务服务"平台，推出了离岸外资企业登记服务。俄罗斯投资者可在招商工作处通过互联网提出企业设立申请，由招商工作处工作人员全程帮办并核验相关材料，审批人员在国内远程审批，并通过手机端发放电子营业执照，或根据需要邮寄送达。该制度极大降低了外商投资企业办理营业执照的成本，提高了自贸区哈尔滨片区的贸易便利化水平，充分拓展了对外开放的广度、深度和力度。

牡丹江经开区:"标准地+承诺制+代办制"审批制度。牡丹江经开区管委建立了企业信用机制,将风险管控贯穿于审批全程,既允许企业作出承诺,容缺受理,又强制企业必须在规定时限内补齐材料,坚决守住项目必须达到法定审批条件后,再给予正式审批文件的政策底线。经开区成立了代办中心,建立了一支由专职领办代办员组成的服务队伍,派出骨干人员进驻园区企业内部,24小时提供优质服务,推动企业以小时为单位加速落地开工。此次改革全力压缩审批时限,精简审批环节,既提高了服务效率,又没有突破相关法律法规,维护和保障了国家、社会、企业三方面权益。

(二)土地管理制度改革

哈尔滨高新区:土地管理制度综合改革。2019年,哈尔滨高新区探索更加灵活的产业供地政策,健全划拨和出让土地转让、分割、抵押等多种方式差别化用地政策。推进实施创新型产业用地政策,增加混合产业用地供给。加快推进"标准地"改革,开展停缓建、政府原因造成的闲置土地盘活。探索征地补偿费作价入股、留地安置等多渠道征收补偿安置,推动集体建设用地使用权入股联营和租赁住房,开展农村闲置宅基地和农房利用。

(三)投融资制度改革

哈尔滨高新区:建立中俄金融联盟。2018年,推动金融合作由"单一中资"向"中资+俄资"转变。在哈尔滨新区推动下,哈尔滨银行发起120多家中俄金融机构组建了中俄金融联盟总部基地并入驻新区,成立了全国首家中俄跨境金融服务中心,为中俄两国企业投融资提供平台支撑。截至2021年,中俄产业园已完成签约企业11家,在途协议谈判企业25家,储备跟进企业23家,并且在哈尔滨新区政府支持协助下已完成6家企业注册落址。

第八节 园区治理

一、园区治理总体概况

东北地区的开发区把党的建设、社会治理与文化建设作为推动园区实现治理体系和治理能力现代化的重要抓手。党建引领方面，大连长兴岛经开区充分发挥党建考核指挥棒作用，大连高新区通过"四个引领"推动非公党建发展，吉林高新区等开发区开展"党建翼联"共建活动，助推开发区实现高质量发展。社会治理方面，锦州经开区等开发区通过推进市域社会治理现代化试点，完善党委领导、政府负责、民主协商、社会协同、公众参与、法治保障、科技支撑的社会治理体系；哈尔滨高新区在当前疫情防控常态化下利用政务大数据提升社会治理能力。文化建设方面，沈阳经开区等开发区充分发挥优秀文化的凝聚人心、催人奋进的特点，企业的发展不断取得新的突破；吉林经开区等开发区通过开展廉政文化建设，不断提高自身修养，牢固树立服务意识，更好地服务高新区企业发展。

二、辽宁省开发区园区治理

（一）党建引领

大连高新区：以"四个引领"推动非公党建高质量发展。2021年，大连高新区针对区域内非公企业发展迅速的现实以及党的建设必须及时跟进的实际，以"四个引领"抓好非公党建"两个覆盖"，发挥好党组织"两个作用"，加强"两支队伍"建设。一是通过政治引领锻炼先锋队伍，培育了一批"红色合伙人"，并将政治过硬、社会责任感强的出资人优先推荐为"两代表一委员"，进一步彰显企业家永远跟党走的鲜明底色。二是组织引领形成工作合力。强化第一责任人责任落实，形成自上而下、层层传导的工作格局和工作合力，确保新兴领域发展到哪里，党的建设就跟进到哪里。三是创新引领注重作用发挥。引导党员见贤思齐，发挥先锋作用。四是人才引领释放发展活力。坚持党管人才，坚持把高新区打造成东北一流的创新人才高地，为非公企业发展提供强有力的人才支撑。推动非公企业党组织强基固本，释放党员队伍活力，形成非公党建与企业发展相辅相成、同频共振的良好局面，助力高新区高质量发展。

大连长兴岛经开区：发挥党建考核指挥棒作用。大连长兴岛经开区党的建设工作领导小组出台《2021年大连长兴岛经济技术开发区区属党（工）委基层党建工作考核方案》，坚持目标导向、问题导向和成果导向，明确党建工作谁来考、考什么、怎么考、如何用等问题。一是创新考核方法。科学安排日常党建工作，避免考核"一刀切"现象，既看党建工作的硬件软件，也注重听取党员群众的意见，全面客观了解党建工作落实情况，把党建工作实际成效考准考实。二是融入监督机制。充分展现考核的公开公平公正原则，被考核单位党务工作人员纳入考核组中，让考核方式、考核标准以及考核结果更有说服力，激励基层党组织不断从自身查找差距和不足。三是用好党建工作考核结果。2021年主要围绕优化营商环境、防疫防汛、农村基层治理等方面进一步细化考核方案和分值，力求把党建工作的具体要求与基层的各项经济社会发展任务有机结合起来，集中解决好全区高质量发展中存在的问题。同时，推动整改落实，将日常管理、实地调研、阶段考核发现的问题及时向各单位反馈，督促其立行立改，不断发挥党建考核工作指挥棒作用，助推全区高质量发展。

（二）社会治理

旅顺经开区：网格"红管家"活动让社区治理接地气惠民生。为深入推进"党建引领全要素网格治理"专项行动，更好地发挥基层党组织在社区治理中的核心引领和党员的先锋模范作用，2020年旅顺经开区党工委在辖区开展网格"红管家"活动，"红管家"包括社区党组织支委会成员、党小组长、小区党员楼长和热心党员、网格员、志愿者等。在社区党组织领导下，"红管家"充当社区党组织教育群众、引导群众、服务群众的"助手"，夯实了社区治理基础，在打赢疫情防控阻击战和常态化防控等方面发挥了重要作用，使社区治理工作更加接地气、贴民心、顺民意，有效促进了社区治理体系和治理能力的全面提升，打通了社区服务群众的"最后一公里"。

锦州经开区：推进市域社会治理现代化试点。2020 年，为了推进治理体制现代化、工作布局现代化、治理方式现代化的市域社会治理现代化试点，锦州经开区各部门主动担责、积极作为，克服"上热、中温、下冷"困难，逐步解决重视程度不够、制度落实不到位、机制运转不畅等问题，不断完善党委领导、政府负责、民主协商、社会协同、公众参与、法治保障、科技支撑的社会治理体系，打造新时代"枫桥经验"市域滨海新区版，推动平安滨海建设迈上新台阶。一是补齐社会治理短板。紧紧围绕村级综合服务设施建设水平、社会组织参与社会治理的积极性、社会工作专业人才占比、健全应急管理体系等问题短板，采取有力措施逐一推动解决。二是补齐社会治安短板。扎实开展社会治安防控体系建设标准化城市创建活动，实现社会治安防控体系建设提档升级。三是汇聚社会各方力量。充分调动广大人民群众参与社会治理的积极性和创造性，努力构建社会治理共同体。

（三）文化建设

鞍山高新区：发力中心文化价值引领。2020 年，鞍山高新区致力于打造统一、规范的中心"1+9"工作理念，以核心文化推动中心内涵发展，打造服务品牌。一是坚持理念建设先行。"1"即为服务高质量发展，助力新产业壮大（核心理念），"9"即：营造一流环境，提供一流服务（高新特色）；服务有温度，审批有速度（工作特色）；符合条件立即办，上报审批协助办（创新方法）；树正气一心为民，讲纪律规范自我（勤政廉政文化）；优化营商环境，增加城市活力（大局思想）；服务内容力求全，办事流程突出简（服务理念）；把困难留给自己，把方便送给群众（宗旨文化）；中心是我家，建设靠大家（家文化）；信息多跑路，群众少跑腿（审批文化）。二是坚持全面广泛。根据方案的逐步完善，形成可操作可量化的文化建设任务清单。三是坚持全员参与。发动中心全体工作人员参与中心文化建设，发挥员工主体作用与主观能动性，逐步形成"想干事""能干事""干成事"的"实干文化"。四是坚持突出特色。紧扣便民利企终极目标，制作一套完整的便民服务工作标志、工作理念、主题口号、特色文化墙等形象展示体系，营造温馨舒适的服务环境和工作环境。这一系列举措有效解决了窗口缺乏统一执行力，部门联动，整体服务意识不强的现状，进一步提高了便民利企服务水平。

沈阳经开区：优秀文化凝聚发展动力之源。沈阳经开区的沈鼓集团是人才沃土、劳模摇篮，形成了独特的劳模文化。一是坚持党建为魂。把党的领导内嵌到企业运营的各个环节中。二是坚持技术创新。把核心技术永远掌握在自己手中，不断进行技术创新。三是坚持管理创新。沈鼓集团在行业内率先开展数字化转型，实现了产品的数字化设计、数字化生产、数字化交付、数字化服务。四是人才为本。优秀人才"大江涌流"构建了沈鼓集团大发展的格局，强力推动企业高质量发展。"十三五"期间，沈鼓集团先后荣获"新中国成立70年企业文化建设先进单位""全国机械行业'十三五'企业文化建设示范基地""全国机械行业'十三五'企业文化建设思想政治工作50强单位"，顺利通过"全国文明单位"复评。沈鼓集团仅全国劳模及全国五一劳动奖章获得者就多达30余人，省（部）级劳动模范超过70人，市级劳模获得者超过300人。

三、吉林省开发区园区治理

（一）党建引领

吉林高新区：开展"党建翼联"共建活动。2020年，吉林高新区紫光社区党委与中共中国电信吉林市分公司渠道党支部在紫光社区举行"党建翼联"活动。"党建翼联"共建活动主要包括党员"联学"、品牌"联创"、资源"联享"、服务"联动"等内容,双方党支部通过这个共享共建的平台,进一步做到内外互联、优势互补、平台互动、成果互惠,发挥基层党组织的主体作用,促进党建工作与业务工作发展深度融合,践行新时代国有企业的社会担当。"党建翼联"共建活动的开展,有效拓展了基层党组织功能,激发了党员活力,以高质量党建引领高质量发展。

长春经开区:创新推进党建联动。围绕"党建引领聚合力,结对共建促发展"的总体思路,长春经开区世纪街道不断增强企业、社会组织、社区、街道三级党组织之间的结对共建,建立起上下联动、横向互动的"世纪先锋"党建联盟品牌,通过共建、共联、共商、共享,实现"党建工作同谋划、党建服务同开展、党建阵地同分享",不断将党的组织优势转化为高质量发展优势,实现了基层党建工作和社会治理水平互促共进。世纪街道辖区营口社区充分依托"红飘带"党群服务中心,与辖区内水利水电一局、长春总部基地、德联化工等多家企业开展结对共建活动,助力打造"红色世纪先锋"党建联盟品牌。

（二）社会治理

长春高新区:创新基层社会治理。双德乡是长春高新区社会治理工作的先行者,2019年启动"社区社会工作指导与服务项目",破解了"政府单一治理"的固有模式,努力探索出一条把矛盾化解在社区、把资源倾斜到社区,把多元服务供给社区的社会综合治理新路径。2020年1月,长春民政局提出,借鉴双德乡治理新模式,推进全市基层社会治理。

（三）文化建设

延吉高新区:以动画基地建设促进文化产业发展。2018年,延吉高新区的延吉锦星文化科技有限公司成为全国第四家、东北首家"央视动画中期制作基地"。高新区以此次授牌为契机,认真贯彻落实习近平总书记对东北振兴工作重要指示精神,全力扶持动画制作、软件开发产业发展,加强与央视动画的紧密合作，有力推动民族文化创造性转化和创新性发展，努力建设一条立足延吉、面向全国、辐射东北亚地区的动画产业基地，为延吉市乃至全州、全省高质量发展提供有力支撑。目前，延吉高新区拥有东北唯一的"央视动画中期制作基地"，拥有动漫和服务外包企业近 50 户，离岸服务外包收入近年来连续位列全省第二。

四、黑龙江省开发区园区治理

（一）党建引领

宾西经开区：以党建为统领打造"1+6"工作体系。2020 年初以来，哈尔滨宾西经开区围绕"工业强县"建设，紧紧依靠党的政治优势，坚持以融合式党建为统领，通过打造 1 个引擎（党建"红色引擎"）、建设 6 大平台（素质提升平台、产业服务平台、开放合作平台、成果转化平台、创业创新平台、产业承接平台），构建"1+6"工作体系，释放创新发展新活力。围绕打赢"保级战""突围战""晋位战"，领导干部带头加班加点谋措施、抓落实，全体党员干部时刻保持战时状态，形成了比学赶超的良好氛围。

牡丹江经开区：党建激活科技创新动能。牡丹江开发区科技局切实把学习教育成果转化为科技创新成果，激活科技创新动能。一是大力培育高新技术企业和科技型中小企业。完善高新技术企业和科技型中小企业培育库，指导高科技企业申报工作，一对一解决企业疑难问题。2021 年，完成高新技术企业申报 22 家，科技型中小企业入库企业 29 家。二是强化科技成果转化。指导区内企业申报各级科技发展专项项目，搭建科技成果转化平台。2021年上半年完成技术合同登记 116 项、技术合同成交额 1.56 亿元，超额完成半年工作目标 56.22%，全市各县（市）区排名第一。

（二）社会治理

哈尔滨经开区："小窗口"解决企业"大难题"。2021 年，哈尔滨经开区推进集成"办好一件事"改革——"小窗口"。在"一站式、一窗式"服务模式基础上，对32个高频业务和"多头跑""多次跑"事项，以"减、并"为原则推出政务服务套餐，立足办事群众和企业视角，将政府供给侧的"一个事项"调整为企业群众需求侧的"一件事"。通过构建"场景式"服务主题，将多部门的多个事项按照业务场景进行多维度重组，全面梳理事项办理条件、流程、时限、要点，群众在办业务前，可通过办事指南先行查看哪些需求可以"捆绑审批"，减少重复环节、重复材料。哈尔滨经开区的"小窗口"改革，是坚持用改革的思路和办法为群众办实事、为企业解难题、为基层减负担的一个缩影。党史学习教育开展以来，黑龙江省组织开展政务服务堵点排查和问题整改，简化办事流程，规范审批行为，压缩审批时限，提高办事效率，变多次跑、多次办为一次跑、一次办，解决企业和群众办事难办事繁办事慢问题。

哈尔滨高新区：政务大数据提升社会治理能力。2020年，哈尔滨高新区驻区企业利用政务大数据，将防控阵地端口前移，多方面解决社区疫情防控工作中的瓶颈问题。在高新区智慧城市服务中心政务大数据平台的卡口车辆数据、智慧小区人脸数据、网格人口和居民出行轨迹数据等为精准化防控作出了科学判断。自新冠疫情防控工作开展以来，高新区利用政务互联网思维，积极运用大数据实现移动政务的"阵地前移"，大大减少了社区工作人员隔离管控工作强度，提升了基层疫情防控工作效率。购药分析程序则是利用大数据统计，详细掌握购买发烧药人员情况。通过掌握不同类型人员的购药频次、种类，作出精准判断，进行疫情预警。相关工作人员负责对购买发烧药人员进行电话回访，对于异常人员会第一时间上报区卫健局。逐一准确知晓发烧药物去向，对精准防控起到事半功倍的作用。

（三）文化建设

大庆高新区：文化建设聚智合力。近年来，大庆高新区人民法院坚持以铁人精神建队伍、以大庆精神铸法魂，以文化建设凝聚队伍、营造氛围、提高质效。一是以主题活动融聚智慧。在重要节点组织开展专题党课、参观学

习、座谈研讨、演讲比赛、知识竞赛、体育比赛等各类主题活动，总结提
出"六型"法院的建设目标，推出"诉讼服务庭、站、点、员模式""服务
发展'小峰会'"等30余项务实举措。二是以争先创优形成合力。立足既定
目标，始终保持"唯旗必夺、唯先必争"的良好态势，全面催生全体工作人
员的责任心和归属感。近年来，各项工作始终走在全省乃至全国法院前列，
先后获得全国"三八"红旗集体、全国刑事审判先进集体、全国维护妇儿权
益先进集体、全省政法系统先进集体、省级文明单位、市级文明单位标兵等
荣誉298项，先后被确定为全国法院诉调对接、全省法院文化建设、廉政建
设、司法公开、法官职业化建设五个示范法院。

哈尔滨经开区："文化+"融合发展。2014年，哈尔滨经开区建成国内
规模最大的啤酒博物馆——哈尔滨啤酒博物馆，通过重现20世纪初"亚洲
第一街"的繁华以及当时人们畅饮哈尔滨啤酒的景象，展现哈尔滨啤酒的悠
久历史。近年来，哈尔滨经开区大力支持建设哈尔滨市奥禹冰壶运动中心等
文旅体融合发展项目，全力推动文化、体育、旅游等产业融合发展，满足群
众多层次、多元化的文化需求，提高居民群众的生活质量和文化素质，丰富
居民群众的业余文化生活。

第九节　未来展望

东北地区既是我国的"天然大粮仓"，又是国家重点工业建设基地，开
发区建设是促进区域经济发展的重要途径，需要坚定不移地贯彻新发展理
念，深化供给侧结构性改革，切实转变发展方式，优化产业结构，推动质
量、效率、动力变革，实现绿色化、智慧化、服务化发展。

一、产业发展

展望未来，开发区的产业发展要以推动高质量经济发展为主题，自觉融

入以国内大循环为主，国内国际双循环相互促进的新发展格局；要以实体经济建设为中心，在现有基础上做大做强，促进产业转型升级，大力引进龙头企业和项目；要积极发展新兴产业，促进智能融合，努力打造"新技术，新产品，新业态，新模式"。

黑龙江省：一是要着力建设现代产业体系，全链条抓好"五头五尾"，推动产业园区集约高效发展，加快园区智慧化、绿色化建设，发展先进制造业，打造哈尔滨经开区及周边为重点的高端制造业引领区，形成大庆经开区、齐齐哈尔高新区、绥化经开区和牡丹江经开区相互联系的新型工业支撑带，实现现代化服务业提质扩容，数字经济和实体经济深度融合，形成新的均衡发展产业结构。二是建设国家粮食安全产业带核心区，以松原经开区和三江平原农业综合开发区为辐射点的东西两条粮食安全产业带。打造现代农业产业体系、生产体系和经营体系，农业生产规模化、机械化、智慧化，同时提升现代农业服务体系档次，建成全国绿色粮仓、绿色菜园、绿色厨房和国家重要的高品质乳肉禽蛋制品加工基地，使食品和农副产品精深加工业成为第一支柱产业。

吉林省：一是要壮大实体经济，把提升全产业链水平作为主攻方向，增强产业链供应链的稳定性和自主可控能力，推进产业基础高级化和产业链现代化，加快培育发展新动能。支持中国一汽加快发展，推动长春汽车经济开发区营造优质环境。建设智能网联及新能源汽车供应链产业园、辽源新能源汽车产业配套基地，加强生产准入管理，提高产业集中度，建设产品监管和网络安全体系。二是要做大做强优势产业，如医药健康产业，打造辽源、通化、白山、梅河口、敦化等医药特色产业园区，组建国家北方小品种药物生产基地。重点建设长岭天然气化工产业园、大安清洁能源化工产业园布局珲春油气储备基地，加快发展生物化工产业，打造建设通化化工园区。承接东南沿海地区劳动密集型产业转移建设一批产业示范基地和园区。三是要培育发展新兴产业，提升产业链现代化水平，推进传统产业强链延链，新兴产业补链建链。最后要大力发展寒地冰雪经济，突出发展旅游产业和冰雪经济，着力构建大长白山区和吉林市两个"冰雪大区"，建设吉林国家冰雪经济高质量发展试验区、长白山国际生态休闲旅游区，打造具有国际影响力的冰雪旅游带，并且实施服务业转型提质十项行动，把服务业打造成经济增长"稳定器"和结构调整"加速器"。

辽宁省：一是要加快装备制造业等优势产业数字赋能，提升产业基础能力，实施智能制造、服务型制造，打造以沈阳经开区和大连经开区为引领的具有国际竞争力的先进装备制造业基地，并且积极发展循环经济，聚焦规模化、精细化、高级化，培育壮大本地化产业集群，建设大连长兴岛经济开发区等先进石化产业基地和冶金新材料产业基地示范区。二是促进先进制造业和现代服务业深度融合，推动高端化、智能化、绿色化、服务化发展。三是各个开发区要着力稳政策、稳面积、稳产量，保障粮食和重要农产品有效供给，保障市场供应和质量安全。引导资源要素向优势产品和优势产区集中，果蔬加工企业向园区集聚，确保蔬菜、肉蛋奶等农产品生产和供应。

二、协调发展

协调发展涉及各开发区之间产业绿色、创新、开放和共享等方面的协调发展、共同发展。未来东北地区通过完善区域政策和空间布局，健全区域协调发展体制机制，发挥各省的比较优势使得各类要素合理流动、高效集聚，构建高质量发展的板块支撑和动力系统。

黑龙江省：一是立足资源环境承载能力，发挥比较优势，分类精准施策，优化重大基础设施、重大生产力和公共资源布局，推动形成主体功能约束有效、国土空间开发有序的空间发展格局。二是优化区域经济布局，加快培育发展哈尔滨现代化都市圈，推动一体化示范区高质量发展，推动哈尔滨、大庆、齐齐哈尔、牡丹江开发区创新协同发展，构建优越交通圈、优势经济圈、优美商旅圈，推动绿色发展，培育新经济新业态。三是高标准建设哈尔滨新区，构建"一环两翼三带七核"高品质空间格局，强化带动哈尔滨实现新飞跃的历史使命担当，更好发挥哈尔滨新区高质量发展引领的辐射作用，打造成最具潜力的创新高地、最具优势的转型发展引擎和最具活力的增长极。

吉林省：一是构建国土空间开发保护新格局，落实主体功能区战略，完善配套政策制度，健全不同主体功能区差异化协同发展长效机制，推动各地区宜工则工、宜农则农、宜游则游。二是优化国土空间布局，建设长春经开区和公主岭、梅河口、敦化等国家现代农业示范区以及城市周边现代农业建设示范点。三是推进空间规划"多规合一"，强化国土空间规划和用途管控，落实生态保护红线、永久基本农田、城镇开发边界等空间管控边界，划定生态空间、农业空间、城镇空间。统筹区域协调发展建设，发展壮大梅河口高新技术产业开发区，打造高质量发展先行示范区，支持敦化经开区建设为绿色转型创新发展示范区，支持珲春综合保税区建设为海洋经济发展示范区，支持大安经开区建设生态经济创新发展示范区。

辽宁省：一是突出沈阳大连双引擎作用，加强沈阳大连两区协调联动，提升城市发展能级和综合竞争力，充分发挥辐射带动作用，形成新型工业化、信息化、城镇化和农业现代化深度融合的高质量发展示范区、国家产业安全的战略承载区、东北亚高水平开放合作先行区。二是加快建设沈阳现代化都市圈，以沈阳经开区为中心，以鞍山、抚顺、本溪、阜新、辽阳、铁岭、沈抚改革创新示范区等为支撑，形成先进完善的轨道交通圈、产业协作圈、就业通勤圈、统一市场圈和品质生活圈，建设新型工业化示范区、东北振兴发展增长极。三是推进辽宁沿海经济带开放发展，以大连经开区为龙头，以丹东、锦州营口、盘锦等沿海开发区为支撑，高质量创建辽东半岛蓝色经济区，统筹推动"渤海翼"与"黄海翼"协同发展，加快建成产业结构优化的先导区、经济社会发展的先行区。四是建设辽西融入京津冀协同发展战略先导区，支持阜新、朝阳、葫芦岛等地区开发区融入京津冀，加快推进辽西北承接产业转移示范区建设，构建辽宁开放合作的西门户和新增长极。

五是建设辽东绿色经济区，协同探索推进生态优先绿色发展新路径。加大政策支持力度，因地制宜发展接续产业和特色产业，增强内生动力，实现各区域共同发展。

三、共享发展

各开发区要改变传统的管理思维、资源配置思路，突破原有体制机制障碍，打破利益藩篱。一是加强与其他经开区、所在区域高校、科研院校及相关部门的交流。此外还需要重新审视资源配置效率和利用率，跨区域进行资源配置，最大程度挖掘潜力，提供与经济发展需求相适应的产品与供给。二是加快信息技术产业建设，为共享经济发展提供强大支撑，包括加大信息技术基础研究支持和资金支持，以及加强信息技术创新型人才建设。三是积极推进高新技术产业共享设备建设，要建立产学研融合共生模式，建立开发区与高校科研机构企业的信息沟通交流机制，加强科技创新中介服务机构建设。四是探索开发区城乡共享发展模式，要完善开发区发展规划，以科学的空间布局来实现产业化和城市化协调发展；要增强产业区域各功能区的科学性、合理性与协调性。

黑龙江省：一是各开发区要加快促进生活资源共享。依托互联网技术的发展，方便人们生活及消费需求，实现生活资源共享。随着生活资源共享平台需求日益增长，平台除实物商品外还有众多服务商品，要实现线上、线下经济共同发展。二是要积极推动创新资源共享。哈尔滨经开区、海林经开区、牡丹江经开区等都有丰富的高校资源，如哈工大、东北大学、佳木斯大学等，要加强省内科技企业与这些高校及研究院所合作，实现技术、数据、资源共享，进行技术产业转化。各高新开发区要积极构建了科学技术创新平台，使得高新企业能够与科研院校进行合作，实现从实验室到生产线的转化，提高科技产业经济的发展。三是有力推进生产资源共享。以装备制造、粮食加工等领域为重点，鼓励区内龙头企业带动本行业实现一体化资源共享平台，实现企业间生产资源共享机制，降低生资源使用成本，提高企业利润。

吉林省：一是要注重创新发展以此推进产业共享设备的建设。打破制约科技与经济结合的体制机制障碍，打通产、学、研、用之间的有效通道，统筹各方面资金并切实提高分配和使用效率。支持战略性新兴产业加快发展，对东北地区具有发展条件和比较优势的领域，要优先布局安排。二是注重文化发展。在各级经开区、高新技术开发区等开发区积极建设文化场馆和设施，实行原有场馆向大众开放，将更多的竞技体育项目、文艺演出项目转变为民生参与的普及项目，提升人民的文化品位和休闲生活质量，不断满足新时代城乡居民日益增长的高品位精神文化生活需求。三是深入实施人才优先发展战略，深化人才发展体制机制改革，鼓励与优质教育资源合作办学，建设一批高质量发展急需的新兴产业专业，健全以创新能力、质量、实效、贡献为导向的科技人才评价体系，培育一批科技领军人才和创新创业团队；加大人才结构性引进力度，推进装备制造、大数据、医药、环保、金融、企业经营管理等重点领域专项引才计划，在长春、通化等经开区开展人才管理改革试点；加大创新创业人才政策支持力度，建立域外人才引进常态化工作机制，创新引进和使用"候鸟型"人才，打造东北亚地区科技人才汇聚高地。

辽宁省：一是建立协同工作机制，各区领导定期会商，落实省委省政府重大政策措施，研究和解决经济区建设发展工作中的重要事项和重大问题。二是建立共享发展的空间格局，充分发挥沈阳经开区辐射带动作用，做大总量规模、深化改革创新、优化营商环境，成为经济区的"火车头"，加强与周边城市联动发展、互动融合，引领带动其他经济区协同发展。三是构建共享发展的产业体系，以供给侧结构性改革为主线，推动经济发展质量、效益、动力变革，着力建设实体经济、科技创新、现代金融、人力资源协同发展的产业体系。统筹辽宁省各经开区优势特色产业，开展城际产业项目合作，加快产业城际转移承接进程，共同发展高端装备、金融及科技服务、国际贸易及现代物流等产业。四是建立共享发展的基础设施支撑系统，共同加强基础设施一体化规划对接。不断提升客货运输能力，增强沈阳经济区的枢纽功能。共同完善区域联通的干线道路体系；优化区域路网结构，完善沈阳至周边城市的辐射廊道，共同完善区域联通的干线道路体系。五是建立生态环境共享共治合作机制。共同建立大气污染联防联控协调机制；共同推进水环境治理和修复工程；共同构筑区域绿色生态屏障；共同建立突发环境事件应急机制。六是建立共享发展的公共服务供给机制。共同推进医疗服务一体化，积极对接异地就医结算平台，逐步实现部分市属医院保险一卡通；共同推进文化体育一体化，实施沈阳经济区艺术惠民双百工程，培训机构和培训师资格互认；共同培育重大文化产业项目和骨干文化企业，合作推动公共图书馆、艺术馆、文化馆以及大型体育场馆项目互相开放。

第三章　西北地区开发区建设与发展

　　西北地区包括陕西省、甘肃省、青海省、宁夏回族自治区、新疆维吾尔自治区。截至2021年底，开发区数量总共有248个，其中，经济特区2个，国家级经开区23家，省级开发区180家。党的十八大以来，成效显著，输出技术成交金额为超2000亿元，从业人员近140万人，促进了经济发展。同时，西北地区利用自身资源优势，开发特色加工业。但开发区种类较为单一，国家级自贸区1家，边/跨境合作区5家，在对外贸易方面的引领作用还未显现较好预期效果。

第一节　发展概况

一、规模

（一）开发区数量规模

　　西北地区共有省级以上开发区248家。其中，陕西省有62家、甘肃省有68家、青海省有16家、宁夏回族自治区有16家、新疆维吾尔自治区有86家。在西北地区开发区数量中新疆维吾尔自治区数量较多，占比达到35%。

2006—2021 年，西北地区国家级开发区数量由 16 家增加到 66 家，共增加了 50 家，其中，陕西省有 22 家、甘肃省有 10 家、青海省有 4 家、宁夏回族自治区有 5 家、新疆维吾尔自治区有 25 家。

（二）开发区土地规模

西北地区省级以上开发区土地规划面积在 5000 公顷以上的有 4 家，在 1000—5000 公顷之间的有 70 家，1000 公顷以下的开发区有 172 家，缺少兰白国家自主创新示范区和乌昌石国家自主创新示范区数据。

在规划面积大于 5000 公顷的 4 家开发区中，有 2 家国家级经开区和高新区。其中，新疆维吾尔自治区有 3 家，宁夏回族自治区有 1 家。

（三）开发区人口规模

开发区作为中国改革开放的实验田和工业化的主战场，是吸纳流动人口就业的重要空间载体。但是受制于各种政策性、市场性壁垒的限制和约束，开发区流动人口大多处于"半城镇化"的非定居和"城漂"状态，仅仅实现了非稳定的个体就业非农化或者城镇化，而无法实现完全的、以家庭为单元的城镇化安居。人口流动性较大，准确的数据统计较为困难。因此，仅整理西北地区国家级新区与高新区的人口规模。

西北地区国家级新区与高新区共有 17 个，平均人口密度为 980021.64 人 / 平方公里。而中国平均人口密度仅为 148 人 / 平方公里，西北地区平均人口密度为 76.7 人 / 平方公里，其中陕西最高，为 192.36 人 / 平方公里，青海最低，仅为 8.9 人 / 平方公里。

（四）开发区就业规模

就业事关人民群众的切身利益，是关乎国家发展和社会和谐稳定的重大议题。开发区作为中国最典型的区位导向性政策，一直以来是中央和地方政府促进经济增长和推动就业的重要载体。设立开发区不仅能够显著提升本地区的地区生产总值、外商直接投资、生产效率和劳动力工资水平，而且能够显著提高本地区劳动力市场的就业率。

西北地区共有 15 个国家级高新区，分别是银川高新技术产业开发区、石嘴山高新技术产业开发区、乌鲁木齐高新技术产业开发区、昌吉高新技术产业开发区、新疆生产建设兵团石河子高新技术产业开发区、青海高新技术产业开发区、西安高新技术产业开发区、宝鸡高新技术产业开发区、咸阳高新技术产业开发区、杨凌农业高新技术产业示范区、渭南高新技术产业开发区、榆林高新技术产业开发区、安康高新技术产业开发区、兰州高新技术产业开发区、白银高新技术产业开发区。2013—2021 年，西北地区高新区从业人员数量及学历呈现逐年增加的趋势，2013 年从业人员为 2789582 人，2019 年增加到 3812488 人，增加了 1022906 人，增速为 36.67%。留学归国人员增速达到 106.4%，大专以上从业人员增速达到 52.7%。这充分说明党的十八大以来，高新区吸引了大量就业和高端人才回流。

（五）开发区经济规模

1.西北地区国家级高新区经济规模

西北地区 15 家国家级高新区 2019 年工业总产值达 15200.41 亿元，比 2013 年增加了 43.96%。企业规模及增速大幅度提升，其中，2019 年工商注册企业数、入统企业数、高新技术企业数分别比 2013 年增长了 132281 个、2877 个和 2310 个，增速分别为 343.23%、52.86%、191.86%。

2.西北地区国家级经济技术开发区经济规模

西北地区国家级经济技术开发区有 23 家，2020 年地区总产值达 6210.02 亿元，缺少格尔木昆仑经济技术开发区和酒泉经济技术开发区。

二、结构

（一）开发区类型结构

根据 2006 年版《中国开发区审核公告目录》，西北地区国家级开发区只有 16 个（6 个国家经开区，5 个国家高新区，2 个出口加工区，3 个边/跨境合作区），省级开发区有 80 个。2018 年版《中国开发区审核公告目录》显示西北地区国家级开发区增长到66个，增加了国家经开区17个，国家高新区10个，海关特殊监管区12个，边/跨境合作区2个，国家自贸区1个，国家级新区2个，国家自创区3个，其他国家级3个，省级开发区增加了102个。2021年，西北地区共有248家开发区，其中国家级开发区有66个，包括国家经开区23个，国家高新区15个，海关特殊监管区14个，边/跨境合作区5个，国家自贸区1个，国家级新区2个，国家自创区3个，其他国家级3个，省级开发区182个。党的十八大以来，中国在开发区建设上取得了重大进步，布局更为合理。

（二）开发区分布结构

1. 全部开发区省级分布

西北地区共有开发区248家，其中，国家级开发区66家，省级开发区182家。陕西省有62家（国家级22家）、甘肃省有68家（国家级10家）、青海省有16家（国家级4家）、宁夏回族自治区有16家（国家级5家）、新疆维吾尔自治区有86家（国家级25家）。

2. 开发区省会城市与非省会城市分布

西北地区共有省级以上开发区248家，陕西的62家中，15家位于省会西安，占比24%；甘肃省的68家中，8家位于省会兰州，占比12%；青海的16家中，4家在省会西宁，占比25%；宁夏的16家中，4家在自治区首府银川，占比25%；新疆的86家中，5家在自治区首府乌鲁木齐，占比6%。

3. 不同类型开发区的省级分布

西北地区248家开发区中，国家经开区有23个，其中陕西5个，甘肃5个，青海2个，宁夏2个，新疆2个。国家高新区有15个，陕西7个，甘肃2个，青海1个，宁夏2个，新疆3个。海关特殊监管区有14个，陕西7个，甘肃1个，青海1个，宁夏1个，新疆4个。国家级新区有2个，分别位于陕西和甘肃。国家自贸区有1个，位于陕西。国家自创区3个，位于陕西、甘肃和新疆。边境合作区有5个，全部位于新疆。此外，3个其他国家级也都位于新疆。省级开发区有185个，陕西40个，甘肃58个，青海

12 个，宁夏 11 个，新疆 61 个。

三、质量

（一）效益

在经济效益方面，党的十八大以来，西北地区国家级高新区净利润、上缴税费均呈现增长态势。

在社会效益方面，西北地区国家级高新区 2013—2019 年提供的就业岗位不断增加，从业人员呈现出逐年增长的态势，从业人员从 2013 年的 908159 人增加到 2019 年的 1357105 人，增速为 49.4%。

（二）品牌

（1）经济技术开发区

商务部 2018 年国家级经济技术开发区综合发展水平考核评价显示，西北地区综合排名进入前 30 的有且仅有 1 家：西安经济技术开发区，此外，该开发区也跻进利用外资前 10 名行列。进入科技创新前 10 名的有 1 家：陕西航天经济技术开发区。西北五省区仅有陕西省 2 家国家级经开区上榜，由此可见，西北地区经济技术开发区发展尚有上升的空间。

（2）高新技术开发区

科技部火炬高技术产业开发中心公布的 2020 年度国家高新区评价结果显示。西北地区 15 家高新技术企业中，安康高新区位列西北高新技术企业榜首，全国排名第 63，较 2019 年晋升了 2 位。兰州高新区全国排名第 65，较 2019 年晋升了 5 位。白银高新区全国排名第 128，较 2019 年晋升了 1 位。

（3）国家授予荣誉的开发区

西北地区有国家级经济技术开发区和高新技术开发区 38 个。自从成立以来，特别是党的十八大以来，国家级经开区和高新区作为先进制造业集聚区和区域经济增长的龙头，为我国改革开放和现代化建设作出了卓越贡献，获得多项国家授予的荣誉称号。

2.企业品牌与商标品牌

西北地区有全球 500 强企业 5 家，占比 1%；有中国 500 强企业 24 家，占比 4.8%；有中国 500 强民营企业 10 家，占比 2%；有中国 500 强知名品牌 13，占比 2.6%；有中国地理标志品牌 73 家。

第二节 空间布局

一、整体布局

（一）布局概况

西北五省开发区。甘肃省：国家级经开区（5 家）；国家级高新区（2 家）：兰州高新技术产业开发区、白银高新技术产业开发区；海关特殊监管区（1 家）：新区综合保税区；其他国家级开发区（1 家）；国家级新区兰州新区；省级开发区（58 家）。宁夏：国家级经开区（2 家）；国家级高新区（2 家）；海关特殊监管区（1 家）；省级开发区（11 家）。陕西省：国家级经开区（5 家）；国家级高新区（7 家）；海关特殊监管区（6 家）；省级开发区（40 家）。青海省：国家级经开区（1 家）：西宁经济技术开发区；国家级高新区（2 家）：青海高新技术产业开发区、格尔木昆仑经济技术开发区；海关特殊监管区（1 家）：西宁综合保税区；省级开发区：12 家。新疆维吾尔自治区：国家级经开区（9 家）；国家级高新区（3 家）；海关特殊监管区（4 家）；其他国家级开发区（8 家）；边境/重要合作区（5 家）；其他（3 家）；省级开发区（61 家）。

（二）布局特征

密度特征：核密度估计（KDE），本书运用核密度估计能够直观反映基于主导产业特征的各类开发区空间集聚特征，核密度估计值越高，表示基于主导产业特征的各类开发区分布越密集，公式如下：

$$f(x) = \frac{1}{nh^d} \sum_{j=1}^{n} K\left(\frac{x - x^i}{h}\right)$$

公式中：x 为待估计的开发区位置，x_i 为已知独立的开发区样本点，h 为搜索阈值，n 为开发区的个数；d 为数据的维数。利用 ArcGIS 中 Kernel Density 分析工具可以得到连续的核密度图，以此探测各类开发区的集聚区域分布。

二、经开区布局

根据核密度计算公式，可得知西北五省区经济开发区集聚特征显著，集聚性强，随着我国西部大开发战略的推进和"一带一路"倡议的实施，截至 2021 年，西北五省区的经济开发区数量翻倍，新增多个国家级经济技术开发区和高新技术开发区以及上百个省级开发区，经济开发区集聚现象依旧显著。一方面，"西安—兰州—银川"经济开发区聚集片区内经济开发区集聚程度全面提高，并演变为"三级核心"格局，西安在此片区的集聚核心地位凸显，以更高的集聚程度超过兰州成为片区内明显的一级集聚核心，银川的开发区的核心影响力逐步减弱，在集聚程度上落后兰州市成为该片区的三级核心。另一方面，随着榆林市逐步整合现有开发区资源并新成立国家级技术开发区，增强与集聚核心西安的空间互动，以及延安市新成立多家省级经济开发区，榆林市逐步成为该集聚片区的一部分。自此陕西经济开发区的集聚区域基本覆盖全省地市，并在西安集聚核心的空间作用下逐步向省内其他城市扩散的集聚格局。

产业特征：首先，技术密集型产业的集聚情况并没有发生较大的变化，该类型产业更倾向于在"西安—兰州—银川"集聚片区集聚；对于劳动密集型产业来说，一方面，新疆维吾尔自治区开发区的集聚效应增强，乌鲁木齐市以该类型产业为主导产业的开发区数量增多，集聚区面积扩大，喀什市新形成了明显的开发区集聚。另一方面，"西安—兰州—银川"集聚片区的集聚格局发生了明显的变化，集聚中心逐步从兰州转移到了西安地区。接着来看资金密集型产业，新疆维吾尔自治区内该类型主导产业的开发区集聚强度和规模增幅明显，奎屯市和喀什市及其周边都新设和聚集了大量的该类型产业园区，同时乌昌石集聚区的集聚中心地位得到进一步的加强，由此看来，资金密集型产业俨然成为新疆"乌昌石—奎屯—喀什"沿边集聚带经济开发区的主导产业选择，这或许和这期间我国多项针对新疆的产业扶持政策（如2010年中共中央办公厅印发《中共中央国务院关于推进新疆跨越式发展和长治久安的意见》批准喀什为国家级经济开发区）和直接对口援助有着直接的关系。"西安—兰州—银川"集聚片区该类型产业园的格局也发生了明显的变化，表现在集聚区的集聚范围扩大，逐渐辐射到了青海境内；西安市的该类型开发区集聚不断强化，成为该片区的集聚核心，并且在西安和兰州之间形成了明显的"通道状"集聚现象，即两个省会城市之间连线的城市也聚集了大量该产业作为主导产业的开发区。最后，对于战略性新兴产业而言，原本兰州市与西安市的战略性新兴产业开发区发展水平相当，但是2017年，西安市成为该片区明显的集聚核心，且有向陕西省东南方向城市进一步集聚的趋势，这可能是源于西安市雄厚的科研实力和较高的首位度有关，能够吸引大量的中部城市的企业和人才。同时，距离西安较远的乌鲁木齐市的开发区升级和战略性新兴产业经济开发区集聚现象明显，青海省的战略性新兴产业经济开发区正有逐步集聚和起步发展的趋势。

三、高新区布局

布局概况：西北五省高新区概况如下，由于数据有限，以下列出的均为各省的国家级高新区。

表3-2-1　西北五省国家级高新区分布表

省份	国家级高新区	个数
甘肃省	兰州高新技术产业开发区：九洲园区、七里河园区、雁滩园区、定连园区、和平园区。白银高新技术产业开发区；	2个
陕西省	西安高新技术产业开发区、宝鸡高新技术产业开发区、咸阳高新技术产业开发区、杨凌农业高新技术产业示范区、渭南高新技术产业开发区、榆林高新技术产业开发区、安康高新技术产业开发区	7个
宁夏回族自治区	宁夏自治区：银川高新技术产业开发区、石嘴山高新技术产业开发区	1个
新疆维吾尔自治区	乌鲁木齐高新技术产业开发区、昌吉高新技术产业开发区、新疆生产建设兵团石河子高新技术产业开发区	3个
青海省	格尔木昆仑国家经济开发区、青海国家高新技术产业开发区	2个

数据来源：根据统计年鉴、中国火炬统计年鉴、互联网资料等收集整理。

第三节　产业发展

一、发展概况

（一）产业规模

陕西省：2021年一季度，航空基地GDP增速20%，规模以上工业增加值增速31.8%，固定资产投资增速41.7%，一般公共预算收入增速90.8%，全面实现"开门红"。

甘肃省：国家级兰州经济技术开发区2020年完成地区生产总值331.49亿元，同比增长5.6%。2021年1月至5月，金昌经开区完成工业总产值361.3亿元，同比增长53.66%。

青海省：2021年上半年青海全省完成地区生产总值1557.4亿元，比上年同期增长9.1%，两年平均增长5.0%。工业领域方面，全省规模以上工业中非公有工业增加值同比增长17.2%，占规模以上工业增加值的比重达到

32.8%。

宁夏回族自治区：2021年全年完成工业总产值497亿元，同比增长37%；规模以上工业增加值同比增长20%；完成固定资产投资66.4亿元，累计培育国家高新技术企业84家，占自治区的29%、银川市的59%。各类研发创新平台累计达122个，规模以上工业企业R&D投入强度达3.3%、同比增长31.6%。

新疆维吾尔自治区：2021年新疆生产总值总量比上年增加16%，居全国第23位，比上年前进1位。全区第一产业增加值2356.06亿元，同比增长7.9%；第二产业增加值5967.36亿元，同比增长6.7%；第三产业增加值7660.23亿元，同比增长6.9%。

（二）产业结构

陕西省：2021年第一季度规模以上工业增加值同比增长12.7%。服务业增加值500.49亿元，同比增长11.1%。一般公共预算收入61.39亿元，同比增长14.43%。

甘肃省：通过规模以上企业抓扩能、在建项目抓进度、新建项目抓前期等措施，2021年一季度，兰州经开区完成地区生产总值76.15亿元，同比增长15.9%。

青海省：2021年前三季度青海省地区生产总值累计值为2401.84亿元，比2020年同期增加了231.71亿元，同比实际增长6.7%。其中第一、二、三产业增加值分别为183亿元、948.3亿元和1270.6亿元。

宁夏回族自治区：2021年全区规模以上工业增加值比上年增长4.3%，增速比2021年前三季度加快1.8个百分点。

新疆维吾尔自治区：2021年全区采矿业增加值比2020年同期增长5.1%，制造业增加值比上年同期提高1.2个百分点。

（三）产业质量

陕西省：先进航空零部件智能互联制造基地、高端航空部件研发制造基地等一批航空制造项目开工。

甘肃省：初步形成了产业集聚优势明显，结构绿色化、链接生态化、循环经济化、发展实力强，拉动区域经济快速发展的绿色发展新局面。截至2020年底，全区实现地区生产总值331亿元，保持年均两位数以上增长。

青海省：2019年制造业增加值同比增长6%，快于整体工业增速；企业效益下滑势头趋缓。

（四）重点产业

陕西省：汽车、专用通用设备、新材料、航空设备、装备制造、食品、中药。

甘肃省：各开发区启动医用防控物资生产项目，填补了全市空白，保障了疫情防控物资。此外，还有电子信息、新材料和新能源等产业。

青海省：机械加工、特色资源开发、中藏药。

宁夏回族自治区：羊绒及亚麻织品、食品、再生资源循环利用、装备制造、新材料。

新疆维吾尔自治区：新能源、新材料、商贸物流、先进制造、商贸物流。

二、传统产业转型升级

（一）传统产业转型

陕西省：汉中以产业基础高级化、产业链现代化为方向，加速推进产业转型升级，形成了装备制造、现代材料、绿色食药三大产业集群，2020年前三季度实现产值1056.11亿元。

甘肃省：兰州市产业升级步伐持续加快，聚力发展十大生态产业。

青海省：坚定不移推进可持续发展战略，构建市场导向的绿色技术创新体系，发展绿色金融，壮大节能环保产业、清洁生产产业、清洁能源产业。

宁夏回族自治区：成功引育梦驼铃、华信智等一批物联网企业，建成工业互联网等多个产业融合示范应用平台。

新疆维吾尔自治区：坚持"两业并举"，实施传统产业升级、新兴产业培育、服务业提速和"互联网＋""四项计划"。

（二）传统产业升级

陕西省：围绕西安市"6+5+6+1"现代产业体系，航空基地全力推动3大先进制造产业、4大航空新兴产业、5大现代航空服务业和10大产业承载园区联动发展，着力构建"34510"现代航空产业体系。

甘肃省：加大传统产业绿色改造，构建工业绿色制造体系。加快5G基础设施建设，深化工业互联网应用。

青海省：发展特色优势产业，构建供给体系的物质基础，解决好供给质量的问题。

宁夏回族自治区：极推动新能源、新材料、新食品"三新"产业集群化、高端化发展。

新疆维吾尔自治区：坚持"两业并举"，实施传统产业升级、新兴产业培育、服务业提速和"互联网＋""四项计划"。

三、战略性新兴产业发展

（一）总体概况

陕西省：西安经开区新能源产业以风电装备和太阳能光伏为重点，航空基地构建了以整机制造为主干产业。

甘肃省：战略性新兴产业增加值占地区生产总值比重2位数增长。

青海省：以高新技术产业化基地和园区工业为重要基地，打造产业技术联盟。

宁夏回族自治区：围绕主导产业，通过整合招商资源，坚持优中选强原则，精准定位招商项目。

新疆维吾尔自治区：2021年，新材料产业产值同比增长20％左右；装备制造业产值同比增长近40％。

（二）发展成效

陕西省：西安经开区成功申报了国家中小企业创新创业特色载体项目，企业科研成果不断实现产业化，区域科技创新有效地提升了产业链水平，促进产业转型。

甘肃省：各经开区与高新区的建设有效推动了当地经济的发展。

青海省：先后引进和开工建设金昆仑锂业年产500吨金属锂、海镁特5.6万吨镁合金等一批基础性、节点性项目。

宁夏回族自治区：银川经济技术开发区工业总产值由2001年的7.7亿元跃升至2020年的370亿元，20年间增长了48倍。

新疆维吾尔自治区：2021年1—9月，自治区战略性新兴产业工业总产值同比保持10%以上的快速增长。

（三）发展举措

陕西省：以深化改革为动力，以"中国制造2025"为抓手，强化创新驱动、改革推动、融合带动，加快新旧动能转化，倾力打造绿色智造工业强市。

甘肃省：认真落实《关于促进国家高新技术产业开发区高质量发展的若干意见》（国发〔2020〕7号）要求，以新发展理念为引领，强化企业的创新主体地位，加大科技投入水平。

青海省：引进培养创新创业型人才行动，根据西宁市科技和经济社会发展目标，面向省内外大力引进创新创业人才。

宁夏回族自治区：强化龙头企业带动，实行领导干部包抓重点企业、重大项目责任制，帮助企业解决实际困难和问题。

新疆维吾尔自治区：自治区将积极实施创新驱动发展战略，推动完善化工新材料、硅基新材料、铝基铜基钛基新材料、生物及生物医药、先进装备制造、新能源等重点优势产业链。

四、现代服务业发展

（一）总体概况

陕西省：陕西省以发展"三个经济"为总抓手，加快形成现代服务业产业体系，为"三个经济"发展不断注入新动能。

甘肃省：甘肃省服务业结构逐年优化。"十三五"时期，通道物流、电子商务、会展经济、文化旅游等现代服务业增势强劲，电子商务交易额、展会交易额均增长20%以上，接待游客量、旅游总收入年均增长20%和25%。

宁夏回族自治区：宁夏回族自治区发展改革委认定了首批6个服务业集聚区，并对每个集聚区给予相应建设资金支持，截至2021年，各集聚区精准施力特色明显，对带动当地服务业发展起到明显推动作用。一是组织管理基本健全，首批6个服务业集聚区均已成立相应的领导小组统筹协调推进各项工作，基本完成建章立制和人员配置。二是集聚效应初步显现，截至2021年上半年，6个集聚区共入驻企业2223家，产业发展不断扩大，产业集聚特色逐步显现。三是公共服务逐步加强，其中银川市中关村双创园科技服务集聚区初步构建起园区"一中心、八平台"科技创新服务体系，为入驻企业提供成果转化、培训等全方位服务；银川市阅海湾中央商务区现代金融集聚区建立了便企服务站、人力资本服务产业园、金融信息应用和创业创新孵化平台。四是配套设施不断完善，各集聚区结合实际，着重完善交通、电力、供排水、通信、消防、绿化等基础设施建设，为产业集聚创造便利条件。

新疆维吾尔自治区：在电子信息制造、装备制造、冶金、纺织等领域开展智能制造试点示范工程。

（二）发展成效

陕西省：推出3批17个"一件事一次办"主题套餐服务，圆满完成省市"放管服"改革暨优化营商环境重点工作任务。

甘肃省：整合现有办公场所，截至 2021 年，建成 5000 平方米的科技孵化中心，并通过了市级科技企业孵化器的认定。

青海省：2011—2019 年，青海服务业（第三产业）增加值从 664.64 亿元增加到 1528.07 亿元，累计增长 129.91%，年均增长 9.69%，且增速均高于地区生产总值和一、二产业增速。2011—2019 年，青海服务业增加值占国内生产总值比重从 48.50% 提高到 51.96%，比重逐年提高。

宁夏回族自治区：截至 2021 年，成功创建国家级绿色工厂 6 家、国家级绿色设计产品 9 个、自治区绿色工厂 3 家，在宁夏绿色体系创建中保持领先水平。

新疆维吾尔自治区：库尔勒开发区充分发挥了"互联网+"的优势，提出打造全国首家"云上开发区"。

（三）发展举措

陕西省：到 2021 年，西安经开区建设 3 个产业创新服务综合体，9 个创新创业共同体，引进培育独角兽企业 1 家，科技小巨人企业 100 家，高新技术企业 500 家，科技型中小企业 1000 家。

甘肃省：将按照园区工业绿色发展规划要求，大力推进园区绿色制造体系建设，持续优化产业结构，精准服务企业，增强企业市场竞争力和绿色发展能力，实现增长动能转换与质量效益提升。

青海省：进一步深化"放管服"改革，扩大外资领域对外开放，落实外资市场准入负面清单。谋划一批重点招商活动，引导内外资更多投向新一代信息技术、新能源、新材料等高新技术产业。

宁夏回族自治区：依托"三大主导产业"+ 现代服务业，紧抓发展机遇，着力打造互联网数字经济提升"主战场"。

新疆维吾尔自治区：规划到 2023 年，初步实现数字经济产业聚集发展，数字经济总规模达到 500 亿元，建 5 个以上百亿级细分领域产业集群等。

五、产业链供应链现代化

(一)产业链现代化

陕西省:科技创新催生"新动能"。围绕"4+4+4"现代产业体系,坚持以产业链部署创新链,以创新链布局产业链。

甘肃省:联合储备招商引资项目,补齐延伸循环经济产业链条,推进形成多元化产业集群。

青海省:要以技术创新驱动新型显示产业发展,延伸拓展产业链,加快形成完整高效的供应链体系。

宁夏回族自治区:围绕加快建立现代农业产业、生产、经营"三大体系",大力发展葡萄酒、奶产业、肉牛和滩羊、绿色食品等农业重点产业,促进重点产业链的发展。

新疆维吾尔自治区:主动融入全球产业链,参与全球要素配置,向价值链高附加值领域进行产业布局。

(二)供应链现代化

陕西省:促进工业供应链协同化、服务化、智能化发展。推动供应链上下游企业实现协同采购、协同制造、协同物流,支持企业及相关组织建设服务型制造公共服务平台建设,推动制造供应链向产业服务供应链转型,完善全链条供应链体系,提升制造产业价值链。

甘肃省:以区块链、大数据、云计算等技术为依托,从信息采集和对接、数据审核和整理、税款计算和缴纳、信息查询和追踪、风险识别和监控、大数据分析等方面为入驻企业提供全方位、一站式的数字网络服务,实现了"车在线上、货在云中"。

青海省:金诃藏药、久美藏药、宝鉴堂等制药企业入驻园区实现技改升级,初步形成生物、中藏药加工、食品加工、现代化种植等高新技术项目为主体的产业体系。

宁夏回族自治区：推进葡萄酒产业放大产区优势、提升品牌价值，枸杞产业地理品牌保护、产品精深加工，奶产业强化品牌经营、形成规模效应，完善整条供应链。

新疆维吾尔自治区：2021年，阿拉尔经济技术开发区已形成纺织服装、化工等特色产业多元发展格局。

第四节 创新发展

一、发展概况

（一）创新能力

"致天下之治者在人才。"中国要实现高水平科技自立自强，归根结底要靠高水平创新人才。自党的十九大以来，西北地区各高新区从全国各地引入大量科技创新人才，各市人才数量逐年增长。其中，科技活动人员最多的是西安，2021年科研人员为159578人。

搭建创新平台，助力科技创新，离不开强大的物质基础。为推动西北地区高新区企业科技创新，各大企业各显神通，逐步增加企业科技活动经费支出。

（二）创新成效

在强大的科技创新人才和物质基础上，西北地区高新区在企业技术收入方面有所突破。

二、创新技术

（一）创新技术

陕西省：榆林经济技术开发区的甲醇、聚氯乙烯、柴汽油组份生产工艺、技术水平和装备水平均处于国际领先水平。

甘肃省：酒泉经济技术开发区的甘帝欣甘草含片系全国独家生产，原料药土霉素生产规模居国内同行业前列；大得利制药是国家二类精神原料药巴比妥、苯巴比妥、咖啡因定点生产企业，是国家唯一一个通过当归GAP认证、国家GMP认证的高新技术企业。

新疆维吾尔自治区：新疆奎屯—独山子经济技术开发区，拥有以聚乳酸合成为核心的全产业链技术体系，截至2021年底，获得授权发明专利14项。

（二）创新产品

甘肃省：天水经济技术开发区形成了"长城电器""213电器"等电工电器知名品牌。"永红牌"产品为中国驰名商标，BGA集成电路高密度封装产品被科技部等部委认定为"2010年国家重点新产品"。

青海省：2016年，青海国家高新技术产业开发区企业拥有"三江源""金诃"等国家驰名商标10件，全省著名商标27件。

宁夏回族自治区：银川经开区的共享3D打印工厂、威力传动大功率海上风电偏航变桨减速器、小牛自动化划片串焊一体机产能领先全国，舍弗勒成为知名车企主要供货商，小巨人高端数控机床技术、沃福百瑞有机枸杞成功进入欧美市场。

三、创新平台

（一）创新资源共享平台

陕西省：陕西科技管理服务一体化云平台将陕西科技资源、科技业务服务、大数据应用以可视化的方式进行整合，为各类科技应用系统提供数据和支撑服务。

宁夏回族自治区："科创中国·宁夏中心"是宁夏的融通平台，各类创新机构和科技工作者、科创员、联络员可上网用手机号注册、登录、上传、使用平台资源。

（二）创新交流合作平台

陕西省：西安经开区先后建立了新能源汽车、新材料、人工智能与机器人等产业协同创新平台。

（三）高端技术创新平台

陕西省：截至 2021 年，西安高新技术产业开发区拥有国家级重点实验室、工程与技术中心达到 40 多个，世界 500 强研发机构 48 家。

（四）科技成果交易平台

宁夏回族自治区：宁夏技术市场线上服务平台，集"展示、对接、交易、共享、服务、交流"等功能于一体，提供科技成果和技术需求信息发布、网上项目对接、科技成果路演、在线交易、科技政策推送等科技成果转移转化服务。

四、创新生态

（一）创新主体

陕西省：截至 2021 年，西安高新技术产业开发区拥有科技孵化器 50 家，其中国家级 14 家。"创途在 XIAN"和"中科创星"已经成为我国众创空间的典型代表。

甘肃省：兰州高新技术产业开发区内到 2021 年有国家重点实验室 8 个、国家级企业技术中心 7 个、省级重点实验室 61 个、省级工程技术研究中心 36 个、省级企业技术中心 24 个，拥有国家级孵化器 4 个、国家级众创空间 10 个。

新疆维吾尔自治区：库尔勒经济技术开发区到 2021 年已建成国家级众创空间 1 个，自治区级科技企业孵化器 1 个，各类自治区级研发机构 6 个，企业研发中心、研究院 5 个。

（二）创新制度

1.创新体制

甘肃省：创新团队形成"拨投结合、先拨后投、适度收益、适时退出"的支持模式。国有企业研发团队实行"项目经理制",赋予其组建研发团队、决定技术路线、支配使用经费等充分自主权。新型研发机构采取小投入、持小股,地方园区大投入、持中股,人才团队低投入、持大股的"团队控股"模式。支持高校院所与国内外知名高校开展研究生"联合培养",以高校教授、研究所研究员和企业高级工程师为合作导师。

宁夏回族自治区:石嘴山高新区积极承接下放园区 36 项市级经济管理职权,成立石嘴山高新区企业综合服务中心,为入园企业提供"一站式"综合服务,基本实现"企业的事园区办、园区的事园内办"。

2. 创新机制

陕西省:西安高新区健全人才安居体系符合条件的高新区硬科技创新人才可不受户籍、社保限制,享受共有产权房等人才安居政策。加大租赁式人才公寓建设力度,给予硬科技创新人才最高 100%房租减免。

甘肃省:兰州经济技术开发区设立有一站式服务大厅和项目审批快速通道,实行工商注册、税务登记、组织机构代码"三证合一"。

新疆维吾尔自治区:昌吉高新技术产业开发区设立 5000 万元高新技术产业发展基金,为国家高新技术企业一次性奖励 100 万元。

第五节　开放发展

一、发展概况

陕西省:西安经济技术开发、综合保税区聚集企业 40 余家,世界 500 强企业累计投资项目 80 余个,全区外贸企业 400 余家,2020 年进出口贸易超 260 亿元,2020 年实际利用外资 20.91 亿美元。西咸新区:2020 年 1—9 月,全区引进内资 1427.67 亿元、列全市第一,引进外资 5.73 亿美元,414 个重点项目完成投资 1404 亿元。

甘肃省：兰州经济技术开发区 2020 年实际利用外资 5120.48 万美元，增长 88.2%；实现进出口总额 24 亿元，增长 92%。2019 年 1—9 月，兰州新区综保区外贸进出口实现 18.7 亿元人民币，较 2018 年同期增长 2.4 倍，占全省进出口贸易额 6.2%。自运营以来，新区综保区累计完成进出口 124 亿元人民币，已成为甘肃外贸发展新增长极。

宁夏回族自治区：银川经济技术开发区 2020 年全年实现进出口总额 270.62 亿元，比上年增长 65.6%。其中，出口总额 195.99 亿元，增长 49.7%；进口总额 74.64 亿元，增长 129.8%。全年签订利用外资项目 21 个；合同外资金额 24.61 亿美元，比上年增长 675.60%；实际利用外资 0.31 亿美元，下降 13.8%。

新疆维吾尔自治区：乌鲁木齐经济技术开发区：2020 年实现进出口总额 30.5 亿美元，比上年下降 7.5%。其中：出口额 22.5 亿美元，下降 17.3%；进口额 7.9 亿美元，增长 39.5%。喀什经济开发区：2020 年 1—9 月，外贸进出口总额为 11.02 亿美元，同比增长 1.32%。霍尔果斯经济开发区：2020 年，外贸进出口总额 47.54 亿美元，是 2015 年的 7.07 倍。

二、招商引资

陕西省：2020 年，西安高新区招商引资签约项目达 216 个，总投资超 6722 亿元，同比增速分别高达 71.4% 和 86.3%；实际利用内资 1490.39 亿元，预计利用外资 36.05 亿美元，分别完成年度任务的 222.88% 和 103%。2020 年，西咸新区全年引进 10 亿元以上项目 57 个，100 亿元以上项目 6 个；新引入世界 500 强 28 家、中国 500 强 38 家，新增区域总部 5 家；完成内资 1412.73 亿元，完成率 234.31%，外资 4.58 亿美元，完成率 101.8%。

甘肃省：2021 年兰州新区引进产业项目 59 个，总投资超 500 亿元，制定 178 条优化提升营商环境措施落地见效。深层次扩大开放，累计吸引外商投资企业 20 家、利用外资 15.5 亿元，对外贸易倍速增长。

青海省：截至 2020 年 10 月底，西宁经济技术开发区新批准入驻企业和项目 85 个，招商引资实际到位资金 141.8 亿元，同比增长 66%。

新疆维吾尔自治区：乌鲁木齐经济技术开发区 2020 年实施招商引资项目 37 个，比上年下降 22.9%；投资总额 617.9 亿元，增长 10%。其中：工业项目 23 个，投资额 431.7 亿元；非工业项目 14 个，投资额 186.3 亿元。落地项目 31 个，落地项目投资总额 230 亿元。实际使用外资金额 763 万美元，增长 3.4 倍。

三、对外贸易

陕西省的对外贸易平台。跨境电商试验区：西安跨境电子商务综合试验区、延安跨境电子商务综合试验区。综合保税区：西安综合保税区、西安关中综合保税区、陕西杨凌综合保税区、西安高新综合保税区、西安航空基地综合保税区、宝鸡综合保税区、陕西咸空港综合保税区。

甘肃省的对外贸易平台。跨境电商试验区：中国（兰州）跨境电子商务综合试验区；中国（天水）跨境电子商务综合试验区。综合保税区：兰州新区综合保税区。

青海省的对外贸易平台。西宁综合保税区。

宁夏回族自治区的对外贸易平台。跨境电商试验区：中国（银川）跨境电子商务综合试验区。综合保税区：银川综合保税区。

新疆维吾尔自治区的对外贸易平台。跨境电商试验区：中国（乌鲁木齐）跨境电子商务综合试验区。综合保税区：阿拉山口综合保税区；乌鲁木齐综合保税区；霍尔果斯综合保税区；喀什综合保税区。

四、对外投资

甘肃省：兰州新区实施"走出去"战略，推动兰石集团、陇星能源等企业带着技术和产品"走出去"，进一步推动区内企业与国际接轨、向国际拓展。与此同时加快推进新区的中韩产业园、中德产业园、马来西亚清真园等国际合作项目，对外开放步伐日益加快。

青海省：西宁经济技术开发区已经与全球 66 个国家和地区达成对外贸易伙伴合作关系，其中智利、墨西哥、日本、韩国、阿联酋是最大的贸易伙伴。

五、营商环境

七大区域的整体营商环境中，华东地区得分（61.1816 分）居首；西南（55.30）、华北（55.13）、华南（53.96）等三个地区紧随其后，均高于全国 31 省区市均值（53.86）；之后的华中（51.76）、东北（48.87）和西北（45.09）则低于全国均值。

西北地区包括宁夏、新疆、青海、陕西、甘肃等五省区。营商环境均值为 45.09，低于全国总体均值（53.86）；营商环境指数标准差为 3.3，远低于全国 31 省区市标准差（10.06），差距较小。

（一）西北五省区营商环境指数比较

陕西省：营商环境指数为 46.27，全国排名第 24，处于落后水平（B-级），远低于其同年人均 GDP 排名（第 12）。在西北地区，陕西营商环境（46.27）在区内排名第二。其市场环境和人文环境均显著高于其他四省区均值；政务环境和法律政策环境则与其他四省区均值持平。

陕西营商环境的子环境均衡度排名全国第 4。四个子环境排名由高到低依次为：人文环境（第 20）、政务环境（第 22）、市场环境（第 23）、法律政策环境（第 25）。可见，四个子环境均有较大优化空间。

甘肃省：营商环境指数为 41.22，全国排名第 29，处于落后水平（B-级），略高于其当年人均 GDP 排名（第 31）。

甘肃营商环境的子环境均衡度排名全国第 28。四种子环境排名由高到低依次为：政务环境（第 8）、人文环境（第 16）、市场环境（第 25）、法律政策环境（第31）。未来应保持政务环境优势，推动人文环境稳中求进，并着力优化市场环境尤其是法律政策环境。

在西北五省区中，甘肃营商环境指数（41.22）低于地区均值，排名末位；子环境均衡度均较差。与其他四省区相比，甘肃政务环境较好，但法律政策环境为主要失分项。未来可参考宁夏法律政策环境方面优化经验，并将同处西北腹地的青海作为赶超目标。

青海省：营商环境指数为43.05，全国排名第28，处于落后水平（B–级），低于其当年人均GDP排名（第22）。

青海营商环境的子环境均衡度在全国排名第23。四种子环境排名由高到低依次为：政务环境（第16）、法律政策环境（第21）、人文环境（第31）、市场环境（第31）。

青海营商环境指数（43.05）低于地区均值，排名第四，营商环境和子环境均衡度均表现较差。与其他四省区相比，青海人文环境、市场环境尤为不佳。未来中期可参考同处西北的宁夏优化经验；短期可将陕西作为赶超目标。

宁夏回族自治区：营商环境指数为51.73，全国排名第19，排名中游（B级），接近其当年人均GDP排名（第20）。宁夏营商环境的子环境均衡度在31省份中排名第29。四个子环境排名由高到低依次为：法律政策环境（第6）、人文环境（第23）、市场环境（第27）、政务环境（第29）。未来应保持法律政策环境的优势，并进一步优化人文环境尤其是市场环境、政务环境。

其中，宁夏营商环境指数（51.73）高于地区均值，排名第一，但子环境均衡度较差。相比其他四省区，宁夏法律政策环境得分较高，而人文环境、市场环境、政务环境为失分项。未来应在继续保持优势环境的基础上，优化劣势环境，并带动区内落后省份优化营商环境。

新疆维吾尔自治区：营商环境指数为43.19，全国排名第27，较为落后（B–），低于其当年人均GDP排名（第18）。新疆营商环境的子环境均衡度在全国位列第 7。四种子环境排名由高到低依次为：法律政策环境（第 23）、人文环境（第 27）、政务环境（第 28）、市场环境（第 29）。

其中，新疆营商环境得分（43.19）低于区域均值，名列第八；子环境均衡度排名领先。未来可借鉴同处西部的贵州、云南经验，补齐营商环境短板。

（二）西北五省区开发区营商环境

1. 政务环境

（1）陕西省西安经济技术开发区显示了整体良好的经济活力和招商引资环境。在《2020 年全国经开区营商环境指数报告》，西安经开区营商环境位于全国前 10，西部第一。西咸新区开办企业"2 小时办结"；产业项目"拿地即开工"；工建审批"提速增效"；公共资源交易"全网应用"等手段，旨在打造"审批事项最少、收费标准最低、办事效率最高、服务水平最优"的"四最"环境。

（2）甘肃省兰州经济技术开发区"放管服"改革方面，所有审批服务事项全部入驻大厅，进一步优化"前台统一受理、后台分类审批、统一窗口出件"模式，推行"互联网＋不动产登记"，实现个人业务 3 个工作日内办结、部分能达到即时办结。全年完成各类登记发证 14294 件，完成修图补籍 200 万平方米，受理房屋办证历史遗留件 48 宗 305 幢。

（3）青海省西宁经济技术开发区着力提升企业服务效能。一是实行行政审批目录清单化管理，精减材料压缩时限，建立取消不必要申报材料，编制一次性告知单和办事服务指南，将压缩建筑垃圾清运，临时占用城市道路、建设工程施工许可证等行政审批及公共服务事项办理承诺时限整体压缩率达到 30%。二是在涉及招商引资项目落地有关事项办理上，秉承"特事特办""急事急办"的原则，开启"绿色通道"，采取日常延时服务、周末预约服务等多种办理方式，全力保障项目尽快落地。三是热情服务企业。推进重点企业联点帮扶机制，建立园区领导、企业、部门工作群，确保在第一时间内对企业的疑难问题做到有问必答。

宁夏回族自治区：银川经济技术开发区一是全面推行"一线工作法"，完善项目建设联席会议制度，强化项目调度力度和频次，一线协调服务，一线排忧解难，一线解决问题，确保重点项目顺利、快速、有效推进。二是创新融资模式，积极搭建银政企对接平台，积极向金融机构推介一批大项目、好项目，通过发行企业债券、土地专项债和重点项目融资贷等形式募集资金，缓解企业项目建设资金短缺问题。

（4）新疆维吾尔自治区乌鲁木齐经济技术开发区通过提升服务质量等举措推进营商环境持续优化不断。完善网上自助查询、网上预约等自助服务功能，积极配合区政务服务局推进一体化政务服务平台建设，进一步探索审管互动与一体化平台的数据对接，做好外网受理、内网审批、快递送达等当日办结服务模式，做到足不出户办审批，在材料齐全的情况下对所有审批事项做到即办件，由原来的审批 15 天时间压缩到一天办结。保障辖区落地企业用热需求，确保企业正常生产经营，及时派专人对接新建项目建设进度，做好区域供热协调保障工作，缩短出具同意接入集中供热函的办理时限。在手续齐全的情况下，由原来 5 日内办结缩短至 2 日内办结。

2.市场环境

公平竞争是市场经济的核心，公平竞争制度是一个包含竞争性政策、公平竞争审查、公平产权保护等一系列制度在内的制度集合，是以竞争政策为前提，以公平为原则的产权保护制度为基础，以公平竞争监管为保障的制度体系。西北地区都出台了相应的营商环境条例，贸易与投资自由化改革。

第六节　绿色发展

党的十八大将生态文明建设纳入中国特色社会主义事业"五位一体"总

体布局，按照尊重自然、顺应自然、保护自然的理念，贯彻节约资源和保护环境的基本国策，把生态文明建设融入经济建设、政治建设、文化建设、社会建设各方面和全过程，建设美丽中国，努力走向社会主义生态文明新时代。

一、绿色低碳发展

（一）资源节约

1. 节能技术改造

陕西省：开展燃煤锅炉综合整治，压减燃煤集中供热企业用煤，推动热电联产富余热能延伸，做好适用热泵技术。

甘肃省：引进新能源、新材料、先进装备和智能制造、生物医药、信息技术、节能环保等高新技术产业项目，不断提升高新技术产业的规模水平和集聚能力。

青海省：积极引导企业推广先进节水技术，大力推广使用节水型用水器具。

宁夏回族自治区：采用新设备新工艺，淘汰工艺落后的设备。

新疆维吾尔自治区：企业通过投入资金增加节能设备、升级工艺降低损耗、改进技术绿色生产等，不断实现绿色发展，推动经济高质量发展。

2. 清洁生产

陕西省：陕西西安经济开发区，泾渭新城污水处理厂、草滩污水处理厂累计处理污水量8670万吨，可减排化学需氧量33130吨，可减排氨氮2678吨。

甘肃省：按照清洁文明生产的标准、要求，加大对生产现场的整改力度。

青海省：严禁在禁燃区内燃用高污染燃料，依法拆除禁燃区内高污染燃料燃用设施，稳妥推进燃煤设施清洁化改造。

新疆维吾尔自治区：稳步开展工业炉窑大气污染综合治理、柴油货车污染治理，稳妥推进煤改电、煤改气清洁能源取暖。

3.绿色低碳生活

陕西省：经开区加快城市绿化建设，致力于打造宜居宜业美好家园。

甘肃省：积极践行低碳交通、环保出行的理念，优先选择步行、自行车、公共交通等出行方式。

青海省：加快推动园区向产业协调融合、资源综合利用、产业链深度延伸转型，坚定不移走生态优先、绿色低碳的高质量发展道路。

宁夏回族自治区：深入开展节能、节材、节水、节地及减碳活动。

新疆维吾尔自治区：继续大力推动绿色设计、绿色技术和工艺、绿色生产、绿色管理、绿色供应链，将绿色发展贯穿于产品全生命周期中。

（二）能源双控

1.行政手段

陕西省：严控新上高耗能项目；推动绿色制造体系示范创建，推动企业实施节能改造。

甘肃省：加快开展经开区生态修复与产业发展示范区产业规划、城市规划、土地利用规划"多规合一"工作，明确地块建设规划、能耗、环境、投资强度、亩产税收等准入标准。

青海省：依托青海清洁能源产业高地的建设，大力发展"光伏制造"，从环境保护、产业结构、节能减排等各个方面进行调整优化，从而形成了以硅材料光伏产业和新材料产业为主导的循环经济产业体系。

宁夏回族自治区：规划布局"5+3"产业体系（五大新材料、三大专业化园区），产业结构布局。依托"两化融合"和"产业创新"平台，向高端化、信息化、智能化方向发展，壮大产业规模，形成产业高地。

新疆维吾尔自治区：深入分析全区能源结构、能耗"双控"和碳排放底数和现状，建立科学的分析模型。建立完善存量、在建、拟建"两高"项目清单，加强清单动态管理，分类提出处置方案，坚决拿下不符合要求的"两高"项目，科学稳妥推进符合要求的拟建"两高"项目。

2.市场手段

陕西省：鼓励采用合同能源管理方式实施公共机构节能改造，推动公共机构建立能源管理体系，实施能耗监测平台建设、管理能力提升等节能重点工程。抓好绿色创建工程。创建绿色工厂、绿色商场和绿色宾馆，形成引领示范。鼓励分布式光伏发电项目的投资主体与建筑屋顶所有权单位按照合同能源管理、租赁、合资参股、委托建设等模式进行合作。

青海省：落实政策强信心，积极组织召开银企对接会，有效缓解企业资金压力；组织企业申报工业转型升级等支持项目等。

宁夏回族自治区：通过"合同能源管理"模式，三年合同期限内，合同能源管理目标发电量达到6万 kWh，节能效果提高100%。给予企业资金扶持，专项用于技术创新、管理创新，提高信息化水平等。

新疆维吾尔自治区：支持企业累计获得绿色制造系统集成项目，争取国家支持资金，推动自治区绿色改造项目落地。

（三）绿色产业发展

低能耗、低污染、低排放、高效率、高效益产业。

陕西省：引导企业实施绿色化管理理念，采用先进的绿色工艺技术，开展绿色化改造，提升用能设备能效，推动工业绿色发展。

甘肃省：按照"减量化、资源化、再利用"原则，根据主导产业发展方向，坚持走新型工业化道路，推动园区绿色发展、低碳发展和循环发展。

青海省：培育形成以"节能环保、新材料、高端装备"为主导的低能耗、低排放、高效率的现代循环经济产业集聚区。

宁夏回族自治区：培育形成以"节能环保、新材料、高端装备"为主导的低能耗、低排放、高效率的现代循环经济产业集聚区。

新疆维吾尔自治区：盯住重点区域、重点行业、重点问题，注重源头治理，强化末端治理、过程治理，推进山水林田湖草沙等各种生态要素的协同治理。

二、污染治理

（一）大气污染治理：措施与效果

陕西省：截至 2021 年，省铁腕治霾办共下发督办单 233 个，超过去年下发数 13%。经开区积极完成蓝天保卫战任务 15 项，检测机动车尾气 5870 辆，完成 203 台燃气锅炉低氮燃烧改造工作，完成 3 家重点企业有机废气深度治理工作，完成率 100%。

甘肃省：对治污实行绩效量化考核，明确了大气污染防治工作各级职能职责，扎实工作。出台了《关于打好大气污染治理整体战攻坚战的实施意见》和专项治理方案，将任务明确到各部门，签订责任书，并纳入各级各部门绩效考核。

青海省：狠抓工业废气排放治理，切实加大各企业厂区道路洒水降尘及物料堆放覆盖管理，严格落实废气污染源 24 小时在线监测；持续加大道路扬尘管控。不断优化道路机械化清扫及洒水降尘力度，主干道机械化清扫率达到 85%；加大道路扬尘管控；空气质量优良率达 92.8%。

宁夏回族自治区：截至 2021 年，对裸露空地铺设防尘网约 226171 平方米，临时绿化工程整治裸露空地 24971 平方米，平整场地 68217 平方米。共清理垃圾约 45006 立方米，维修道路两侧损坏水篦 49 座，维修人行道 1200 平方米、道路标线施工 4801 平方米，并同时完成道路两侧附属设施等多项维修整治工作。

新疆维吾尔自治区：深入开展大气污染防治，推进大气污染兵地联防联控，有效应对冬季重污染天气和春季扬尘污染；构建"天地车人"一体化移动源大气污染管控系统，加强机动车、非道路移动机械等移动源监管。

（二）水污染治理：措施与效果，

陕西省：每月对泾渭及草滩污水处理厂出水水质进行检查及监测，出水水质始终达到城镇污水处理厂水质一级 A 标准。加快推进草滩、泾渭污水处理厂提标改造工作，不断提升经开区污水处理能力。

甘肃省：开展大气污染治理攻坚、加快治理黑臭水体、防治农业面源污染、推进重点流域综合整治、加强固体废弃物和城市垃圾分类处置等方面，进一步做好生态环境信息公开。

青海省：加快废水处理，提高水资源利用率，每天消纳两万立方米可再生水资源，进一步提高了水资源利用率，减少了新鲜水的使用。加快建立完善中水回用管网，鼓励企业使用中水，进一步提高水资源利用率，减少新鲜水的使用。建成的生活污水、工业废水处理和中水回用管网等设施，时刻观察水质变化，确保出境断面水体收集处理后达标排放。

宁夏回族自治区：对企业污水除磷、除臭、大气污水、水污染、噪声污染及固废污染等工作进行定期检查，对园区沿线空地裸露、建筑垃圾、文明标牌设置进行全面摸底整改。

新疆维吾尔自治区：持续加强水污染防治，建立全疆集中式饮用水水源保护区基础信息数据库和县级及以上城市集中式饮用水水源清单，实现自治区所有城市、县城污水处理能力全覆盖。

（三）土壤污染治理：措施与效果

陕西省：指导辖区土壤重点监管企业开展自行监测、隐患排查、信息公开等工作，并落实建设用地准入管理，全区土壤安全利用率达到 100%。一方面，按照"线上核查 + 线下检查"的方式对区内辐射企业开展检查，确保辖区辐射环境安全。另一方面，重点针对危废、医废、污泥、有害垃圾、禁限塑令实施等方面开展专项整治，严厉打击固废环境违法行为。

宁夏回族自治区：采用水处理技术、水生植物应用及排盐碱技术对水质及土壤进行治理，并在改良后的盐碱地上种植具有生态价值及产业价值的苗木产品，运用园林造景的手法将其打造成盐碱地水上花海，水污染治理及盐碱地改良效果非常明显，植被成活率高达 97% 以上。采用白浆土治理回填、铺设排盐排碱管道、种植耐盐碱植物等多项工程措施，进行生态修复。

新疆维吾尔自治区：稳步推进土壤污染防治，持续开展建设用地土壤污染风险管控。推进中央环保督察问题整改，持续加强生态保护和修复。

三、生态保护修复

大气、水等生态环境监测：

陕西省：以"智慧环保平台"建设为依托，实时掌握空气质量数据，严格施工扬尘控制，建立标准化扬尘在线监控系统。

青海省：严厉整治渣土运输车辆未按规定时间和路线行驶、沿途抛洒、随意倾倒等违法行为。对园区雨污分流项目、地下水综合修复治理污水处理站进行督导检查。加强道路扬尘综合治理，加强渣土车辆扬尘管控，加大裸土治理力度；实施降尘量考核。开展露天临时堆土场整治。

宁夏回族自治区：安排绿化养护人员及时疏枝修剪、浇水灌溉，加强补植后养护管理工作，明确监管任务，确保整体提升绿地景观效果，为企业创造了更加优美、整洁的营商环境。安排专人进行巡察，安排人员下沉一线，摸排存在问题，积极进行整治。

新疆维吾尔自治区：构建"天地车人"一体化移动源大气污染管控系统，加强机动车、非道路移动机械等移动源监管。

第七节　体制改革

一、管理体制改革

陕西省：西安经济技术开发区率先推行了"综窗"受理，推进"容缺受理"和"互联网+政务"服务，184 项政务服务事项实现"一网通办"，率先建立起无人值守 24 小时园区智能政务服务驿站，构建了区政务大厅、园区智能服务驿站、社区便民服务站三位一体的政务服务体系。

西安高新技术产业开发区：高新区综合服务大厅设有 99 个办事窗口。高新区综合服务大厅包括企业办税大厅、不动产登记大厅，企业申报服务区、便民服务区，目前进驻单位 40 余家，可办理工商登记、企业办税、工程建设项目审批、人才服务、社会保障等 400 余项审批服务事项。创新推出"5+2"周末延时服务、政务服务站、"容缺办理"等最多跑一次服务机制。

西咸新区：群众办事不出"15 分钟圈"。进一步深化"三服四化"便民服务改革，持续提升街镇和社区服务站（室）服务能力，以个人事项和高频事项为重点，在产业园区、企业总部、商圈、高校、旅游景点等人员和市场主体聚集区，打造标准化"政务服务便利店"。

甘肃省：兰州经济技术开发区推进政务服务"一窗通办"。进一步完善经开区政务大厅集中服务模式，全面推行首问责任制、一次告知、一窗受理、并联办理、限时办结等制度，进一步提升审批服务效率。

青海省：西宁经济技术开发区建立"管委 +"立体化管理模式。坚持市场化改革和去行政化改革方向，推行党工委、管委会领导下的"产业专班 + 园区 + 国企"的管理运营模式，建立职责分明的管理架构和充分协调配合的联动制度，明晰各方职责权限。其中，党工委、管委会聚焦经济发展、科技创新、改革开放、"双招双引"等主责主业；六大产业园区负责做好项目招商引进；国有企业承担产业培育、运营、专业化服务等开发运营和项目保障工作；商务和投资促进部发挥枢纽作用，做好项目招引和落地的统筹协调工作。

宁夏回族自治区：持续推进"互联网 + 政务服务"。推动政务服务线上线下全面融合，按照全国一体化在线政务服务平台建设标准规范，对宁夏政务服务"一张网"事项开展新一轮"四级四同"确认。

新疆维吾尔自治区：乌鲁木齐经济技术开发区推进事业单位改革：将污染控制中心（节能监察中心）有关节能监察职责划给招商服务中心（中小企

业服务中心），污染控制中心不再挂节能监察中心牌子；招商服务中心（中小企业服务中心）对外加挂节能监察中心牌子；将安全生产执法监察大队（安全生产应急救援指挥中心）更名为安全生产执法监察大队（应急救援指挥中心）。

二、土地管理制度改革

陕西省：西咸新区：产业项目"拿地即开工"。工业、科研用地推行"标准地＋承诺制"，按照施工时序分阶段核发施工许可，在满足规划条件书技术指标，签订土地出让合同，且具备基坑开挖施工图纸要求后即可先行核发"基坑部分"施工许可，实现"拿地即开工"。

甘肃省：兰州经济技术开发区：从以下两个方面加强了国有土地管理工作：一是健全工作机构。成立了兰州经济区国有建设用地使用权土地出让地价专家评审小组，建立了土地出让评估专家库，制定了专家评审小组会审制度，规范了专家评审会议流程，规定所有出让土地必须先经评审小组评审把关。二是整改薄弱环节。建立健全了国土管理长效工作机制和责任制度，顺利通过了市整改领导小组的验收。积极探索"标准地＋承诺制"改革。加快开展经开区生态修复与产业发展示范区产业规划、城市规划、土地利用规划"多规合一"工作，明确地块建设规划、能耗、环境、投资强度、亩产税收等准入标准，企业拿地后"一窗受理"，一次提交材料即可开工，建成投产后按照法定条件和既定标准进行验收。

宁夏回族自治区：石嘴山经济技术开发区：深化规划用地审批改革。强化"多规合一"业务协同服务，深化规划用地"多审合一、多证合一"改革。推进"多测合一、多验合一"，优化临时建筑规划管理、既有建筑改变使用功能审批、工业用地出让审批、渣土处置许可等，加强信息数据共享，进一步压减建设项目规划用地审批事项和材料。

新疆维吾尔自治：喀什经济开发区启用行政审批2号章，进一步简化了土地招拍挂等审批环节，提升了行政效能，破解了多年来制约开发区发展的瓶颈。合并规划选址和用地预审，合并建设用地规划许可和用地批准，多测整合、多验合一，简化报件审批材料等，进行了流程再造，完善了便民措施。改革后，审批事项将大幅度合并精简，报件材料将大幅度减少，审批时间将大幅度压缩，同时也减少了行政资源的浪费，将有助于进一步提高政府服务效能、优化营商环境、降低行政相对人的制度性交易成本、方便投资落地。

三、投融资制度改革

陕西省。西咸新区：开办企业"2 小时办结"。全面落实"证照分离"改革全覆盖和全省商事集成注册改革试点工作，将"企业登记、公章刻制、申领发票、参保登记、住房公积金单位开户登记、预约银行开户"等环节整合集成为"一件事"，发放"行业综合许可证"，线上"一个平台、一体审批"，线下"一窗受理、一次办结"，实现"一业一证""一企一证"，企业开办最快 2 小时办结。

甘肃省。兰州经济技术开发区，深化产业行业招商。推行"链长制"招商模式，进一步强化产业招商职责，各园区、各部门明确至少 1 名干部为招商工作联络人。各部门严格按照任务分解要求按时完成目标任务。同时促进"一区六园"均衡发展，充分发挥各园区主导产业优势，精心谋划外出招商路线，整合项目资源，联动招商，择优落地。

青海省。依托"专班＋"创新性招商体制。组建以县级领导为组长的 7 大产业专班，汇聚精干力量组成优质招商队伍，推动"双招双引"向纵深发展。每个专班对整个产业链的"双招双引"负总责，通过合理分配招商引资任务目标，充分调动产业园区和国有企业积极性，同时发挥国有企业土地资源利用、项目引进和专业化服务等作用，实现开发运营与招商引资共同发展。

宁夏回族自治区。围绕创新链布局资金链，通过设立的"宁夏科技型中小微企业风险补偿专项资金""银川科技担保基金"和"银川育成凤凰科创基金"等方式为科技成果从中试、生产到产业化推广提供融资支持。适时开展银政企对接和合作，引导商业银行对经开区科技创新的信贷支持。同时，延长实施"金豆子"培育工程，支持企业通过挂牌上市融资等方式解决融资难问题，增强企业发展能力，着力解决科技型企业融资难问题。

新疆维吾尔自治区。喀什经济开发区：启动投融资体制改革，从"有多少钱办多少事"，转向"办多少事找多少钱"。做大喀什城投公司、成立喀什发展公司和深喀公司等投融资主体，变"小散弱"为"大专强"。

第八节　园区治理

一、党建引领

陕西省：注重不断基层党组织建设，明确抓党建工作的措施目标，推进党建标准化规范化建设，强化党建工作的组织领导。聚焦基层党组织这个"神经末梢"，围绕"组织设置合理、队伍素质过硬、组织生活经常、阵地建设规范、工作机制完善、作用发挥明显"的总体目标，持续开展党支部标准化规范化建设。同时，进一步夯实非公经济组织和社会组织党建工作基础，优化党务工作者队伍。

甘肃省：在党建工作上抓牢党建工作责任制，明确要求、细化措施、压实责任，推进基层党建各项任务落实。把坚持正确方向摆在首位，在基层普遍植入红色元素，处处体现党的政治元素和政治形象，增强党员的荣誉感。在党建引领中强调人才引领，用好现有人才、引入外部人才、培养未来人才。积极构建智慧党建平台，打造"全覆盖、扁平化、交互式"党建综合服务网络体系。

青海省：高度重视非公有制企业党建工作。党建工作与企业发展相结合，党建工作与企业文化建设相结合，党建工作与职工思想道德建设相结合，党建工作与企业员工培训相结合。

宁夏回族自治区：把习近平新时代中国特色社会主义思想作为指路明灯，强化基层组织建设，为高质量发展提供坚强的组织保证。探索园区非公企业党建工作新路径，引导企业党组织在促进发展中担当作为。始终坚持抓思想统一，让党员干部沉到群众中，走到企业里，园区干部职工每天巡查企业，解决联系服务企业"最后一公里"的问题。

新疆维吾尔自治区：自上而下转观念、明思路、促变革。在推动中注重由点及面、点面结合，整合驻区单位资金、场地、人才等资源优势，实现组织联建、稳定联保、党员联管、资源联享、活动联办。增强党员干部的服务意识、责任意识，推动党员干部切实转变工作作风，尽职尽责为民服务。

二、社会治理

陕西省：坚持问题导向，聚焦党建引领、队伍建设、薪酬待遇、场所保障、制度机制等五个环节，全面提升社区基层治理现代化水平。加强组织领导，为加强社区基层治理提供坚强有力保障。强化舆论宣传，充分发挥榜样示范引领作用。加强市域统筹谋划，实现治理高位推进。把民主协商作为推动社区治理规范化建设的重要方面，实现共建共治共享。积极探索城市基层治理新模式，推动信息化数据库及智慧化社区运用。坚持和完善"党委领导、政府负责、民主协商、社会协同、公众参与、法治保障"的社会治理体系。

甘肃省：抓组织领导，强化主体责任；抓融合共建，强化共治共享；抓品牌创建，强化服务意识；抓制度建设，强化管理机制。坚持扬优势锻长板，聚力推进现代产业发展；坚持争项目抓招商，全力以赴扩增量稳投资；

坚持夯基础补短板，提升城乡治理建设水平；坚持抓治理优环境，加强生态文明体系建设。下大力优化营商环境，建立科学有效的问责机制。

青海省：始终把问题导向贯穿到市域社会治理全过程，统筹考虑普遍性的治理短板，有针对性地兼顾地区特点，把农村、牧区、城市的不同治理思维贯通起来，因地制宜、因人制宜、因时制宜，形成特色市域治理品牌。始终把目标导向贯穿到市域社会治理全过程，筑牢体制机制根基，厘清、捋顺社会治理的体制机制，强化系统观念，构建起协调配合群策群力的综合治理体系；积极应对风险挑战，牢固树立源头治理理念，把网格管理建好用好，把矛盾化解做深做细，把治安防控扎牢扎稳；提升市域治理创新，践行好"我为群众办实事"要求，在便民利民惠民中让群众受益满意。要始终把实干导向贯穿到市域社会治理全过程，党委政府要负责，政法机关要尽责，成员单位要履责、领导干部要担责，上级部门要督责，凝聚工作合力，为市域社会治理高质量发展作贡献。

宁夏回族自治区：各园区打出了减免房租、加大技改投资、金融支持，延期缴纳税款，减免部分税等一套"组合拳"，为企业吃下了稳健发展的"定心丸"。以共治共享为出发点，政府、企业投资共同发力，产业、民生同步发展，实现产城融合的现代化。坚持党的领导为核心，以服务人民的宗旨，突出依法治理之根本，强化立足基层之基础，注重机制创新之关键，全面提升基层治理水平。持续加强宗教治理，全面贯彻党的宗教工作基本方针，严格依法"管"，提高宗教工作法治化水平。

新疆维吾尔自治区：实行城市管理执法、市场监督执法力量下沉街道，建设、园林、文化部门明确专人随叫随到，人员、责任、办公场地相对固定，由街道统一指挥调度、考核监督。建立健全党群工作统筹联动机制，整合辖区工会、共青团、妇联等群团资源，推动各类群团组织纵向联动、横向互通，促进人才、信息资源、服务活动向党群服务中心聚集，提升服务群众深度和温度。持规划引领，按照产城融合发展的定位要求，形成了"以总体规划为龙头、以产业规划为支撑、以重大基础设施规划为依托"的综合规划体系。

三、文化建设

陕西省：推进"文化＋旅游"，实施城市新形象整体建构与传播工程，创建一系列文旅项目，按照唯一性、至高性和市场性原则，以独具特色的文化旅游资源为依托，加大特色文化旅游资源的深层开发，使文旅融合发展成为新的增长点。推进"文化＋体育"方面，借重大活动的传播效应，全方位展示开发区和高新区文化。以项目为纽带，鼓励大型文化企业或其他具有实力的企业参与实施重大文化项目建设，实现规模扩张、产业发展、竞争力提升，形成一批带动性强的龙头文化企业。建立激励机制和奖励办法，培养和引进各类高端文化人才，为文化产业加快发展奠定强有力的人才支撑。

甘肃省：推动"文旅扶贫"及"校地合作""校校合作"，探索践行"文创＋产业""文创＋扶贫"新思路。以建设特色文化园区为目标，深入挖掘历史文化资源，精心谋划，协调推进。加强公共文化设施网络建设，推动完善公共文化基础设施。传承发展民族优秀文化，加大民族文化遗产挖掘研究和保护力度。推动民族文化产业发展，深入推进国家扩大文化消费试点创建工作，全力推进文化科技创新项目的实施，着力推动区内文化和科技融合产业迅速发展。以"构筑公共文化服务体系"为着力点，加强文化基础设施建设，开展特色文化创建活动。

青海省：大力培养文化产业人才。针对不同领域、不同类型文化企业的差异化需求，实施文化产业人才和项目经营管理人才培养工程。推进文化与科技旅游金融融合发展。依托现有高新技术产业开发区、文化产业园区等，建设一批特色鲜明的文化与科技融合示范基地，培育一批创新能力强的文化与科技融合型领军企业，使科技创新成为文化发展的重要引擎。

宁夏回族自治区：重视文化产业的打造，依托"新材料、现代装备制造、大健康"产业基地等平台，积极开展服务业、文化产业招商融资，坚持量质并举，招大引强，内外并重，全力打造园区综合竞争优势。努力为园区文化产业"联姻"，着力打造全区文化创新驱动和转型升级示范区，让文化产业华美蝶变。加强政策兑现、平台完善、人才服务保障、文化"联姻"，全面升级文化产业发展。

第九节 未来展望

一、产业发展展望

（一）优化产业集群

产业是经济发展的支柱，合理的产业结构、完善的产业链是开发区经济稳定发展的根基。西北地区开发区的产业培育应注意，在政府及管理部门的引导下，合理布局各开发区的行业类别，重点培育和扶持优势大的产业，如高新技术产业（新能源、新材料、生物医药等）、制造业（机械、装备制造、建材等）以及轻工业（食品、农畜产品加工等），以及特色行业如藏医药、特色农产品加工、盐湖化工等行业。特别是对发展较落后开发区，需要地方政府引导式辅助培养。发展水平高的开发区如陕西省已形成市场竞争力较强的产业，在科技创新、专利研发、高精尖产业发展方面已具备优势，应将其优势和潜力企业做大做强，实现关键技术的研发和突破。开发区的招商应有明确的产业定位，重视对完整产业链的培育和建设，增加企业间知识技术的合作与交流，运用知识、技术溢出效应提升相关企业技术水平和生产效率，增强产业链企业和关联企业的科技水平和市场竞争力。开发区为实现稳定健康发展应"内整资源、外联合作"，定期统计并分析企业对技术或产品的合作需求，为具有合作意向的企业牵线搭桥，逐渐形成开发区内部的集群效应以及开发区之间的协同发展。

（二）实施创新人才发展战略

高新区创新绩效受到高新区创新能力、创新要素投入、创新环境以及高新区与区域的互动等因素影响，高新区创新绩效的提高需要根据不同因素的不同影响作用对症下药，而人才在高新区发展过程中具有不容小觑的力量。科技创新型人才资源是指具有较强的科技管理、研究开发和专门技术能力，能够参与科技活动、促进科技发展、进行创造性劳动并能取得创新型成果的人力资源的总称。人才资源是经济与科技发展的重要资源要素。同时，由于我国创新型人才数量和人才培养机制的缺乏，加强创新型科技人才资源开发，是提升我国综合国力、企业核心竞争力的客观要求，是实现"建设创新型国家"战略的关键。加大国家高新区对高端技术人力资本的引进力度，破解国家高新区创新发展过程中的人力资本瓶颈。一是树立以人为本的思想理念。把人才培养和建设放在重要的战略位置，在开发区内部创造出尊重人才、重视人才的外部环境，奠定开发区管理建设的人才基础，从而有力地推动开发区往更好的方向前进。建立人才引进机制，重视对人才的培育和管理，做好他们的职业规划，制定完善的激励机制，做到既能吸引人才，也能留住人才。

（三）第二、三产业协调发展

打造汽车、装备制造和现代服务业三个千亿产业集群。加快第三产业集聚，把第三产业作为"十三五"时期重要的经济增长极，实现第二产业与第三产业协调发展。坚持生产性服务业和生活性服务业并重，合理规划商圈和商业带并突出辐射带动作用。以服务业为突破口，促进国际化、城市化进程。优化二、三产业布局，既满足企业发展需求，又使从业人员和居民安居乐业。促进产业融合发展。一是以《中国制造2025》技术路线图为指导，促进互联网＋制造，提升装备制造智能化水平和竞争力。二是深入推动制造与服务融合，二、三产业相互支撑，紧密协作。三是推动军民融合，支持民企参与军工研发生产，支持军工技术和产品向民用领域扩展。以甘肃省为例，近年来，随着"一带一路"建设的深入实施，甘肃已从内陆省份成为我国向西开放的前沿，成为连接各个区域板块、构建联动开放格局的重要枢纽，成为黄河流域生态保护和高质量发展国家战略的重要实施地，迎来了振兴发展的最大机遇。近三年，福建客商在甘投资项目123个，累计到位资金223亿元，其中重点项目主要集中在生物医药、生态农业、有色金属、智能制造等产业，为甘肃经济社会发展作出了突出贡献。

（四）坚持扩规模强质量并举

开发区建设要把扩大产业规模和提升产业质量放在并重位置。扩大产业规模仍是"十三五"时期的首要任务，以招商引资为龙头、产业培育为重点，吸引培育骨干企业，丰富产业链，壮大产业集群，把产业基础做扎实、做雄厚。产业是开发区得以发展升级、持续发展的基础。按照《中国制造2025》技术路线图，提升产业发展质量，提高产品质量、服务质量、工程质量和经济运行整体质量。各个开发区应支持一批企业自主创新，支持一批企业集成创新，支持一批企业服务创新；支持企业开拓新市场、开发新产品、抢占新领域。通过扩规模强质量，抢占制造业制高点。以西安经开区为例，全市经开区2021年新纳入项目13个，总投资405亿元，年度计划投资129亿元。包括计划新开工项目8个，总投资238亿元，年度计划投资72亿元，分别是新泉汽车饰件、德邦物流、康明斯、绿地之心、复星、华羿二期、凯立新材料和龙腾半导体，以及已开工新纳入项目5个，总投资167亿元，年度计划投资57亿元，分别是明丰国际、世茂都、儿童医院、红会医院和十四运电力改造项目。全年计划竣工项目3个，总投资52亿元，年度计划投资16.8亿元，分别是西安记忆、明丰国际和十四运电力改造项目。

二、法治展望

（一）明确开发区的法律地位

不同层级的经开区规范能够为国家级经开区的发展提供不同维度的法治

保障。结构合理、制度明晰、具有一定前瞻性的经开区规范能够适应"放管服"改革的要求,为经开区的高速发展助力。针对当前西北地区各开发区规范差异化明显、顶层立法缺失的现状,应该加强国家立法回应,明确经开区管理机构的法律地位,理顺体制机制,为经开区可持续、长远发展保驾护航。

关于开发区治理法律的修改补充,我国已经作出很多探索,如《最高人民法院关于适用〈中华人民共和国行政诉讼法〉的解释》明确了开发区管理机构及其职能部门的被告资格,2021年1月最高人民法院发布的《关于审理涉及国有土地使用权合同纠纷案件适用法律问题的解释》第二条明确了开发区管理委员会土地使用出让合同的效力。建议出台更加细致的《〈行政诉讼法〉解释》,为司法实践提供指导。针对开发区经济社会发展的社会事务管理权限问题,在各地方开发区管理条例中给予明确规定;针对开发区管理机构的法律身份问题,建议修订《组织法》,增加"设区以上的人民政府,经上一级人民政府(或者省级人民政府)批准,可以在国家级、省级开发区设立管理机构"。

因此,西北地区各地方政府要应当由人民代表大会制定经济开发区管理制度,以法规的形式明确当地经济开发区建设与管理进程中的法律与法规,做到有法可依。另外,地方政府要借助法规授权的模式,将上级部门的土地、环保、建设、规划等权力下放到开发区管委会,能够更好地明确地方政府与经济开发区管委会的责任与权力。

(二)完善开发区治理法治体系

首先,应当转变政府角色,推进服务型政府建设。比如在审批权方面,省级人民政府应当制定并向经开区公布放权目录。对于暂时未下放的职权,可以通过在经开区设置服务窗口等方式开展工作。经开区应当对编制的权责清单实行动态调整。对于项目立项、建设等管理权限,各级人民政府也应当尽可能地将其依法下放到经开区管理机构,做到"园区的事不出园区",并对下放或者委托的事项实行目录管理。

其次，在机构设置方面，应当科学设置开发区内部管理机构。应立法鼓励、支持经开区管理机构按照精简高效的原则，根据经开区发展需要，自主调整内设机构，创新管理体制。在选人用人方面，赋予经开区自主用人权，鼓励经开区创新选人用人机制。对经开区管理机构负责人和高级管理人员实行竞争选拔制和任期目标制，推行全员聘任制。以岗定薪，建立岗位绩效工资体系，对于高层次管理人才，可以探索实行年薪制、协议工资制等多种工资分配形式。使管理层级扁平化，简化管理行政程序，将开发区工作任务细分化，使园区各个部门都熟知自己在整个组织目标中的地位和应承担的职责职权。构建灵活高效、精简放权的管理体制和运行机制，这将为开发区中的企业提供更好的发展创新平台。

最后，应当培育第三方服务机构。随着开发区走向市场化，通过市场来实现政府想要的资源有效配置，并且可以使第三部门参与到开发区建设中，多元主体参与开发区的管理建设可以更好地解决政府与社会问题。在完善开发区内部机构设置的同时，重点培育发展中介服务组织，鼓励外部机构发展，促进公共服务社会化。"第三方部门"一直以来就是政府公共管理体制改革的重要内容之一，是打破政府垄断，建立多元参与的服务机制的重要手段。社会中介机构具有灵活、高效等特征，能充当开发区管委会、企业之间联系沟通的桥梁和纽带，能发挥管委会不可替代的作用；能将开发区管委会从繁重的事务中解放出来，提高管委会管理效率。

第四章　华东地区开发区建设与发展

华东地区主要包括上海市、浙江省、江苏省、安徽省、山东省、福建省。截至 2021 年底，开发区数量总共有 762 个，其中，国家级开发区 245 个，省级开发区 517 个。党的十八大以来，华东地区国家级开发区活力增强，发展质量又大幅提升，国家级高新区人均 GDP 约 122 万元，国家经济开发区人均 GDP 约 27 万元，高新区和经开区人均产出效率差别较为显著。产业发展以上海为龙头不断向周边延展，传统产业向新兴产业过渡。营商环境评价很高，上海是标杆类，江苏、浙江属于前列。

第一节　发展概况

一、规模

（一）开发区数量规模

华东地区，是中国地理区划七分之一，也是中国经济最活跃、最发达的地区之一。目前华东地区由上海市、浙江省、江苏省、安徽省、山东省、福建省等六个省市组成，华东地区的江浙沪是我国经济规模最大、最具活力的地区。

华东地区有省级以上开发区 762 家。其中，上海市有 62 家，江苏省

173家，浙江省128家，安徽省121家，山东省178家，福建省100家。华东地区山东省开发区数量最多，178家占华东地区总量的23.3%，江苏省173家开发区占比22.7%。

国家级开发区分布情况：上海市23家，江苏省71家，浙江省47家，安徽省26家，山东省46家，福建省34家。华东地区江苏省开发区数量最多，71家占华东地区总量的28.86%，浙江省47家开发区占比19.11%。

（二）开发区土地规模

华东地区省级以上开发区土地规划面积在10000公顷以上的有92家，在1000—10000公顷之间的有566家，1000公顷以下的开发区有102家。

在规划面积大于10000公顷的92家开发区中，各省国家级经开区、高新区、国家级新区、国家创新示范区绝大部分均达到100平方公里以上。按照国家对开发区的要求，经开区和高新区是主要的工业经济发展主体，其他开发区以此为基础进行重新组合或园中园，如创新示范区一般是原来经开区和高新区的重新组合，保税区则是在经开区或高新区再划定特定专门区域。

国家级经开区的规划面积多数在100—1000平方公里，如江苏张家港经济技术开发区总面积153平方公里。省级经济开发区的规划面积一般10—200平方公里，如浙江永嘉工业园区规划面积只有10.8平方公里，虽然规划面积不大，其地区总产值已经超过328亿元，每平方公里产值达到30.4亿元。国家级高新区规划面积一般也在10—100平方公里，江苏省、山东省、安徽省的高新区规划面积多数在100平方公里左右，上海、浙江、福建的高新区规划面积相对较小。

（三）开发区人口规模

华东开发区整体效率提升较快，常住人口超过户籍人口，各省各类开发区在人口增长特点、居民需求等方面与城市有很多不同之处。由于开发区管理模式遵循市场经济要求，相对于其他行政区域而言，制度束缚较小。开发区人口发展的一般规律是人口密度高，流动人口比例高，人口增长以机械增长为主，劳动年龄人口比重大，暂住人口比例高。人口就业经常处于变动之中，准确统计比较困难。

华东地区是我国人口密度最高的地方，国家级经开区与高新区共有 147 个，平均人口密度为 3695 人/平方公里。而我国平均人口密度仅为 148 人/平方公里，华东地区平均人口密度为 573 人/平方公里，其中上海最高，3922 人/平方公里，福建最低，仅为 343 人/平方公里。

以江苏昆山经济技术开发区和昆山高新区为例，截至 2020 年 12 月 31 日，根据统计年鉴和公安部门数据，2016—2020 年昆山市常住人口及户籍人口都在逐年增长，昆山经济技术开发区和高新区户籍人口也在增长，两者人口占昆山市总人口的 47% 左右。

开发区就业规模：

2016—2020 年，华东地区高新区从业人员数量总体上呈现增加的趋势，2017 年从业人员增加了 60 万人，2018 年增加了 16.5 万人，2019 年增加了近 24 万人，2020 年因疫情减少 1122 万人。

（四）开发区经济规模

1. 华东地区国家级高新区经济规模

华东地区 54 家国家级高新区 2020 年工业总产值达 90506.19 亿元，分别比 2018、2019 年增加了 23.11%、9.59%，比 2013 年增加了 122.54%。

2. 华东地区国家级经济技术开发区经济规模

截至 2021 年 12 月，华东地区国家级经济技术开发区有 94 家。2020 年地区总产值达 111096.67 亿元，比 2013 年增加 3.68 万亿元，增长 49.59%，年均增长率为 7.08%，比全国平均水平高出 4.78 个百分点。其中：浙江省为 8.7%，安徽增长 7.60%，山东增长 7.49%。

中国商务部 2018—2020 年国家级经开区综合发展水平考核评价结果显示，华东地区在综合排名前 30 位中占据 16 席。全国国家级经济技术开发区地区生产总值超过 2000 亿元的仅有 4 家，华东地区就有 2 家（苏州工业园区、青岛经开区），占比50%。

二、结构

（一）开发区类型结构

2013年华东地区各类开发区总数622个，其中国家级开发153个，省级开发区469个，国家级经开区78个，国家级高新区31个，海关特殊监管区26个，国家级新区2个，国家级自贸区1个，其他国家级开发区15个。2021年，华东地区共有762家开发区，其中国家级开发区有245个，包括国家级经开区94个，国家级高新区53个，海关特殊监管区67个，国家级新区5个，国家级自贸区6个，国家级自创区7个，省级开发区517个。党的十八大以来，我国在开发区建设上取得了重大进步，布局更加合理。

（二）开发区地区分布结构

1.全部开发区省级分布

华东地区共有开发区762家，其中，国家级开发区245家，省级开发区517家。上海市有62家（国家级23家），江苏省有173家（国家级71家），浙江省有128家（国家级46家），安徽省121家（国家级26家），福建省100家（国家级33家），山东省178家（国家级46家）。

2.开发区省会城市与非省会城市分布

华东地区五省一市共762家开发区中，上海市主要集中于浦东新区、徐汇区、闵行区、松江区，江苏省主要集中于苏南、苏中地区，浙江省主要集中于杭州和宁波，安徽省主要集中于合肥，福建省主要集中于福州和厦漳泉地区，山东省主要集中于济南、青岛、潍坊、烟台等地。

3.不同城市群的开发区分布

长三角城市群由沿江城市带和杭州湾城市群构成。成员包括：上海、南京、苏州、无锡、常州、镇江、扬州、南通、盐城、泰州、淮安、杭州、宁波、金华、嘉兴、湖州、绍兴、舟山、台州、衢州、合肥、马鞍山23个城市。山东半岛城市群：规划范围以济南、青岛为中心，包括周边的淄博、东营、烟台、潍坊、济宁、泰安、威海、日照、莱芜、滨州、德州、聊城等14市。海峡西岸城市群：以福州、厦门、泉州市为中心，包括漳州、莆田、宁德等城市。

华东地区主要都市圈及其开发区分布，按照国家级开发区数量排名，苏常锡32个，上海28个，杭州18个，南京16个，青岛16个，厦漳泉16个，福州13个，芜铜12个，南泰12个，宁波12个，济南10个，合肥10个，烟威8个，徐州和衢黄各6个。从开发区总量看，上海都市圈最多74个，苏常锡50个，南京48个，芜铜41个，济南40个，青岛38个，厦漳泉、温州、南泰各36个，杭州、福州各35个，合肥30个，徐州29个，衢黄28个，宁波25个，烟威23个。芜铜、衢黄属于地域空间的城市群，经济联系尤其是直接的相互经济影响较少，高质量的国家级开发区较少，整体发展质量相对落后。

三、质量

（一）经济效率

1. 人均GDP、亩均GDP

2020年，华东地区国家级高新区人均GDP约121.85万元，是华东地区人均GDP的12.76倍，其中，安徽省国家级高新区人均产值最高，是本省人均GDP的21.33倍，山东18.36，江苏10.98，浙江11.70，福建11.53，上海5.85。国家级经济开发区人均GDP约26.99万元，是华东地区人均GDP的2.83倍，其中，上海、江苏、浙江、安徽、福建、山东的国家级经济技术开发区人均GDP与各省份人均GDP的比值分别为2.94、1.90、2.59、5.48、3.85、2.99。亩产GDP主要按照行政辖区面积与实际建成面积加权计算，高新区和经开区每亩产出效率差别较为显著。

2. 其他经济效益

在经济效益方面，党的十八大以来，华东地区国家级高新区工业总产值、净利润、上缴税费、净资产等均呈现增长态势，年平均增长率分别为17.51%、28.55%、19.45%、40.60%，但净资产收益率则随着总规模的扩大趋于下降。

在社会效益方面，华东地区高新区从业人员从2013年的378.48万增加到2020年的742.79万，年平均增速达13.75%。

（二）品牌建设

1. 开发区品牌

（1）经济技术开发区

商务部2020年国家级经济技术开发区综合发展水平考核评价显示，华东地区六省市的国家级经开区综合排名进入前三十的有15家。

（2）高新技术开发区

科技部火炬高技术产业开发中心公布的2020年度国家高新区评价结果显示：华东六省市有10家高新区排到前二十名之内。

2. 企业品牌与商标品牌

华东地区有全球500强企业33家，占比6.6%；有中国500强企业163家，占比32.6%；有中国500强民营企业284家，占比56.8%；有全球500强知名品牌10家，占比2%；有中国500强知名品牌197家，占比39.4%。

第二节　空间布局

一、整体布局

（一）布局概况

华东地区有省级以上开发区762家。按照数量多少依次是上海有62家，江苏有 173 家，浙江有 128 家，安徽省有 121 家，福建有 100 家，山东有 178 家。

围绕上海为中心形成若干都市圈的空间格局，主要有上海—嘉兴、杭州—绍兴—湖州、苏州—无锡—常州、南京—扬州—滁州—马鞍山、宁波—舟山、温州—台州—丽水、徐州—淮北、宿迁—宿州、南通—泰州—镇江、合肥—淮南—六安、芜湖—铜陵—安庆—池州—宣城、衢州—黄山—金华、济南—滨州—泰安—淄博、威海—烟台、青岛—日照—潍坊、福州—莆田—宁德、厦门—漳州—泉州。国家级开发区密集分布于上海、苏州、杭州、南京、合肥、福州、济南、青岛、厦门、宁波等重要城市，省级开发区则分布于大城市周边的中小城镇，主要进行产业承接与协同发展。

海关特殊监管区、国家级自贸区、国家级自创区等则是根据经济社会发展的需要在原来经济技术开发区和高新技术开发区基础上设立，存在一定的空间交叉重叠。国家旅游度假区主要用于发展对外旅游业，指符合国际度假旅游要求、接待海内外旅游者为主的综合性旅游区，有明确的地域界限，适于集中设配套旅游设施，所在地区旅游度假资源丰富，客源基础较好，交通便捷，对外开放工作较好的地方。江苏、福建各两家，上海、浙江、山东各一家。国家级新区是重新整合原有的开发区并承担国家重大发展和改革开放战略任务的综合功能区。目前，安徽省没有国家级新区，其他五省市各有一个国家级新区。

（二）布局特征

密度特征：开发区空间分布与城市群分布具有高度一致性，呈现以城市群为依托的多核心集聚特征，各级中心城市尤其是省会城市是开发区集聚的核心区。华东地区体现在长三角城市群、山东半岛城市群、西海岸城市群。按照开发区空间分布密度大小依次是上海 97.78 个 / 万平方公里，江苏 16.19 个 / 万平方公里，浙江省 12.39 个 / 万平方公里，山东省 11.27 个 / 万平方公里，福建省 8.87 个 / 万平方公里，安徽省 8.67 个 / 万平方公里。

行政特征：按照行政区划来看，华东地区六省市省会市区的开发区分布为：浦东新区 17，南京 21，苏州 26，杭州 16，宁波 19，福州 16，厦门 10，济南 12，青岛 17，合肥 16，芜湖 11。上海开发区以浦东新区为中心加速提升质量，江苏、浙江、福建、山东四省的国家级开发区占比较高，除省会城市外形成了一两个城市圈，如苏州、宁波、厦门、青岛等；安徽省属于长三角城市圈大发展的中西部连接桥，合肥都市圈与南京经济圈紧密相连，芜湖、铜陵、安庆等长江城市群开发区数量较多，两者占到全省的 42.98%。安徽、山东、福建还存在欠发达地区开发区分布较为分散，内部整合力量不足，需要统筹兼顾，突破行政区划的限制，加速整合开发区资源提升发展质量。

地理特征：华东地区开发区空间布局主要脉络为东部沿海、沿江、沿交通干线，其中，沿海地区的开发区共有 239 个，占比 31.36%；沿江地区主要包括上海、镇江、扬州、南京、常州、芜湖、铜陵、池州、安庆，共有 146 个开发区，占比 19.16%；沿青岛—济南—徐州—合肥—南京—苏州—上海—杭州—宁波—福州—厦门的主交通线开发区有 382 个，占比 50.13%。大城市之间以省级开发区为主，交通枢纽城市一般有一两个国家级开发区。国家级开发区密集程度高形成龙头，周边城市往往分布多个省级开发区。

二、国家级开发区空间布局

华东地区有国家级经济技术开发区 94 家，国家级高新区 53 家，海关特殊监管区 67 家，国家级自贸区 6 家，国家级自创区 7 家（浙江 2 家），其他国家级开发区 13 家（江苏 3 家，福建 6 家，上海 2 家，浙江、山东各 1 家）。

三、省级开发区布局

华东地区有省级开发区 517 家，其中，上海 39 家，江苏 102 家，浙江

82 家，安徽 95 家，福建 67 家，山东 132 家。

第三节　产业发展

　　基于历史产业基础和天然的地理资源，华东地区经济增长速度快于全国，具有极其重要的经济地位。长期以来，特别党的十八大以来，凭借沿海、沿江的有利地理位置和国际、国内信息辐射速度快、经济基础较好、科技人才众多、教育比较发达等优势，使该地区得到持续、稳定和快速地发展。华东地区各开发区在新能源、节能环保、电动汽车、新材料、新医药、生物育种和信息产业等战略性新兴产业具有比较优势，食品加工工业、纺织服装工业、农林畜牧业、建筑建材工业、机械设备工业、汽车工业、冶金工业等传统产业领域也借助开发区的产业集聚、技术创新、规模经济、改革开放等优势，逐步发展成为某些开发区的主导产业。华东六省市各类国家级开发区全面贯彻落实新发展理念，着力推进传统产业转型升级，大力发展战略性新型产业和现代服务业，辐射带动省级开发区不断增强区域经济发展质量。

一、国家级开发区主导产业发展概况

（一）总体概况

　　华东地区国家级开发区共计 245 家，主导产业包括新能源、节能环保、电动汽车、新材料、新医药、生物育种和信息产业等战略性新兴产业以及食品加工工业、纺织服装工业、农林畜牧业、建筑建材工业、机械设备工业、汽车工业、冶金工业等传统产业领域，也有专门从事商贸物流等现代服务业的开发区。将七大类新型产业作为主导产业的国家级开发区分别有 32 家、25 家、10 家、50 家、40 家、8 家、82 家，主导产业涉及电动汽车和生物育种产业开发区较少。传统食品加工和纺织服装 26 家、农林畜牧业 12 家、建筑建材工业 2 家（芜湖、滁州）、机械设备工业 125 家、汽车工业 41 家、冶金化工类 63 家。

（二）国家级经开区产业布局

华东地区 94 家经开区共涉及电子信息、新材料、生物医药、装备制造、新能源汽车、机器人、集成电路、生物技术、化工、食品纺织、船舶及配套、通用设备、电器机械器材、汽车工业、运输设备、有色金属采冶加工、家具及家用电器等产业类型，其中，涉及装备制造产业的开发区数量最多，为 56 家，占 59.57%；涉及新材料的开发区 21 家，占 22.34%；电子信息产业 27 家，占 28.72%；涉及生物医药的开发区 18 家，占 19.15%；涉及冶金化工的经开区有 24 家，占 25.53%；涉及新能源的有 13 家，占 13.83%。

（三）国家级高新技术产业开发区主导产业布局

华东地区 53 家高新区的产业有电子信息、生物医药、光机电一体化、集成电路、软件、新能源、航空装备、新材料、装备制造、交通运输设备、纺织服装鞋帽、船舶及配套、农业生物、食品、农业服务、输变电设备、矿山装备、汽车及零部件等产业。高新区的主导产业为装备制造、电子信息、新材料、生物医药、新能源，涉及的高新区分别为 30 家（占华东地区高新区 56.6%）、27 家（50.94%）、19 家（35.85%）、17 家（32.08%）、11 家（20.75%）。

上海市两家高新区主要涉及电子信息、生物医药、新能源，装备制造主要集中于江苏（13 家）、浙江（3 家）、安徽（5 家）、福建（2 家）、山东（7 家）；涉及电子信息高新区主要集中江苏（6 家）、浙江（5 家）、安徽（2 家）、福建（5 家）、山东（7 家）；涉及新材料高新区主要集中江苏（4 家）、浙江（6 家）、安徽（2 家）、福建（1 家）、山东（6 家）；山东高新区在生物医药产业具有集群的优势，8 家高新区涉及生物制药；新能源产业分布较为分散，新兴产业还没有明显的市场力量引导开发区的资源配置。

二、华东地区六省市的产业发展概况

华东地区产业发展以上海为龙头不断向周边延展，传统产业向新兴产业过渡。当前，上海主要聚焦新兴产业的开发和聚集，江苏省以装备制造和电子信息为重点，浙江省重点聚焦新材料、信息技术、化工及新能源，安徽省主要是汽车工业、化工、装备制造，福建省主要是电子信息、食品纺织、机械制造，山东省主要新材料、新能源、生物医药、装备制造。

（一）上海开发区产业发展概况

2020 年全年上海市地区生产总值（GDP） 38700.58 亿元，比上年增长1.7%。其中，第一产业增加值 103.57 亿元，下降 8.2%；第二产业增加值10289.47 亿元，增长 1.3%；第三产业增加值 28307.54 亿元，增长 1.8%。第三产业增加值占上海市生产总值的比重为 73.1%，比上年提高 0.2 个百分点。

2020 年上海市开发区地区生产总值 31566.99 亿元，占全市 GDP 的81.6%，其中经济技术开发区地区生产总值占全市 GDP 的 22.6%，约为8746.31 亿元；高新技术产业开发区工业总产值 12281.7 亿元，比 2019 年增长 10.91%；保税区及其他国家级开发区、市级开发区共实现地区生产总值占全市 GDP 的 53.7%，约为 20781.9 亿元。

漕河泾开发区 2020 年地区生产总值 1410.12 亿元，同期增长了 7.12%。以电子信息为支柱产业，新材料、生物医药、高端装备、环保新能源、汽车研发配套为重点产业，高附加值现代服务业为支撑产业的 "1+5+1" 产业集群框架。电子信息产业共有各类企业 500 多家。开发区电子信息产业主要集中在计算机、集成电路、光电子及通信设备、电子元件等领域。在新材料领域形成了由 3M 公司、泰科瑞侃、汽巴精化、长兴科技、宝理材料、戈尔过滤产品、住矿电子浆料、贺利氏等企业组成的新材料产业群体，建立了从研究开发到生产制造、经营销售的产业链，共有各类企业 60 多家。产品主要集中在电子材料、医用材料、化工材料等方面。生物医药产业由强生、雅培、默沙东、实业科华、交大昂立、德赛诊断系统、克隆生物、裕隆生物、晶泰生物、柯惠医疗、明尼苏达矿业制造医疗器材、飞利浦伟康、奥索假肢器材等代表性企业组成，共有各类企业140多家，是上海著名的生物医药产业集群之一。

2020年张江高新区实现规模以上工业总产值为3033.5亿元，增长了14.1%。上海张江高新区结合自身资源禀赋和基础条件，充分发挥自身优势，将高新区的研发优势转化为产业优势，大力发展相关特色产业和主导产业，做大做强高新技术产业。在张江核心园，以设计业为先导、以制造业为主体，加快发展集成电路产业，从技术能级上看，与全球的差距已从三代以上缩小到一代。

（二）江苏开发区产业发展概况

2020年全年江苏省地区生产总值（GDP）102718.98亿元，比上年增长4.12%。其中，第一产业增加值239.5亿元，增长5.57%；第二产业增加值718.9亿元，增长1.7%；第三产业增加值3103.7亿元，增长6.1%。第三产业产值占江苏省生产总值的比重为52.5%，比上年提高0.98个百分点。沿江开发区域地区生产总值（GDP）52827.39亿元，占全省GDP 51.4%，比2019年提高0.9个百分点。沿东陇海线地区GDP 7907.36亿元，占全省GDP 7.7%，比2019年降低0.02个百分点。

江苏省开发区地区生产总值（GDP）89032亿元，占全省GDP的86.68%，比2019年提高0.12个百分点。南京经济技术开发区产业基础在国家级开发区中排名前列，已形成光电显示、高端装备、生物医药三大产业集群。光电显示产业集聚了中电能猫、LG显示、LG新港、鸿富夏等企业70余家，已构建以液晶显示为主导，包括LED、OLED、激光显示在内的完整产业体系，产业规模2000多亿元。装备制造产业集聚了德国博世、瑞典阿特拉斯科普柯、香港英达热再生、日本NTN、中铁宝桥、白云电气、康尼机电等 50 余家知名企业，产品涉及工程机械、轨道交通设备、特高压输变电设备、汽车零部件等，产值 800 亿元。生物医药产业集聚了金陵药业、正大天晴、圣和药业、美药星等 30 多家知名医药企业，产值 100 亿元，占南京市的三分之一。

苏州高新技术产业开发区拥有国家高新技术企业 522 家、瞪羚企业 141 家、上市企业 16 家、新三板挂牌企业 47 家、首批科创板过会企业 1 家。新兴产业产值、高新技术产业产值占规模以上工业总产值比重分别达 58.5%、59%。全区人才总量达到 25 万人，高层次人才 3 万人，各类领军人才 1200 多人次，其中国家级人才工程入选者 84 人，省双创团队 12 个，省双创人才 80 人，获批科技部创新人才培养示范基地、江苏省海外人才离岸创新创业基地。改革开放活力不断释放。稳妥推进 4 项国家级改革试点，农村土地承包经营权有偿退出试点退出率达到 98.3%。累计引进外资企业 1700 多家（全球 500 强企业 40 多家），注册资金 270 多亿美元，其中日资企业超过 500 家，成为长三角地区有重要影响的"日资高地"。

（三）浙江开发区产业发展概况

2020 年全年浙江省地区生产总值（GDP）64613.3 亿元，比上年增长 3.44%。其中，第一产业增加值 82.5 亿元，增长 3.95%；第二产业增加值 113.5 亿元，增长 0.43%；第三产业增加值 1955.4 亿元，增长 5.74%。第三产业产值占浙江省地区生产总值的比重为 55.76%，比上年提高 1.2 个百分点。

浙江省国家级开发区地区生产总值（GDP）34227.63 亿元，占全省 GDP 的 53%，比 2019 年提高 1.4 个百分点。宁波经济技术开发区（北仑区）依托港口优势和开发优势，经过三十多年来的发展，形成以汽车、装备、石化、钢铁、能源等为主体的临港产业集群，以集成电路、高端装备、新材料等新兴产业。拥有吉利、申洲、海天等一大批实力企业，规上工业企业 784 家，产值超百亿元企业 11 家、超十亿元企业 58 家，境内外上市公司 18 家。

2020 年全区实现地区生产总值 2020 亿元，财政总收入 612 亿元。外贸进出口总额、规模以上工业总产值、规模以上工业增加值全省第一，财政总收入全省第二，10 项总量指标位居宁波市首位。宁波经济技术开发区坚持以平台聚产业、以产业带集群，全力打造全球先进制造业基地示范样板，着力推进"三城三平台"建设。

绍兴高新技术产业开发区前身是绍兴经济开发区，2010 年 11 月，国务院批复同意绍兴高新技术产业园区升级为国家高新技术产业开发区。高新区南部集中发展高新技术产业，以光电系列、集成电路设计封装测试和应用软件为主的电子信息板块基本形成，LED 测试、封装以及 VFD 等领域走在了全国前列。一批机械装备、新材料、新能源项目也已落户，同时集中了全市 90% 以上的软件企业，区内的浙江省软件服务外包示范园集聚了一批服务外包企业，文化创意产业呈现出快速发展的态势，网络科技产业园初具规模。高新区拥有国家级高新技术创业服务中心，创业孵化面积 6.5 万平方米。

（四）安徽开发区产业发展概况

2020 年全年安徽省地区生产总值（GDP） 38680.6 亿元，比上年增长 4.98%。其中，第一产业增加值 268.7 亿元，增长 9.21%；第二产业增加值 701.7 亿元，增长 4.69%；第三产业增加值 864.8 亿元，增长 4.56%。第三产业产值占安徽省地区生产总值的比重为 54.75%，比上年提高 0.5 个百分点。

安徽省国家级开发区生产总值（GDP） 12014.8 亿元，占全省 GDP 的 31.06%，比 2019 年提高 0.3 个百分点。合肥经济技术开发（以下简称合肥经开区）成立于 1993 年 4 月，2000 年晋升为国家级，设有合肥经开综保区、合肥新桥科创示范区等重要平台，是中国（安徽）自由贸易试验区合肥片区核心区。已成为国内家电产品种类和品牌集中度最高的园区，是全国最大的冰箱、叉车、挖掘机、轮胎、液压机床制造基地，以及最大的笔记本电脑生产基地，也是中西部地区最大的日资企业集聚地、台资企业首选地。2020 年，经开区取得防疫和稳增长"双胜利"、全面创新转型升级和全面建设新桥科创示范区"双进展"。全年 GDP 增长 6.1%，规模以上工业增加值增长 9.3%，固定资产投资增长 9.4%，进出口总额增长 8%。产业转型取得重大成效。已有规模以上工业企业 288 家，"千亿联宝"成为合肥首个千亿产业地标。战新产业产值增长 10.7%，占比 64%，高新技术增加值增长 14.1%，占比扩大至 74.7%。新能源汽车、集成电路跃升至全球前沿，新能源汽车产业增长 21.8%，实现产值 169.4 亿元。集成电路产业增长 68.5%，实现产值 36.9 亿元，首款"中国芯"8GbDDR4 内存产品正式销售。

合肥国家高新技术产业开发区（简称高新区）是 1991 年经国务院批准的首批国家级高新区，是合肥综合性国家科学中心的核心区、合肥滨湖科学城创新引领核心、国家自主创新示范区、首批国家双创示范基地和中国（安徽）自由贸易试验区合肥片区核心区，是创新型国家建设的战略支点和合肥建设"大湖名城创新高地"的主要载体，在全国 169 家国家级高新区综合排名中一直稳居前列。2020 年，高新区地区生产总值 1101.3 亿元，占全市 GDP 比重 10.96%，同比增长 6%，是"十二五"末的 2.2 倍，年均增长 16.8%。

（五）福建开发区产业发展概况

2020 年全年福建省地区生产总值（GDP）43903.9 亿元，比上年增长 3.73%。其中，第一产业增加值 136.8 亿元，增长 5.27%；第二产业增加值 263.3 亿元，增长 1.31%；第三产业增加值 1177.2 亿元，增长 5.99%。第三产业产值占福建省地区生产总值的比重为 53.88%，比上年提高 0.5 个百分点。

福建省国家级开发区地区生产总值（GDP）12166.84 亿元，占全省 GDP 的 27.71%，比 2019 年提高 0.05 个百分点。福州经济技术开发区坚持以农副食品加工业绿色食品加工、电气机械和器材制造业为主，以吸引外资为主、以出口创汇为主、致力于发展高新技术产品的建区方针，外向型经济发展迅猛。该区已经形成电子信息、食品加工、水产饲料、造船等企业簇群,其中以中华映管为龙头的电子企业簇群的产值点全区工业产值的一半以上,累计完成固定资产投资 100 多亿元,交通、供电、供水等基础设施日臻完善,已发展成为初具规模的现代化工业新区。2020 年实现地区生产总值突破 3400亿元。

漳州高新区定位为两岸高新技术合作的重点区,闽南文化生态产业的示范区,产城融合宜居宜业的新城区;作为漳州中心城市"一核两翼"中"一核"的重要组成部分,高新区重点发展靖圆"一药一智"产业园、南湖"双创"产业园、站前总部经济产业园三大片区。打造生物医药、智能制造两大产业集群,推进产业基础高级化和产业链现代化。充分利用南湖生态文化园、水仙花基地、博艺规三馆等人文生态资源优势和片仔癀影响力,主要建设片仔癀高端中医院,带动医美、康养地产,设立国家实验室,快速形成"产城人"融合的双创文旅经济区,打造花园式总部基地和创新创造园区。2021 年主要经济指标完成情况:累计实现 GDP 总量 153.8 亿元,增长11.8%;完成规模以上工业产值 275.17 亿元,增长 26.9%;累计完成规模工业增加值 85.98 亿元,增长 26.6%;固定资产投资完成 127.76 亿元,增长11.8%;全社会消费品零售总额完成 66.85 亿元,增长 9.2%;一般公共预算总收入(含车购税)累计完成 15.1 亿元,增长 11.19%;地方一般公共预算收入累计完成 6.84 亿元,增长 33.15%;实际利用外资完成 46.2 万元。

(六)山东开发区产业发展概况

2020 年全年江苏省地区生产总值(GDP) 73129 亿元,比上年增长3.67%。其中,第一产业增加值 246.8 亿元,增长 4.82%;第二产业增加值440.4 亿元,增长 1.56%;第三产业增加值 1901.4 亿元,增长 5.1%。第三产业产值占山东省地区生产总值的比重为 53.5%,比上年提高 0.7 个百分点。

山东省国家级开发地区生产总值(GDP) 28630.85 亿元,占全省GDP 的 39.15%,比 2019 年提高 1.8 个百分点。青岛经济技术开发区 2020

年完成地区生产总值 2420 亿元，年均增长 6%，约占青岛市地区生产总值的五分之一；完成固定资产投资 870 亿元，年均增长 10%；完成进出口总额 1860 亿元，年均增长 8%；实际到账外资（FDI）9.27 亿美元，年均增长 11%。综合发展水平连续 13 年位居全国开发区前列。推进海洋传统产业走向远海，海洋新兴产业走向深海，海洋服务业走向陆海统筹。海洋生产总值实现翻番，占 GDP 比重达到 37%。中船重工海洋装备研究院等一批高端海洋科研机构落户，"蛟龙号"载人潜航器、世界首座半潜式海上渔场、世界最大吨位 FPSO（海上浮式生产储卸油装置）等一批先进海洋装备从青岛开发区走向世界。

济南高新区是 1991 年 3 月经国务院批准设立的首批国家级高新区。2020 年济南高新区地区生产总值（GDP）实现 1291.5 亿元，同比增长 6.5%；规模以上工业总产值、进出口总额、出口创汇总量均居济南市各区县第一位，在国家级高新区综合评价中位列山东省高新区第一位。济南高新区产业门类齐全。重点发展新一代信息技术、装备制造、生物医药三大主导产业，突出强省会优势，做大做强数据与信息服务、金融和科技服务为重点的两大现代服务业产业集群，超前打造量子科技、人力资本、区块链与网络空间、医养健康、商业航天等一批战略性新兴产业。截至 2020 年底，高新区聚集省级以上研发机构超过 250 家，高新技术企业 1214 家，全区上市挂牌企业总数达到 118 家，其中新三板挂牌企业 92 家。济南高新区拥有齐鲁软件园发展中心、高新技术创业服务中心、生命科学城发展中心、智能装备产业发展中心、临空经济区发展中心、财政性投资项目推进中心六大园区。拥有全国软件出口创新基地、服务外包示范基地、游戏动漫产业基地、集成电路设计产业基地、国家创新药物孵化基地、国家海外高层次人才创新创业基地、科技部创新人才培养示范基地、侨梦苑华人华侨创新创业基地、国家级专家服务基地等一批国家级金字招牌。高新区科技创新实力雄厚。中科院济南科创城、山东产研院、山东工研院、山东中科先进技术研究院、苏州医工所等一批科研院所在区内落户。先后建设了国家超算济南中心、浪潮高性能计算中心、国家综合性新药研发技术大平台、量子技术研究院、山东省机器人与智能制造公共技术平台等技术支撑平台，在高效能服务器、大数据开发应用、量子通信技术等领域，具备了一批具有自主核心技术的知识产权成果，技术水平达到了世界一流。

三、战略性新兴产业发展趋势

上海市"十四五"规划要求按照"高端、数字、融合、集群、品牌"的产业发展方针，聚焦高知识密集、高集成度、高复杂性的产业链高端与核心环节，以新一代信息技术赋能产业提质增效，促进制造和服务融合发展，全力打响上海品牌，在数字赋能、跨界融合、前沿突破、未来布局等方面占据发展主导权，着力构建实体经济、科技创新、现代金融、人力资源协同发展的现代产业体系，加快形成战略性新兴产业引领与传统产业数字化转型相互促进、先进制造业与现代服务业深度融合的高端产业集群，努力保持制造业占全市地区生产总值比重基本稳定、持续增强核心竞争力，不断提升高端和新兴产业集群增加值占全市地区生产总值比重。聚焦集成电路、生物医药、人工智能等关键领域，以国家战略为引领，推动创新链、产业链融合布局，培育壮大骨干企业，努力实现产业规模倍增，着力打造具有国际竞争力的三大产业创新发展高地。增强集成电路产业自主创新能力。努力打造完备产业生态，加快建设张江实验室，加强前瞻性、颠覆性技术研发布局，构建上海集成电路研发中心等为主要支撑的创新平台体系。围绕国家重大生产力布局，推动先进工艺、特色工艺产线等重大项目加快建设尽早达产，加快高端芯片设计、关键器件、核心装备材料、EDA 设计工具等产业链关键环节攻关突破，加强长三角产业链协作，逐步形成综合性集成电路产业集群，带动全国集成电路产业加快发展。提升生物医药产业链协同水平。

江苏省"十四五"规划提出要大力发展战略性新兴产业。把握产业属性和发展规律，重点聚焦集成电路、生物医药、人工智能等前沿领域，积极发展新一代信息技术、新材料、节能环保、新能源、新能源汽车等产业，强化技术攻关、试点示范和场景应用，加快技术迭代和产业升级，大力推动产业化规模化，努力成为主导经济发展的新引擎。抓住国家实施战略性新兴产业集群发展工程契机，加快打造国家级战略性新兴产业集群建设高地。推动互联网、大数据、人工智能等融合应用，形成新技术、新产品、新业态、新模式，赋能战略性新兴产业发展壮大。实施未来产业培育计划，前瞻布局第三代半导体、基因技术、空天与海洋开发、量子科技、氢能与储能等领域，积极开发商业化应用场景，抢占产业竞争发展制高点。鼓励企业兼并重组，积极发展头部企业，防止低水平重复建设、扩张和盲目投资。到 2025 年，战略性新兴产业产值占规模以上工业比重超过 42%。培育壮大先进制造业集群。充分发挥江苏制造业体系健全和规模技术优势，坚持空间集聚、创新引领、智能升级、网络协同、开放集成的方向，着力在技术、设计、品牌、供应链等领域锻长板补短板，加快建设省级和国家级先进制造业集群，重点打造物联网、高端装备、节能环保、新型电力（新能源）装备、生物医药和新型医疗器械等万亿级产业集群。

浙江省"十四五"规划提出大力发展可再生能源，安全高效发展核电，鼓励发展天然气分布式能源、分布式光伏发电，有序推进抽水蓄能电站和海上风电布局建设，加快储能、氢能发展，到 2025 年清洁能源电力装机占比超过 57%，高水平建成国家清洁能源示范省。建成白鹤滩输浙特高压直流，持续优化外来电输入比重和结构。推进多元融合高弹性电网建设，建成天然气主环网，构建布局合理、功能完善、民生优先的综合供能服务网。加快电能替代，提高电气化水平。围绕核电基地探索建设零碳未来城（园）。探索民营企业代储国油、商储国储转换、石油储备动态轮换。提升天然气储气能力，推进宁波舟山 LNG 接收中心建设，接收中转能力达 2300 万吨 / 年以上。加快推进天然气管网独立、管销分离、供气环节扁平化、燃气企业规模化，推动天然气交易平台建设和发展。

安徽省"十四五"规划提出大力发展新一代信息技术、人工智能、新材料、节能环保、新能源汽车和智能网联汽车、高端装备制造、智能家电、生命健康、绿色食品、数字创意十大新兴产业。完善战略性新兴产业"专项—工程—基地—集群"梯次推进格局，建立省重大新兴产业基地竞争淘汰机制，重点培育新型显示、集成电路、新能源汽车和智能网联汽车、人工智能、智能家电5个世界级战略性新兴产业集群，建设先进结构材料、化工新材料、生物医药、现代中药、机器人、核心基础零部件、高端装备制造、云计算、网络与信息安全等30个左右在全国具有较强影响力和竞争力的重大新兴产业基地，争取更多基地跻身国家级战略性新兴产业集群。充分发挥量子计算、量子通信、量子精密测量研发领先优势，支持一批量子领域"独角兽"企业加快成长。加快生物基新型仿生材料、基因工程、再生医学等成果产业化落地，推动聚乳酸、呋喃聚酯、生物基尼龙等生物制造领域重点项目建设。加快小型移动式铅基堆工程化产业化步伐，提升核屏蔽材料等相关配套产品竞争力。在分布式能源、类脑科学、质子医疗装备等细分前沿领域，培育一批未来产业。推动制造业转型发展和优化升级。实施新型制造工程，加快制造业向智能制造、绿色制造、精品制造、服务型制造转型。运用大数据、云计算、物联网、人工智能等技术，促进煤炭、钢铁、有色、化工、建材、家电、汽车及零部件、纺织服装、医药、食品等传统产业数字化、网络化、智能化。

福建省"十四五"规划提出做大做强电子信息和数字产业、先进装备制造、石油化工、现代纺织服装、现代物流、旅游六大主导产业，提档升级特色现代农业与食品加工、冶金、建材、文化四大优势产业，培育壮大新材料、新能源、节能环保、生物与新医药、海洋高新五大新兴产业。推进石油化工一体化精细化发展，以炼化一体化项目为龙头提升基础原料供应能力，完善延伸产业链条，大力发展化工新材料、精细化学品等领域高附加值产品。推进现代纺织服装品牌化高附加值发展，做大做强上游纤维原料产业，推动中端织造染整关键环节转型升级，拓展提升终端高端纺织品供给应用。以智能制造为主攻方向，深入实施企业技术改造专项行动，用好技改奖补政策，拓展5G工业应用场景，全面推动传统优势产业数字化、网络化、智能化、绿色化、服务化升级，提升质量品牌和产业发展层次。

山东省"十四五"规划提出到2025年，全省战略性新兴产业增加值占地区生产总值比重达到17%以上。新一代信息技术，加快布局5G、人工智能、大数据、物联网、区块链、网络安全等产业，建设济南高端软件和先进半导体、青岛集成电路和新型显示、淄博MEMS、潍坊声学光电、威海激光打印机等信息产业基地，打造国家数字经济创新发展示范区。高端装备，发展智能制造、增材制造、绿色制造，强化动力装备、石油装备、轨道交通装备、工程机械、智能农机等领域领先优势，发展高端整机及核心零部件，打造全国先进制造基地。新能源新材料，积极推进能源技术变革，创新现代能源经济模式，大力发展新能源、可再生能源及装备。壮大高分子材料、纳米新材料、高性能纤维及复合材料、高性能合金、先进陶瓷材料、稀土功能材料等产业规模，打造国家新材料研发和产业化高地。

第四节　创新发展

一、华东开发区创新发展总体概况

党的十八大以来，华东地区国家级高新区在创新主体发展、创新平台建设、创新能力提升、创新投入增长、创新成果及其转化等方面取得良好成效。国家级经开区在科技创新、产业创新等方面，其他国家级开发区在制度创新等方面也取得显著效果。

（一）国家级高新区

1.创新主体快速增多

2013—2020 年，华东地区国家级高新区的高新技术企业由 13810 家逐年增长到 24021 家，增长 73.94％，年均增长 10.56％；2018—2020 年呈超高速增长态势，年均增长 43.58％。2020 年华东高新区的高新技术企业数量占全国高新区的比重达 30.19％。

2.研发费用投入增长

2013—2020 年，华东高新区科技活动经费内部支出和研发经费内部支出分别年均增长 39.50％、23.91％，研发经费内部支出在科技活动经费支出的占比提高到 70％。2020 年在科技活动经费内部支出总额大幅度增长后，研发经费内部支出稳定在 4400 亿元左右。

3.人员投入增加

2013—2020 年，华东地区国家级高新区研究人员由 55.47 万人增加到 112.38 万人，增长 102.6％；研发人员占企业从业人员的比重从 14.66％上升到 15.13％。2020 年，上海、江苏、浙江、安徽、福建、山东等高新区研发人员数量分别为 15.82 万、42.75 万、18.58 万、9.84 万、9.42 万、15.97 万人，合计 112.38 万人，比 2013 年增长 102.6％。

4.创新平台增多

2013—2020 年，华东地区国家级高新区国家级创新平台由 67 个增加到 112 个，年均增长 9.6％；省部创新平台由 95 个增加到 206 个，年均增长 16.7％；市厅及企业级创新平台由 132 个增加到 347 个，年均增长 23.3％。

5.创新成果显著

2013—2020 年，华东地区高新区技术总收入由 3008 亿元增加到 20694.45 亿元，年均增长 84％。2013—2020 年，华东地区发明专利授权数由 41.6 万件快速增加到 102.85 万件，年均增长 21.03％；注册商标数由 2013 年的 11.46 万件增加到 2020 年的 36.44 万件，年均增长 31.14％。

（二）国家级经开区创新发展

华东地区 94 家国家级经开区，拥有高新技术企业近 1.4 万家，拥有国家级孵化器和众创空间 206 家，每万人发明专利拥有量为 274 件。

上海漕河泾开发区重点引进国内外著名集团的"一部三中心"项目，即地区总部、研发设计中心、管理服务中心、运营结算中心，推动开发区向优二进三、二三产业融合发展转变。2011 年漕河泾开发区国际孵化中心正式启用，同时参股、投资其他园区，开建海宁分区、盐城分区等，带动其他城市、开发区产业发展，打造区域产业创新体系。上海虹桥开发区承接上海自贸试验区的溢出效应，继承和放大"精品虹桥"的品牌效应，以贸易引领现代服务业融合升级；提升商业发展能级、创新商业发展模式；依托文化项目的建设，加快商、旅、文、绿的深度融合与联动。上海闵行开发区汇聚了航天八院、航空 615 所、船舶 711 所等 10 多所专业院所，拥有市级以上研发机构 164 家，在全市占比 12%。

2020 年苏州工业园区坚持以创新引领转型升级，生物医药、纳米技术应用、人工智能产业分别实现产值 1022 亿元、1010 亿元、462 亿元，产值连续多年年均增长约 20% 以上；截至 2020 年底，累计有效期内国家高新技术企业 1837 家，累计培育独角兽及独角兽（培育）企业 86 家，科技创新型企业 8000 多家。江苏江宁开发区通过创新资源集聚促进创新聚变，构建企业技术创新体系，拥有省级以上研发机构达 342 家、新型研发机构达 75 家。常熟经开区国家和省市先进技术研究院、企业技术中心、企业重点实验室、工程技术研究中心、工程研究中心、产业创新中心等研发机构 27 家。江苏海安开发区已建有科技部授予的"国际科技合作基地"、3 家国家级检测中心和实验室、28 家省级工程技术中心以及 6 家省级以上企业院士工作站、博士后科研工作站。淮安经开区 2020 年高新技术产业产值占规模以上工业产值比重达 63%，国家级高新技术企业累计达 103 家，省级以上企业研发机构 35 家，规模以上工业企业中有研发活动企业占比 91%。创新人才加速汇聚，累计培育技能型人才 3.26 万人，占从业人员总数的 20.37%，其中高技能人才 1.14 万人，每万名劳动力中高技能人才 801 人，高技能人才占比位居各县区第一；硕士人才 520 人，博士人才 156 人。建成国家知识产权试点园区、省级智慧园区、省级生态园区等。荣获"中国纺织产业转移示范园区""中国包覆纱产业生产基地""国家室内空气净化面料开发基地""全国纺织产业结构调整突出贡献奖""中国智能针织产业创新奖"等。苏州浒墅关经济技术开发区已引进高质量科技型项目 82 个、院所平台项目 4 个；胜利精密承担了"国家智能制造试点示范项目"。锡山经济技术开发区在商务部 2020 年度 218 家国家级经开区综合发展水平考核中，排名第 62 位；创建成为江苏省知识产权试点园区；20 多家企业与清华大学、浙江大学、上海大学等高校开展合作。苏州相城经济技术开发区建有省级以上科技创业孵化载体 29 家，高新企业近 2000 家，在电子信息、智能制造、新材料、生物医药、数字产业、工业互联网等方面全国领先。宿迁经济技术开发区主要发展智能家电、食品饮料和光电"2+1"特色产业。截至 2017 年末，智能家电产业已经集聚 42 家知名企业。其中，整机企业 18 家，配套企业 24 家，获批为"省级先进制造业基地"和"中国家电产业基地"；食品饮料产业集聚 39 家企业，是江苏省集聚最多知名品牌的食品产业基地，获批"国家级食品产业园"。

　　杭州经济技术开发区先后获得"国家计算机及网络产品产业园""生物产业国家高技术产业基地核心区""国家知识产权试点园区""国家服务外包产业基地城市示范区""中国产学研合作创新示范基地""国家物流标准化试点基地""浙江省物流产业基地""杭州市十大文化创意产业园区"等基地（园区）品牌。杭州萧山经济技术开发区是国家数字经济创新发展试验区、国家自由贸易试验区、国家新一代人工智能创新发展试验区、国家新型工业化产业示范基地、国家（杭州）海外人才离岸创新创业基地，浙江省海外高层次人才创业创新基地，国家自主创新示范区、跨境电子商务综合试验区、浙江省高新技术产业园区、杭州国家软件产业基地、杭州软件新城，是浙江省大湾区建设的主战场、杭州市拥江发展的主阵地、国家推进创新提升打造改革开放新高地。

合肥经济技术开发区依托两湖科创圈，建成 14 个科技园区，清华大学合肥公共安全研究院巨灾科学中心成为首批综合性科学中心入库项目；拥有国家级高企 415 家，上市企业 9 家，国家级众创空间 3 个、国家级孵化器 2 个。每万人发明专利拥有量 163 件，同比增长 48.18%；战新产业产值增长 10.7%，占比 64%，高新技术增加值增长 14.1%，占比扩大至 74.7%。新能源汽车、集成电路跃升至全球前沿，新能源汽车产业增长 21.8%，实现产值 169.4 亿元，集成电路产业增长 68.5%，实现产值 36.9 亿元，首款"中国芯"8GbDDR4 内存产品正式销售。

2020 年底，福州经济技术开发区引进和培育了 92 家高科技企业，累计开发高新技术产品和自主知识产权产品 660 项，高新技术企业产值占全区工业产值的 41.7%；拥有国家创新型企业 1 家，省级创新型企业 31 家；拥有国家级企业技术中心 4 家、15 家省级企业工程技术研究中心、省级技术中心 17 家，市级技术中心 27 家；拥有院士工作站 9 家，专家工作站 18 家。泉州经济技术开发区有国家火炬无线通信特色产业基地、国家高新技术企业孵化基地、国家新型工业化产业示范基地等 3 个国字号基地和国家级纺织检测中心福建分中心等高层次科研促进平台。国家级工程研究中心等"国字号"科技品牌 81 家（项），科技小巨人领军企业 28 家，国家高新技术企业 59 家，国家知识产权优势企业 5 家；每万人发明专利拥有量 74.29 件；高新技术产业产值占全区工业总产值的 37.9%。

青岛经济技术开发区拥有省部级以上科研机构 59 家，成立创新战略联盟 6 个、院士（专家）工作站 5 家，荣获"全国科技进步考核先进区"；2020 年每万人发明专利拥有量达到 189 件，高新技术企业总数达 885 家，高新企业 712 家。日照经济技术开发区共打造科技人才平台载体 102 家，其中国家级平台载体 8 家，省级平台载体 32 家；国家级高新技术企业 56 家，科技型中小企业入库 70 家；高新技术产业产值占规模以上工业总产值比重达到 44%。烟台经济技术开发区 2020 年全年规模以上工业战略性新兴产业产值增长 8.4%，增幅高于规模以上工业总产值 3.9 个百分点，占规模以上工业总产值的比重为 40.3%，同比提高 0.2 个百分点。其中，新一代信息技术产业产值增长 9.6%；新材料产业产值增长 8.7%；生物产业产值增长 2.5%；高端装备制造业产值增长 22.4%；节能环保产业产值下降 19.3%。全年规模以上工业高新技术产业产值增长 7.6%；占规模以上工业总产值的比重为 83.2%，分别高于全市、全省 28.4 和 38.1 个百分点。市场主体规模进一步扩大，年末全区在册市场主体 57864 户，增长 8.6%。其中，企业增长 11.8%；个体工商户增长 4.9%；农民专业合作社增长 9%。年内新增省级独角兽企业 1 家，累计 1 家。新增省级瞪羚企业 22 家，累计 30 家。新增国家级制造业单项冠军企业 1 家、省级 5 家，累计国家级 4 家、省级 11 家。新增国家专精特新"小巨人"企业 3 家，累计 4 家。新增省级专精特新企业 6 家、累计 30 家。

（三）其他国家级开发区的创新发展

综合保税区、自由贸易区主要从事贸易服务方面创新服务。上海陆家嘴金融贸易区是全中国首个国家级金融开发区。经营人民币业务的外资金融机构，必须在陆家嘴金融贸易区开设办事处，因此陆家嘴是不少外资银行的总部所在地。目前共有多家外资金融机构在陆家嘴设立办事处，当中经营人民币业务的包括汇丰银行、花旗银行、渣打银行、东亚银行等。2019 年成立的中国（江苏）自由贸易试验区以制度创新为核心，以可复制可推广为基本要求，全面落实中央关于深化产业结构调整、深入实施创新驱动发展战略的要求，推动全方位高水平对外开放，加快"一带一路"交汇点建设，着力打造开放型经济发展先行区、实体经济创新发展和产业转型升级示范区。经过三至五年改革探索，对标国际先进规则，形成更多有国际竞争力的制度创新成果，推动经济发展质量变革、效率变革、动力变革，努力建成贸易投资便利、高端产业集聚、金融服务完善、监管安全高效、辐射带动作用突出的高标准高质量自由贸易园区。中国（浙江）自由贸易试验区围绕国家能源保障安全，推进以油品全产业链为核心的大宗商品投资便利化贸易自由化，提升大宗商品全球配置能力，成为中国东部地区重要海上开放门户示范区、国际大宗商品贸易自由化先导区和具有国际影响力的资源配置基地，建成自由贸易港区先行区。中国（福建）自由贸易试验区按区域布局划分：福州片区重点建设先进制造业基地、21世纪海上丝绸之路沿线国家和地区交流合作的重要平台、两岸服务贸易与金融创新合作示范区。厦门片区重点发展两岸新兴产业和现代服务业合作示范区、东南国际航运中心、两岸区域性金融服务中心和两岸贸易中心。平潭片区重点建设两岸共同家园和国际旅游岛，在投资贸易和资金人员往来方面实施更加自由便利的措施。2019年成立的中国（山东）自由贸易试验区以制度创新为核心，以可复制可推广为基本要求，全面落实中央关于增强经济社会发展创新力、转变经济发展方式、建设海洋强国的要求，加快推进新旧发展动能接续转换、发展海洋经济，形成对外开放新高地。

国家级新区、自创区则整合资源进行制度创新。上海张江国家自主创新示范区以张江科投为母体，整合旗下小额信贷，孵化器，创业培训等资源，建立张江集团投贷孵学平台。成员单位包括张江科投、张江小贷、张江孵化器、张江药谷平台和张江创新学院。张江集团投贷孵学平台现有员工超过110名，管理资产规模超过47亿元，服务超过2000家企业客户。拥有覆盖张江园区主导产业的3个国家级孵化器，超过10万平方米的创业空间，配备符合产业定位的专业技术公共服务平台。2016年成立的山东半岛国家自主创新示范区依托济南、青岛、淄博、潍坊、烟台、威海六个国家高新技术产业开发区，打造具有全球影响力的海洋科技创新中心，把山东半岛国家高新区建设成为转型升级引领区、创新创业生态区、体制机制创新试验区、开放创新先导区。

（四）省级开发区

2013—2020 年，华东地区六省市省级开发区的企业在研发费用投入占收入比较低，高新企业认定动态调整中也因为研发投入力度不够，所以省级开发区高新企业较少，整体上看，江浙沪的省级开发区企业高新企业比例较高。

二、大数据引领的智慧园区

上海浦东大数据中心敢为人先，着力做强职能发挥作用，积极打造智慧城市建设的浦东模式，将主要精力聚焦到三个重点推进工作中，一是推进基础建设集约化，注重顶层设计，全面规划、重点建设，围绕整个智慧城市、数字政府和治理体系，构筑全域支撑服务的信息化建设基础设施，有效解决九龙治水、标准不一、高投入低效能的信息基础投资问题。较好地统筹全区信息化建设，不再审批部门自建机房、自购服务器项目，各类应用系统一律上云，凡政务信息系统不能达成数据共享汇聚的，建设和运维一律不予财力支持，从而集成高效地构建了以云数网安链为代表的全新数字底座。二是推进数据信息资源化，大数据中心作为全区公共数据资源统筹管理的"中枢"，拥有汇聚数据资源、提供统一平台、支撑丰富应用的职责。

苏州工业园智慧城市运行管理中心项目是华为 5G、IoT、人工智能、融合通信等技术的成功应用，为苏州工业园构建了高效集约、安全可靠的数据运行环境，为智能运行中心建设提供了强大的数据支撑。在苏州工业园城市运行管理中心大屏上，数字冰雹联手华为，打造的智能运营中心可视化系统，是园区运营管理的"神经中枢"。以系统融合、可视化技术为基础，数字冰雹利用自身产品平台与华为底层平台进行高效对接，对园区各业务领域关键指标进行多维度可视化监测和综合管理，涵盖园区综合态势监测、交通态势监测、公共安全监测、政务服务、应急处置等多个应用主题，实现精确精细、敏捷高效、全方位覆盖的城市管控，满足了用户日常监测、应急指挥、数据分析、政务服务等业务场景。

合肥高新区依托直属孵化器运营管理机构，积极营造稳定、公平、透明、可预期的营商环境，运用互联网、大数据及人工智能等技术手段，建成"智慧高创"孵化平台，将孵化服务与政务服务接轨，企业在享受政务服务带来便利的同时，孵化服务同步跟进，在融资、科技创新及科技成果转化等方面深度介入，跑通为企服务"最后一公里"。2017年，合肥高新区利用企业工商、司法、税务、知识产权、资质荣誉及相关园区基础孵化信息，打通全量数据库，绘制企业全景数字图谱，为企业提供个性化服务，并及时监测企业发展情况，主动为企业提供帮助。合肥高新区通过地图多维场景应用、开放式园区闭环管理、特种设备监测系统部署等措施，为入驻企业提供一站式服务平台。

杭州经济技术开发区以杭州电子商务产业发展为基础，服务阿里巴巴集团等杭属电子商务企业为核心，大力发展电子商务产业，并且与阿里巴巴集团跨境贸易团队建立了共建全国试点示范区域的战略合作关系。使其成为全国试点城市中唯一一个与天猫国际、菜鸟物流直接建立合作的区域。目前，阿里集团70%以上的保税进口业务是在杭州经济技术开发区内运作完成的。杭州经济技术开发区跨境电子商务进口业务试点已顺利完成试单业务全流程操作，跨境电商进口试点凭借商品质保，配送周期短等优势，展现了强大的竞争力。除了已经入驻的天猫国际、苏宁云商、银泰网、中外运等10多家电商巨头外，网仓、EMS等一批著名电商企业也已表达了落户下沙的意愿。目前，区内已设立了6个专业电子商务园及10个涉及电子商务的产业园区，由此，杭州经济技术开发区已初步形成完整的跨境电子商务运营体系，为电商产业集聚奠定了坚实的基础。随着保税进口B2C业务模式的清晰，天猫国际等平台电商上来自美国、英国等七个国家和地区的56家知名海外电商已经在园区完成海外备案并开展业务。同时，这些企业已积极尝试跨境贸易新型业态，打造O2O跨境贸易电子商务销售新模式。

　　厦门火炬高新区智慧园区试点首先是硬件的智慧化，如智慧停车、智能安防、智慧灌溉等是智慧园区的必要配备。厦门软件园一期（北区）的特别之处在于园区主要的智能设备均由火炬高新区企业提供。比如瑞为科技的人脸识别访客系统、罗普特的安防管理系统、浪潮的服务器等硬件、尚为科技的办公环境监测、冠捷的展厅屏幕等。其次，以数字化为手段，提升"软服务"。园区将各类数据都汇聚到服务平台上，企业通过手机 App 等终端即可享受到政策申请、专利申请、共享会议室申请、拼车出行等"指尖上的服务"。

　　烟台经济技术开发区新型智慧城市以人工智能、5G、互联网、大数据、区块链等为代表的信息技术持续赋能创新发展。加强建章立制，形成科学合理的管理机制。抢抓数字基建机遇，着力推进数字基础设施和智慧城市管理平台建设，强化软硬支撑环境，搭建完备的智慧城市架构。聚焦智慧应急、智慧治理、智慧社区、营商环境服务、产业经济监测与分析等重点领域，率先建设"数聚赋能"典型应用，以点带面形成智慧应用示范效应。烟台开发区智慧城市项目一期充分利用中国（山东）自由贸易试验区烟台片区政策优势，加强集约统筹、夯实城市基础支撑，强化数据驱动、促进资源共享开放，打造快速落地的智慧应用。通过精心谋划，着力打造，把烟台开发区建设成为"数字中国先行区，智慧城市示范区"。

第五节　开放发展

一、发展概况

（一）利用外资

　　商务部 2020 年国家级经开区综合发展水平考核评价结果显示，华东地区开发区吸收利用外资总体形式较好，苏州工业园、南京经开区、萧山经开区进入全国利用外资前十名。进出口总额前十名的开发区有一半为华东六省市的开发区。这 10 家国家级经开区实际利用外资 171 亿美元，占 218 家国家级经开区利用外资总额的 31.3%。

2020 年萧山经济技术开发区实际利用外资大幅度增加，但从萧山区 2016 年到 2020 年数据看，实际利用外资从 10.17 亿美元降低到 2020 年的 8.42 亿美元。2017 年后逐年降低，年平均减速为 3.4%。

2020 年萧山区利用实际利用外资较多的行业依次为制造业实际利用外资 3.10 亿美元、其他行业利用 5.32 亿美元。

（二）对外投资

华东地区作为中国经济最活跃的区域，承担着对外直接投资的主体责任，覆盖到全球绝大国家（地区）。对外直接投资的领域（行业）有租赁和商务服务业、金融业、批发零售业、采矿业、制造业、信息传输 / 软件和信息技术服务业、房地产业和交通运输 / 仓储和邮政业。

以江苏省为例分析华东地区境外投资的趋势和特征，首先苏州连续三年境外投资额都排第一，南京在 2018、2019 年都排第二，2020 年则大幅度减少，无锡、南通市类似的逐年减少。其次，镇江、泰州、盐城则增加较快。

江苏企业境外投资主要集中在工业和服务业，具体行业依次为农副食品加工业、批发和零售业、信息传输、软件和信息技术服务业、租赁和商务服务、科学研究和技术服务业、交通运输、仓储和邮政业、建筑业等。

二、各省市主要开发区的开放发展

（一）上海

上海张江高新技术产业开发区服务国家"一带一路"建设发挥桥头堡作用，加大实施创新驱动发展战略力度，加快向具有全球影响力的科技创新中心进军，张江高新区要在实施创新驱动发展战略更好发挥示范引领作用。在科技创新领域，上海将持续对接国家"一带一路"科技创新行动计划，推进联合实验室或联合研究中心建设，完善"一带一路"技术转移平台，扩大"一带一路"优秀青年科学家合作交流范围，加强与沿线国家（地区）科技园区合作。上海紫竹高新技术产业开发区以集成电路与软件、新能源、航空、数字内容、新材料和生命科学等六大类产业作为主导产业，重点吸引区域总部、研发中心、风险投资公司及高科技制造企业入驻；吸引了英特尔、微软、可口可乐、GE、东丽、埃克森美孚、博格华纳等多家世界500强公司设立了研发中心和地区总部。先后被评为"海外高层次人才创新创业基地""中国（上海）网络视听产业基地""国家新型工业化产业示范基地（软件与信息服务业）""国家科技兴贸创新基地（生物医药）""上海国家生物产业基地""国家知识产权试点园区""国家版权示范园区（基地）"等。虹桥经济技术开发区探索多方合作共享，进一步搭建开放协商的政策平台；构建"利益共同体"、探索利益均衡机制、兼顾政府需求和市场需求、推动社会管理方式创新等已成为一种发展趋势和要求。

（二）江苏

江宁经济技术开发区在对外开放方面，主动对接实施国家重大战略，坚持"引进来"和"走出去"并重，勇当构建国内大循环为主体、国内国际双循环相互促进新发展格局的开路先锋。如，江宁开发区将推进产业链精准招商。培育外贸竞争新优势，招引外贸企业总部机构，推动跨境电商创新发展，推进跨境通关模式先行先试，探索建立公共海外仓。发挥驻外联络处窗口阵地作用，鼓励企业积极开拓国际新兴市场。引导内资企业参与到"一带一路"沿线和RCEP成员国等地区投资和贸易中，积极拓展与境外园区的合作。常熟经济技术开发区融入区域产业格局，扩大开放合作水平全面融入长三角一体化。围绕虹桥国际开放枢纽大交通、大商务、大会展功能定位，加强在商贸会展、数字贸易、进博会溢出、产业链供应链布局等方面的全方位合作。积极融入沿沪宁产业创新带、G60科创走廊等创新大平台，利用上海、南京等地高校与科研资源优势，强化校企之间的对接交流，推动原始创新、技术创新和产业创新。加强与长三角区域高校、科研机构、龙头骨干企业的协同创新，构建专业合作平台和服务体系。加强优势产业的区域协作。重点聚焦智能网联汽车、智能制造服务、纺织服装时尚等优势产业，推进长三角产业协同。推进"苏州5G车联网城市级验证与应用项目（常熟部分）"与上海智能网联创新中心、江苏省智能网联汽车产业创新联盟的合作，推动测试数据、测试结果的互认机制，实现智能网联汽车长三角测试一体化，持续开展特斯拉国产化供应体系对接和华为智能网联汽车项目洽谈，加快汽车产业新能源化、智能化转型。引入区域时尚产业资源参与云裳小镇建设，进一步加强和江南大学、东华大学等高校院所在人才培养、实习实践、产学研等领域的深度合作，强化服装城与杭州数字经济产业链上下游的赋能共生。

（三）浙江

杭州经济技术开发区始终坚持对外开放不动摇，以"引龙头、强链条、促集聚"为主线，强势推进招商引资，全面提升开放型经济发展水平。一是国际招商实现跨越发展。作为全市开放型经济的平台，开发区致力于国际化、高端化发展道路，自成立以来，开发区已累计引进40多个国家和地区810家外资企业，其中世界500强项目75个。二是跨境电商发展卓有成效。开发区积极抢抓杭州跨境电子商务综试区获批机遇，启动跨境电商试点工作。引进天猫国际、银泰、苏宁等一批优质企业，初步形成集电商平台、垂直电商以及配套服务企业于一体的跨境电子商务产业体系，业务覆盖、企业集聚、模式创新走在全国前列打造国际化开放窗口。加快升级综合保税区，健全口岸、物流、加工三个主要功能，完善仓储物流、对外贸易、国际采购、分销配送、国际中转、售后服务、商品展示等具体功能。积极推动海关特殊监管区整合类型、整合功能、整合政策、整合管理，有效推进跨境电子商务示范园建设，推行便利化通关模式、外汇支付业务试点等多项改革措施，接轨国际市场，打造开发区国际化开放的重要载体和窗口。

（四）安徽

合肥高新区以原始创新的策源地、具有国际影响力的产业创新中心为目标，践行新发展理念，着力打造"财富高新、和谐高新、美丽高新"。培育市场主体3万家以上，引进和培养高端人才超过3万名，完善并提升中科大先研院在内的协同创新平台10家以上，建设好国家量子技术中心、离子医学中心等创新平台，新建各类孵化器和创新载体200万平方米，高新技术产值占规模以上工业产值75%以上，率先建设成为合肥综合性国家科学中心核心承载区、全国自主创新的引领区，建设集科技、产业、人文、山水于一体的现代科技新城。马鞍山慈湖高新技术产业开发区是马鞍山市的老工业基地。自成立以来，慈湖高新区抢抓中部崛起机遇，强力推进招商引资，基础设施建设和为企业服务等核心工作，艰苦创业，锐意进取，全区经济发展的质量和效益逐步提高，综合经济实力不断迈上新台阶。目前，已有世界500强法国圣戈班、台湾中橡、台湾合桐、广州立白、神华集团、中粮集团、安徽海螺、奥盛等。

（五）福建

福州保税区主要发挥港口优势和临近台湾的优势，从事国际贸易、保税仓储、出口加工、商品展示及对台贸易，是中国实行特殊政策，具有综合经济功能的特殊区域，是中国首推市场经济最充分，国内外市场衔接最紧密，按国际惯例办事最迅速的"关外境内"区域，成为东南沿海和台湾海峡西岸一个基础设施日益完善，区域功能先进、发展潜力巨大的新型开放区域。重点发展以"国际贸易、保税仓储"功能为特征的保税物流业务和码头经营、货物装卸为主的产业，具有国际中转、国际配送、国际采购、转口贸易四大功能，享受保税区免征关税和进口环节税、海关监管等方面的相关优惠政策。通过保税区与港口之间的"无缝对接"，实现货物在境内外的快速集拼和快速流动，推动福州保税区向自由贸易区转型。形成了出口拼箱、进口分拨和贸易配送等三大物流特色，以机电产品配送、化工产品分拨、进口鞋材配送、国际集装箱运输及场站服务为特征现代物流运作园区已见端倪，"以保税仓储为主导、第三方物流为特征"的现代物流产业方兴未艾，并已经成为福州保税区经济快速增长的支柱。

厦门海沧保税港区主要享受政策包括：港外货物入港保税；货物出港进入国内销售按货物进口的有关规定办理报关手续，并按货物实际状态征税；国内货物入港视同出口，实行退税；港内企业之间的货物交易不征增值税和消费税。在此基础上，参照国外自由港发展模式和国际惯例，积极探索更为开放的政策和管理模式。厦门海沧保税港区分三期开发建设，建成后的海沧港区将成为一个综合性、多功能的港区。厦门海沧保税港区集口岸、物流、加工三大功能为一体，主要开展集装箱港口运输装卸、货物的国际中转、国际配送、国际采购、国际转口贸易和出口加工业务，以及与国际航运配套的金融、保险、代理、理赔、检测等服务业务。保税港将实行全域封闭化、信息化、集约化的监管，做到进口货物入港保税、出口货物入港退税，实现区港一体化，为港口作业、物流仓储、海铁联运、海陆联运、临港工业发展提供全方位的配套服务。

（六）山东

济南综合保税区是由济南出口加工区转型升级而成。出口加工区升级为综合保税区，不仅可以有更多企业入驻，而且在开放层次、政策优惠、产业政策方面，企业可以得到更多实惠。济南综合保税区电子信息产业发展步伐不断加快，在总量、品牌和高新技术产业等方面都得到了较大的提升。依托济南市电子信息产业基础和综合保税区功能优势，推动章锦综保区的晶正电子铌酸锂薄膜材料、盛品半导体传感器封装、浪潮云海高可靠计算机项目等企业做大。通过省政府驻日本代表处、赴深圳招商走访企业，重点招引电子信息加工制造企业，打造电子设备保税加工集群。目前已落地香港旭东顺SMT、香港铭兴达LED模组、香港企飞电子产品组装、深圳易玖科技声学产品、深圳好通家智能电表、通讯模块、光传感器电路板等加工制造项目，涵盖半导体设备制造、功能材料研发、封装测试、电子产品组装等的电子信息保税加工产业体系。

青岛前湾保税港区管委会与济南综合保税区管委在济南签署"一带一路自贸驿站"战略合作协议。双方将充分发挥各自区位特点，结合双方政策和功能优势，以企业为主体，市场为导向，联盟相关边境陆港口岸地区及沿路省市功能区，联合建立"一带一路自贸驿站"。双方将以企业为主，市场化运作，政府推动等方式，实施合作开发建设；以区属国有企业互换股权为主要模式，建立股权多元化的自贸发展联合公司，作为双方合作主体；以共同发起设立"一带一路自贸驿站"发展基金，建立联合投融资平台；搭建以人才、信息、培训、金融、物流、运输、生产、市场、海关、国检、报关、报检等为主的"一带一路自贸驿站"互联网服务平台，为企业建立线上合作和交流平台；以双方互挂功能区牌子，互派人员等方式，建立"一带一路自贸驿站"创新合作机制。

四、营商环境

《中国省份营商环境评价报告（2020 版)》对中国内地地区和海南省共31 个省级行政区的营商环境进行了评估，包括市场环境、政务环境、法律政策环境、人文环境四个营商环境建设一级指标。结果显示各省份营商环境呈现层次化特征，人文环境的均衡度存在较大差异。经济发展水平并不简单等同于营商环境水平，一些省份的营商环境排名与地理禀赋或者行政级别不匹配。不同区域的营商环境差异显著：地理上的七大区域中，华东地区遥遥领先，西南、华北、华南跟随其后，这四个地区高于全国均值；华中、东北和西北则低于全国均值。华东六省市具体分为四类：上海是标杆类，江苏、浙江属于前列，安徽、山东是中上，福建只是中等。

（一）上海

上海营商环境指数为 76.95，全国排名第 2，与其当年人均 GDP 排名持平（第2），是中国优化营商环境的标杆城市（A+级）。四个子环境指标排名由高到低依次为：政务环境（第1）、法律政策环境（第1）、人文环境（第1）、市场环境（第3）。未来上海应保持国内领先优势，对标国际先进水准，进一步优化市场环境。

（二）江苏

江苏营商环境指数为63.20，全国排名第5，处于全国前列（A−级），略低于同年人均GDP排名（第3）。

江苏营商环境的子环境均衡度在31省份中排名第13，远低于其整体营商环境排名。四个子环境指标排名由高到低依次为：市场环境（第4）、人文环境（第5）、法律政策环境（第8）、政务环境（第13）。从四个一级指标来看，江苏应致力于确保市场环境和人文环境的领先优势，逐步优化法律政策环境，苦练内功优化政务环境。

（三）浙江营商环境

浙江营商环境指数为60.68，全国排名第7，位居全国前列（A−级），略低于其当年人均GDP排名（第4）。

浙江营商环境的子环境均衡度在31省份中排名第22。四种子环境排名由高到低依次为：人文环境（第2）、市场环境（第5）、政务环境（第6）、法律政策环境（第18）。未来应保持人文环境、市场环境、政务环境优势，着力优化法律政策环境。从四个一级指标来看，浙江应致力于保持人文环境、市场环境、政务环境的优势，稳中求进，并着力优化法律政策环境，力争上游。

（四）安徽营商环境

徽营商环境指数为59.27，全国排名第8，处于中等偏上水平（B+级），高于其当年人均GDP排名（第13）。

安徽营商环境的子环境均衡度在31省份中排名第27。四个子环境排名由高到低依次为：法律政策环境（第2）、人文环境（第12）、市场环境（第

12)、政务环境（第26）。政务环境是拉低安徽子环境低均衡度的首要因素，未来应重点关注、力求补齐短板。从四个一级指标来看，安徽应致力于确保法律政策环境的相对优势，并着力优化失分较多的市场环境、人文环境和政务环境。

（五）福建营商环境

福建营商环境指数为54.36，全国排名第14，处于全国中游水平（B级），远低于其同年人均GDP排名（第5）。

福建营商环境的子环境均衡度在31省份中排名第19。四个子环境排名由高到低依次为：人文环境（第6）、市场环境（第14）、法律政策环境（第16）、政务环境（第18）。未来应在保持人文环境优势的基础上，全力优化政务环境、法律政策环境和市场环境。从四个一级指标来看，福建应致力于确保人文环境的相对优势，并着力优化失分较多的市场环境、政务环境和法律政策环境。

（六）山东营商环境

山东营商环境指数为59.26，全国排名第9，略高于其当年人均GDP排名（第10），处于全国中等偏上水平（B+级）。

山东营商环境的子环境均衡度在31省份排名第10。四种子环指标境排名由高到低依次为：市场环境（第7）、法律政策环境（第10）、政务环境（第14）、人文环境（第15）。未来应保持市场环境和法律政策环境水平的前列水平，着重优化政务环境和人文环境。从四个一级指标来看，山东应致力于保持市场环境、法律政策环境的优势，稳中求进，并着力优化处于中游的政务环境、人文环境。

（七）华东地区开发区营商环境

各级开发区管理委员会针对本省市的环境按照评价指标的内涵深入分析，根据经济的联动效应，对标联系紧密的其他省市，改善不良的环境，真正实现优势互补。

第六节　绿色发展

一、绿色发展概况

绿色发展要求大力发展环境友好型的产业，通过节能减排的技术措施，实现经济发展与自然和谐共生的经济发展。具体包括生产方式的绿色化和生活方式的绿色化。党的十八大以来，全国各地各类开发区大力推动产业绿色转型发展，各产业园区积极探索生态发展、循环发展、低碳发展等绿色发展路径与模式，在资源集约利用、减排降污、生态环境保护修复等方面取得了较好的成效。由中小城市发展战略研究院、中城国研智库等机构发布了《2018年全国绿色发展百强区》，江苏20家，浙江19家，安徽4家，山东9家，福建6家，共计58家。

二、上海开发区绿色发展

（一）绿色发展举措

上海佘山国家旅游度假区坚持以绿色为主基调，拆除散乱景点，清退工业企业，实现脱去"灰棉袄"，换上"绿春装"。逐步还山于民，在"绿"字头上做足文章，开展大面积植绿造景，打造生态公共空间，现已成为上海绿化覆盖率最高的地区之一。

金桥经济技术开发区推进生态建设。开展金桥开发区企业环保优秀案例评比，并组织在相关媒体上进行宣传；每月定期、全年不定期落实开发区区域内环境监测任务；每周定期检查维护金桥生态信息平台、大气监测站运营，组织信息更新与发布；推进园区企业垃圾分类；举办金桥开发区生态环境集中宣传活动等。组织金桥生态文化节活动，让更多企业参与园区生态建设。

(二) 绿色发展成效

经过多年发展，现在度假区区域内共有 4A 级景点 4 个，五星级酒店 3 个，以及包括广富林文化遗址、辰山植物园、佘山世茂洲际酒店在内的一批具有广泛影响力的旅游功能性项目。佘山度假区旅游事业取得长足进步，已形成具有"九峰"特色的文化旅游产业，既有上海市域独有的山林、生物景观等自然资源，也有稀缺的古文化遗址、遗迹；既有名胜、宗教、科技等场所，又新辟体育、娱乐、酒店等人文景观。佘山度假区致力于构筑"远看青山绿水，近看人文天地"的都市旅游休闲胜地，已成为名副其实的上海都市后花园。2018 年，佘山度假区累计接待游客 1111.15 万人次，同比增长 25.63%；实现营业收入 14.10 亿元，同比增长 6.41%。

开发区转型发展提出了从制造业基地和向"智造金桥、生态金桥、人文金桥"的理念转变，推动金桥工业文明向生态文明、传统制造向低碳制造、高消耗经济向绿色经济转型。有一部分产业不符合未来的发展定位，尤其是仓储堆放、汽车维修、食品加工、医药、日化、化工等产业被清退，金桥开发区产业用地的利用效率进一步提高。将企业能耗和企业产值进行交叉比较，采集到园区企业的能耗效率数据，分类通报提醒整体降低园区的能耗。

三、江苏开发区绿色发展

(一) 绿色发展举措

徐州经济技术开发区坚持资源循环再利用。针对区内装备制造、工程机械等产业密集的特点，着力构建静脉产业链，有针对性地引进了星丰金属资源、保利协鑫可再生能源和浩通新材料等高水平的资源回收公司，提高了固废的处理处置率，实现区域能量多级利用和废物最小化。鼓励企业开展环境标志认证、清洁生产，提高资源综合利用率。徐州经开区还大力推进产业生态改造。围绕生态工业园区发展规划，从源头推动产业生态化改造，从招商引资向招商"选"资转变。对新进项目在技术水平、资源利用效率、污染物排放、环境管理等方面进行约束。严格实施固定资产投资项目节能评审和环保"三同时"制度，把高能耗、高污染项目挡在区外。

昆山经济技术开发区积极践行绿色发展理念，加快推进各项生态文明工程建设，并获评"国家生态工业示范园区"，走出了一条经济增长与环境提升"双赢"的发展之路。在碳达峰、碳中和背景下，经开区加快谋划和制定绿色产业发展"施工图"，将绿色低碳融入到产业结构、城市建设、生态环境治理等发展全领域全过程，努力构建绿色发展体系，全力打造生态宜居园区新样板。

镇江经济技术开发区按照"增量调结构、存量促转型"的思路，遵循"两减六治三提升""四个一批"的要求，坚决淘汰落后化工产能、压缩小化工产能，关停达不到安全、环保、能耗要求的化工企业，推动化工行业绿色、安全、健康发展；在新项目招引上，重点关注能够打造循环经济产业链的企业，以龙头企业为核心，在循环经济产业链上实现延链、补链、强链，达到物料、能量、废物处理方面的资源循环利用，降低循环链条上企业之间的流通成本、降低能量损耗，提高物料和能源循环效率，提升核心竞争力。

（二）绿色发展成效

徐州经济技术开发区实施生态建设工程。抓好水环境整治、大气污染防治、集中供热、基础设施、绿色细胞等工程，推进生态园区建设。开展水环境综合整治工程，为了确保园区河流水质达标，关停有污染的化工企业。实施污水截留和尾水导流工程，从源头上控制水污染。对污水处理厂实施提标改造工程，尾水排放从一级 B 提高到一级 A 标准。落实大气污染防治工程，开展装备制造、医药等重点企业挥发性有机物排放管理。对燃煤锅炉进行清理，取缔供热管网覆盖范围内的燃煤设施，将供热管网覆盖范围外的燃煤设施改为天然气等清洁燃料。实施集中供热工程，加大环保基础设施建设，已有多个社区获得省、市级绿色社区称号，多个学校获得绿色学校称号，或被评为省级、市级园林式单位和居住区。

镇江经济技术开发区编制循环经济发展规划及公共设施建设计划，强化公共管廊建设，提高"三废"处理能力，提高"三余"利用率，大力推进清洁能源替代；建设园区安全环保监控平台，加强对园区企业排放、流通的预警、监管、调度，促进企业设备、工艺、管理水平的提升；建立技术、设备推广目录，实现物料及废弃物信息的公开发布，挖掘园区企业之间物质流、能量流关系，引导企业间产品互换，打造企业之间产业循环链。

南通经济技术开发区顺利通过国家生态工业示范园区复查验收。实施"263"专项行动，持续加大钢丝绳、印染和化工行业整治，全面实现"散乱污"企业"两断三清"；常态化开展沿江绿色发展工作，积极推进主江堤生态环境整治，实现江堤全面贯通、绿化面积大幅提升。完成沿江非法码头整治、通启运河专项整治，沿江面貌焕然一新。空气质量指数 AQI 达标率稳步提升，$PM_{2.5}$ 浓度持续下降，生活垃圾分类、非法废品收购点清理工作成效明显，区域环境质量不断改善。

四、浙江开发区绿色发展

（一）绿色发展举措

杭州经济技术开发区推行资源要素差别化配置改革。建立以"亩产效益"和企业综合效益为导向的资源要素差别化配置机制。重点建立健全分类分档、公开排序、动态管理的企业综合评价机制，构建反映开发区实际和发展需要的企业综合效益评价体系；建立差别化电价、排污权有偿使用和交易等机制，倒逼落后产能淘汰，提高资源利用效率，形成差别化资源要素价格机制；建立要素交易综合平台，推动土地、排污权用能、碳排放等资源要素市场化配置。

宁波经济技术开发区落实综合环境整治。高标准制订开发区（园区）整治提升标准规范，以乡镇（街道）、村级工业集聚区块为重点，围绕安全隐患消除、污染治理、违法建筑拆除、落后产能及工艺淘汰等，集中开展开发区环境面貌整治。强化规范命名,实现"清单化、目录化"管理,避免随意扩展面积、无序发展产业。

（二）绿色发展成效

杭州产业绿色化水平不断提升。2019 年杭州以占全省 10.7% 的大气主要污染物排放量（不含机动车）和 12.6% 的水主要污染物排放量,贡献了全省 26% 的 GDP 和 27.9% 的公共预算收入。实现蓝天、碧水、净土清废等专项行动,切实改善大气环境质量,推动产业转型升级,增强人民群众蓝天幸福感。

宁波经开区努力构建起高效、清洁、低碳、循环的绿色制造体系。通过全力打造绿色产业链、加快技术革新、引导小微企业入园集聚发展等方式,宁波制造绿色升级动能日益强劲。

五、安徽开发区绿色发展

（一）绿色发展举措

合肥蜀山经开区推动园区内企业全面施行清洁生产,建立清洁生产审核奖惩机制,鼓励企业自愿开展清洁生产审计和技术改造,提高企业经济与环境绩效。以集中处理工业废水、集中处置工业固体废物为主要任务,实行开发区污染物集中处理,强化开发区的环境综合管理。对辖区范围内的市政排水管网进行全面摸底排查,采取屋面雨水接入下凹绿地、增加生物滞留池、建造"雨水积蓄——净化——利用循环"系统等方式对辖区山湖苑东区实施"海绵化"改造。合肥蜀山经开区推进城市照明体系建设,引入了园区企业大明智联科技股份公司的智慧照明系统。合肥蜀山经开区在大气监测中,引入了园区企业合肥中科环境监测技术国家工程实验室有限公司的大气立体走行监测车,利用激光对大气颗粒物的时空分布进行遥感探测,获取大气消光系数、退偏振比、边界层高度、光学厚度等参数,在移动中快速发现空气污染并及时处置,为推进大气污染治理提供科学的技术支撑。以大数据产业助推智慧园区建设，以智慧化手段推动生态治理能力现代化，构建起产业云经营监测平台，有效梳理蜀经开全域企业基本情况、生产经营、能耗排放等动态情况，为优势产业政策帮扶、落后产能淘汰提供决策依据。

（二）绿色发展成效

合肥经开区连续两年获得国家级经开区绿色发展最佳实践园区的称号。合肥经开区围绕"建设世界级先进制造业集聚区"，重点发展新能源汽车等绿色产业，通过创建绿色工厂、绿色园区和打造绿色供应链，提高制造环节的绿色化水平，助力企业生产绿色产品；在环境治理上，建设河道流域智慧管网系统等智能化设施及数据网，探索创新一套高效的河道治理、水环境监管模式；"绿色"创新思维引领园区转型，建设美丽经开。先后获评"国家低碳工业园区（试点)""国家生态工业示范园区""国家绿色园区"。

六、福建开发区绿色发展

（一）绿色发展举措

三明高新技术产业开发区学习引入"绿色供应链""低碳变革""零排放"等"绿色制造"理念，鼓励并引导外资更多投向节能环保产业、生物医药及生物、新材料、新能源和现代化服务业等绿色产业，以绿色发展奠定产业结构转型升级的基础。

漳州高新技术产业开发区依托国家现代农业示范区、对台对外高效农业合作平台、"中国水仙花之乡"、特色农产品优势区等品牌优势，围绕高新区生态本底，加快探索绿色经济发展新模式，创新公共休闲产品利用，探索漳州生态营城新范式。

福州新区依托区内坡地生态系统和河口生态系统，形成绿色自然空间，重点推进闽江河口三角洲区域生态修复与保护，打造国家级自然保护区品牌，构建新区生态安全格局的核心区。同时依托新路网框架和河流生态系统，规划建设绿化带和景观带，构建新区生态廊道系统。

（二）绿色发展成效

三明市通过产业转型，钢铁与装备制造、氟和石墨（烯）新材料、文旅康养、特色现代农业，逐渐代替了钢铁冶炼、采矿、纺织等"傻大笨粗"传统产业，成为三明经济新增长点和新"名片"。2020年新兴产业产值最低实现8%以上增长，最高增长近18%。坚持产业生态化和生态产业化两条腿走路，着力打造绿色产业高地和生态旅游胜地，探索出了一条用"绿"转型、靠"绿"取胜、以"绿"生金的发展新路。

2020年漳州九龙江流域（漳州段）省考断面Ⅰ—Ⅲ类水质比例100%。市、县集中式饮用水源地水质达标率分别为100%、100%。2020年全年空气质量达到及好于二级标准359天，二级达标天数比例52.5%，其中一级优的天数164天、二级良好的天数195天。

依托厚实的生态家底，福州始终坚持生态环境和人居环境同频共振，已完成国家生态文明试验区15项改革任务，"山、水、林、田、湖、草"和园林绿地、公共空间自然相融；建立绿色发展评价考核体系，走出了一条体现福州特色、彰显榕城魅力的绿色发展之路，让市民尽享生态福利。2020年福州市环境空气质量综合指数为3.00，优良率98.6%，在全国省会城市中排名第三，在全国168个重点城市中排名第六，6项污染物指标均达到国家二级标准；全市县级以上集中式饮用水水源地水质达标率100%，近岸海域水质优良比例达87.5%。闽江、敖江、龙江3条主要流域省考以上断面Ⅰ—Ⅲ类水质比例为90%，闽江流域Ⅰ—Ⅱ类水质比例较2018年提升近20个百分点。

七、山东开发区绿色发展

（一）绿色发展举措

潍坊滨海经济技术开发区以建设资源节约型和环境友好型社会为目标，以提高资源利用率和"三废"源头减量为重点，认真实施循环经济发展战略，抓好体制创新、空间布局、产业链接、资源利用等环节，推动全区经济转型升级、提质增效，走出了一条循环发展、绿色发展之路。

位于先进制造业产业园的山东国邦药业股份有限公司，主要经营世界级特种化学品和医药中间体，在生产过程中会产生高盐废水，公司引进了MVR蒸发器技术，节约了70%的能源，同时，还实现了资源的循环利用，变废为宝。

（二）绿色发展成效

潍坊滨海经济技术开发区实施循环经济项目38个，从光伏发电到热循环利用，从高盐有机废水膜处理到餐厨垃圾处理，目标就是将原料"吃干榨净"。目前，潍坊滨海经济技术开发区已建立起系统的废水综合利用、固废循环利用、废气废热循环利用等多条资源化利用循环链，园区内产业关联度达到80%，循环经济产业产值预计超过500亿元。

第七节　体制改革

一、体制改革总体概况

华东各省市开发区在社会经济发展的过程中根据实际需要随时进行着各种各样的改革。总体上看，管理体制、土地管理、投融资等是开发区随时关注的重点，管理体制主要涉及管理委员会与园区企业的业务、人事关系。土地管理主要提高土地利用效率，规范土地管理流程。投资制度涉及开发区投资项目"三个清单"（负面清单、责任清单、权力清单）管理制度、投资项目备案制、投资项目审核等。

二、上海开发区体制改革

松江综合保税区积极推进制度创新，实施"选择性征收关税"试点，开展FTA账户试点，在贸易类企业"增值税一般纳税人资格"等方面不断探索。为降低疫情对外资外贸企业带来的影响，松江综合保税区积极响应国务院、海关总署的"选择性征收关税"试点的相关政策，在驻地海关、税务等职能部门的指导下多次召开政策宣讲会，就政策内容、适用性等向企业进行面对面解读；并在企业申请试点后，派专人点对点服务，帮助企业实操。

洋山特殊综合保税区在体制改革上成效突出，具有"一线放开，二线管住"的特点。以守住安全、高效管住为底线，取消不必要的贸易监管、许可和程序要求，实施更高水平的贸易自由化便利化政策和制度，最大限度简化"一线"申报制度，突出区内经营自由；严格"二线"监管，改革海关统计方法，更加便利开展国际中转集拼业务发展等。

嘉定综合保税区不断优化投资服务环境。依托本区"一网通办""一网统管"平台，设立嘉定综保区线上线下服务专窗，必要时在园区设立市场监管、税务等办事机构，在公司开办设立、行政审批、业务办理等方面提供优质服务。创新金融服务和支持，搭建园区企业与金融机构的对接服务平台，支持企业开展跨境金融业务和供应链金融业务创新，为优质企业提供融资、增信、保险等服务，提供上市辅导、财务顾问等定制服务。

陆家嘴金融城促进金融支持国资国企改革。探索利用资本市场，支持浦东国资国企改革，优化国资国企战略布局。按照市场化、国际化的原则，理顺陆家嘴金融发展公司的管理体制，制定长期发展战略；整合浦东国资金融资源，促进陆家嘴金融发展公司做大做强，让陆家嘴金融发展公司成为推动国资国企改革、争取金融创新先行先试和金融支持经济发展的重要平台。

三、江苏开发区体制改革

（一）管理体制改革

南京经济技术开发区落实开发区去行政化改革要求，围绕开放引领和高质量发展导向，组织实施考核评价，对经开区发展质量、对外开放、科技创新、生态集约、制度创新、安全生产进行考核评价，并将考核评价结果会同国家、省对经开区综合评价结果以及所在区（新区）对经开区综合考评情况，作为考核经开区领导班子、确定经开区薪酬总额的基本依据。

镇江经济技术开发区持续开展"去行政化"改革。科学划分开发区与属地政府的职能边界，让开发区卸下社会事务管理包袱，回归服务产业发展、优化营商环境、拉动地区经济的主责主业。以"大部制、扁平化"为基调，以去行政化、推动引资招商为着力点，精简优化开发区组织架构。以企业化管理模式为基础，以"按实绩论英雄"的人事薪酬考核为突破口，激发各层级人员干事创业活力。推进"一区多园"管理新模式，统筹集聚优势资源，扩大辐射带动作用，强化开发区全链条、全周期的帮办代办服务能力。

连云港经济技术开发区深化"放管服"改革，发挥商事制度改革等成为全国样本作用，完成工商登记全程电子化、个体工商户最简化登记、城市网格化综合管理体制改革等工作。

（二）投融资制度改革

如皋经济技术开发区基于园区发展目标，提升投资战略规划意识，成立风险评估专业组织机构，加强专业风险控制人才培训，健全投资风险评价体系，提高投资风评科学性。贯彻落实国家推进新型城镇化、实施乡村振兴等重大发展政策，聚焦金融行业、高新技术产业，谨慎投资资源消耗型产业，着力做好调研工作，深度分析投资项目，确保风险预知可控。完善科学融资决策体系。转变融资观念，强化融资预算管理，增强融资风险防控意识，把握金融市场变化和国家宏观经济政策导向，建立风险预警机制、决策机制。拓展多元化融资渠道，逐步打开债权市场，探索债券融资、股权融资、互联网融资等形式，通过股权转让、合资合作、资产证券化等方式引入社会资本，减少对信贷融资的依赖。健全融资管理制度，完善融资分析与评估程序，设置融资风险预警指标，提高融资评估的可靠性。

四、浙江开发区体制改革

（一）土地管理制度改革

余杭经济技术开发区不断优化企业服务体系。为提升园区精细化管理水平，建立和完善了开发区信息管理服务平台，基于 3D 地理空间信息平台，汇集开发区企业、土地、地下管网和产业经济等信息，加强项目落地跟踪服务、提高土地集约利用水平、实现精细化管理；积极对接省内外知名服务商，为企业提供智能制造、机器换人、数据管理、云服务、信息安全等服务；加快对接中国电子信息产业发展研究院、浙江省电子产品检验所等机构，为企业提供两化深度融合、管理体系贯标、信息化规划等咨询服务，帮助企业建立长效的信息化建设推进机制。

（二）管理体制改革

嘉兴经济技术开发区深化"互联网＋政务服务"改革，推进数字化转型。全面推进依申请政务服务事项接入政务服务 2.0 平台，实现无差别受理、同标准办理、全过程监控、"好差评"闭环，推动政务服务由网上、掌上可办向好办、易办转变，进一步提升政务服务办件网上受理率。在区政务服务大厅开展"无前台"布局改造，优化完善咨询、导办、帮办服务流程，构建"一对一指导、手把手帮办、肩并肩服务"的"无前台"政务服务新模式。加强政务服务大厅标准化建设，在全市率先实现区、街道政务服务大厅 OSM 标准化建设 100％全覆盖。深化政务服务集约化建设，推进掌上办事"一端通办"。宁波经济技术开发区不断推动管委会"瘦身强体"。规范开发区（园区）管理机构设置，按照"一个平台、一个主体、一套班子"的要求推进区内管理机构实质性整合，推动具备条件的开发区管理机构与所在行政区综合设置，实行"一套机构、两块牌子"的管理模式。精简优化开发区内部管理架构，创新人员编制管理，持续完善运行机制，鼓励在兴办模式、管理方式、资源配置等方面转型，着力提高管理效能，不断激发内生动力。

（三）投融资制度改革

杭州经济技术开发区开展投融资体制改革。逐步完善开发区债券管理，提升融资平台融资能力。大力推广城市建设发展基金、政府和社会资本合作（PPP）等模式，鼓励引导民间资本进入基础设施、公共事业、金融服务和社会事业等领域。在基础设施建设、教育、卫生、文化、体育、养老等社会公共服务设施建设等领域建立健全投资经营公平准入竞争机制，创新完善民间资本投资回报机制。

五、安徽开发区体制改革

（一）土地管理制度改革

安庆经开区在缓解土地瓶颈制约上，努力挖掘进区企业的土地潜力，采取降低绿化面积、增加工业建筑用地、加固工业厂房基础、在现有厂房上加层等措施。同时对已经受让的土地，规定开工期限，在规定期限内未开工的土地采用回购的方式进行回收；对前期建设完成，准备后续建设的企业，提高投资强度标准和企业应用技术、工艺标准，不符合新投资条件的要限期整改，无法达标的采用回购的方式回收土地。

（二）管理体制改革

合肥蜀山经济开发区围绕建设国家电子商务示范基地和中国呼叫中心专业示范园区的崭新局面，开展管理模式和运行机制改革。推动管理职责"模块（项目）化"，即将开发区管委会原有的"五处一办一所"的职能科学划分成若干平行工作模块（项目），由模块（项目）负责人全权负责，工作实绩采取年初审定、中期考评、年终考核，各工作模块（项目）负责人通过民主推选产生，模块组成人员则采取组织调配、模块（项目）负责人提名、个人自荐相结合的形式组成，大大激发了工作人员的积极主动性。

铜陵经开区按照先易后难、逐步实施的原则，完善开发区管理体制，推进"轻装上阵"。强化经济发展、招商引资、项目建设职能。按照"属地管理、分级负责"和"财权、事权相一致"的原则，将铜陵经济技术开发区部分社会性事务移交到市、区政府相关部门管理。构建简约高效的开发区管理体制，根据需要整合审批、服务、执法等方面力量，实行扁平化和网格化管理。活化人事管理服务机制。强化开发区领导班子建设，选优配强开发区党政正职，配齐配强开发区领导班子成员。实施绩效分配制度改革，根据实际制定绩效分配制度改革方案，鼓励对聘用人员实施年薪制，试点推行年金制。创新人事管理制度，试点实行全员聘任制、绩效考核制，完善雇员制，就有关人员编制实行封存和档案管理，按需设岗、以岗定人、以岗定酬、能上能下，打破编制和身份界限竞聘上岗。健全人员进出机制，完善开发区与其他部门的干部交流制度；将开发区作为锻炼干部的平台，鼓励引导市直部门优秀干部到开发区任职，对开发区表现优秀的人员推荐到市直相关部门提拔使用。

（三）投融资制度改革

安庆经开区积极搭建融资平台，努力突破金融瓶颈。一是加强投融资管理，提高资金使用效益，防范财政风险，强化运作大规模资金的能力，保障开发区建设资金需求。二是积极搭建投融资平台，构建能够与资本市场和商业金融机构有效对接的机制，强化经营理念，整合开发区已经形成的公共资产，通过组建资产投资公司、企业金融担保公司等方式，为开发区大规模开发建设提供资金保障，为开发区拓展融资渠道，为区内企业提供金融服务。三是完善金融服务形式，整合开发区商业金融资源，充分利用市级商业银行的投资能力，创办金融超市等新型金融服务形式，建立银企对接经常化机制，为区内企业提供资金保障和服务。四是引导优势企业积极上市，积极创造条件为区内企业上市融资提供技术指导和服务。

六、福建开发区体制改革

(一) 土地管理制度改革

漳州招商局经济技术开发区 2020 年修订《土地出让工作管理细则》，规定拟出让地块必须是征收（拆迁）安置补偿落实到位、没有法律经济纠纷、土地权利清晰、规划条件明确、具备动工开发基本条件的"净地"。不具备"净地"条件的宗地，一律不得出让。健全土地利用动态巡查制度。采取建设项目用地信息公示、项目开竣工申报、现场核查、竣工验收、定期通报、建立诚信档案等方式，切实加强出让土地开发利用的全程监管，督促用地者严格按照合同约定开发利用土地。对竞得土地后不及时签订成交确认书或出让合同、未按合同约定及时开竣工、未按合同约定用途或开发利用条件建设的，按照相关法律法规进行处理，向社会公示，并纳入企业不诚信档案。

(二) 管理体制改革

福州新区不断深化涉外行政管理体制改革。探索建立与国际高标准规则相适应的行政管理体制，减少政府事先审批事项，提升政府服务水平，完善对包括加工贸易在内的货物进出口监管。根据上海自贸区的经验，建立一口受理、综合审批和高效运作的服务模式，完善行业信息跟踪、监管和归集的综合性评估机制，健全集中统一的市场监管综合执法体系，不断提高政府服务水平。

中国（福建）自贸试验区以开放促改革，坚持扩大开放和深化改革相结合、培育功能与制度创新相结合，推动政府职能转变，营造国际化、市场化、法制化的营商环境，发挥示范带动作用。

福州保税区推行"全员税管员"模式，全体干部实行一人多岗，相互兼岗，为纳税人提供更加便捷的服务。对各项办税业务流程与时限划定时间红线，建立责任机制，明确各环节责任人。

（三）投融资制度改革

中国（福建）自由贸易试验区在投融资重点领域和关键环节推出了一系列根本性、集成性改革举措。率先推行投资体制审批改革"四个一"，让申请材料精简 90％以上、审批效率整体提速近 3 倍，并入选中组部编写的攻坚克难案例。首创"三证合一、一照一码"，在营业执照上加载 18 位统一社会信用代码，为全国商事登记制度改革提供了范本。率先建立工程项目审批"五个一"工作机制，成为全国工程审批改革样本。建设国内领先的国际贸易单一窗口，全面汇聚融合进出口业务流、货物流、信息流、资金流，实现关港贸税金一体化全链条运作。实施企业外汇资本金和外汇资金意愿结汇试点，支持企业和金融机构从境外借用本外币资金。实施银税互动、关税保证保险、同业联合担保等，有效缓解中小企业贷款难题。三个片区集中行使省、市、县（区）三级管理权限，实现企业办事不出区。大幅缩减福建自贸试验区外商投资负面清单；对负面清单之外领域，按照内外资一致原则实施管理。探索实施"证照分离"改革，着力放宽市场准入，实现涉企经营许可事项分类改革全覆盖，"准入"和"准营"同步提速。

七、山东开发区体制改革

（一）土地管理制度改革

威海经开区建立工业用地"标准地"出让制度，先行在工业类项目中开展"标准地"试点，2020 年新增工业用地不低于 30％按照"标准地"制度供地，制度完善后向其他投资项目拓展。体制机制改革，让干部走出了舒适区，给工作按下了"快进键"。30 多名干部高聘，100 多人落聘、降级。招商岗位成倍增加，压减机构近 200 个。告别单打独斗，做强"1+4+N"区域创新体系。

威海临港经济技术开发区实施年新增工业用地不低于 30％按照"标准地"制度供地。加快推进企业对标竞价的"标准地"制度，明确"标准地"

是指在城镇开发边界内具备供地条件的区域，对新建工业项目先行完成区域评价、先行设定控制指标，并实现项目动工开发所必需的通水、通电、通路、土地平整等基本条件的可出让的国有建设用地。"标准地"的指标由区域评价和控制性指标构成。第一阶段：完善"标准地"出让准备工作；第二阶段：制定出让指标及出让方案，并按照标准进行出让；第三阶段：加速办理审批手续；第四阶段：加强全程监管；第五阶段：建立企业信用体系和项目退出机制。按照职能分工，明确各有关部门开展"标准地"出让工作的职责。

（二）管理体制改革

烟台高新区坚持市场化和去行政化改革方向，强化对上争取资源能力和对下统筹资源效率，释放体制机制活力。根据自身实际和发展定位合理设计"管委会＋公司"的政企合作管理体制框架，并提出了完善顶层设计、改革人事管理、创新管理手段等方面的具体措施，充分体现管理体制适应园区技术创新并提升自主创新能力的原始目标，将高新区从一个主要依靠建立政策优势实现快速发展的特定区域，转变为主要依靠内在体制优势实现可持续发展，推动高新区作为经济发展功能区集中内外部资源要素、聚焦主责主业，最大限度激发发展动力和活力。

日照经济技术开发区持续深化职员制改革、行政审批改革等一系列改革基础上，实施了涉及管理体制机制、"双招双引"、平台建设、党建机制创新等六大方面18个制度创新项目，目前已有10项取得初步成效。比如企业开办由"513"提速为"511"，最快7小时可办理完成5个环节的业务；施工许可则创新"预审—审批零时差"模式，实现"拿地即开工"。创新机关体制机制激活党政人才活力。

（三）投融资制度改革

临沂经济技术开发区实施专业招商和全员招商相结合，产业招商和以商招商相结合，把项目单位面积税收贡献作为衡量项目质量的重要标准，着力引进投资规模大、科技含量高、经济效益好、环境污染少的好项目。在全市率先设立了中小企业互助担保协会，利用企业互助共同体，有效放大担保贷款功能。积极推行动产质押、货款质押、股权融资等新型融资方式，推动企业直接上市融资。

第八节　园区治理

一、党建引领

（一）上海开发区

松江综合保税区推深做实基层党建工作。抓好学习新思想这一主线，做好系统谋划，提前统筹安排，坚持与时俱进，持续推动产业集群党建工作取得实效，不断挖掘园区党建工作的特色和亮点；推动机关、国企、"两新"组织的党建工作融合，探索形成良性互动的发展模式；围绕提升组织力，持续做好"两覆盖"专项工作，统筹资源，加强对园区"两新"党组织的指导和帮助，加强典型培育和宣传报道，不断夯实园区党建工作基础。

金桥经济技术开发区注重党建和干部队伍建设。落实"四个责任制"，加强机关党群工作，创造干事创业的良好氛围。坚持每季度开展一次主题活动、每月开展一次特色活动，开辟机关党建和读书园地，加强机关文化建设。建立干部培训"一人一档"，提升干部挂职交流、学习培训力度，促进干部业务水平和实际工作能力提高。

（二）江苏开发区

苏州工业园区坚持党建引领，着力提升基层治理水平，在基层治理方面出实招、办实事、有实效，注重为百姓带来获得感、幸福感、安全感。紧紧把握群众需求的"痛点"，化解一批历史遗留"难点"。以建设幸福唯亭为样板，全力将唯亭打造为北部城市副中心、基层治理新窗口、和谐美丽新高地。

南通经济技术开发区扎实推进"两学一做"学习教育、"不忘初心、牢记使命"主题教育,全区各级党员干部的先锋模范作用不断放大;大力实施"双提双争"活动,持续推进基层党建"六大工程",基层党组织的战斗堡垒作用充分发挥;成立市委党校开发区分校,以"两懂两会"干部为标准,强化年轻干部培养,加强干部队伍建设,提升干部能力和水平;常态化开展政治巡察,实现了对区机关部门、街道的全覆盖;深入推进全面从严治党"两个责任"的有效落实,科学运用监督执纪"四种形态",党风廉政建设不断深化。

扬州经济技术开发区立足党建引领服务,推行"微网格+党建",优化党建网格与治理网格融合机制。建立"一楼一网一长多元"的运行体系,细化工作范围和职能,夯实以党员为主体的志愿者力量,联合社区民警、居民代表等群体,发挥网格监管作用,凝聚集体智慧,共商疑难杂症,蹄疾步稳地推进"网格+党建"在基层党支部落地生效,做到件件有着落、事事有回音。

(三)浙江开发区

杭州经济技术开发区充分发挥基层党组织战斗堡垒作用和党员先锋模范作用,更好带动群众高水平建成小康社会。加强制度化建设,完善党委研究经济社会发展战略、定期分析经济形势、研究重大方针政策的工作机制,健全决策咨询机制,注重运用法治思维和法治方式推动发展。完善政绩考核评价体系和奖惩机制,充分调动各级干部的工作积极性、主动性、创造性。落实党风廉政建设主体责任和监督责任,健全改进作风长效机制,强化权力运行制约和监督,为经济社会发展营造良好政治生态。

嘉兴经济技术开发区持续深化新时代"网格连心、组团服务"。调整优化"微网格"设置,健全"街道大工委—社区大党委—网格党支部—微网格党小组—党员楼道长"的五级组织体系,推进网格党的组织和工作覆盖,选优配强网格工作力量。全面推进领导干部"包街进社入网"常态化,推行以

"党员编组，定岗位、定责任、定奖惩"为主要内容的"一编三定"在职党员社区服务机制，提升党员联户服务能力。结合深化"三服务"，做深做实"一企一网格"，深化组团集成服务。

（四）安徽开发区

合肥蜀山经开区加大智慧党建平台建设力度，以"全省开发园区首批智慧党建工作试点单位"获批为契机，整合开发区各领域党建工作实际，加大智慧党建平台建设力度，全面提高开发区党建工作智慧化、科学化管理水平。

滁州经开区始终抓好非公党建工作，夯实基层党组织基础，充分发挥非公企业党组织的战斗堡垒作用。强化督导调度，以党建指导员网格化管理为基础，派驻党建指导员覆盖区内企业，对新投产企业、规模以上企业重点关注，每周摸排党员底数。积极宣传园区各项非公党建保障政策，落实党员招聘、党务人才引进奖励制度、党组织工作经费补贴、党组织活动补贴、书记岗位津补贴制度。对照园区出台的管理办法，压实非公企业党建工作职责，定期指导，调动非公企业党务工作者工作积极性。

（五）福建开发区

福州高新区目前共为32家党支部牵线搭桥，促成23家非公企业党组织与14家高校党组织达成共联共建，通过"1+N"红色生态链整合各方资源，在党组织覆盖和产学研协同等方面加强协作，把携手并进的"朋友圈"变成了互惠互利的"共赢圈"，党建"朋友圈"不断继续壮大。

福兴经开区按照区域统筹理念，打造党建立体网络，将10家党建基础好、党务力量较强的党建示范点与周边相对薄弱的企业党组织形成"党建共同体"，构建"融贯区域，资源共享"的工作格局。同时，依托园区内商会、行业协会等社会组织党组织，领导和管理行业协会、商会单位党建工作，搭建共建共治平台，把同类行业党组织紧紧联系在一起，通过党建抱团带动企业发展抱团。依托党群服务中心毗邻区行政服务中心的区位优势，制作"党企连心卡"，同步开放党建业务指导咨询、行政业务代办代跑和园区党员职工轻松休闲空间三大功能。利用政治生活馆定期开展"福兴讲堂""互联网党建沙龙"，对园区两新组织党组织书记进行集中性、专业化培训，指导强化党建工作。以党群服务中心为中心，同步搭建"红领汇"两新组织常态化互动交流平台，通过平台轮值、活动轮班、项目共建方式，促进园区两新组织互融共促，打造一个商会、行业协会与企业党组织共建共治平台。

（六）山东开发区

济南临港经济开发区坚持党建引领，把党建融入专业，以专业水平检验党建成效，着力打造机关党建"二三四"品牌建设。通过坚持不忘初心牢记使命制度和"三会一课"等党建日常工作制度，不断提高机关党建工作标准，先后出台了《济南临港经济开发区党工委议事制度》《济南临港经济开发区管委会关于进一步加强管委会机关工作纪律等有关事项的通知》等。为了更好地推动项目建设，每个项目确定了至少一名党员为主要责任人的包挂组，协调推进项目建设过程中存在的问题，党员带头，每早6点到项目现场对接服务、督促进度，开发区每周1次调度项目进展，每月1次现场巡查，及时研究解决项目推进过程中存在的问题。制定《济南临港经济开发区"项目建设年"重点建设项目包挂工作考核方案》，将包挂服务质量、项目推进成效纳入开发区半年和年终KPI绩效评价体系，严格考核奖惩。

青岛经济技术开发区：强基固本凝心聚力实施党建引领"五大工程"。全面提升党建工作水平，以党建引领推动高质量发展，以真抓实干彰显新时代新担当新作为，广大党员干部在比学赶超中不断提振干事创业的精气神，为推动青岛开发区争当改革开放排头兵、创新发展示范区，实现"产城融合、转型发展"目标任务奠定坚实基础。

二、社会治理

（一）上海开发区

陆家嘴金融城积极推动重点金融教育研究项目落地。大力集聚各类优质金融教育培训资源，引进和培养金融高端人才，为国际金融中心建设提供智力支持。加强与中国银监会的沟通，推动中国银行业研修学院项目落户张江银行卡产业园。积极推进与知名国际教育培训机构的战略合作，研究建立浦东国际金融研究交流中心。

金桥经济技术开发区不断深化园区配套建设。重点围绕"就餐""居住""交通"和环境提升，通过建设公共智慧餐厅、建立人才公寓网上供需渠道、开设定制巴士、实施环境美化、推进"信易+"社会信用体系建设等举措，优化园区综合配套水平；举办一系列园区主题文化活动，深化人文金桥内涵。持续深化管镇联动。疏理开发区"非住宅"物业社会管理矛盾原因，与金桥镇对接；组建开发区维稳工作组织架构；联合社区党委，探索适合国际社区和企业需求的家门口服务体系建设。

嘉定综合保税区积极完善园区配套设施。优化园区内外规划，在区外增加商业服务及功能配套设施用地供应，为园区发展创造更多有利条件；优化交通规划和设施，逐步打通周边断头路，缓解物流运输压力。建设管理服务信息平台。推进实现管委会、海关、市场监管、税务及园区企业等数据的共享共联，为企业投资及贸易自由化便利化提供服务，实现园区协同管理和服务创新。

临港新片区鼓励国际优质资本进入教育、医疗、养老、文化体育、园区建设、城市运行等公共服务领域，加强各类基础设施建设管理，提升高品质国际化的城市服务功能，打造开放创新、智慧生态、产城融合、宜业宜居的现代化新城。

（二）江苏开发区

南京经济技术开发区大力促进产城融合发展，优化园区发展规划和空间布局，在充分保障产业发展需要前提下，适当增加生活性服务业用地供给，完善生活居住、医疗养老、文化教育等城市化功能配套。支持建设国际化社区和外籍人员子女学校。积极推进智慧园区建设，支持与市、区相关机构共享公共资源交易、人口、交通、空间地理等信息。聚焦项目建设和投资服务，以投资建设、招商引资队伍为基础，建立专业化帮办代办队伍，完善帮办代办制度，为企业投资项目提供全流程代办服务。深入开展"企业家服务日"活动，建立各级领导与企业家常态化沟通渠道，健全企业诉求收集、处理、反馈制度。

昆山经济技术开发区开展高起点规划，创新推动城市品位升级，创建现代化宜居宜业样板区。不断提升宜居水平，持续推动生态文明建设，精心雕琢城市基础设施，精心建设城市公共设施，精心创新城市服务模式。积极推动绿色低碳循环发展，持续改善环境质量，健全生态环保长效机制。融合数字经济，创新推进智慧城市建设，加强"一网通用"数字政府建设、"一网通办"政府服务建设、"一网统管"城市运行管理等。不断提升公共服务水平，建设现代化和谐幸福示范区。完善民生基础设施环境，提升民生公共服务环境，推动社会治理机制与模式创新。健全安全监管机制，实践"大安全"理念，加强数字安全工作。

扬州经济技术开发区加快推进"微网格"建设，将"微网格"作为推动实现基层治理现代化的关键环节，以"微网格＋大数据""微网格＋服务""微网格＋党建"加快推动治理机制落地生效，让"末梢治理"成为治理变革的聚焦点。围绕打造新经济、建好新城区、扩展新业态，坚持"以城聚产、以产兴城、产城融合"，全面推动开发园区向城市新区转型。目前区内新地标正在崛起，城市业态不断丰富，集聚效应日益凸显，融合科技创新、商务办公、文化休闲、生态宜居四大功能为一体的"南部新城"已具雏形。聚焦群众最关心、反映最强烈的问题，坚持不懈保障和改善民生，不断加大民生事业的保障、实施和推进力度，推动公共服务供给持续增加、惠民利民实事更加暖心，着重落实打造幸福民生、夯实基础民生和确保兜底民生"三个民生"实施。

（三）浙江开发区

杭州经济技术开发区始终坚持"产城融合"战略，实施"大平台构筑"工程，围绕"杭州副城"战略定位，大力推进"建区"向"造城"转变，不断优化空间布局，完善城市功能，提升副城生活品质。相继建成一批重大交通设施，实现了20分钟接轨主城，"同城效应"充分显现。开发建成一批城市综合体，较好满足了居民不同层次消费需求，城市品质和吸引力显著提升。规划建设商品住宅、人才专用房、拆迁安置房、外来人口公寓等多元化住房，住房保障能力不断提升，形成多元化的住房保障体系。

杭州经开区始终坚持把社会事业发展作为民生保障的根本出发点，实施教育强基、医卫利民、就业促进等民生保障工程，提升了公共服务水平。促进教育优先发展，形成了优质品牌办学与均衡特色教育共同发展的良好格局；加快校外教育体系延伸，新建开发区青少年宫，成立社区教育学院等。推动医卫利民发展，构建三甲医院、街道卫生服务中心、社区卫生服务站构成的医疗卫生服务网络，基本形成了"15分钟卫生服务圈"。加强社区建设，全面完成辖区内"撤村建居"工作，稳妥推进"撤村建居"回迁安置、股份制改革等重点工作。

嘉兴经济技术开发区大力推进便民利企"一件事"集成改革。聚焦民生关切、涉企服务、机关效能、信用体系、执法监管、人才创业创新等重点领域，探索更多系统集成的便民利企"一件事"。深入推动"最多跑一次"改革向部门内部延伸，实现部门内部跨层级、跨科室办事的协同办理和集成服务，推动不动产登记"一件事"办理。设立企业不动产登记"一窗受理"综合服务专窗，流程上实行"一窗进出"，时限上将承诺两天办结缩短到半小时办结。探索外国人在嘉办事"最多跑一次"改革，设立外国人管理服务站。

萧山经济技术开发区基础设施配套齐全，按照科学规划、合理布局和高起点、高标准要求，配套功能不断完善。在教育上，以"三高一特"的"美好教育"为总目标，以"教育综合改革试验区"为总指导，全域推进"教育改革先行区""美好教育示范区""教育治理样板区"建设，铸就高品质教育；设立特级教师工作站，推进智慧校园和精准教学，不断提升教育质量。在医疗上，探索未来医疗新模式，如古珀科技钻研医疗健康领域的数字化改革，在全省领先的"健康大脑＋智慧医疗"，"数字医学大脑"共建等。在平安社会建设上，萧山机器人小镇的机器人在疫情防控中成为守护居民健康的靓丽新防线；在全省首创 AI 反诈预警宣传；健全数据整合共享机制，为全省乃至全国提供示范样例。

（四）安徽开发区

合肥经开区在发展工业经济的同时，坚持致富农民，解决好农民问题。实施失地农民五项保障制度政策，即"供养补助、失业补助、教育补助、养老保险补助、医疗保障"，实现失地农民的"老有所养，少有所学，壮有所为，病有所医"。组织实施"两个安置"（农民的住房安置，农民的就业安置）和"三个转变"（农业向工业转变，农民向城市居民转变，农村向城市转变）。规划建设 7 大社区解决农民的住房问题，创造就业岗位，积极解决农民就业问题。

合肥蜀山经开区深入推进党建引领基层治理工作。设立专项奖励资金，选齐配强楼栋党小组长，突出抓好物业经费申请、政策奖补和调整收费标准等关系民生事项须经小区党组织审核确认工作，示范引领小区治理各项公共事项。落实组织建到小区、党员进到小区、企业助力小区，打造共建共谋共享的基层社会治理新格局。

马鞍山经开区强化多元协同，奏响基层治理"和谐音"。发挥多元主体的力量，真正变"独唱"为"合唱"，推动工作更为顺畅、服务群众更为有效。一是"红色先锋"带头引领，推动党员、骨干带头参与文明创建、家园共治等志愿服务，探索在职党员"线上线下"服务新机制；社区建立在职党员 QQ 群或微信群，线下网格员收集群众需求，线上定期发布阶段性工作计划、重大活动安排及服务项目，搭建"微平台"，传递"微关怀"，使"有困难，找身边党员"的理念逐步深入人心。二是"联席队伍"合力监管，建立基层治理线上线下同步联席议事协商制度，及时发现解决矛盾纠纷源头，推动形成上下联动、协同处理的良性互动。

（五）福建开发区

三明高新技术产业开发区积极推进产城融合发展，促进人才快速集聚。积极落实已出台的高端人才聚集、人才兴企促进计划、支持工科类青年专业人才等一系列人才政策，支持高新区人才引进和培养工作。立足本地资源禀赋和特色优势，调整完善产业发展布局，主动适应新时代的发展要求，在新一代信息技术、新能源、新材料等战略性新兴产业领域着力推进高新产业集聚。

漳州高新技术产业开发区坚持以人为本理念，持续增强民生配套和民生补短板，全面推进现代化滨江新城社会民生建设。"十三五"期间不断推进五馆一中心的公共服务基础设施建设，深入推进漳州市职业教育园区等项目建设。

中国（福建）自由贸易试验区大力提升社会治理水平。出台《中国（福建）自由贸易试验区条例》等地方性法规和 150 多项规范性文件。建立与国际接轨的商事纠纷解决机制，健全知识产权保护体系，开展知识产权创造、运用、管理、保护全链条服务。推行"互联网＋政府服务"，政务服务实行"一窗办""网上办""马上办"，让事项办理真正实现了"一趟不用跑"。

（六）山东开发区

威海经济开发区持续加大社会事业投入，全面落实医疗、养老、救助等各项民生政策，城乡居民社会保障实现应保尽保、应助尽助，被评为国家义务教育发展均衡区。积极创新社会治理，深入开展"法治经区""平安经区""德善经区"建设，群众获得感、幸福感、安全感不断提升，被评为全国模范劳动关系和谐工业园区。将辖区划分为15个网格，探索出"1+1+3+N"的网格工作模式，"1+1"即社区党总支书记牵头抓总、组织协调，1名网格长具体负责、全程参与，"3"即"3员3者"，包括党员、网格员、物业人员、志愿者、执法工作者、法律工作者，共同协助网格员入户、传递社情民意、参加议事协商会等，"N"指的是进驻社会组织、专业化第三方机构、有影响力的人员、专业技能人员、特殊人才等。同时对接物业保安和保洁工作人员，保证及时归集社区居民的守信和失信信息，为建立居民诚信档案提供第一手资料，方便对走访巡查到的问题及时出击，实现网格治理和社区服务的精准化、精细化。

三、文化建设

（一）上海开发区

陆家嘴金融城推进金融社区文化建设。组建金融核心功能区建设顾问委员会，创新陆家嘴金融城国际交流机制和推介机制，稳步提升陆家嘴金融城的国际影响力。大力营造金融文化氛围，支持举办各类品牌金融论坛，鼓励群众参加各类金融活动，培育金融人口，提高群众对金融的认同感，推进社区金融文化建设。

（二）江苏开发区

南通经济技术开发区加快推进文化建设。建成公共文化中心并投入运营，按照"7+5+N"功能标准新建、改扩建街道文化站和社区综合文化服务中心，建成五星级韬奋书吧4个、五星级韬奋书房1个。"十三五"期间，文化产业增加值年均增速达 34.68%，文化创作活力逐步增强，王侠军瓷器展先后赴北京恭王府、上海历史博物馆等地展出，《长江随想》等一批具有开发区地方特色的作品屡获佳绩。

昆山经济技术开发区着力提高社会文明程度，提升群众思想道德素质、科学文化素质和身心健康素质，健全公共文化服务体系，丰富群众精神文化生活。

（三）浙江开发区

杭州经济技术开发区不断完善文体设施，落实文化惠民工程。推进沿江体育中心和开发区体育中心等区级体育阵地规划布局，实现了学校场地向社会全面开放，区内图书信息和文化服务共享工程基本覆盖。"城市彩盒"的外立面设计与建造选用了玻璃与穿孔铝板，体现了工业设计美学与建筑节点的完美结合，体现了杭州经济技术开发区（下沙）工业技术与文化的延续。

（四）安徽开发区

淮南经开区积极推动基层文化工作顺利开展；调动园区各村、社区积极性，逐项分解工作任务，确保工作落到实处；强化资金保障，统筹安排资金支持文化惠民工程，确保文化惠民工程在资金方面得到有力保障。通过督导抓点带面，在文化惠民工程建设过程中，将好事做好，实事做实，圆满完成文化惠民的各项工作。

（五）福建开发区

泉州经济技术开发区打造"美丽园区"，建有仙公山公园、美泰公园、市民广场等公园绿地和 A 圈慢行道，完成区内两大主干道德泰路、吉泰路的综合提升改造，园区绿化率 40.93%，中心市区卫生考评连续 9 年全市第一名，初步形成环境优雅、闹中有静、宜居宜业的"住在公园里"的园区。办好实验学校、实验幼儿园、泉州市第二实验小学开发区校区、第二实验幼儿园等优质公办学校，建有奥林匹克国际运动城、社区卫生服务中心、民营医疗机构等城市配套。

（六）山东开发区

招远经济技术开发区秉承"以精神文明为核心、文化商业互融共进"的理念，引导招远金街文化发展有限公司联合社会力量，先期投入近亿元资金，规划建设了招远经济技术开发区文化创业孵化示范基地，建筑面积近2.5万平方米，主要包括书画交流创作；琴棋书画及音乐舞蹈等培训；金银、金丝楠和紫檀博物馆；公益书院；民间工艺等业态。依托建设文化创业示范基地，打造开发区精神文明发展平台，将招远金街打造成以浓郁文化产业为特色的文化片区，从而建成一个能辐射周边地区的文化产业示范园，并带动招远市旅游、经贸产业和社会事业繁荣发展。示范基地全部建成后，预计可培育200多家创业商户，成为名副其实的胶东文化重地和书画市场风向标。

第九节 未来展望

一、产业发展

（一）上海开发区

未来全球高端资源要素加快集聚，要素市场的国际影响力显著增强，发展新动能加速迸发，创新能力显著提升，关键技术攻关取得重大突破，产业基础高级化、产业链现代化水平明显提高，更高水平开放型经济体系构建取得新突破，数字城市建设形成基本框架。自贸试验区临港新片区生产总值在2018年基础上翻两番，长三角生态绿色一体化发展示范区一体化制度创新取得重大突破。大力推动金山产业转型升级，在新材料、生命健康等领域打造形成产业集群，成为上海发展先进制造业的重要承载区。崇明要坚持生态优先、绿色发展，大力实施"+生态""生态+"发展战略，加快发展高端制造、智能制造、绿色制造，持续推进世界级生态岛建设，成为长三角城市群和长江经济带生态大保护的典范。

（二）江苏开发区

各开发区实体经济发达、科技水平高、人才资源富集，形成了比较完备的产业体系和全国规模最大的制造业集群。坚持科技自立自强，积极培育战略科技力量，集中攻克重要领域"卡脖子"技术，促进创新链与产业链、教育链、人才链深度融合，塑造更多依靠创新驱动的引领型发展新优势。

（三）浙江开发区

各开发区要打好产业基础高级化和产业链现代化攻坚战，积极参与加快建设全球先进制造业基地，做优做强战略性新兴产业和未来产业，加快现代服务业发展，形成更高效率和更高质量的投入产出关系，不断提升现代产业体系整体竞争力。

（四）安徽开发区

安徽开发区要按照省政府"十四五"规划坚持把做实做优做强实体经济作为主攻方向，大力实施制造强省、质量强省战略，一手抓战略性新兴产业发展壮大，一手抓传统产业转型升级，保持制造业比重基本稳定，推动服务业高质量发展，打好产业基础高级化和产业链现代化攻坚战，提高经济质量效益和核心竞争力。

（五）福建开发区

深入推进先进制造业强省、质量强省建设，做大做强电子信息和数字产业、先进装备制造、石油化工、现代纺织服装、现代物流、旅游六大主导产业，提档升级特色现代农业与食品加工、冶金、建材、文化四大优势产业，培育壮大新材料、新能源、节能环保、生物与新医药、海洋高新五大新兴产业，打造"六四五"产业新体系。

（六）山东开发区

地区生产总值迈上新台阶，山东半岛城市群在黄河流域生态保护和高质量发展中的龙头作用凸显，成为国内大循环的战略节点、国内国际双循环的战略枢纽，成为国家新的经济增长极，发展质效走在前列，新技术、新产业、新业态、新模式"四新"经济占比大幅提升，新动能成为引领经济发展主引擎，现代产业体系初步形成，产业链产品链迈向中高端。

二、协调发展

（一）上海开发区

顺应国内外发展格局深刻调整，充分发挥经济中心城市的辐射带动作用，调整优化城市空间格局、经济格局、城乡格局，进一步巩固上海对内对外开放两个扇面枢纽地位，进一步构筑未来发展的战略优势，更好地服务全国发展大局。进一步发挥龙头带动作用，以一体化的思路举措为突破口，以联动畅通长三角循环为切入点，积极推动国内大循环、促进国内国际双循环。聚焦打造联通国际市场和国内市场的新平台，充分发挥浦东高水平改革开放的引领带动作用、自贸试验区临港新片区的试验田作用、长三角生态绿色一体化发展示范区的窗口示范作用，持续放大中国国际进口博览会溢出带动效应和虹桥国际开放枢纽功能，打造联动长三角、服务全国、辐射亚太的进出口商品集散地，推动贸易和投资自由化便利化，更好地配置全球资源。更好地发挥G60科创走廊、长三角双创示范基地联盟等跨区域合作平台作用，加快构建长三角创新共同体，在更广区域实现创新链、产业链、资金链良性循环。聚焦打造一体化市场体系，着力打破行政壁垒，推动各类要素在更大范围畅通流动，加快建设上海大都市圈，推动长三角各地发展规划协同，促进更高水平区域分工协作。深入推进长三角生态绿色一体化发展示范区制度创新，形成有利于要素流动和分工协作的新型治理模式。

（二）江苏开发区

培育壮大先进制造业集群。充分发挥江苏制造业体系健全和规模技术优势，坚持空间集聚、创新引领、智能升级、网络协同、开放集成的方向，着力在技术、设计、品牌、供应链等领域锻长板补短板，加快建设省级和国家级先进制造业集群，重点打造物联网、高端装备、节能环保、新型电力（新能源）装备、生物医药和新型医疗器械等万亿级产业集群。推进产业链主导企业培育、协同创新提升、基础能力升级、开放合作促进四大行动，加快产业链供应链高效协同、大中小企业紧密合作、产业资源整合优化，突出产业优化布局、强化产业风险预警，推动先进制造业集群迈向产业链价值链中高端。发挥要素资源、产业生态等优势，吸引国内高端产业、核心配套环节和先进要素在江苏集聚发展，进一步提升资源配置能力，不断增强国际竞争力、创新力、控制力。实施集群发展促进机构培育计划，构建开放高效的集群创新服务体系，鼓励组建产业集群发展联盟。

（三）浙江开发区

浙江各开发区根据产业链发展需要，首先要进行内部合作水平评估，全面接轨国际规则，深入推进营商环境"10+N"便利化行动，制定实施优化营商环境五年行动计划，协同推进长三角营商环境一体化，支持杭州推进国家营商环境创新试点城市建设，打造营商环境最优省。深化商事制度改革，探索以承诺制为核心的极简审批，持续推进"证照分离"改革，消除"准入不准营"现象。优化企业投资项目在线审批监管平台，全面推行一般企业投资项目"标准地＋承诺制＋代办制"。

（四）安徽开发区

紧扣一体化和高质量两个关键词，与沪苏浙思想观念、体制机制、政策环境等全面对接，全省域与沪苏浙一体化发展水平明显提升。经济总量占长三角的比重进一步提高，8个中心区城市人均地区生产总值基本达到长三角平均水平，全省人均地区生产总值与长三角平均水平的差距持续缩小。各开发区正确认识"一圈五区"基础设施、产业体系、公共服务联通融合水平提高，参与合理分工、竞相发展格局。

（五）福建开发区

推进闽东北、闽西南两大协同发展区建设，充分发挥福州、厦门等沿海城市带动作用，推进一批创新性政策、牵引性改革、引领性平台。立足产业特点和资源禀赋，对接产业薄弱环节和重点突破方向，探索跨市县联合招商，构建产业跨区域转移激励机制，支持合作共建产业园区，统筹抓好重大产业协作链群建设。探索创新公共平台建设机制，共建一批山海共建共享的创新创业平台和数字经济合作平台。大力建设"海上福建"，推动现代化港口群、海洋产业集聚区、高端临海产业基地和海洋生态保护区建设，加快壮大现代化湾区经济。支持福州、厦门加快建设国家海洋经济发展示范区，争创国际特色海洋中心城市。

（六）山东开发区

健全区域协调发展体制机制，优化"一群两心三圈"格局，推进以人为核心的新型城镇化，增强区域创新发展动力，全面提升山东半岛城市群综合竞争力。加快省会、胶东、鲁南三大经济圈建设，健全跨市域、跨区域合作机制，推进设施共联、人才共用、产业共兴、市场共建、开放共赢、生态共保、社会共治。

三、共享发展

（一）上海开发区

着眼于国际化大都市的城乡发展一体化，坚持把郊区乡村作为极其宝贵的稀缺资源、未来发展的战略空间、城市核心功能的重要承载地，推动城乡全面融合、共同繁荣。强化城乡整体统筹，深入推进新型城镇化和乡村振兴战略，促进城乡要素平等交换、双向流动。持续推进公共服务均衡分布，抓紧补齐基本公共服务短板，完善基本公共服务项目清单和标准，不断提高城乡基本公共服务质量和水平。

（二）江苏开发区

分类深化开发区管理体制机制改革创新，实行"开发区＋功能园区""一区多园"模式，把握去行政化和市场化改革方向，促进经济发展主责主业做大做强，鼓励有条件的开发区向城市综合功能区转型。推进大部门制改革，实行扁平化管理，编制、岗位和资源向招商引资一线和服务企业一线集中。建立市场化主导的运营模式，实行管理机构与开发运营企业合理分离。建立分类实施的经济管理权限下放长效稳定机制，全面推行省级开发区行使县级经济管理权限、试点探索赋予设区市经济管理权限，推动赋予有条件的开发区相应的省级经济管理权限。加快智慧园区建设和推广的范围，大力支持乡村振兴。

（三）浙江开发区

各开发区积极投身浙江省的文化科技发展，主动关注并参与油气全产业链开放发展政策，关注并参与省政府的区域能源贸易结算中心和长三角期现一体化油气交易市场。参与建设自贸试验区宁波、杭州、金义新片区。认识深化温州、嘉兴、台州等联动创新区建设及合作的意义，共享自贸试验区改革红利。加强与长三角自贸区联动发展，以洋山港为支点，积极共同建设长三角自由贸易港。

（四）安徽开发区

坚持共商共建共享原则，秉持绿色、开放、廉洁理念，深化务实合作，加强安全保障，促进共同发展。打造"一带一路"与长江经济带、淮河生态经济带、长三角一体化多通道融合的战略支点。拓展连接丝绸之路经济带，加快建设辐射中西部、通达东南沿海的轨道交通和高速公路网络。提升合肥等中欧班列功能和覆盖面，联通芜湖、蚌埠等地，创建中欧班列集结中心示范工程，增强境内外货物集散能力。

（五）福建开发区

完善"互联网+"消费生态体系，引导平台型消费、共享经济等新经济新业态新模式加快孕育成长，推动线上线下消费有机融合。开拓城乡消费市场，推动农村居民消费梯次升级。推动汽车等消费品由购买管理向使用管理转变，实施"电动福建"建设行动，支持新能源汽车消费。促进住房消费健康发展。落实带薪休假制度，扩大节假日消费，大力发展夜间经济。

（六）山东开发区

坚持把实现好、维护好、发展好最广大人民根本利益作为发展的出发点和落脚点，努力办好民生事业，改善人民生活品质，扎实推动共同富裕，不断增强人民群众获得感、幸福感、安全感。数字基础设施、数字政府、数字社会建设成效大幅提升，实体经济、数字经济深度融合发展，形成具有国际竞争力的数字产业集群，成为全国工业互联网示范区。

第五章　华中地区开发区建设与发展

华中地区包括湖北省、湖南省、河南省、江西省，截至2021年底，开发区共计516个，数量在全国七大区域中位居第二。国家经开区人口近2000万人。党的十八大以来，年均新增就业率超10%，制造业是主力军，高于地方经济增长速度，溢出效应明显，电子产业在承接沿海产业转移方面发展迅速，开发区空间密度高，从外延扩张向存量提升发展。华中四省开发区结构和布局不断优化，在产业发展、创新发展、开放发展、绿色发展取得了突出成效，社会效益显著。

第一节　发展概况

一、规模

（一）开发区数量规模

截至2021年，华中地区开发区共计516个。其中，国家级开发区103个，占全部开发区的19.96%；省级开发区413个，占80.04%。华中地区开发区总数在全国七大区域中位居第二。

从省份来看，华中地区开发区数量规模从大到小依次为河南省、湖南省、湖北省、江西省。

湖北省：2021 年，国家级开区发共 28 家，其中国家级经开区 9 家、国家级高新区 12 家、国家级海关特别监管区域 5 家、国家级自贸区 1 家、国家级自创区 1 家，国家级高新区数量位于全国第四位，位居中部地区第一。

湖南省：2021 年，国家级开发区共 26 家，其中国家级经开区 10 家、国家级高新区 8 家、国家级海关特别监管区 5 家，国家级自贸区 1 家，国家级自创区 1 家，国家级新区 1 家。

河南省：2021 年，国家级开发区共 24 家，其中国家级经开区 9 家、国家级高新区 7 家、国家级海关特别监管区 5 家、国家级自贸区 1 家、国家级自创区 1 家、其他国家级 1 家。

江西省：2021 年，国家级开发区共 25 家，其中国家级经开区 10 家、国家级高新区 9 家、国家级海关特别监管区 4 家、国家级自创区 1 家、国家级新区 1 家。

（二）开发区土地规模

华中地区开发区面积共 751411.66 公顷。其中，国家级开发区总面积约为 295164 公顷，占总面积的 39.27%。湖北省开发区核准面积 143856.03 公顷，占华中地区开发区面积的 19.14%；湖南省开发区核准面积 183780.45 公顷，占华中地区开发区面积的 24.46%；河南省开发区核准面积 280210.26 公顷，占华中地区开发区面积的 37.29%，江西省开发区核准面积 143564.92 公顷，占华中地区开发区面积的 19.11%。

华中地区面积 1000 公顷以上的国家级开发区共计 40 个，面积合计 237170.97 公顷，占华中地区国家级开发区面积的 31.56%。其中，湖北省 12 个，湖南省 12 个，河南省 5 个，江西省 11 个。国家级开发区面积占比相对较大的是其他国家级面积，共 187013 公顷，占华中地区国家级开发区总面积的 63.37%。

（三）开发区人口规模

2021 年，华中地区国家级经开区和高新区人口合计约 1683.68 万人。

从开发区省别来看，国家级经开区和高新区人口从多到少排序依次为湖北省约 551.2 万人、湖南省约 518.22 万人、河南省约 350.48 万人、江西省约 263.78 万人，分别占华中地区国家级经开区和高新区总人口的 32.74%、30.78、20.82%、15.67%。

从开发区类型来看，国家级经开区共计约 827.27 万人，其中湖北省约 211.43 万人，湖南省约 288.22 万人，河南省约 185.15 万人，江西省约 142.47 万人，分别占比 25.56%、34.84%、22.38%、17.22%。国家级高新区共计约 856.41 万人，其中湖北省 339.77 万人，湖南省 230 万人，河南省约 165.33 万人，江西省约 121.31 万人，分别占比 40%、27%、19%、14%。

（四）开发区就业规模

党的十八大以来，华中地区各省国家级高新区作为全省高精尖人才和创新团队的聚集地，就业规模实现跨越式增长。湖北省、湖南省国家级高新区年平均新增就业率均超过 10%，大专以上学历占比 50% 以上。

（五）开发区经济规模

华中地区开发区地区生产总值超过 3.49 万亿元。

湖北省：2019 年，全省开发区地区生产总值 20273.35 亿元，同比增长 8.03%，占全省 GDP 的 44.2%。全省开发区规模以上工业企业 10750 个，同比增长 3%。湖北省国家级高新区工业总产值从 2013 年的 10505.66 亿元增长到 2019 年的 17177.85 亿元，增幅达到 63.51%。

党的十八大以来，湖北省国家级高新区招商成效显著，各类企业数量呈现快速增长，入驻企业数和工商注册企业数增速分别达 80.81% 和 536%，2019 年高新技术企业数量较 2013 年相比翻了两番。

湖北省 9 家国家级经开区 2019—2020 年地区生产总值达到 10964.58 亿元，约占全省开发区地区生产总值的一半。

湖南省：全省开发区 GDP 总量从 2015 年的约 9000 亿元提升至 2020 年的约 1.46 万亿元，连续 5 年增速均在 11% 以上。

湖南省全省开发区企业数、工业企业数以及规模以上工业企业数均逐年增加，其中规模以上工业企业数在 2019 年达到近万家。

河南省：党的十八大以来，河南省国家级高新区企业数量年均增长超过 35%。

江西省：全省各级各类开发区投产企业 11423 个，规模以上企业数、工业增加值分别占全省的 70%、80% 以上，已经成为全省经济增长重要引擎和产业集聚的主要载体。

二、结构

从开发区类型结构看，华中地区各类经济技术开发区共 192 家，高新技术开发区 80 家，其他类型开发区 244 家。

从开发区分布来看，华中地区武汉、长沙、郑州、南昌四大省会城市共有开发区 56 家，占华中地区开发区总量的 10.96%。

（一）开发区类型结构

湖北省：107 家开发区中，具有国家级、省级各类经济技术开发区共 71 家，其次是工业园区、自由贸易试验区、自主创新示范区等其他类型开发区共 17 家，高新技术开发区 14 家，海关特殊监管区域 5 家。

湖南省：135 个开发区中，国家级、省级经济技术开发区共 57 家，其次是工业园区、自由贸易试验区、自主创新示范区等其他类型开发区共 49 家，高新技术开发区 24 家，海关特殊监管区域 5 家。

河南省：171 个开发区中，国家级、省级经济技术开发区共 43 家，其次是工业园区等其他类型开发区共 107 家，高新技术开发区 16 家，海关特殊监管区域 5 家。

江西省：103 个开发区中，国家级、省级经济技术开发区共 21 家，其次是工业园区等其他类型开发区共 52 家，高新技术开发区 26 家，海关特殊监管区域 4 家。

（二）开发区分布结构

湖北省：各类开发区主要集中在武汉（20 个）、宜昌（14 个）、襄阳（11 个）、黄冈（11 个）、荆州（8 个）、恩施（8 个）、十堰（7 个）等城市。全省 28 个国家级开发区中，2 个国家级经开区、1 个国家级高新区、3 个海关特殊监管区以及 2 个其他国家级开发区均位于省会武汉，占全省国家级开发区的 28.6%。

湖南省：各类开发区主要集中在长沙（13 个）、怀化（12 个）、郴州（12 个）、岳阳（11 个）、邵阳（11 个）、永州（11 个）、常德（10 个）、衡阳（10 个）等城市。全省 26 个国家级开发区中，2 个国家级经开区、1 个国家级高新区、1 个海关特殊监管区以及 3 个其他国家级开发区均位于省会长沙，占全省国家级开发区的 26.92%。

河南省：各类开发区主要集中在郑州（15 个）、开封（9 个）、洛阳（15 个）、平顶山（11 个）、新乡（13 个）、焦作（12 个）、南阳（14 个）等城市。全省 16 个国家级开发区中，1 个国家级经开区、1 个国家级开发区、3 个国家级保税区位于省会郑州，占全省国家级开发区的 18.5%。

江西省：各类开发区主要集中在南昌（8 个）、九江（12 个）、上饶（13 个）、宜春（11 个）、赣州（18 个）、吉安（11 个）、抚州（11 个）等城市。全省 19 个国家级开发区中，2 个国家级经开区、1 个国家级开发区、1 个国家级保税区位于省会南昌，占全省国家级开发区的 21.1%。

三、质量

（一）效率

1.亩均 GDP

湖北省："十三五"期末湖北全省建设用地亩均 GDP 约为 20.1 万／

亩，全省 107 个开发区平均每亩产值为 115.85 万 / 亩，远高于本地区生产效率。

湖南省：湖南省 135 家开发区每亩产值约为 69.19 万 / 亩。

2. 人均 GDP

湖北省：国家级经开区和高新区人均 GDP 约为 29.66 万元 / 人，远高于湖北全省人均地区生产总值 7.4 万元 / 人。

湖南省：国家级经开区和高新区人均 GDP 约为 22.47 万元 / 人，远高于湖南全省人均地区生产总值 6.3 万元 / 人。

3. 全员劳动生产率

湖北省：12 家国家级高新区平均全员劳动生产率为 209 万元 / 人，远超全省全员劳动生产率 12.19 万元 / 人。

河南省：截至 2019 年底，全省开发区建成区面积达到 2000 平方公里左右，规模以上工业企业超过 1 万家，占全省规模以上工业企业的 48.5%。河南省开发区工业增加值占全省工业的 68.9%，拉动全省工业增长 5.4 个百分点；高技术产业增加值增速达到 11.6%，高于全省 2.4 个百分点；规模以上工业企业从业人员超过 320 万人，占全省比重超过 70%。

党的十八大以来，全省开发区累计完成固定资产投资超 12 万亿元、年均增长 32.9%，开发区基础设施和公共服务配套建设不断完善，产业、人口、城镇空间融合发展持续优化。

（二）效益

湖北省：在经济效益方面，湖北省国家级高新区自党的十八大净利润年均增长速度达到 22.68%，2019 年上缴税费、营业收入较 2013 年均翻了一番，经济效益显著。

在生态效益方面，宜昌高新技术产业开发区、荆州经济技术开发区和湖北浠水经济开发区三家开发区入选为"长江经济带国家级转型升级示范开发区"序列，作为长江经济带生态优先转变发展的试点标杆。

在社会效益方面，湖北省国家级高新区就业人数持续上升。

湖南省：经济效益方面，湖南省 2019 年净利润较 2013 年翻了一番，上缴税费和营业收入分别增长 44.4% 和 63.9%。

生态效益方面，怀化高新区先后获批国家农业科技园区、湖南省第一批循环经济试点园区、湖南省两型示范创建园区，其工业用地率达 75.29%，固定资产投入强度达 2772.6 万元 / 公顷，工业用地产出达 953.12 万元 / 公顷，高新技术产业用地产出强度达 6575 万元 / 公顷，闲置土地处置率 100%，原料综合利用率 90% 以上，单位 GDP 能耗大幅下降，污染排放物全面达标生态建设成效显著。

社会效益方面，湖南省国家级高新区提供就业岗位逐年增加。

河南省：从经济效益来看，2019 年河南省国家级高新区实现营业收入较 2014 年增加 76.24%。

从社会效益来看，河南省国家级高新区保持在相对稳定的状态，近年来解决就业人口 60 多万。

江西省：从经济效益来看，江西省国家级高新区 2019 年净利润、营业收入均是 2013 年近 4 倍，创造的税收效益翻了一番，总资产收益率也在稳步提高。

从社会效益来看，江西省国家级高新区从业人员呈逐年增长态势。

（三）品牌

1. 开发区品牌

2021 年全国园区高质量发展百强榜，华中地区共 13 家上榜。其中湖北省 7 家，数量仅次于江苏省、浙江省、广东省，位居全国第四，排在中部地区首位。湖南省 2 家、河南省 3 家、江西省 1 家。

商务部 2020 年国家级经济技术开发区综合发展水平考核评价前 30 强名单中，华中地区共 3 家开发区上榜，其中湖北 1 家、湖南 1 家、河南 1 家。

科技部火炬高技术产业开发中心公布的 2020 年度国家级高新区评价前 30 强中，武汉东湖新技术开发区排名第 5、长沙高新区排名第 14、郑州高新区排名第 17。此外，洛阳高新区排名第 37、宜昌高新区排名第 52、新乡高新区排名第 66、孝感高新区排名第 77、平顶山高新区排名第 88。

近年来，华中地区的武汉经开区、长沙经开区、郑州经开区等一批开发区获得国家级荣誉。

2. 企业品牌

2021 年，华中地区各开发区汇聚了大量全国乃至世界的知名企业，其中世界 500 强超过 500 家，中国企业 500 强约 35 家，中国民营企业 500 强约 44 家。

湖北省：党的十八大以来，湖北以开放姿态向世界张开双臂，全球财富巨头接踵而至。

2013—2019 年，湖北每年新增世界 500 强企业约 15 家。截至 2021 年 6 月，湖北各类开发区吸引了 321 家世界 500 强企业，其中境外 500 强企业为 203 家，占比超过 63%，包括美国霍尼韦尔、德国西门子、法国雷诺汽车、日本三菱集团等全球知名企业，主要涉及 20 个国家和地区，其中，美国、日本、法国、德国、英国分居前五位。东风汽车集团有限公司凭借其雄厚的实力和产业优势，成为唯一入围世界 500 强的湖北本土企业。

2021 年中国企业 500 强榜单中，湖北有 8 家企业上榜。东风公司排名最靠前，以营业收入 5993.09 亿元居榜单第 27 位。

2021 年中国民营企业 500 强名单中，湖北上榜企业达到 16 家，数量居内陆省市第一，全国排名第九。营收居内陆省市第二，全国排名第十。

湖南省：截至 2021 年 10 月，湖南省各类开发区世界 500 强企业已达 180 家，包括日本岩井、LG、克莱斯勒、三菱、住友橡胶等知名企业。2021 年全球企业 500 强中，湖南三一重工排名第 468，这是中国工程机械企业中唯一的世界 500 强，也是湖南本土第一个世界 500 强企业。2021 年中国企业500强榜单中，湖南有7家企业上榜。

2021年中国民营企业500强，湖南上榜企业有7家，在全国排名第13位。

河南省：河南有中国500强企业12家，有中国500强民营企业15家。

江西省：2021年中国企业500强江西上榜企业有8家，中国民营企业500强江西省上榜有6家。

3.产品与商标品牌

湖北省：充分发挥自身优势，打造出一系列享誉全国乃至全球的知名品牌。东风汽车集团有限公司形成了"立足湖北、辐射全国、面向世界"的事业布局，经过40多年的发展，已经构建起行业领先的产品研发、生产制造以及市场营销能力，东风品牌早已家喻户晓，跻身全国乃至世界500强行列。此外，长江电力、九州通、周黑鸭、健民集团、黄鹤楼、稻花香、劲酒等湖北品牌也位列全国知名品牌行列。

湖南省：发展出一批彰显省市发展特色、在全国乃至世界范围内有一定影响力的知名品牌。三一重工是以"工程"为主题的装备制造业，主要产品包括混凝土机械、挖掘机械、起重机械、筑路机械等全系列产品。其广泛参加了包括迪拜塔、北京奥运场馆、伦敦奥运场馆等重大项目的施工建设。三一混凝土机械稳居世界第一品牌，大吨位起重机械、履带起重机械、桩工机械、掘进机械、港口机械稳居中国第一。此外，中联重科、华菱钢铁、步步高、白沙集团等品牌对湖南省市经济发展贡献突出，在全国也具有一定的品牌声誉。

河南省：依托各经济开发区、高新区，河南培育出了洛阳智能装备、漯河食品、商丘纺织服装等19个千亿级产业集群，以及127个百亿级特色产业集群，形成了一批特色鲜明、竞争力强的区域品牌。周口经济开发区拥有金龙鱼、口福、娃哈哈、鲁花、五得利、唐人神、斯美特等著名品牌。洛阳经开区拥有中信重工、国家农机装备创新中心、震海、科飞亚、花都等知名企业和知名品牌。南阳高新区的二机石油装备（集团）是我国唯一一个"石油轻便钻井装备国产化基地"，是"中国企业自主创新百强"企业、国家级高新技术企业、国家创新型试点企业。

江西省：目前重点产业主要是南昌的 VR 产业，赣州的有色金属冶炼，在赣州经开区落地全国首个区块链沙盒——赣州区块链金融产业沙盒园和全国首个区块链服务大厅，孚能科技作为全省首家"独角兽"企业、首家科创板上市企业入选中国民营企业榜单 500 强。

第二节　空间布局

一、整体布局特征

（一）空间布局特征

华中地区开发区的空间分布主要受城市经济基础、地理位置、交通条件等因素影响，点、线、面结合较好，整体分布均匀。

湖北省：开发区空间布局主要呈现出东西多、中部少的特点。国家级开发区作为全省调整优化区和重点拓展区，主要以省会武汉为中心，分布在江汉平原及鄂东沿江平原西部。省级开发区主要分布在宜昌、襄阳、荆门、随州等城镇地区。

湖南省：开发区以长沙、怀化、郴州、岳阳、邵阳等城市为中心发散分布，总体呈现东部较多、西部较少的分布特点。

河南省：开发区以郑州、洛阳、南阳等城市为中心发散分布，总体呈现中西部较多、外部较少的分布特点。省级开发区也主要集中在郑州、洛阳、南阳等城市。

江西省：开发区呈散点式分布，与外省接壤的市区开发区较多，新余、鹰潭等内陆城市的开发区数量较少。

（二）密度特征

华中地区开发区空间密度约为6.98个/万平方公里。其中，湖北省国家级开发区以城镇提升为主，密度高。省级开发区以城镇建设为主，密度适中。全省开发区分布密度约为57.56个/万平方公里。湖南省开发区分布密度约为6.47个/万平方公里，分布相对分散。河南省分布密度约为9.94个/万平方公里。江西省分布密度约为6.17个/万平方公里。

（三）行政特征

华中地区开发区主要集中在副省级城市。武汉、长沙、郑州、南昌四个城市省级及以上开发区共计56家，占华中地区开发区总数的10.96%。其中，湖北省开发区行政聚集度较高，主要集中在武汉、宜昌、襄阳、黄冈等城市，行政聚集度约52.34%。湖南省开发区主要集中在长沙、怀化、岳阳等城市，行政聚集度约51.85%。河南省开发区主要集中在郑州、洛阳、南阳、新乡、焦作、周口等城市，行政聚集度约48.8%。江西省开发区主要集中在赣州、九江、吉安、宜春、抚州、上饶等城市，行政聚集度约73.79%。

（四）经济特征

华中地区开发区主要集中在经济相对发达、产业基础具有相对优势的城市。湖北省80.37%的开发区分布在全省GDP前十的城市，湖南省73.33%的开发区分布在全省GDP前十的城市。

二、经开区布局

华中地区各类经开区共192家。其中，湖北省71家、湖南省57家、河南省43家、江西省21家。

湖北省：国家级、省级各类经开区共71个，分布在武汉、十堰、黄石、荆州、汉川、襄阳、葛店等15个城市，其中武汉、襄阳、荆州经开区数量位列全省前三，分别有14个、9个和7个。省会武汉经开区数量占全省经开区总数的19.7%。国家级经开区分布在武汉、襄阳、荆州、十堰、黄石、汉川、葛店、枣阳 8 个城市，其中省会武汉有 2 个，其余城市各 1 个。

湖南省：国家级、省级各类经开区共 57 个，分布在长沙、宁乡、浏阳、湘潭、岳阳、常德、娄底等 16 个城市，其中长沙、衡阳、郴州经开区数量位列全省前三，均有 6 个经开区。省会长沙市经开区数量占全省经开区总数的 10.5%。国家级经开区分布在长沙、宁乡、浏阳、湘潭、岳阳、常德、娄底、邵阳、永州 9 个城市，其中省会长沙市有 2 个，其余城市各 1 个。

三、高新区布局

华中地区各类高新区共 80 家。其中，湖北省 14 家、湖南省 24 家、河南省 16 家，江西省 26 家。

湖北省：国家级、省级各类高新区共 14 个，分布在武汉、十堰、黄石、荆州、襄阳、宜昌等 12 个城市，其中襄阳、咸宁各有 1 个国家级高新区和 1 个省级高新区，其余城市均为 1 个国家级高新区。

湖南省：国家级、省级各类高新区共 24 个，分布在岳阳、常德、湘潭、衡阳、益阳等 14 个城市，其中岳阳高新区数量最多，有 5 个高新区，其次是常德有 3 个，湘潭、衡阳、益阳、株洲各两个高新区，其余城市均为 1 个高新区。

四、其他开发区布局

华中地区其他开发区共 244 家。其中，湖北省 22 家、湖南省 54 家、河南省 112 家，江西省 56 家。

湖北省：其他开发区主要包括 5 个国家级海关特殊监管区域、1 个自由贸易试验区、1 个自主创新示范区、14 个省级工业园区、1 个省级生态产业园区，共 22 个。其中中国（湖北）自由贸易试验区涉及武汉、襄阳、宜昌三个城市。

湖南省：其他开发区主要包括 5 个国家级海关特殊监管区域、1 个自由贸易试验区、1 个自主创新示范区、1 个国家级新区以及 46 个工业集中区和产业聚集区等其他省级开发区。其中中国（湖南）自由贸易试验区涉及长沙、岳阳、郴州三个城市，长株潭国家自主创新示范区涉及长沙、株洲、湘潭三个城市。

第三节　产业发展

一、发展概况

（一）产业规模

华中地区开发区主导产业包括生物制药、电子信息类、汽车及零部件、装备制造以及新能源新材料等先进制造业，电商、物流、商贸、仓储等现代服务业发展也相对良好。其中，排名前三的主导产业主要为电子信息类、装备制造以及食品类，分别约 125 家、103 家、92 家，分别占总开发区数量的24.46%、20.16%、18%。

从开发区类型来看，华中地区 38 个国家级经开区中，占比相对较高的主导产业包括电子信息类、装备制造、汽车及零部件等。38 个国家级高新区中，占比相对较高的主要产业包括装备制造、电子信息类以及生物医药。

湖北省：2019 年，全省开发园区规模以上工业利润 2111.54 亿元，同比增长 4.9%；规上工业增加值 10232.76 亿元，同比增长 8.43%。其中，高新技术产业增加值 5163.85 亿元，同比增长 10.62%，占开发区规模以上工业增加值一半以上。第三产业增加值 5976.44 亿元，同比增长 9.5%。

2020 年，湖北省人民政府发布《关于推进开发区创新提升打造改革开放新高地的实施意见》，加快构建开发区现代产业体系。认真落实"一芯两带三区"区域和产业发展战略布局,加快传统产业转型升级,培育发展了一批战略性新兴产业集群。湖北省开发区已基本形成生物医药、电子信息、汽车及零部件制造等先进主导产业集群。

湖北省开发区推行"一芯两带三区"总体布局,开发区在区域协同方面主要承担产业转移承载的功能,与周边地区开展项目对接,对区位相邻相近、产业关联同质的园区进行空间整合、资源整合和产业整合,促进开发区扩容升级,推动地区高质量发展。

"一芯驱动"是以武汉、襄阳、宜昌为中心,依托国家级四大产业基地,培育国之重器的"芯"产业集群。"两带支撑"是以长江经济带、汉江生态经济带为依托,打造长江绿色经济和创新驱动发展带、汉随襄十制造业高质量发展带。"三区协同"是推动鄂西绿色发展示范区、江汉平原振兴发展示范区、鄂东转型发展示范区竞相发展,形成全省东、中、西三大片区高质量发展。

湖南省:2019 年湖南省各类园区实现 GDP13698.87 亿元,其中工业增加值 9583.4 亿元,以占全省约 0.51%的国土面积,产出了 35.97%的 GDP,69.7%的规模工业增加值,70.4%的高新技术产值,50.1%的实际利用外资,成为全省落实创新引领开放崛起战略的有力支撑和稳定区域经济增长的"顶梁柱"。2020 年即使受疫情影响,湖南各开发区仍以占全省约 0.51%的国土面积,产出了约 40%的 GDP、70%的规模工业增加值、50%的实际利用外资额,为湖南高质量发展注入澎湃动力。湖南省开发区已形成以有色金属加工、电子信息技术、食品及生物医药等为主导的产业结构。

2020 年,湖南省全省开发区围绕"四新"主攻"四化",大力强机制、优环境、抓项目、兴产业,全力推进开发区高质量发展,取得了积极成效。全省开发区呈现出规上工业总产值占比、规上企业占比双提高的发展态势。2021 年 1—6 月,全省 100 个省级监测开发区规上工业总产值同比增长 17.6%,其中 39 个开发区增速达 20%以上;规上工业总产值占全省比重达

81%，比 2020 年底提高 1 个百分点；规模以上工业企业数占全省比重达
80.2%，比 2020 年底提高 1.2 个百分点。全省千亿级开发区已达 2 个，200
亿级以上开发区 19 个，100 亿级以上开发区 38 个。成功创建 14 个国家新
型工业化产业示范基地、44 个省级新型工业化产业示范基地、6 个国家级绿
色园区和 16 个省级绿色试点示范园区。

河南省：河南省主要以第三产业为主，三次产业结构比例为 10∶41∶49。

江西省：三次产业结构比例由 2019 年的 8.3∶44.2∶47.5 调整到 2020 年
的 8.8∶43.1∶48.1。高新技术产业、战略性新兴产业增加值占规模以上工业
比重分别达到 38.1%、22.2%，比 2019 年分别提高 2.0、1.0 个百分点。每
万元生产总值能耗为 0.409 吨标准煤、每万元生产总值用水量为 98 吨，比
2019 年分别下降 1.2、3.9 个百分点。产业结构不断优化，生态旅游、休闲
康养等绿色产业快速发展，绿色经济含量进一步提升，"生态 +"和"+ 生
态"融入经济发展全过程。

（二）重点产业

湖北省：湖北是老牌汽车工业大省。2018 年汽车总产值超 7000 亿元。
2019 年湖北乘用车产量 224 万辆，占全国总产量的 10%。2020 年受疫情影响，
湖北汽车产量下降 6.5% 至 210 万辆，居全国第四。神龙汽车、东风本田及
东风汽车等品牌均落户湖北，湖北十堰拥有中国第二汽车制造厂（东风汽
车），十堰经济技术开发区被评为"中国最佳汽车产业示范开发区"，襄阳
也是全国千亿级汽车产业城市之一。《湖北省战略性新兴产业发展"十四五"
规划》提出打造全国"新汽车"产业基地，到 2025 年形成新能源与智能网
联汽车五千亿级优势产业，着力推动汽车制造成为万亿级支柱产业。

此外，党的十八大以来，湖北省开发区在夯实"汽车之都"主导产业品
牌形象的基础上，围绕湖北产业基础和特色，着力打造新一代信息技术、集
成电路等为重点的湖北"十大产业"，产业发展取得一定成效。

湖南省：湖南有着三大世界级产业集群。一是工程机械产业：长沙是世

界工程机械之都，三一重工、中联重科、山河智能、铁建重工等企业在全球工程机械领域均排名前列。二是轨道交通装备产业：株洲是世界电力机车之都，有着全球最大的轨道交通装备产业集群，电力机车产品占全球市场份额27%，位居全球第一。中国轨道交通装备70%的"大脑""心脏""神经系统"都来自株洲。轨道交通装备生产所需零部件超70%由株洲本地自产，产业集群完备。三是航空动力产业：湖南航空动力主导产品国内市场占有率达75%以上，第四代涡轴、涡桨发动机填补了国内空白，中国航发就是湖南航空动力产业的优秀代表。

此外，湖南省紧盯振兴实体经济，强化重大产业项目的战略性、支撑性、带动性，重点抓好"十大产业项目"建设。

河南省：新兴产业方面，河南省重点发展了现代生物和生命健康、环保装备和服务、尼龙新材料、智能装备、新能源及网联汽车、新型显示和智能终端、汽车电子、智能传感器、新一代人工智能、5G等产业。以郑州经开区为例，郑州经开区形成了完整的汽车生态体系。拥有上汽、海马、东风日产、宇通4家整车厂、6家专用车厂、近300家配套零部件企业，已经形成了130万辆的整车产能，占全省70%以上。其中，宇通客车市场占有率达到国际15%、国内30%以上。2019年汽车产业产值968亿元，整车产量58.4万辆。

装备制造业方面，郑州经开区形成了一批行业龙头。郑煤机是世界最大的煤炭机械生产商、中铁装备稳居行业世界第一，海尔建成全国最先进的智能化生产基地，富泰华产值稳定在百亿级，装备制造产值连续多年保持两位数增长。2019年装备制造业产值478.4亿元，同比增长13.1%。

二、传统产业转型升级

湖北省：党的十八大以来，湖北省开发区加快传统产业转型升级，推进新一轮技术改造，支持传统制造业企业设备更新改造，完善工业互联网基础设施，加快工业云平台建设，提高制造业数字化、网络化、智能化发展水平。支持有条件的开发区积极创建国家、省级新型工业化产业示范基地，培育先进制造业集群，加速新旧动能接续转换。武汉经开区大力发展高新技术产业，着力提升产业、能源、工业、建筑、交通等重点领域低碳化水平和生态系统碳汇水平，引进综合智慧能源建设项目，平均每年可提供绿色电能55000万千瓦时，全区煤炭消费在武汉市占比分别是0.48%、0.49%、0.45%。

湖南省："十三五"期间，湖南省大跨步推动传统产业转型升级、大力发展新兴产业。株洲、湘潭、娄底是全省产业转型升级示范区。通过老工业区转型、改造升级传统产业、关停老旧污染企业、进行污染治理、加强与长沙经开区、株洲高新区协作实施产业链项目等措施实现传统产业转型升级，湖南工业在经历阵痛后实现凤凰涅槃。

河南省："十三五"期间，河南省把制造业高质量发展作为主攻方向，深化供给侧结构性改革，强化创新引领，提升产业基础能力和产业链现代化水平，郑州经开区落地国家智能制造试点示范项目1个、国家物联网集成创新与融合应用项目1个，许昌市也制定了《许昌市推进"2020创新年"行动实施方案》，加快科技创新基础能力建设，推动传统产业转型升级。

江西省："十三五"期间，江西省委、省政府持续推进新型工业化，工业经济发展取得显著成绩，规模以上工业增加值总量连年迈上千亿台阶，增速保持全国第一方阵，产业结构转型升级步伐加快。

三、略性新兴产业发展

湖北省："十三五"时期，全省战略性新兴产业产值由1.5万亿元增加至2.5万亿元，年均增长11%，高于GDP增速5.9个百分点。作为湖北高质量发展"排头兵"的武汉东湖新技术开发区，已形成以科技创新引领发展突围的良好态势。继2020年地区生产总值突破2000亿元以后，2021年上半年地区生产总值首次突破1000亿元，同比增长34.1%，较2019年增长

19.3%。其中，战略性新兴产业投资突破 300 亿元，占工业投资的 98.9%、占全区固投的 57%，充分反映出战略性新兴产业发展的巨大潜力和无限活力。

湖北省各开发区以市场化为导向，对接国家产业规划，大力实施战略性新兴产业倍增计划，培育战略性新兴产业集群。深化 5G、人工智能、工业互联网等新一代信息技术与制造业融合发展，进一步发展壮大高端装备、生物、新材料、绿色低碳、数字创意等新兴产业，培育一批领军企业、千亿规模企业，推动形成"领军企业 + 国家级创新中心 + 国家级产业基地 + 产业基金"的集群发展模式。全省构建"51020"现代产业体系，大力发展新一代信息技术（光芯屏端网）等 5 个万亿级支柱产业，高端装备等 10 个五千亿级优势产业，以新能源与智能网联汽车为代表的 10 个先进制造业集群以及以光通信及激光为代表的 10 个战略性新兴产业集群共 20 个千亿级特色产业集群。

湖南省：2020 年湖南省实现战略性新兴产业增加值 4190.73 亿元，"十三五"期间，年均增速为 9.9%，高于规模以上工业增速 3 个百分点，占 GDP 比重达到 10.0%。2020 年全省园区以占全省约 0.51% 的国土面积产出了全省约 65% 的高新技术产值。

河南省：2019 年，河南省战略性新兴产业、高技术制造业增加值增速分别高于规模以上工业增加值增速约 5 个和 2 个百分点。2019 年初，河南省下发了 10 个新兴产业发展行动方案，打造高质量发展新动能。河南省统计局公布的一季度经济数据显示，一季度高技术制造业、战略性新兴产业增加值占规模以上工业比重分别为 8.6%、14.9%，同比分别提高 0.7、2.9 个百分点。新主体大量涌现，新登记企业 7.83 万户，增长 18.7%，日均新登记企业 870 户。新产品快速增长，服务机器人产量增长 16.3 倍，锂离子电池增长 68.7%，生物基化学纤维增长 46.1%。

郑州经济开发区把战略性新兴产业作为主攻方向，聚焦生物医药和健康产业、新一代信息技术、新材料三大产业发展，依托安图生物、金域检测等现有产业基础，力争将生物医药打造成为新的千亿级主导产业，打造产业发展新优势、培育高质量发展新动能，形成"大企业顶天立地、小企业铺天盖地"的发展态势。

郑州信息技术服务等4个产业集群入选首批国家战略性新兴产业集群发展工程。5G网络在超高清视频、智慧医疗等领域开始应用。工业机器人、新能源汽车、锂离子电池等新产品产量快速增长。

江西省：2020年，江西省战略性新兴产业增加值占规模以上工业比重为22.1%，"2+6+N"产业高质量跨越式发展行动计划纵深推进，千亿产业达到13个，《江西省"2+6+N"产业高质量跨越式发展行动计划（2019—2023年左右)》江西省十大战略性新兴产业发展规划。

四、现代服务业发展

湖北省：党的十八大以来，湖北省服务业占经济总量的比重和对经济增长的贡献率明显提升。"十三五"前四年，湖北省服务业增加值年均增长9.2%，增速高于同期GDP增速1.4个百分点，高于全国平均水平1.6个百分点。2019年，全省服务业增加值2.29万亿元，占GDP的50%，规模居全国第9位、中部第2位。2018年、2019年，湖北省互联网和相关服务、软件和信息技术服务业、科技推广和应用服务业、快递服务等27个大类的服务业总营收同比分别增长15.75%、13.70%。武汉东湖新技术开发区作为现代服务业发展的重要园区，已聚集互联网+教育企业130多家，从业人员逾2万人。2019年武汉实现软件业务收入2011.1亿元，近7年年均增速超过20%，软件产业成为武汉市发展的新亮点。作为先导性产业，金融服务业也早已是湖北的支柱性产业，银行及非银行机构数量居中部第一。

湖北《关于推进开发区创新提升打造改革开放新高地的实施意见》对开发区现代服务业提档升级提出了具体的要求和措施。开发区大力推动"互联网+"、平台经济、共享经济、电子商务、文化创意，以及线上消费、远程医疗、线上教育、无接触配送等"宅经济""云生活"新业态、新模式快速发展。开发区内现代物流、金融服务、研发设计和科技服务、软件和信息技术服务、检验检测、现代商务等生产性服务业向价值链高端延伸，努力培育一批全国知名的服务业企业、品牌和产业集群，2025年全省服务业增加值有望达到3.3万亿元，占GDP比重有望增至55%，成为驱动全省高质量发展的新引擎。

湖南省："十三五"以来，湖南省开发区围绕服务业高端化、专业化、品质化发展，深入推进改革开放，着力优化产业结构，不断壮大平台载体，大力培育"湖湘服务"品牌，服务业总量规模、质量效益快速提升，成为经济发展的主要动力。"十三五"期间，全省服务业增加值年均增长8%，高于同期GDP增速1个百分点。2020年，服务业增加值达2.16万亿元，占GDP比重的51.7%，比2015年提高6.9个百分点。其中，固定资产投资的60.2%、注册登记企业的74.7%、从业人数的47.6%、税收总额的55.2%均源于服务业。

河南省：大力发展现代服务业。深入开展先进制造业与现代服务业"两业"融合试点，培育30家服务型制造示范企业（平台），创建5家省级以上工业设计中心，提升研发设计、咨询评估、法律服务等生产性服务业发展水平。加快物流运营体系建设，持续提升航空、冷链、快递、电商等特色物流竞争优势，大力发展多式联运，争创1—2个国家级物流枢纽。支持郑州等有条件的地方利用高校院所等科研资源，探索建立覆盖全产业链条的科研孵化园区，完善创业扶持、样品试制、知识产权、市场推广等服务功能。引导鼓励更多社会资本进入生活性服务业，培育壮大家政、育幼、养老、健康、旅游等"幸福产业"，推进各类服务机构规范化、标准化发展。

五、产业链供应链现代化

湖北省：党的十八大以来，湖北省通过一系列重要举措，积极推进产业链现代化发展。带动链主企业、骨干企业、单项冠军企业做强、做优、做大，提升国内、省内配套水平。推动形成万亿级产业为引领、五千亿级产业为骨干、新兴未来产业为先导的现代化制造业体系。重点引进一批有实力企业和重大项目落户，全力推进产业链高质量发展。围绕重点产业链发展的关键共性环节，有针对性地实施"一链一策"。

湖南省：产业链现代化是湖南制造业高质量发展的基础支撑和重要抓手。近年来，湖南省开发区以产业链思维抓产业发展，形成了 20 个新兴优势产业链。湖南省各园区围绕 20 个产业链，布局了一批重点科技攻关项目，在全国率先对重大技术装备首台（套）、重点新材料首批次产品推广应用进行认定奖励，位于长沙经开区的铁建重工研制全球或全国首台（套）装备产品 50 多项。株洲市政府牵头株洲高新区、株洲经开区等，围绕创新产业链布局，加快建设"一谷三区"，加快推进产业基础高级化和产业链现代化。到 2025 年，全省工业新兴优势产业链产值突破 2 万亿元、占全省规模工业增加值比重 40% 以上的发展目标。全省开发区主要承担产业链整机产品分析、产业链协同、产业链重大项目建设等职责。

河南省：郑州经济技术开发区打造汽车全产业链发展生态，强化装备制造产业集群发展，推动汽车产业向新能源化和智能网联化全面转型，推动装备制造业全产业链向高端化、智能化迈进，加快建成 2000 亿级的汽车及装备制造基地。

江西省：江西省总体布局围绕 14 个产业链组建 24 个左右的创新联合体，其中：有色金属产业链组建铜、稀土、超高温金属新材料 3 个创新联合体；电子信息产业链组建数字融合、发光材料、信息安全 3 个创新联合体；生物医药产业链组建中医药、高性能医疗器械 2 个创新联合体；新能源产业链组建光伏、锂产业 2 个创新联合体；绿色食品产业链组建食品、生猪产业、现代作物种业、现代家禽种业、油茶产业 5 个创新联合体；现代家具、汽车、虚拟现实、航空、文化和旅游、房地产建筑、商贸物流、钢铁、纺织服装等 9 个产业链分别各组建 1 个创新联合体。

第四节　创新发展

党的十八大以来，华中地区国家级高新区在提升创新能力、加大创新投入、研发创新技术、培育创新产品、搭建创新平台、转化创新成果等方面取得较大成绩，是推动地区创新发展的主要力量。

创新能力提升，华中地区国家级高新区科技活动从业人员从 2013 年的 31.12 万人增长至 2019 年的 60.32 万人，增长 93.83%。R&D 人员全时当量由 2013 年的 19.33 万人增长至 2019 年的 30.62 万人，增长 58.41%。

创新投入增加，华中地区国家级高新区 R&D 经费内部投入从 2013 年的 6163198 万元增长至 2019 年的 11797235 万元，增长 91.41%。

创新平台多样，2019 年华中地区国家级高新区拥有各类省级以上创新平台突破 5000 家，各类高新技术企业约 16706 家，众创空间孵化器约 944 家。

一、湖北省开发区创新发展

（一）创新能力

R&D 人员全时当量由"十二五"末的 22.1 万人增至 2019 年的 28.55 万人，在鄂"两院"院士 73 人，数量居全国前列、中部第一。国家级高新区是推动全省经济社会全面高质量发展的重要力量，全省国家级高新区科技活动人员和 R&D 人员全时当量分别由 2013 年的 16.18 万人、8.67 万人增至 2019 年的 27.66 万人、16.15 万人。

此外，国家级高新区作为全省创新的中坚力量，2019 年 R&D 投入比 2013 年增长了一倍多，年平均增长率超过 15%。

全省高新区拥有高新技术企业 6829 家，占全省的 65.7%，成为全省高新技术企业的重要聚集区。2020 年，国家高新区基本实现了科技型规模以上企业研发中心全覆盖，共建有省级及以上创新平台 1700 余家，其中省级及以上重点实验室 237 家、省级及以上工程技术研究中心 623 家，共有院士专家工作站 319 家。国家级高新区内建有孵化器、众创空间、加速器 483 家，形成了集孵化服务、创业投资、创业活动、创业导师等于一体的创业服务链条，打造了光谷青桐汇、襄阳高新·卧龙汇、荆门·龙泉汇、咸宁创新创业大讲堂等类型多样、层次丰富的双创活动。

武汉东湖新技术开发区，称为中国·光谷，是第二个国家自主创新示范区，中国三大智力密集区之一，在全国 169 个国家级高新区中排名第四，跻身全国 10 家重点建设的"世界一流高科技园区"之一。作为湖北的创新高地，该地聚集了 66 名"两院"院士、30 多万专业技术人员和 80 多万在校大学生，国家高新技术企业总数突破 3100 家，建有两个重大科技基地设施、1 个国家研究中心、3 个国家创新中心。2020 年该地地区生产总值超 2000 亿元，研发投入占地区生产总值 8.3%，高新技术产业增加值比重达 62.7%，全国领先。

（二）创新成效

党的十八大以来，湖北科技创新综合实力进一步提升，区域综合科技创新水平指数在全国的排名由第 10 位上升为第 8 位，排名中部第 1 位，进入全国科技创新水平的"第一方阵"，基础研究竞争力位居全国第 6 位。

"十三五"期间，全省科技人员获国家科技奖 112 项，继续保持全国前列、中西部地区之首。万人发明专利拥有量由"十二五"末的 4.3 件增至 2020 年的 12.41 件。东湖高新区、中国信科、北斗导航、三峡工程、南水北调等湖北多项重大科技成果入选国家"十三五"科技创新成就。此外，近几年湖北省高新区生产总值占全省比例均超过 30%，年均增速一般保持在

20%，高于全省水平 13 个百分点左右。

湖北自贸试验区作为全省创新"高产田"，自 2017 年 4 月挂牌以来累计发布了 5 批 199 项制度创新成果，包括 77 条改革试点经验和 122 个实践案例，成果数量在同批次自贸试验区中名列前茅，其中 23 项成果在国家层面得到复制推广。

（三）创新技术与产品

全省各开发区坚持战略需求导向，加快探索社会主义市场经济条件下新型科技创新的湖北路径，对接国家科技创新 2030 重大项目和国家重点研发计划，聚焦"光芯屏端网"、先进制造、现代农业、生物医药等重点高新技术产业和战略性新兴产业创新需求，建立"企业主体、人才引领、平台支撑、项目纽带"的产学研协同攻关机制，加快攻克一批"卡脖子"关键核心技术，前瞻部署了一批战略性、储备性科技重大项目。

（四）创新生态

1. 创新主体

湖北省开发区聚集了大量创新型领军企业、高新技术企业等，众多研发机构在此汇聚。截至 2020 年底，湖北省各类新型研发机构达 375 家。

2. 创新要素

为切实解决全省开发区中小企业融资难问题，助力开发区企业成长发展，湖北省通过政府资金扶持、补充专项基金、拓展入股方式以及创新贷款质押标的等形式，构建起政府、金融机构、企业全方位的金融支持体系。一是县级以上人民政府设立的产业扶持、科技创新、生态环保等专项资金应当向开发区倾斜。二是支持开发区通过设立创业投资引导基金、创业投资贴息资金、知识产权作价入股等方式，搭建科技人才与产业对接平台，积极探索创新人才股权激励代持基金、知识产权证券化、私募股权二级交易市场等多元化金融产品和服务。三是建立完善开发区银企对接、银保对接等信息交流机制，降低企业贷款成本。四是建立完善适合科技型中小企业特点的贷款风险评估、尽职免责、风险容忍、绩效激励机制，提供契合科技创新创业特征的低成本、长周期、高效率的科技信贷产品和服务。

3. 创新制度

湖北省出台的《关于加快全省文化产业高质量发展的意见》中提到，加快发展文化产业园区。鼓励建设一批专业化、特色化、集聚效应明显的文化产业园区。制定加快发展文化产业园区措施。重点支持生产性文化企业入驻，壮大主导产业，发展配套关联产业，完善配套服务功能，形成企业集中布局、产业集群发展、资源集约利用、功能集合构建的园区发展格局。支持重点文化产业园区创建国家级示范园区，推动国家级广告产业园做大做强，建成国家级示范园区。

4. 科技成果转化

湖北省实施科技成果大转化工程，支持高新区利用湖北技术交易大市场、国家技术转移中部中心等平台，开展成果转化对接活动。湖北省国家级高新区自党的十八大以来，科技成果转化成效显著。

二、湖南省开发区创新发展

（一）创新能力

全省开发区积极建设运行机制灵活高效的新型研发机构，打造特色创新创业载体。2019 年省级及以上研发机构数量较 2015 年增加约 600 多家，众创空间孵化器数量也呈现逐年上升趋势。

截至 2020 年底，全省高新区拥有省级及以上研发平台 1230 家，共建有 165 家省级及以上科技企业孵化器和众创空间，拥有高新技术企业 3734 家，主板上市企业 64 家、科创板上市企业 6 家。

全省国家级高新区科技活动人员和 R&D 人员全时当量分别由 2013 年的 9.15 万人、5.07 万人增至 2019 年的 14 万人、6.33 万人。

湖南省国家级高新区 2019 年科技活动经费支出与 R&D 经费内部支出

较 2013 年有了显著增加，分别增长一倍多。

（二）创新成效

2021 年 1—9 月，全省成交技术合同 9371 项，同比增长 81%；成交额 629.4 亿元，同比增长 92.1%；入库七批 9097 家科技型中小企业，已超过上年全年入库总数，较上年同期增长 75%；高新技术产业增加值增长 19.4%。

作为全省的创新高地，湖南省各高新区成绩显著。2020 年，全省高新区平均拥有省级及以上研发机构数 28.3 家，同比增长 42.7%。企业万人新增发明专利授权平均 18.8 件，同比增长 21%。平均拥有省级产业服务促进机构数 7.1 家，同比增长 60.5%。全省高新区万人新增国际专利授权数、国际标准数和注册商标数均值为 1.2 件 / 万人。长沙高新区、株洲高新区、益阳高新区位列湖南地区国家级高新区前三。宁乡高新区、岳麓高新区、平江高新区位列省级高新区前三。张家界高新区排名进位最快。

（三）创新技术与产品

湖南省工信厅牵头组织实施"100 个重大产品创新"项目。2020 年项目累计研发投入 19.15 亿元，占全部投资的 23.56%，共突破关键技术 417 项，申请发明专利 1016 件，已获授权发明专利 431 件。累计实现销售收入 280.56 亿元，上缴税收 15.53 亿元。

（四）创新生态

1.创新主体

湖南省各开发区抢占平台制高点，加速布局重大创新平台，不断优化实验室体系，健全技术创新中心体系，健全科技成果转化服务体系，夯实创新主体建设。长沙市、衡阳市成功跻身全国 50 个"科创中国"试点城市。

2.创新要素

湖南省不断创新开发区投融资体制。一是建立完善开发区资产运营管理机制，鼓励和引导外资、民营资本和各类社会资本参与经济技术开发区建设，实现投资主体多元化和"一区多园"的发展模式。二是允许符合条件的开发区开发、运营企业依照国家有关规定申请上市和发行中期票据、短期融资券等债券产品募集资金。三是支持经济技术开发区与投资机构、保险公司、担保机构和商业银行合作，探索建立投保贷序时融资安排模式。完善"产业基金＋银行信贷""风险补偿＋银行信贷"等多种银园合作新模式。四是鼓励市县完善园区财政管理体制，提高园区收入分享比例。五是有条件的国家级园区可开展资本项目收入结汇支付便利化、基础设施领域不动产投资信托基金等试点。

3.创新制度

湖南省针对不同类型的开发区出台相应的创新制度，有针对性地指导各类开发区开展创新活动。主要创新政策制度包括《湖南省人民政府办公厅关于加快全省经济技术开发区转型升级创新发展的实施意见》和《湖南省高新技术产业开发区创新驱动发展提质升级三年行动方案（2017—2019年)》。

4.科技成果转化

2019年湖南省国家级高新区促进项目总数较2013年增长2倍多，2019年战略性新兴产业项目和重大技术转移项目成交数分别是2013年的5倍和20倍。

三、河南省开发区创新发展

（一）创新能力

截至2020年底，全省32家高新区R&D经费占比达到4.6%，高于全省3个百分点以上；共建有高新技术企业、科技型中小企业2342家、3801家，分别占全省的36.9%、32.1%；省级以上各类创新平台1369家，占全省的50.2%，省级以上科技企业孵化器61家，占全省的43.9%。

（二）创新成效

河南省累计获批科技企业孵化器 9 家，各类研发机构 247 个，院士工作站 13 家，专利授权量 9680 件，万人有效发明专利拥有量 30.98 个。集聚高新技术企业 158 家、上市企业 16 家。累计备案科技型企业数 484 家，获批市级以上研发中心 27 个，获批市级以上科技人才 60 人，获批市级以上研发机构 243 个，其中国家级 7 个。建成和在建双创载体面积 300 万平方米。2019 年全社会研发投入 42.5 亿元，占 GDP 的 4%。安图生物荣获河南省科技进步一等奖，旭飞光电荣获国家第 21 届专利金奖，中铁装备荣获中国机械工业科技一等奖。

（三）创新技术与产品

2019 年度郑州国家高新技术产业园区推荐上报 4 家河南省北斗产业技术创新战略联盟，位于高新区的河南省煤炭科学研究院有限公司牵头组建煤炭系统科研院（所）技术创新联盟，经河南省科技厅直接推荐获得拟构建公示。

（四）创新生态

1.创新主体

河南省推出了河南省创新云服务平台，河南省科学技术厅主办了创新方法网。

2.创新要素

河南省大力推进开发区改革，实施"管委会＋公司"制度、人事薪酬改革等措施助力创新发展。

3.创新制度

中共河南省委办公厅、河南省人民政府办公厅印发《关于加快改革创新促进高新技术产业开发区高质量发展的实施意见》。

四、江西省开发区创新发展

2021年江西省战略性新兴产业、高新技术产业增加值占规模以上工业增加值比重分别为23.2%、38.5%左右。

第五节　开放发展

一、湖北省开发区开放发展

（一）利用外资

2021年1月至6月，湖北外商直接投资（FDI）重回中部第一、全国前十。全省实际利用外资75.0亿美元，同比增长2.8倍，完成目标进度的124.9%。同比2020年，全省新设立外资企业229家，增长1.3倍，合同外资41.1亿美元，增长52.7%。上半年第三产业实际到资40.3亿美元，占全省利用外资的53.8%，较2019年同期提升4.8个百分点，其中湖北信息传输、软件和信息技术服务业实际使用外资3.8亿美元，是2019年同期的2倍，交通运输、仓储和邮政业实际使用外资3.8亿美元，是2019年同期的2.7倍，服务业占比大幅提升。

湖北外资来源地广泛，有35个国家和地区在鄂有实际到资，比2019年同期增加6个。欧洲国家投资排名前8的国家和地区中，荷兰、法国、德国分列第4、6、8名。RCEP主要成员国继续加大投资，新加坡、日本、韩国分别位列对鄂投资第2、第3和第9位，实际到资均同比正增长，香港地区继续保持第一大外资来源地位置，实际到资同比2019年增长2.4%。

（二）对外贸易

1.对外贸易平台

搭建多种形式对外贸易平台，充分发挥不同园区的特色贸易功能，主要包括跨境电商试验区、综合保税区、外贸综合服务中心以及其他类型的平台。

2.对外贸易结构

湖北省进出口、出口、进口增速分别排在全国第 8、第 7 和第 13 位，在中部六省中排名第 4 位（居河南、安徽、湖南之后）。

美国、东盟 10 国、欧盟（27 国，不含英国）为湖北省前三大贸易伙伴，较 2020 年同期，对美国进出口增长 60.7%，对东盟进出口增长 68.1%，对欧盟进出口增长 31.1%。

湖北省 2020 年出口产品排名前三的是机电产品、劳动密集型产品以及农产品，依次占全省总出口额的 53.5%、16.5%、4.91%。其中机电产品主要以自动数据处理、手机、汽车零配件、集成电路为主，出口增长超 9 成，充分展现了湖北省新兴产业的实力。2020 年进口主要产品包括机电产品、铁矿砂、铜矿砂以及肉类等农产品。其中机电产品进口额占全省进口额近三分之二，进口增长超三成，金属矿砂进口量减价扬。

（三）招商引资

1.招商引资平台

湖北省开发区招商引资平台包括招商网络和各开发区官方网站。

2.招商引资政策

湖北省《关于推进开发区创新提升打造改革开放新高地的实施意见》中对提升开放型经济质量和水平，完善开发区招商引资政策和配套措施作出了具体指示。一是强化招商引资"一把手"工程，支持开发区在法定权限内制定招商引资优惠政策，聚焦补链强链延链和龙头企业培育，开展平台招商、以商招商、资本招商、回归招商、校友招商，引进一批世界 500 强、行业领先和国内知名企业，不断提升招商引资质量效益。二是认真落实外商投资准入前国民待遇和负面清单管理制度，对重点外资项目实行专人跟踪、全程服务，在项目选址（用地预审）、工程建设、生产许可等方面给予支持。三是吸引跨国公司在开发区设立地区总部及区域性功能机构，鼓励外资以参股并购等方式参与开发区内企业改组改造和兼并重组，实现存量企业资源优化配置。健全外资企业投诉处理机制，清理不合理的政策规定，保障外商投资者的合法权益。

3. 招商引资模式机制

湖北省开发区创新招商方式，务实节俭开展招商活动，从政府主导招商逐步向专业化、市场化招商转变。引导经济技术开发区与省内外其他园区合作共建跨区合作园区和合作联盟。支持经济技术开发区标准化厂房建设和入区企业自建、租用标准化厂房。

（四）对外投资

湖北省开发区对外投资平台主要包括"鄂企聚航"等综合性网络平台以及各园区官方网站。

湖北省开发区积极推进高水平开放，不断提升国际合作水平，坚持以国内大循环为主体、国内国际双循环相互促进的新发展格局。一是畅通对外投资渠道，深度融入"一带一路"建设，以国家内陆对外开放通道建设为契机，主动对接西部陆海新通道、新亚欧大陆桥等对外经济通道，创新了中欧班列（武汉）运营机制。湖北开发区积极参与中国—新加坡（重庆）战略性互联互通示范项目"国际陆海贸易新通道"建设，大力发展江海联运，加快建设武汉长江中游航运中心，提升江海直达以及近洋航线服务水平。二是推进优势产业参与国际产能合作，引导通信、建材、电子信息、汽车及零部件、医药、农业等产业在"一带一路"沿线国家和地区布局，支持开发区推进"一带一路"沿线国家经贸合作项目库建设。三是充分利用外资支持，加强与丝路基金、东盟基金、中非基金等的对接，将开发区企业境外投资合作项目纳入支持范围。四是全面深化服务贸易创新发展试点，加快襄阳综合保税区建设及黄石、荆州、鄂州、仙桃等综合保税区申报，加快武汉、宜昌、黄石跨境电商综合试验区建设，支持建设海外仓和跨境电商园。拓展中国

（湖北）国际贸易"单一窗口"功能，建设智慧口岸，开展贸易便利化专项行动，全力压减通关时间和成本。

（五）营商环境

湖北纵深推进"放管服"改革，积极打造审批事项最少、办事效率最高、投资环境最优、企业获得感最强的省份之一。全省各开发区持续优化营商环境，一是科学管理，严格实施市场准入负面清单制度。二是优化服务，持续推进行政审批"多证合一""证照分离"和"照后减证"等改革，切实解决"准入不准营"难题。压减工程建设项目审批时间，从申报立项到竣工验收，三类项目审批时间分别压缩至80、60、40个工作日。全面推进政务服务"一网通办""一窗通办""一件事一次办"，实行"不见面"审批。三是下放权限，推进省级经济管理审批权限最大程度下放。深化投资项目审批改革，推行容缺审批、告知承诺制、"先建后验"、区域性统一评价、"标准地"供地方式等改革。四是加强扶持，协调解决企业在投资、生产、经营中遇到的实际问题，协调落实助企纾困支持政策，搭建企业诉求快速反馈平台，做好安商、稳商、扶商工作。

（六）人文环境

1.基础配套设施完善。湖北各开发区积极促进产城融合，完善开发区基础配套设施，打造多能于一体的人文园区。比如武汉经济技术开发区建立各级各类学校，形成了完整的教育链。依托武汉体育中心等文化娱乐场所形成了融体育竞赛、健身娱乐、文艺演出、旅游休闲、商业、商务会展等功能于一体的人文园区。以湘隆广场和万达广场为主体的区域商业中心，配以沃尔玛、中百仓储等大型商业设施提供全方位生活消费配套。拥有武汉协和西院等5所医院，中国银行等金融机构均在区内设立了分支机构。

2.人力资源丰富。湖北拥有武汉大学、华中科技大学、中国地质大学、武汉理工大学等双一流高校，人才储备丰富。

3.交通条件便利。湖北省已启用武汉天河国际机场、宜昌三峡国际机场、襄阳刘集机场、恩施许家坪机场、神农架红坪机场、十堰武当山机场等6座民航机场以及正在建设中的荆州沙市机场和鄂州花湖机场。境内的铁路线有京广线、京九线、武九铁路、襄渝线、汉丹线、焦柳线、长荆线等,实现100%的县市通国道。省内河航道通航里程总计8637.95千米,汉江沙洋港、仙桃港、丹江口港及黄梅小池滨江综合码头等先后开港,海陆空交通便利。

二、湖南省开发区开放发展

(一)利用外资

截至2021年7月,全省所有省级以上开发区实际使用外资9亿美元,同比增长86.8%,高于全省平均增幅45.3个百分点,占全省外资总量的69.2%。其中,长沙高新区(占全省外资总量48.9%)、长沙经开区(占全省外资9.2%)等11个国家级开发区实际使用外资8.3亿美元,同比增长88.2%。从利用外资产业分布看,第一产业实际使用外资795万美元,同比增长573.7%,第三产业实际使用外资10.7亿美元,同比增长76.4%。利用外资主要领域包括制造业(含生产性服务业)、高新技术产业和高技术(服务业)。

长沙经开区作为湖南自贸试验区的核心区块,其外向型经济展现出较强韧性,外资外贸持续发力增长。2021年1—9月,园区实际利用外资完成1.2亿美元,较上年同期增长21.74%;外贸进出口总额完成58.62亿美元,同比增长56.32%;园区跨境电子商务交易额完成2.4亿美元。园区共新引进5000万元以上项目23个。

2020年全省高新区企业实际使用外资金额达到328.8亿元,占全省实际使用外资金额(1448.9亿元)的22.7%。长沙高新区以48.9%的比重居全省利用外资总量首位。

（二）对外贸易

1. 对外贸易平台

湖南省以开发区为载体，积极搭建各类对外贸易平台。

2. 对外贸易结构

2020 年全省高新区企业出口总额为 1051.9 亿元，占全省出口总额（3306.4 亿元）的 31.8%。长沙经开区、长沙高新区作为湖南省开发区排头兵、湖南自贸区核心区域，自党的十八大以来对外贸易成效不断凸显。长沙高新区以湖南省第一名的成绩荣获湖南省"2019 年度外贸十强园区"。对外贸易伙伴主要包括东盟、欧盟、日本、美国。

（三）招商引资

湖南省 2020 年全省经开区全年共组织项目洽谈 80 余个，新签约各类项目 51 个，投资总额 408 亿元。2021 年全年计划签约 60 个，签约项目总投资额 500 亿元。

1. 招商引资平台

湖南省开发区招商引资平台主要包括湖南招商引资网、湖南高新技术开发区产业园区网等综合性招商平台以及各开发区官方网站等专业平台。

2. 招商引资政策

一是支持各地制定完善招商引资优惠政策。根据实际情况对重大招商引资项目实行"一事一议"，支持其对成功引进重大项目的中介机构和个人（不含国家公职人员）予以奖励。二是强化财政专项资金的引导作用。三是落实税收支持政策。对国家鼓励发展的外商投资项目进口设备，在符合规定的范围内，免征进口关税和进口环节增值税。四是强化用地保障。省级以上各类开发园区为企业代为建设标准厂房及配套基础设施，一定期限内免费供企业使用。五是降低企业运营成本。优先保障重大产业项目的水、电、气等生产要素需求，积极争取更多的园区进入国家增量配电试点。

3.招商引资模式机制

一是明确招商引资主导产业。每个国家级开发园区确定 1—2 个主导产业，纳入全省重点招商产业给予重点支持。二是强力推进湘商回归。鼓励各市州依托省级以上各类开发园区设立湘商产业园并研究出台相应政策措施。三是精准务实办好重大招商活动。深度参与国家部委主办的相关重大经贸活动，省级层面每年组织 1—2 次大型综合性招商经贸活动，支持园区围绕主导产业精心组织特色专题产业链招商活动。四是切实发挥开发区招商引资载体作用。各类开发区要把招商引资作为推动经济发展和转型升级的重要抓手，加大对园区基础设施、生活配套和公共服务平台建设，提升招商引资承载能力。培育一批具有招商引资核心竞争力的开放示范园区，并在调区扩区、升级国家级园区等方面给予支持。五是创新招商方式。市县和省级以上各类开发园区要结合本地实际，针对性、高密度、高频度、全方位地开展专题招商推介和项目对接活动。鼓励各地采取政府购买服务的方式开展委托招商，大力开展驻点招商和以商招商。借助互联网和大数据平台，构建 QQ群、微信群、APP 等立体式招商信息平台，实现网络化、高效化招商。

（四）对外投资

开发区着力提高引资质量，重点引进公司总部、研发、财务、采购、销售、物流、结算等功能性机构。各地人民政府可依法、合规在外商投资项目前期准备等方面给予支持。支持园区内企业开展上市、业务重组等。支持符合条件的园区申请建设外贸转型升级基地和外贸公共服务平台，推进关税保证保险改革，鼓励具备资质的保险公司为园区内企业提供关税保证保险服务。鼓励在科技人才集聚、产业体系较为完备的园区建设一批国际合作园区，鼓励港澳地区及各类资本参与国际合作园区运营。支持金融机构按照风险可控、商业可持续原则，做好国际合作园区的金融服务。有实力的园区可以"一带一路"沿线为重点，建设境外产业合作园，发展境外营销渠道、海外仓。

（五）营商环境

一是优化投资环境。大力推动园区管理去行政化和标准化、企业化步伐，健全政企沟通机制，以投资者满意为中心，着力打造法治化、国际化营商环境。切实加强各类公共服务平台建设，完善园区配套服务，健全投资服务机制，拓展延伸服务领域，不断优化投资硬环境和软环境。鼓励经济技术开发区依法依规开办各种要素市场，促进商品和要素自由流动、平等交换，增强对国内外投资者的吸引力。二是深化"放管服"改革，发布全省园区放权赋权指导目录。国家级园区率先开展商事制度改革创新试点，全面实行"证照分离""照后减证"，下放或者委托省管权限范围内的企业投资项目备案、科技计划项目管理等事项。三是深化投资项目审批全流程改革，推行容缺审批、告知承诺制等管理方式。四是深入推进"一件事一次办"改革和工程建设项目审批制度改革，项目在立项用地规划许可阶段、工程建设许可阶段、施工许可阶段、竣工验收阶段等环节全面推行并联审批。

（六）人文环境

1. 基础配套设施完善

推进园区和城镇基础设施、产业发展、市场体系、基本公共服务和生态环保一体化建设。鼓励有条件的园区集中建设教育、医疗、文化、娱乐、商业、生态等生活配套设施，向城市综合功能区转型。支持在符合条件的国家级园区优先布局儿童、康复、养老等资源稀缺型医疗机构。鼓励各类社会资本以独资、合资、参股、特许经营等方式投资园区公共基础设施、市政公用事业、交通运输、资源环境、能源等项目建设和运营。

2. 人力资源丰富

湖南省有普通高等学校109所，其中本科院校36所、专科院校7所、高职院校66所。拥有三所世界一流大学建设高校，一所世界一流学科建设高校，三所985工程重点建设高校，四所国家211工程重点建设高校，另有省部共建的中国重点大学湘潭大学。

3. 劳动力成本

长株潭地区（长沙、株洲、湘潭）年平均工资 93059 元，工资水平最高，增速最快。大湘西地区（湘西自治州、怀化、张家界、邵阳、娄底）的工资水平与增速均居次席，年平均工资 69152 元。湘南地区（衡阳、郴州、永州）年平均工资 68552 元。湖南开发区月平均工资待遇约 8000 多元。

4. 交通条件便利

湖南拥有长沙黄花国际机场、张家界荷花国际机场、常德桃花源机场等，拥有长沙南站、张家界西站、衡阳东站、怀化南站、娄底南站、长沙站、株洲站、怀化站、衡阳站等火车站，交通便利。

三、河南省开发区对外开放

（一）对外贸易

对外贸易结构：

富士康所属企业进出口 3172 亿元，增长 2.1%，占全省进出口 67.3%。农产品出口 128.3 亿元，增长 22.9%，其中大蒜、烟草出口分别增长 78.4%、74.1%，茶叶出口增长近 3 倍。引导企业积极扩大进口规模，铜矿砂、金属加工机床、医疗仪器器械进口增幅均在 70% 以上。

2018 年，河南省高新技术产品出口 2277.4 亿元，占全省出口总值的 63.6%。

（二）招商引资

2017—2019 年，河南省仅引进省外资金项目超过 15000 个，合同利用省外资金 68653.4 亿元，累计实际到位 28747.7 亿元，占全省固定资产的五分之一左右。2020 年，新设外资企业 266 家，同比增长 23.7%，实际吸收外资达到 200.65 亿美元。

1. 招商引资平台

近三年，河南先后成功举办了河南（北京）经贸合作项目推进会、河南省与长三角地区经贸合作交流会、河南省与粤港澳大湾区经贸合作交流会，组团参加了第十届、第十一届中博会等重大招商引资活动，重点签约项目201个，总投资1569.1亿元，成效明显。此外，重点加强了与北京、广东、浙江、江苏、上海、山东等发达省（市、区）的经济合作，以上省（市、区）预计共注入河南省资金达19837.0亿元，占省外资金总额的70%左右。

2.招商引资政策

河南省先后出台了《河南省人民政府关于加快转变外贸发展方式促进对外贸易跨越式发展的实施意见》《河南省人民政府关于培育外贸竞争新优势促进外贸稳定增长的实施意见》《河南省人民政府办公厅关于加快培育外贸综合服务企业的实施意见》《河南省人民政府办公厅关于促进外贸转型发展的通知》等招商引资政策。

（三）营商环境

河南省依照证照机构少、功能全、效率高、服务好的原则，构建全功能高效服务体系，行政机构数量缩减至同级行政机构的五分之一，大力引进市场化支撑服务机构，全力打造"审批最简、流程最优、机制最活、效率最高、服务最好"的营商环境。

截至目前，省政府对自由贸易试验区下放了455项省级管理权限（行政审批230项，综合监管225项）；洛阳市委深改会、市政府常务会议专题研究，通过了《洛阳片区综合审批与综合监管改革工作实施方案》，同步下放了874项市级经济社会管理权限（行政审批147项，综合监管727项）；自主创新示范区直通车制度下放了涉及23个省直部门的184项工作，主要包括项目直接申报、用地直接报批等八个方面的内容。

未来，随着"2号公章"制度的实施，高新区将完全打通营商服务流程，实现"一枚印章管审批，一支队伍管执法，一个专网搞服务"。

四、江西省开发区对外开放

（一）利用外资

"十三五"时期，全省累计批准外商直接投资企业2766家，签约合同外资486.4亿美元，实际利用外资625.5亿美元，年均增长9%，2020年现汇进资总量居全国第12位、中部第1位；2020年，全省制造业实际利用外资、利用省外项目资金比重分别达到59%和69%；服务业实际利用外资、利用省外项目资金比重分别达到32%和28%，较2015年分别提升10个百分点和5个百分点；电子信息、航空、先进装备制造、新材料、新能源、生物医药等六大重点产业合同外资额和实际利用外资额分别达到37亿美元和23.36亿美元，分别占全省总量的30%和16%，利用省外项目资金达到2693.55亿元，占全省总量的31%。

（二）对外贸易

依托各类保税区、开发区平台，江西现有各类开放型经济发展平台有九类。

（三）招商引资

江西省各类开发区聚集了90%以上的已投产工业企业，吸引了80%以上的外部投资，贡献了超过80%的工业税收，成为全省改革开放的"主战场"和经济增长的"压舱石"。

（四）营商环境

江西各开发区深入推进"放管服"改革，强化政务服务功能。加快国际投资"单一窗口"建设和国际贸易"单一窗口"功能应用，提升"便利化"水平。健全外商投诉工作机制，提供全周期服务，构建"亲清"政商关系。把优化营商环境作为"一号改革工程"。同时，通过强化组织领导、强化保障支撑；线下功能完善优化、线上功能拓展深化；规范编制权力清单，扎实推进建章立制等一系列措施努力打响"江西办事不用求人、江西办事依法依规、江西办事便捷高效、江西办事暖心爽心"的营商环境品牌。

第六节　绿色发展

一、绿色发展概况

党的十八大以来，华中地区开发区大力推动产业绿色转型发展，开发区产业园区积极探索生态发展、循环发展、低碳发展等绿色发展路径与模式，在资源节约利用、减排降污、生态环境保护修复等方面取得了较好的成效，南昌经开区、鹤壁经开区、武汉东湖高新区等 10 家开发区入围 2018 年全国开发区绿色发展百强榜；南昌高新区、武汉经开区、长沙高新区等多家开发区获批国家生态工业示范园区，江西南昌国家高新技术产业开发区、湖南湘潭国家高新技术产业开发区、湖南岳阳绿色化工产业园、湖南益阳高新技术产业开发区等 4 家开发区获批国家低碳工业园区试点单位。

截至 2020 年，62 家国家级经开区绿色发展联盟中有 7 家经开区来自华中地区。

二、湖北省开发区绿色发展

（一）绿色发展举措

湖北省开发区以建设绿色园区为目标，结合实际情况走出符合当地特色的绿色化发展道路。一是从招商源头严格把关，把绿色发展理念贯穿到招商引资工作的各个环节，着重把好项目评审关，由凡商必招向引进节能环保型、资源深加工、高新科技型项目转变，坚决杜绝高污染、高能耗、低产出、低效益的项目落地，着力打造以新能源、新材料、高端装备制造、互联网＋物流等产业为依托的园区，谋划一批产业补链、循环利用、生态环保的大项目。二是加快开发区循环化改造升级，促进资源能源高效利用、废弃物资源化利用。十堰经济技术开发区围绕"外修生态、内修人文"发展方略，坚持"生态立区"发展理念，坚持走新型工业化转型发展之路，以"低碳、集聚、循环"为抓手，着力推进绿色经济发展。该区相继出台了一系列自我加压、自我约束的规定，从招商引资、生产环节加强监管，倒逼企业转型升级，实现工业经济的可持续发展。三是严格落实开发区规划环境影响评价和"生态保护红线、环境质量底线、资源利用上线和环境准入负面清单"。加强开发区环境质量监测，石化、化工园区在2020年底形成了环境空气VOCs自动监测能力。支持入园企业采用先进清洁生产工艺技术，确保污染物达标排放，各类主要污染物排放满足总量控制要求。加强园区集中污水处理、环境风险防范和事故应急等设施建设。2020年底，全省开发区污水管网实现全覆盖，污水集中处理设施稳定达标运行。

（二）绿色发展成效

武汉经开区2019年全区污水处理率为80%，2020年全区污水处理率为88%；建成湘口街武汉银港畜牧有限公司种养循环生态养殖小区项目，共建沼气厌氧发酵6万立方米，沼液贮存池10万立方米，目前规模养殖配套设施、设备率100%，废弃物综合利用率87.3%。2020年武汉经开区化肥总用量、化肥亩平用量分别比2015年减少69.12%、55.95%；2020年农药总用量、亩平农药用量分别比2015年减少36.13%、8.9%，农作物秸秆综合利用率达到96.5%。增施有机肥，推广测土配方施肥技术，主要农作物病虫害绿色防控覆盖率、专业化统防统治覆盖率均达到40%以上，全面禁用高毒高残留农药，农膜回收率为85%、废弃农药包装回收率约70%。

此外，税务部门积极落实环保税费政策，坚持以税治污，引领企业绿色转型，"多排多征、少排少征、不排不征"的激励作用日益凸显，为湖北经济高质量发展注入强劲动能。2020年，全省减免环境保护税1.53亿元、节能减排增值税22.22亿元、节能环保企业所得税8.63亿元，充分发挥了税收的杠杆调节作用。

三、湖南省开发区绿色发展

（一）绿色发展举措

湖南开发区坚持绿色发展。强化"三线一单"管控要求，发布园区生态环境准入清单，严格执行区域限批制度。鼓励园区循环化改造和绿色生态园区创建。加快完善园区环保基础设施，积极推行园区环保管家制度，鼓励开展污染第三方治理。鼓励园区采用综合能源方式，推广使用清洁能源、低碳能源。推进节水型企业、节水型园区建设，加大高耗水工业企业节水技术改造力度。

（二）绿色发展成效

到 2020 年，湖南累计获批国家级绿色工厂 75 家，宁乡经开区、浏阳经开区和高新区、望城经开区、湘潭经开区等绿色园区 7 家，绿色设计产品 40 个以及绿色供应链管理企业 6 家，3 家企业入选国家能效"领跑者"。2020 年，全省高新区工业企业万元增加值综合能耗为 0.44 吨标准煤，低于全省万元 GDP 能耗（0.49 吨标准煤）。

宁乡经开区实施园区动态管理，变简单监控治理管理模式为科学综合防治管理模式。开发区成立了绿色发展办公室，负责组织编制绿色园区发展规划，从战略的高度做好绿色园区的顶层设计，全面落实政绩考核、法律法规宣传、政策制定等绿色机制。设立了专门的产业发展基金，并成立绿色产业发展有限公司，建立公司化运作的组织架构。近几年来，宁乡经开区园区空气质量指数（AQI）优良天数占比平均达到 93.53%，水功能区水质达标率达到 100%，绿化覆盖率达到 31.14%，主要水源地水质达标率达到 100%，城镇污水集中处理率达到 100%。通过统一集中监测管理，每年可为企业节约 10% 以上的能源消耗，为园区整体节能 15%。每年节约标准煤 9 万吨，减少二氧化碳、氮化物等气体排放 20 多万吨。汇集了一批极具代表性的绿色企业、产品，绿色制造产业规模超 300 亿元，楚天科技、加加食品还分别被评为国家级、省级绿色工厂。

四、河南省绿色发展

截至 2021 年 3 月，河南省已累计创建 115 家国家绿色工厂、32 项绿色设计产品、10 家绿色园区、10 家绿色供应链管理示范企业，省级绿色工厂达到 94 家。115 家绿色工厂主要分布在装备制造、食品、化工、建材、轻工、电子电器等行业。其中，装备制造 21 家、食品 16 家、化工 9 家、建材 7 家、轻工 7 家、电子电器 5 家。

（一）郑州经开区

绿色发展主要举措。制定印发了《经开区推进绿色发展建设生态经开实施方案》。一是蓝天保卫战，制定了《经开区改善空气质量"十条措施"》，以"抑尘、治源、联控"为原则，加强科技支撑，加大排查力度，建立区域联防机制。形成 24 小时 3 班倒工作机制，按照"全面排查、及时整改、重点管控"的原则，确保重点区域污染源得到有效管控。二是碧水保卫战，开展渭河流域入河排污口排查专项行动，专门成立专项行动领导小组，开展入河排污口排查及采样检测，开展污水处理厂、工业企业和医院水污染执法检查。三是净土保卫战，指导辖区内 17 家土壤重点监管企业开展自行监测、信息公开等工作，扎实推进土壤污染防治。严格按照"土十条"要求，落实六大行业等用地调查评估制度及联动监管机制。

绿色发展主要成效。近年来，郑州经开区生态环境不断改善，规划建设了"两山四湖五河"的生态水系，建成水域面积 120 万平方米，完成绿化面积 3000 万平方米，全区绿化覆盖率达到 40% 以上，城区面貌焕然一新。截至 2019 年底，经开区共有 22 家企业 43 个排污口安装有污染物自动监测系统，监控 193 种污染物排放情况。覆盖全区 90% 的废气、96% 的挥发性有机物、82% 的废水排放量。大气治理成效显著，指标持续向好，全面完成了颗粒物指标任务。

（二）濮阳经开区

绿色发展主要举措。围绕工业强市"131"战略，研究确定了产业发展"1251"工程。依托中国化工联合会和上海化工研究院，启动了《化工产业"十三五"发展规划》和《超高分子量聚乙烯新材料产业发展规划》编制工作。高速度建设新材料产业园。依托沃森超高科技有限公司，建成了省内首家超高分子量聚乙烯新材料产业链。高起点推进循环化园区建设。谋划推进了中原大化 30 万吨 / 年二氧化碳回收利用项目、吡咯烷酮系列产品项目等，提升基地循环化发展水平。

绿色发展主要成效。2019 年，完成 108 家企业排放治理，11 家红黄牌企业全部停产到位。建成王助镇污水处理厂。打好大气污染防治攻坚战，全区空气质量实现"两降一增"，荣获 2019 年度空气质量考核目标、2019—2020 年秋冬防目标考核"双第一"。2020 年生态环境质量持续向好，截至 6 月 21 日，PM_{10} 平均浓度 91μg/m³，同比下降 24.2％；$PM_{2.5}$ 平均浓度 55μg/m³，同比下降 20.3％；优良天数 129 天，同比增加 33 天，三项指标均居全市第一。生态建设进一步加强。2019 年以来，以投资 1.8 亿元的国储林项目为重点，着力推进金堤河造林绿化工程，累计造林 6150 亩，城区绿化提升 59 万平方米，森林覆盖率达到 32％。2020 年，强力推进投资 1.2 亿元的濮上路改造提升，投资 3300 万元建设开州路北段园林级绿化景观带，完成政和路、幸福路等城区道路绿化和皇甫公园改造，实施企业"三化"提升行动，城区绿化水平进一步提升。"双替代"工作扎实推进。完成"双替代"2.4 万户，实施建筑节能改造 27 万平方米。

（三）郑州高新区

绿色发展主要举措。安排部署绿色技术创新应用、绿色产业体系培育、产业绿色化提升、绿色治理机制探索等工作，投入使用智慧环保时空精准监测管控平台，围绕平台，高新区打造"智慧＋"绿色发展工作体系。

绿色发展主要成效。2020 年，高新区环境指标实现"八降一升"（年综合指数、PM_{10} 年浓度、$PM_{2.5}$ 年浓度、NO_2 年浓度、SO_2 年浓度、CO 年浓度、O_3 年浓度、重污染天数同比下降，优良天数同比上升），全年水、土壤未发生重大污染事件。"十三五"期间，高新区主要污染指标 PM_{10}、$PM_{2.5}$、NO_2 年浓度分别为 85、51、39 微克 / 立方米，分别下降了 49.4%、49.5%、31.6%，优良天数从 108 天增加到 226 天，增长 109.3%，实现了"污染物减半，优良天数翻倍"。

五、江西省绿色发展

2017 年起江西省开展园区循环化改造试点工程，通过对石化、有色等传统产业进行绿色化改造，构建绿色循环低碳型产业体系。在园区循环化改造方面，将在石化、钢铁、有色、建材等产业集聚区，构建空间布局合理、产业共生耦合、废物交换利用、污染集中治理、服务平台共享的循环化产业园区。

南昌高新区并先后编制了《高新区水污染防治实施方案》《滁槎断面水污染整治实施方案》及《高新区瑶湖污染源整治实施方案》，印发了《南昌高新区大气污染专项整治工作方案》等方案，为环境保护提供了可行有效的管理措施。2018 年上半年，南昌高新区国控京东站点空气质量在南昌市排名第二，$PM_{2.5}$ 指数为 36 微克 / 立方米，优良天数率为 93.8%。

上饶经开区也积极推进园区绿色发展，构建绿色生产体系，该体系的建成让上饶经开区节约用电 1686 万千瓦时 / 年，节水 26 万吨 / 年，节约天然气 13 万立方米 / 年，减少 COD 排放 21.5 吨 / 年，氨氮 4.2 吨 / 年，二氧化碳 1.46 万吨 / 年，二氧化硫 47.8 吨 / 年，氮氧化物 39.4 吨 / 年。

2018 年 5 月，小蓝经开区开始着手建设成立以来第一批生态公园，分别设计了金湖公园、玉湖公园、雁沙湖公园。三大公园总投资 3.2 亿元，总面积 1154 亩，目前已完成了总工程量的 80%。2019 年，小蓝经开区将投资约 1.4 亿元，对园区污水处理厂提标改造。届时，污水处理厂出水水质将由现在的一级 B 提升为一级 A，日处理能力也将进一步提升。同时，小蓝经开区与园区物联网企业飞尚科技合作开展智慧环保平台建设，对地表水质量、空气质量等方面进行 24 小时实时监控，管理者可通过 PC 端和手机端实时掌握水质变化情况。

第七节　体制改革

一、体制改革总体概况

党的十八大以来，华中地区开发区持续推进行政管理体制、土地管理制度、投融资制度等改革，不断释放"改革红利"，促进经济社会高质量发展，起到了较好的示范引领作用。

二、湖北省开发区体制改革

（一）管理体制改革

1.创新完善管理运行机制

全省开发区积极创新机制，不断学习典型园区建设模式，完善管理体制，创新运行机制，形成一套完善的管理运行机制。省人民政府设立开发区工作领导小组，统筹开发区的建设与发展。各开发区下设开发区管理机构作为所在地人民政府的派出机关，负责开发区的政策制定、发展规划、行政审批、投资促进、企业服务等工作。另设专业运营企业负责开发区的区域开发、投融资、基础设施建设、招商引资、专业服务等工作，推行政企分开、政资分开，管理机构与运营企业相分离的管理运行机制。

2.深化"放管服"改革

开发区是审批管理"放管服"先行先试的排头兵。一是按照职责权利统

一、企业办事方便、审批认账、事后备案的原则，向园区、街道放权授权，让园区、街道更方便、更高效地服务企业、服务群众。二是探索政府购买中介服务举措，请中介机构帮企业"跑腿"、代办各项审批申报事务，让企业集中精力抓生产、促经营。三是在开发区先行先试"两步申报""两轮驱动""两段准入""两类通关""两区优化"等海关创新举措，使更多开发区企业率先享受海关改革创新的红利。例如黄石经开区作为全市先建后验最早的试点区，开发区坚持问题导向，推出了工业项目审批改革2.0版，通过进一步减流程、减事项、奖收费、优服务，推行开工建设"零审批"、中介服务"零收费"、监管服务"零缝隙"、竣工验收"零跑腿"的科学简化审批流程，实行一次性告知，后置规划方案设计审查、取消施工图审查，在工业项目行政服务性收费全免、代缴部分中介服务费的基础上，由政府代缴能评、安评、环评项中介服务费，持续为项目降本减负。通过落实全过程、重要节点的监管服务、加强信用监管、实行"互联网＋监管"等手段，实行网上受理、简化环节、联合验收、验收评价等方式简化验收流程，"放管服"改革取得突出成效。

3. 加强各类开发区考核管理

全省开发区逐步建立完善综合评价考核制度，对各类开发区实行差异化评价，重点评价增量增幅和质量效益，考核结果与新增建设用地指标、扩区调区升级、项目资金等奖励机制挂钩。对资源利用效率低下、生态环境保护不到位、发展滞后等考核不合格且整改不到位的开发区，按照有关规定进行撤并整合。

湖北自贸区发布首批378项"三办"清单。湖北自贸区武汉片区联合辖区企业研发的"企业登记信息远程核实系统"，为公司创立省下了极多往来成本和大量时间成本；"马上办、网上办、一次办"的政务服务改革启动，发布首批378项"三办"清单，实现清单之外无审批、表单之外无要件；借助大数据等信息化手段，东湖高新区市场监管局全国首创推出"全闭环"事中事后监管体系；搭建"一站式"中小企业科技金融综合服务平台，光谷智慧金融服务平台已正式上线运营，发布金融产品 20 多个，平台企业用户已达到 5500 多家。2017 年 6 月，全国首个"海外留学回国人员创新创业板"在武汉片区正式启动，首批 30 家战略性新兴产业企业集体挂牌。

（二）投融资制度改革

武汉东湖新技术开发区、襄阳高新技术开发区、宜昌高新区、神农架林区是全省率先开展负面清单管理模式试点区域，主要措施：一是实行企业投资项目管理负面清单制度。二是大力发展直接融资。三是构建更加开放的投融资体制。

三、湖南省开发区体制改革

（一）管理体制改革

1.管理体制改革

开发区所在地的州市人民政府设立开发区管理委员会（以下简称开发区管委会），行使地市级综合经济管理权限，代表本级州市人民政府对开发区的工作实行统一管理。开发区管委会负责政策制定、发展规划、行政审批、投资促进、企业服务、社会公益、行政事务。开发区管委会可以根据工作需要，按照精简、高效的原则，内设必要的职能机构，管理有关事务。

2.深化"放管服"改革

强化经济功能定位。推动园区聚焦产业发展、科技创新、改革开放、"双招双引"、服务企业等主责主业。积极稳妥剥离园区社会事务管理职能，按照属地原则交由当地政府承担或由上一级政府派驻机构承担。原则上园区不再代管乡镇（街道），确有需要的，按管理权限从严审批。

州市人民政府的有关部门和金融、邮电等单位可以根据实际情况，经批准在开发区设立必要的机构或者派出工作人员，管理本部门、本单位委托的有关事务。

3.加强各类开发区考核管理

按照国民经济和社会发展规划、主体功能区规划、城市（镇）总体规划、土地利用总体规划和环境保护规划，遵循"布局集中、用地集约、产业集聚"的总体要求和"科学规划、注重实效、有序推进"的原则，在深入调查、充分论证、严格评审的基础上，实施开发区调区扩区和退出审查工作，促进开发区科学发展。

（二）投融资制度改革

党的十八大以来，湖南省大力推动简政放权、放管结合、优化服务改革，深化投融资体制改革取得新的突破。按照企业为主、政府引导，放管结合、优化服务、创新机制、畅通渠道、统筹兼顾、协同推进的原则，在新起点上纵深推进湖南省投融资体制改革。到2020年，简政放权、放管结合、优化服务改革取得显著成效，社会投资动力和活力明显增强，政府投资引导和带动作用明显增强，投资项目融资难、融资贵问题明显缓解，政府综合服务管理水平明显提升，基本建立企业自主决策、融资渠道畅通，政府职能转变到位、管理行为规范，宏观调控有效、法治保障健全的新型投融资体制。

四、河南省开发区体制改革

（一）管理体制改革

鹤壁经开区：推行"管委会（工委）＋公司"管理模式。2020年7月鹤壁市出台了推动开发区体制机制改革创新的指导意见，鹤壁经开区同年新成立了鹤壁经开投资集团，于8月18日挂牌运营，以百万年薪面向全国公开招聘了集团公司总经理，组建了"三会一层"管理体系。同时，鹤壁经开区全面梳理各部门权责清单，确定了116项可以承接的审批事项，市直部门通过刻制"2号章"、设立派驻机构等方式下放相应审批权限，推动实现"办事不出区"。在鹤壁经开集团成立后，依托集团先后承接了总投资50亿元的电子智能信息产业园（中原光谷）、总投资 10 亿元的汽车电子智能产业园等重大项目。

濮阳经开区：大幅精减人员，现有机构压缩率高达 68%。采用员额制进行企业化管理，大幅精简现有工作人员，人员重点向招商引资、投资服务、经济发展和科技创新等一线岗位倾斜。在优化绩效薪酬方面，破除以往按照身份、级别定薪的方法。同时，充分发挥绩效考核"指挥棒"的作用，建立以目标导向、实绩导向、奖优罚劣的绩效管理体系，充分调动人员的积极性和创造性。

安阳高新区：深化主业主责去社会化、开发运营去行政化。

（二）投融资制度改革

濮阳经济技术开发区推进财税金融改革。创新平台融资方式，以开发区城市建设投资有限公司为载体，成功融资 3 亿元；协调金融机构支持重点项目建设，协调省国开行、市农行等贷款 4 亿元，助力富士康正一特殊材料园、气化岛、班德路等项目建设。

五、江西省开发区体制改革

2020 年 5 月江西省才逐步正式提出开发区体制改革，改革的步伐在华中地区较慢。

（一）管理体制改革

南昌高新区：勇当改革"急先锋"：深化人事机构制度改革。在全省率先启动干部人事制度改革，特别是 2021 年 5 月启动的机关内设部门正职岗位竞聘，新任职的部门正职干部大多来自经济一线且经过多岗位历练，基本实现了"干部能上能下，人员能进能出，待遇能高能低"的目标。深化行政审批制度改革。率先在全省开发区政务服务系统启动"一窗""一链"审批改革工作。率先建成"赣服通"高新分厅，区本级政务服务事项"一张网"运行。2020 年 8 月，在全省率先推出新开办企业首套印章政府买单，企业设立登记"3 小时"办结制度。

（二）投融资制度改革

龙南经济技术开发区：持续推进"降成本、优环境"专项行动，出台了《龙南招商引资优惠政策》《龙南电子信息产业优惠政策》等系列优惠政策，加大了企业扶持力度，切实降低了企业用工、用电、用气、物流等成本。仅2019 年，全年依法为企业减免税费 3.21 亿元，兑现工业发展奖励资金 1.26亿元。精准帮扶企业 APP 平台收到诉求 320 条，已办结 319 条，办结率高达 99.7%。财园信贷通累计放款 4.03 亿元，为联茂、志浩、骏亚分别安装了 3 万千伏安的供电专线。

南昌高新区：深化投融资体制改革，走出了一条产业园区项目整合打包、收益性项目与公益性项目有机结合的融资道路。三是深化园区管理体制改革。按照"一区多园"模式，建设航空科创城、南昌大学科技城、电子信息产业园、进贤产业园、高层次人才产业园等一批专业园区，形成"一个园区、一个平台、一套服务"的运行机制。

（三）土地制度改革

南昌高新区：深化地票制改革，由管委会根据征用村集体土地面积，开出"地票"，虚拟供应村级产业用地。目前虚拟划定近 6000 亩村级产业用地，支付村集体约 1 亿元"地票款"，有效地破解了产业用地不足和村级产业发展的难题。

第八节　园区治理

一、园区治理总体概况

党的建设、社会治理与文化建设正是推动园区实现治理体系和治理能力现代化的重要抓手。

二、湖北园区治理

(一) 党建引领

西城经开区党委坚持问题导向，立足于服务企业党员、推动园区发展，依托开发区党委成立了园区党总支，打造了园区党建驿站，将企业、党支部和党员有机联结，打通了园区党建的"最后一公里"。在开发区党委的领导下，以党建驿站（服务站）为核心，整合工会、共青团、妇联等多方力量，吸收园区物业经理、部分非公企业负责人作为党委副书记或党委委员，把握园区党建工作新要求共同开展工作。通过进企业走访、发放宣传单、设置党员报道站等方式，在园区开展两找两为，找到党员56名，单独建立企业党组织13个。

(二) 文化建设

黄石开发区在2021年6月建立党员政治生活体验馆，多次举办党史文化宣讲，成立"翔鹰"宣讲团。7月份以来，"翔鹰"青年宣讲团已累计宣讲60余次，接待各级团队学习参观超过6000人次。党员政治生活体验馆成为党史宣讲的新阵地，宣讲团的宣讲范围从镇街扩大到全区各党支部。

二、湖南园区治理

(一) 党建引领

宁乡经开区探索建立"领导班子成员联机关党支部、机关党支部联企业党组织"的双联双促模式，建立上下贯通的工作体系，为园区到企业加强党组织建设提供了有力抓手。同时，通过开展"组织找党员、党员找组织"，园区企业按照基层党组织建设的要求，纷纷推进党组织建设。目前，宁乡经开区拥有3名以上正式党员的企业已经全部单独组建了党组织，党员不足3名的企业，按照行业相近、就近就便的原则建立了联合党组织。经开区的党员们在各项工作中也发挥示范作用，各级党组织强化责任担当，形成了真抓真管、善抓善管、常抓常管的工作新格局，园区发展的红色力量源源不竭。

娄底经开区通过健全结构载体、加强经费支持、创新分类管理等方式，建强建好"两新"党组织。同时，充分发挥好党组织在党员培养、政策引导、项目服务、矛盾调解等方面的优势，以"大党建"带动大发展。实施党员积分制管理，量化细化党员工作，调动党员积极参与环境优化、项目建设、企业服务等专项工作；建立区域化党建联席会议制度，将园区划分为24个党建网格，形成园区、企业、社区和驻点单位共同参加的区域党建体系，集中协商处理区域发展，为企业提供精准服务。建立党建工作月预告、月督查、月考核工作制度，考核结果纳入绩效考核成绩，把党建工作从"有形"覆盖变为"有效"覆盖。

2021年12月，常德经开区因党建工作突出被《人民日报》报道。常德市经济技术开发区充分发挥党建引领作用，注重在生产经营一线和青年职工中发展党员，助力园区高质量发展。党工委出台一系列奖励办法，各企业党组织为科技人才创造施展才干的平台，2021年园区10多家企业获批国家级、省级"小巨人"企业，高新技术产业营业收入达200多亿元。党工委将指导企业党建工作纳入服务企业的主要职责，选派180名副科级干部担任企业服务专员。湖南常德三一机械有限公司在各部门设立了"党员先锋岗"，以党员为骨干的研发团队2021年成功研发出新型一体式沥青站等产品。

（二）社会治理

湖南湘江新区近年来逐步实现产、城、人和谐共生，成为生态新城、总部经济区、文旅目的地、金融中心的代名词。湘江新区着力打造现代化新城标杆，以"建设高端品质新城"为目标，一座"生产空间集约高效、生活空间宜居适度、生态空间山清水秀"的新城日新月异、不断进击：交通体系更加完善，新建城市骨干道路70余条，"八纵八横"路网结构整体形成。公共服务提标提质，核心片区基本实现小学500米、中学1000米服务半径以及15分钟健康服务圈全覆盖。到"十三五"末，新区建成区面积超过200平方公里，常住人口城镇化率达 92.5%。

（三）文化建设

永州经开区以保障人民群众基本文化权益为目标，以强化资源整合、提升服务效能为重点，严格对照国家公共文化服务体系示范区创建标准，着力提升街道、村（社区）二级基层公共文化设施建设、管理和服务水平，突出补短板、强弱项、优功能，促进基本公共文化服务标准化、均等化。经开区实现了国家公共文化服务体系示范区要求的基本公共文化设施全覆盖，确保了群众公共文化需求。通过围绕永州经开区园区立体规划，发掘园区特色，打造了湘江西路综合文化公园、永州公共文化大舞台、四零九地质科技馆等一系列特色文化亮点。

长沙高新区坐落在岳麓山下，集聚众多高校院所，是科技教育文化中心，望城的雷锋街道也在高新区内，雷锋精神是很重要的内容。湖南第一师范、雷锋纪念馆、雷锋故居、湖南党史陈列馆等这些凝聚形成了高新区的区域文化。

三、河南园区治理

（一）党建引领

周口经开区党委高度重视党建工作，开展"六走进"活动（走进居委会、社区、机关、企业、学校、卫生服务中心）加强政治教育，发挥党员先锋模范作用强化政治引领，建设教育阵地开展政治活动等形式，发挥政治核心作用，以党建引领推动招商引资、项目建设、棚改征迁、五城联创等工作全面发展。同时创新组织设置，不断扩大党的组织覆盖面，规范党支部组织生活，对基层支部进行分类划级，推动一类支部争当示范，二类三类升级晋位。加强村（社区）活动场所标准化规范化建设，积极探索网格化管理新模式，拓展活动阵地的服务功能，强化党员驿站、新型示范化社区阵地建设，实现"智慧党建"平台村（居）全覆盖，线上线下同步推进。

驻马店经开区在疫情防控期间，开发区党委突出党建引领，充分发挥村（社区）党支部和社区大党委的组织领导作用，围绕进一步织密最小单元防控网格，筑牢最小单元防控堡垒，让党员冲在第一线，把党旗插在最前沿，大力实施"三个三"工作机制，推进开展"党员联户平安守护"，在疫情防控一线筑起了党徽闪烁、党旗飘扬、全域动员、全民参与、群防群控、邻里守望的坚强防控堡垒。

（二）社会治理

郑州高新区管委会社会事业局、高新区残联针对残疾人展开了一系列帮扶活动，为解决残疾人群体的生活之忧、就业之愁、康复之需、就学之难的问题，其中包括举办就业培训、开展残疾儿童筛查、发放"困难残疾人生活补贴和重度残疾人护理补贴"等。同时营造扶残助残社会氛围，丰富残疾人精神文化生活，通过多种渠道宣传并举办有关活动，宣传党和政府对残疾人的各项优惠政策，围绕"助残日""爱耳日"和"残疾预防日"的主题开展了一系列活动。同时根据残疾人需求，结合区内残疾人志愿者队伍，开展了"义剪、义诊""游郑大"等各类活动。

洛阳经开区所在的洛阳市在争创全国首批市域社会治理创新试点城市，出台了《关于深化党建引领、"三治"并进、服务进村（社区）推进"河洛党建计划"全面提升年的实施方案》，提出完善立体化信息化社会治安防控体系，整合城乡监控资源，全部实现与公安视频监控平台联网；健全扫黑除恶长效机制、社会心理服务体系和危机干预机制、重大舆情和突发事件舆论引导机制，提升突发公共事件应对处置能力。同时，进一步落实普法责任制，加强基层普法宣传教育，增强群众法治意识，常态化开展"四官"服务进村（社区）活动，实施"万名村（社区）法律骨干"培育工程，广泛开展"法律进乡村、进社区"活动，推进村（社区）法治文化宣传阵地全覆盖，打造100个左右"品牌化"法治文化阵地示范点。

（三）文化建设

驻马店经开区为丰富市民生活，开辟了多个社区文化园地，完善了社会文化活动设施，鼓励和发展了社区业余文艺演出队和民办文艺团体。积极开展以普及卫生知识、倡导文明健康生活方式、增强社会公德意识和环境保护意识为重点内容的主题教育活动，以"小手拉大手"的方式，在全区上下形成人人关心、支持和参与环境治理、建设美好家园的良好氛围。积极开展文明社区、文明村居和卫生先进单位、卫生社区等创建评选活动，教育引导城乡居民转变生活方式、改善生活环境、提升文明素质，激发和调动群众支持、参与文明城市建设的积极性和主动性。

濮阳经开区依托丰富的文化资源，立足社区，惠及群众，开展了一系列特色鲜明的文化活动，充分发挥文化引领风尚、教育人民、服务社会、推动发展的作用，推动文化整体实力和竞争力显著提升。重点打造濮上路沿线文化活动示范带，安康苑天天乐百姓大舞台、晨风戏苑、濮水音乐岛、梨园之家等已成为一张张文化名片。先后共投入60余万元，对文物保护单位进行保护提升。同时，不断创作精品节目，以濮阳历史人物李珏为题材，编排大型历史戏曲《清风峻节》，在全区巡回演出70场。

四、江西园区治理

（一）党建引领

赣州经开区辖区内新江村党总支帮助村民做工作，帮助解决水产品公司水产养殖基地选址难、招工难等问题，将村集体的高新温棚给基地承包，流转了13亩土地，招募了3名工人，使项目顺利推进。新江村已形成了水产、果业、蔬菜、花卉等产业，先后建成了党群服务中心、农贸市场、扶贫车间、同心（婚庆）园、法治文化广场、孝老食堂等配套设施，完成了绿化、亮化、美化村级道路，村民幸福指数不断提升。

景德镇高新区注册了官方微信公众号，每个月会定期推送党史学习内容，同时还会定期举行学习党史、党章的活动，并且组织高新区各级党员干部学习党的全会精神。高新区征拆办还开展"我为企业解难题"主题党日活动，并且还请高新区群众参与评议景德镇高新区"我为群众办实事"重点民生项目。

（二）社会治理

南昌小蓝经开区建设了社会治理现代化指挥平台，成为江西省首批社会治理县域治理的典范地区，基于大数据、人工智能、互联网等现代化技术手段，整合各部门信息资源，打造了社会治理中心，推进了社会治理体系和治理能力现代化，实现了社会治理移动化、协同化、智能化的"三化"目标。

九江经开区全力构建社会治理大格局，通过"天网四期"工程、"智慧园区""智慧城市"项目新增600余个高清探头，"雪亮工程"等措施强化防控体系建设，构筑"平安墙"；由综治牵头，公安、司法、卫计、民政、信访等多方联动，街道（乡场）社区（村）网格员共同参与的综治联动机制，在强化源头治理和系统治理的同时推进依法治理和综合治理，为经开区市民编织一张张"平安网"。

（三）文化建设

萍乡经开区按照"文化专干＋文化带头人＋文化志愿者"的模式，组建基层文化管理队伍、群众文化队伍和志愿者队伍，并有计划开展基层工作人员培训。出台《萍乡市经济技术开发区民间艺人（文艺团体）扶持管理办法》，制定全区基层文化队伍培训计划。近年来，组织开展基层文化工作人员业务培训6次，全区27个行政村级综合文化服务中心均至少配置一名文化管理人员，全区登记在册的基层群众文艺团队84支、文化志愿小分队14支。

南昌高新区提出"产业大发展，文化大繁荣"的工作目标，围绕该目标做了以下措施：以瑶湖、艾溪湖为中心辐射打造多个公共阅读空间，多点布局24小时自助智慧书屋，以优惠政策吸引品牌书店入驻辖区，厚植文化氛围，丰富文化生活；举办了各类送戏下乡、送电影下乡、送演出进社区、文艺演出、作家分享会、大师摄影展等各类丰富多彩的文化活动；积极探索社会力量有序参与公共文化服务体系建设的模式，形成政府主导、社会参与、市场运作、多方投资的公共文化发展格局。

第九节　未来展望

华中地区是我国"心腹之地"，各类开发区的发展促进区域经济发展能发挥关键性作用，需要坚定不移地贯彻新发展理念，深化供给侧结构性改革，切实转变发展方式，优化产业结构，推动质量、效率、动力变革，实现绿色化、智慧化、服务化发展。

一、产业发展

湖北省：到 2025 年，现代产业体系基本建立，战略性新兴产业引领、先进制造业主导、现代服务业驱动的产业发展体系基本形成，万亿级、五千亿级、千亿级产业集群梯队初步构建，全国重要先进制造业基地初步建成。到 2035 年，形成与"建成支点、走在前列、谱写新篇"相适应的综合实力、战略功能和体制机制，科创能力、内生动力和竞争力大幅跃升，人均 GDP 达到中等发达经济体水平，现代化经济体系基本建成，

湖南省：坚持把发展经济的着力点放在实体经济上，制定实施打造国家重要先进制造业高地规划，着力推进先进装备制造业倍增、战略性新兴产业培育、智能制造赋能、食品医药创优、军民融合发展、品牌提升、产业链供应链提升、产业基础再造等"八大工程"，推动产业向高端化、智能化、绿色化、融合化方向发展，提升产业发展质量效益和竞争力。

河南省：推进产业基础高级化，推进实施增强制造业核心竞争力和技术改造专项，完善首台（套）装备、首批次材料和首版次软件应用政策，建立示范应用基地和联盟，促进创新产品迭代研发和规模应用；巩固提升战略支

柱产业链，立足产业基础和比较优势，推动装备制造、绿色食品、电子制造、先进金属材料、新型建材、现代轻纺等产业固链强链，强化细分领域产业链合理布局、分工协作和融合拓展，培育一批具有生态主导力的"链主"企业，共建共享安全可控的战略支柱产业链，形成具有竞争力的万亿级产业集群；培育发展战略新兴产业链，开展国家和省级战略性新兴产业集群创建，创新组织管理和专业化推进机制，加快完善创新和公共服务综合体，重点培育 10 个千亿级新兴产业集群。前瞻布局北斗应用、量子信息、区块链、生命健康、前沿新材料等未来产业，积极抢占发展先机；推动制造企业加能提效，实施制造业"头雁"企业培育计划，支持大企业做强做优和兼并重组，形成 60 家以上国内一流的百亿级行业领军企业。

江西省：健全以企业为主体、市场为导向、产学研用深度融合的技术创新体系，重点建成 2—3 家国家制造业创新中心，产业技术研究院突破 30 家，建设国家产业技术基础公共服务平台 2 家，新增省级产业创新服务综合体 20 家。

二、协调发展

湖北省：到 2025 年，区域发展布局成势见效，武汉城市圈在中部地区的支撑作用明显增强，"襄十随神""宜荆荆恩"城市群能级大幅跃升，城乡区域发展协调性进一步增强。2035 年，城乡区域协调发展达到较高水平。

湖南省：立足"一带一部"，主动对接融入国家区域战略布局，落实主体功能区战略，完善新型城镇化战略，形成区域协调发展新格局。围绕中部地区"一中心四区"战略定位，打造中部地区崛起的重要增长极，努力在中部地区崛起中走在前列。主动对接融入长江中游城市群建设，用好用足岳阳通江达海优势，推动长江经济带高质量发展。对接长三角一体化和成渝双城经济圈，建立上中下游密切合作的高效经济带。以湘南湘西承接产业转移示范区为载体，大力承接粤港澳大湾区产业转移，积极对接广深港澳科创走廊。密切与西部地区的陆海经济联系，加强骨干通道衔接，扩大湘桂琼合作，对接北部湾经济区和海南自由贸易港。加强与相邻省市合作发展，大力推进湘赣边区域合作示范区建设。

河南省：支持高新区在"一带一路"沿线地区和城市开展人才交流、技术交流和跨境合作。到2025年，河南省全省产业集聚区和开发区空间形态和功能布局更加合理，综合竞争力和辐射带动力持续增强，创新创业体系更趋完善，高端化、绿色化、智能化、融合化的新型产业体系全面形成，战略性新兴产业和生产性服务业比重大幅提升，适应开放型经济发展的体制机制基本健全，产城实现深度融合发展，成为带动全省转型发展的强大引擎和经济强省建设的支撑主体。

江西省：到2035江西省年区域城乡发展协调性明显增强。大南昌都市圈辐射带动力明显提升，赣州省域副中心城市、区域中心城市综合实力明显增强，全省区域发展格局进一步优化。乡村振兴战略全面推进，城乡融合发展体制机制更加完善。

三、共享发展

湖北省：到2025年，省域治理效能显著提升，居民人均可支配收入与经济增长基本同步，形成疾控体系改革和公共卫生体系建设湖北样板，共建共治共享的社会治理格局基本形成，基本公共服务均等化水平显著提升，人民群众获得感、幸福感、安全感明显增强。共同富裕取得更为明显的实质性进展，在中部地区率先基本实现社会主义现代化。

湖南省：坚持尽力而为、量力而行，办好民生事业，谋划实施一批重点民生工程，着力解决好群众各项"急难愁盼"问题，扎实推动共同富裕，改善人民生活品质，不断实现人民对美好生活的向往。坚持按劳分配为主体、多种分配方式并存，提高劳动报酬在初次分配中的比重，健全工资合理增长机制，着力提高低收入群体收入，扩大中等收入群体。完善按要素分配政策制度，探索通过要素使用权、收益权增加中低收入群体要素收入。多渠道增加城乡居民财产性收入。完善再分配机制，发挥第三次分配作用，发展慈善事业，改善收入和财富分配格局，走共同富裕之路。

河南省：增强区域中心城市辐射带动力和重要节点城市支撑力，高水平建设三大城镇协同区，谋划建设郑洛西高质量发展合作带和中原—长三角经济走廊，全方位提升区域合作水平。以县域治理"三起来"为遵循，把县域作为城乡融合的重要切入点，以强县富民为主线、改革发展为动力、城乡贯通为途径，提高县城综合承载能力和乡镇服务功能，推动县域经济高质量发展，形成各具特色、竞相发展的格局。

江西省：坚持实施区域协调发展战略、主体功能区战略，完善提升"一圈引领、两轴驱动、三区协同"区域发展格局；坚持把"三农"工作摆在重中之重的位置，全面实施乡村振兴战略，强化以工补农、以城带乡，推动形成工农互促、城乡互补、协调发展、共同繁荣的新型工农城乡关系，走出一条具有江西特色的农业农村现代化道路。

第六章　华南地区开发区建设与发展

华南地区包括广东、广西、海南，截至 2021 年，开发区数量总计 216 个，经济特区 4 个，开发区地区生产总值超过三省 GDP 的 55%，电子信息产业占比超 30%。党的十八大以来，产业数字化和智能化发展趋势明显，自贸区龙头作用日渐凸显，批复以来实际利用外资年均增长 30%。开发区在推动构建新发展格局中发挥的引领作用明显，是迈向新时代，开启新征程，创造新辉煌的中坚力量之一。同时，存在地区省际和东西区域间发展不均衡问题。

第一节　发展概况 [①]

党的十八大以来，广东、广西、海南三省（区）的开发区发展势头良好，数量达到了新一轮的高峰，转型趋势明显，产业聚集和差异化布局加速形成，总体建设与发展成果显著，成为推动区域经济高质量发展的重要载体。

---

① 本节数据来源于公开资料，包括各开发区网络、《国家级新区发展报告》、各省政府官网、各市 2020 年国民经济和社会发展统计公报、《中国开发区年鉴》等，面积统计不包括广东自贸区、深合区等区域数据，分布特征不包括自贸区和珠三角地区的自创区数据。

一、数量分布

截至 2021 年，华南三省（区）开发区数量总计 216 家，其中国家级开发区 67 家，占比 31.02%，省级开发区 149 家，占比 68.98%。具体来看，广东省开发区总数达 141 家，占华南地区比重 65.28%，其中国家级开发区 42 家，占华南地区比重 62.69%，省级开发区 99 家，占华南地区比重 66.44%；广西壮族自治区开发区总数达 66 家，占华南地区比重 30.56%，其中国家级开发区 17 家，占华南地区比重 25.37%，省级开发区 49 家，占华南地区比重 32.86%；海南省开发区总数达 9 家，占华南地区比重 4.17%，其中国家级开发区 7 家，占华南地区比重 10.45%，省级开发区 2 家，占华南地区比重 1.34%。

按类型划分，华南地区国家级开发区可分为国家级经开区、高新区、海关特殊监管区、边合区和其他 5 个类型，其中广东省拥有 7 家经开区，较 2018 年入统国家开发区目录数量增加 1 家；14 家高新区，与 2018 年入统国家开发区目录数量持平；16 家监管区，2018 年入统国家开发区目录数量增加 4 家；同时拥有 2 家自创区、1 家深合区、1 家自贸区、1 家新区。广西拥有 5 家经开区，比 2018 年入统国家开发区目录数量增加 1 家；4 家高新区、4 家监管区和 2 家边合区，均与 2018 年入统国家开发区目录数量持平；同时拥有 1 家度假区和 1 家自贸区。海南拥有 1 家经开区和高新区，均与 2018 年入统国家开发区目录数量持平；3 家监管区，比 2018 年入统国家开发区目录数量增加 1 家；同时拥有 1 家自贸区和 1 家度假区。

二、时间分布

作为改革开放的先行者和前沿阵地，广东省于 1984 年成立首家开发区，开启了谋求经济发展的探索之路。随后，广西、海南相继跟进。在峰值分布上，1991、2006 和 2015 年是华南三省（区）开发区数量增值的峰点。2003、2008 和 2010 年是华南三省（区）开发区数量增加的次峰，其中 1984—1995 年、2000—2005 年、2005—2009 年、2009—2011 年、2014—2016 年是华南三省（区）开发发展黄金期。在增加数量和速度上，广东省都排在第一位，其次是广西壮族自治区，最后是海南省。

按国家级类型划分，截至 2021 年，华南地区九大类型开发区成立有 4 个峰点，分别是 1992 年、2010 年、2015 年和 2020 年，其中 1991—1993 年、2008—2012 年、2013—2016 年、2016—2019 年、2019—2021 年五个时间段是国家级开发区数量增长时期；广东设置国家级开发区最早，广东增长数量多、增长速度最快，其次是广西，最后为海南。

三、产业分布

广东省开发区优势产业以电子产业、新材料和装备制造为主；广西壮族自治区开发区优势产业为食品产业，加工型倾向明显；海南省开发区优势产业为石化产业。三省开发区产业发展综合性倾向显著，产业布局合理，产业差异化发展明显，利于推动产业优势互补，构建完整供应链和产业链。

四、面积概况[①]

截至 2021 年，华南三省（区）开发区总土地面积达 303624.23 公顷，其中国家级开发区土地面积 195262.57 公顷，省级开发区土地面积 108361.66 公顷，两者占比分别为 64.31% 和 35.69%。广东省开发区土地面积 191220.48 公顷，占华南地区比重 62.98%，其中国家级开发区 132236.89 公顷，占全省比重 69.15%，省级开发区 58983.59 公顷，占全省比重 30.85%；广西壮族自治区开发区土地面积为 67082.16 公顷，占华南地区比重 22.09%，其中国家级开发区 22025.84 公顷，占全省比重

---

① 来源：根据公开资料整理，不包括广东自创区、深圳区等区域的数据。

32.83%，省级开发区 45056.32 公顷，占全省比重 67.17%；海南省开发区土地面积为 45321.59 公顷，占华南地区比重 13.6%，其中国家级开发区 40999.84 公顷，占全省比重 90.46%，省级开发区 4321.75 公顷，占全省比重 9.54%。

按国家级开发区类型划分，截至 2021 年，广东经开区、高新区、监管区、自贸区及其他类型开发区面积分别为 14059.72、19366.89、3236.14、11620、142656 公顷，分别占华南同类开发区比重 21%、88.31%、68.45%、19.96%、97.15%；广西经开区、高新区、监管区、自贸区及其他类型开发区面积分别为 5183.5、2287.34、1029、11199、2327 公顷，分别占华南同类开发区比重 23.30%、10.43%、21.76%、19.24%、1.58%；海南经开区、高新区、监管区、自贸区及其他类型开发区面积分别为 3000、277、462.84、35400、1860 公顷，分别占华南同类开发区比重 13.49%、1.26%、9.79%、60.8%、1.27%。

五、分布特征[①]

（一）从经济层面上看，华南三省（区）开发区分布主要集中于 GDP 在各省排名前 30% 的城市。其中，海南全省 75% 的开发区分布在 GDP 全省排名前 30% 城市，主要分布在海口与儋州两市。广西比例为 47.69%，其中南宁拥有开发区数量最多，达 9 家。广东占比 38.30%，其中广州拥有14 家，开发区数量位于广东 GDP 全省排名前 30% 城市之首。国家级开发区分布所体现出的趋势更为强烈，海南所有国家级开发区均在全省 GDP 排名前 30% 的城市，位列三省第一，主要分布在海口与儋州两市；广东位居第二，为 66.67%，主要分布在广州、深圳和珠海三市；广西为 56.25%，

[①] 来源：各市 2020 年国民经济和社会发展统计公报根据公开资料整理，不包括自贸区和珠三角地区的自创区数据。

主要分布在南宁。从省级开发区分布来看，海南省级开发区均分布在 GDP 排名前 30% 的城市，比例为 100%；广西的比例为 44.9%，主要分布在南宁、柳州、桂林三市；广东为 26.26%，主要分布在广州、佛山、惠州、茂名等城市。

若按国家级开发区类型划分，广东 GDP 排名前 30% 的城市拥有 71.43% 的经开区、50% 的高新区、81.25% 的监管区；广西 GDP 排名前 30% 的城市聚集了全省 80% 的经开区、75% 的高新区、50% 的监管区；海南 GDP 排名前 30% 的城市聚集了全省全部的经开区、高新区、监管区。可见，海南的比例最高，广东次之，广西第三。

（二）从省会城市开发区数量占全省比重来看。海南全省 37.50% 的开发区位于海口，并汇聚了全省 50% 的国家级开发区。广西 13.85% 的开放区位于南宁，其中国家级占比为 25.00%，省级为 10.20%。广东 9.93% 的开发区位于广州，国家级比重为 23.81%，省级为 4.04%。

另外，就省会城市的国家级开发区类型拉来看，海口聚集了全省 100% 的高新区和 66.67% 的监管区。广州聚集了全省 42.86% 的经开区、7.14% 的高新区、31.25% 的监管区；南宁聚集了全省 40% 的经开区、25% 的高新区、25% 的监管区。

六、园区排名[①]

党的十八大以来，华南地区开发区建设与发展水平不断提升，广州和深圳两市开发区在多个榜单纷纷上榜，但海南和广西两市开发区建设水平还相对落后，整体综合实力依然有待进一步提升。尽管广东开发区上榜频率较高，但是存在以下几个方面不足：一是上榜开发区数量不多，多为广州、深圳两市开发区，整体发展不协调。二是上榜开发区排名相对靠后，除了广州

---

① 来源：根据表格内容中各排名榜整理。

和深圳几家比较突出外，整体水平仍有待提升。可见，全国区域之间、华南省域之间和省域地区之间开发区的实力差距比较悬殊，一定程度上也是我国和区域发展不协调的"缩影"。

七、国家级试验区发展情况

（一）国家级高新区 ①

从整体看，华南三省（区）国家级高新区总体发展成效突出，是促进地区经济发展高质量发展，特别是推动创新发展的重要力量。在主要经济发展、创新资源集聚评价、创新创业环境评价、创新活动绩效评价、创新国家化评价和创新驱动发展评价六大方面的具体指标中，华南地区国家高新区占全国比重在10%—20%的项目有13个，占比超过20%的有5个，其中企业开展产学研合作研发费用支出和企业委托境外开展研发活动费用支出两个指标占全国比重高达45.12%和50.19%。② 从内部看，三省发展差距较大，不协调性明显。广西与海南两省各领域各项指标总量不及广东省，两省国家高新区整体发展能力水平有待进一步提升。

在工业产值方面，华南三省（区）国家高新区2019年工业产值达43687亿元，其中广东38221亿元，占比87.4%，广西5088亿元，占比11.6%，海南378亿元，占比1%。广东省国家高新区共有14个，广西壮族自治区国家高新区共有4个，海南省国家高新区有1个，广东与海南两省国家高新区工业产值倍差为101.1。从省域来看，广东有8个国家高新区GDP超1000亿元，占全省比重57%。广西壮族自治区国家高新区工业产值超1000亿元的有2个，占全省50%。海南省没有千亿级国家高新区。其中，深圳高新区工业产值最高，达11081亿元，汕头高新区GDP最低，

---

① 来源：科技部高技术产业研究中心网站、《国家高新区创新能力评价报告（2020）》。

② 来源：科技部火炬高技术产业开发中心编：《国家高新区创新发展能力评价报告（2020）》。

为 206 亿元，两者倍差为 53.8。在土地面积方面，华南三省（区）国家高新区总面积达 21931.23 公顷，其中广东 19366.89 公顷，占比 88.3％，广西 2287.34 公顷，占比 10.4％，海南 277 公顷，占比 1.3％。排名前五的国家高新区分别是广州高新区、肇庆高新区、清远高新区、中山高新区和湛江高新区，面积分别为 3734 公顷、2252.04 公顷、1911 公顷、1710 公顷和 1502 公顷。在工业产值经济密度上，华南国家高新区密度为 1.99 亿元／公顷，广东省为 1.97 亿元／公顷，广西壮族自治区为 2.22 亿元／公顷，海南为 1.36 亿元／公顷，广西与海南倍差为 1.63。其中，GDP 密度最高的国家高新区为柳州高新区，达 19.65 亿元／公顷，最低是肇庆高新区，为 0.23 亿元／公顷，两者倍差为 85.4。

（二）国家级经开区

华南三省（区）国家经开区 2020 年 GDP 达 7450.88 亿元，其中广东 6687.25 亿元，占比 89.7％，广西 503.63 亿元，占比 6.8％，海南 260 亿元，占比 3.5％。广东省国家经开区共有 6 个，广西壮族自治区国家经开区共有 4 个，海南省国家经开区有 1 个。广东与海南两省国家经开区 GDP 倍差为 25.7。从省域来看，广东省有 2 个国家经开区 GDP 超千亿元，占全省比重 33％，广西壮族自治区与海南省无千亿级国家经开。其中，广州开发区 GDP 最高，达 2978.89 亿元，中马钦州产业园区 GDP 最低，为 15.71 亿元，两者倍差为 189.23。在土地面积方面，华南三省（区）国家经开总面积达 17102.56 公顷，其中广东 12985.72 公顷，占比 75.9％，广西 3894 公顷，占比 22.8％，海南 225.84 公顷，占比 1.3％。排名前五的国家经开区分别是广州开发区、广州南沙经开区、惠州大亚湾经开区、湛江经开区和珠海经开区，面积分别为 3857.72 公顷、2760 公顷、2360 公顷、1920 公顷和 1588 公顷。在 GDP 经济密度上，华南国家经开区密度为 0.44 亿元／公顷，广东省为 0.51 亿元／公顷，广西壮族自治区为 0.13 亿元／公顷，海南为 1.15 亿元／公顷，海南与广西倍差为 8.84。其中，GDP 密度最高的国家经开区为洋浦经开区，达 1.15 亿元/公顷，最低是中马钦州产业园区，为 0.01 亿元/公顷，两者倍差为 115。

（三）国家级新区①

作为华南地区唯一的国家级新区，广州南沙新区 2019 年全区实现地区生产总值 1683.23 亿元，同比增长 10.5%；规模以上工业产值达 2586.66 亿元，同比增加 6.5%；固定资产投资为 754.58 亿元，同比增长 28.3%；一般公共预算收入为 84 亿元，同比加 11.72%；实现其他营利性服务业营业收入 190.63 亿元，同比增长 99.5%；外贸进出口总值为 2137.8 亿元，同比增加 3.4%。全区新增企业 45798 家，同比增长 20.6%，新增注册资本 2584 亿元。在第四次全国经济普查工作中，第三产业增加值首次超过第二产业并占全区经济总量超过五成。2019 年，南沙新区三次产业结构比例为 3.3∶42.1∶54.6，经济发展速度不断加快、质量不断提高、效益更加明显。

（四）自贸区②

1. 广东自贸区

2019 年，广东自贸区 GDP 达 1288 亿元；税收 798 亿元；固定资产投资累计超过 6000 亿元；进出口和实际利用外资占全省比例分别达 1/6 和 1/3；国际航线开通数量 250 条；集装箱吞吐量达 2700 万标准箱；共有 77 家世界 200 强企业投资建立企业 388 家。

2015—2019 年，广州南沙片区地区生产总值由 1132 亿元提高到 1683 亿元，年均增长 10.9%；税收由 335 亿元增至 625 亿元，年均增长 13.2%；进出口总额由 1526 亿元提高至 2137 亿元，年均增长 10.5%。其中，2019

---

① 详见国家发展和改革委员会编：《国家级新区发展报告》，中国计划出版社有限公司 2020 年版。

② 详见孙元欣主编：《中国自由贸易试验区发展研究报告》，上海人民出版社 2021 年版，第 82—104、273—295、334—358 页。

年广州南沙片区新增企业 4.6 万家，同比增长 22.3%；实际利用外资 18.6 亿美元，同比增长 91.2%；新引进世界 500 强企业项目 27 个（累计 172 个）。

2015—2019 年，横琴片区地区生产总值从 126.8 亿元增至 401.24 亿元。外贸进出口年均增长 66.33%，到 2019 年达 34.76 亿元。自挂牌成立至 2021 年 2 月，横琴片区新增外资投资企业 3409 家，合同外资超 288 亿美元，境外投资备案企业 98 家，投资总额超 37 亿美元。2019 年，新增外资企业 635 家，完成变更备案 566 项。

2015—2019 年，深圳前海蛇口噢片区注册企业数量增长了 1.5 倍，自 2018 年起，片区每平方公里增加值超过 100 亿元；实际利用外资从 22.3 亿美元增至 41.6 亿美元，增长 86.5%；进出口总额从 5734 亿元扩大至 8721.9 亿元，增长 52.1%。自挂牌成立至 2021 年 2 月，税收收入增长了 3 倍，每平方公里税收达 18.62 亿，固定资产投资增加了 0.9 倍。截至 2020 年 4 月下旬，累计推出制度创新成果 520 项，在全国范围内复制推广 50 项，粤港澳大湾区内推广 5 项，全内范围内推广 69 项，全市复制推广 166 项，在江西赣江新区等区域推广超 250 项。

2. 广西自贸区

广西自贸区总面积 119.99 平方公里，涵盖南宁片区、钦州港片区和崇左片区。其中南宁片区 46.8 平方公里（含南宁综合保税区），钦州港片区 58.19 平方公里（含钦州保税港区），崇左片区 15 平方公里（含凭祥综合保税区）。自挂牌至 2021 年 2 月，广西自贸区已完成改革试点任务 58 项，完成率达 48.3%；下放自治区行政权力事项 162 项，落实"证照分离"改革试点事项 545 项；新设企业 10561 家，其中外企 85 家；实际利用外资占全身比例 13.8%；进出口总额超 1308 亿元，占同期全省比例 30.9%。

南宁片区包括现在金融、数字经济、问题医疗和加贸物流四大模块。2020 年，新增企业 4187 家，约占三个片区总数的 70.8%，引进亿元区外境内项目 29 个，投资总额 161.85 亿元；商务口径实际利用外资 8023 万美元；

世界 500 强以及中国 500 强企业在区内设计企业数量达 19 家。自揭牌以来，"互联网＋政务服务"服务模式覆盖 90% 以上涉企政务服务，部分事项审批时间比法定时间压缩 75% 以上。中国—东盟金融城累计入驻金融机构 134 家，其中 2020 年新增 74 家。

自成立一年来，钦州港片区新设企业 1300 户，新增企业 2700 户，内资注册资本总额超 380 亿元，累计完成自贸区建设方案要求的 52 项试点任务，完成率达 55.3%。2020 年 1—7 月，钦州港口岸通关时间为 22.95 小时，相比 2019 年压缩 54.13%，其中出口整体通关 0.35 小时，压缩 87.81%。同期，钦州港累计完成港口货物吞吐量 7678.9 万吨，增长 15.2%；集装箱完成 195.4 万标箱，增长 28.8%。

截至 2020 年 8 月，崇左片区共完成改革试点任务 49 项，累计新设企业 1216 家，总投资达 69.09 亿元。2020 年 1—7 月，友谊关口岸整体通关时间为 1.03 小时，比南宁海关时间少 4.06 小时，其中出口整体通关时间为 1.22 小时，相比 2019 年压缩了 32%，共计削减企业成本超 2 亿元。同期保税物流货值 381 亿元，占全省比例达 80%。

3.海南自贸港

海南自贸港成立两年以来，累计开工项目 793 个、总投资 4352 亿元，33 家总部企业在海南落户，7 万多内外人才入琼工作。截至 2020 年 4 月 13 日，自贸港建设总体方案试点任务实施率达 97%，在投资贸易便利化水平上，"单一窗口"在主要申报业务中应用率达 100%，进出口通关时间较 2017 年压缩 69% 和 97%；在国际开放程度上，2019 年，海南自贸港外资企业数量和实际利用外资增速均超 100%，服务贸易出口增长 33%，实现顺差 6.5 亿元，开通内外外贸海运航线 43 条，国际航线 103 条，接待境外旅客 144 万人次，增长 14%。在市场主体集聚上，2019 年，海南自贸港新增市场主体 22 万户，同比增长 71%，日均增加 670 户。

第二节 空间布局

华南三省（区）开发区主要分布在沿海沿河沿江的平原地区，总体分布相对比较均匀。广东开发区最多，其次是广西、海南最少。

一、数量分布[①]

（一）广东省

截至 2021 年，在开发区总量方面，排名前三的城市分别是广州、湛江、韶关和梅州，分别拥有 14 家、11 家、9 家和 9 家开发区，其中广州的国家级开发区最多，为 10 家，汕尾、韶关、潮州、云浮和阳江没有国家级开区。拥有省级开发区最多的是梅州，为 9 家；而深圳没有省级开发区，只有国家级开发区。大多数国家级开发区分布在珠三角地区。

从国家级开发区类型来看，截至 2021 年 11 月，广州有 10 家国家级开发区，涉及 4 种类型，其中经开区 3 家、监管区 5 家、新区、高新区各 1 家，总体综合性功能强，但同层次经开区和监管区间竞争大；深圳有 6 家国家级开发区，涉及 4 种类型，其中监管区 4 家、自创区、高新区各 1 家，综合性功能强，但同层次监管区间竞争较大；珠海共有 6 家国家级开发区，涉及 5 种类型，其中 3 家监管区、高新区、经开区、深合区各 1 家，综合性功能强，同层次监管区间竞争大。

（二）广西壮族自治区

截至 2021 年，在开发区总量方面，开发区总数在各城市分布相对均匀，南宁拥有 9 家，柳州、桂林、北海、钦州 4 市拥有 6 家，梧州、玉林、贵港

---

① 数据根据公开资料整理得出，不包含珠三角地区的自创区和广东省自贸、广西自贸区和海南自贸港的数据。

等 6 市拥有 4 家，防城港、河池两市拥有 3 家，来宾拥有 2 家。在不同类型开发区数量方面，拥有国家级开发区最多的城市是南宁和北海，均为 4 家，最少的是梧州、贵港、河池、来宾、百色、贺州和玉林，为 0 家；拥有省级开发区最多的城市是南宁、柳州和桂林，为 5 家，最少是防城港、北海、来宾和崇左，为 2 家。不难看出，广西国家级开发区与省级开发区数量分布与广东一样呈现出不均衡分布格局，大多数国家级开发区分布在南宁、钦州、北海等较为发达城市。

按国家级开发区类型划分，截至 2021 年，南宁拥有国家级开发区 4 家，涉及经开区 2 家和高新区、监管区各 1 家，开发区综合性功能强，但同层次经开区间存在竞争；北海有 4 家国家级开发区，涉及 3 种类型，其中经开区、监管区和高新区以及度假区各 1 家，开发区综合性功能较强，开发区之间类型布局合理；钦州有 3 家国家开发区，涉及 2 种类型，其中经开启 2 家，监管区 1 家，综合性功能强，但同级经开区之间存在竞争。

（三）海南省

截至 2021 年，在开发区总量方面，开发区总数在各城市分布相对集中，海口拥有 3 家，儋州拥有 2 家，三亚、东方和澄迈拥有 1 家，其他县市无设置开发区。在不同类型开发区数量方面，拥有国家级开发区最多的城市是海口，为 3 家；其次是儋州，为 2 家；再者是三亚，为 1 家。拥有省级开发区最多的城市是东方与澄迈，均为 1 家。总的来说，海南国家级开发区与省级开发区数量分布与广东、广西一样分布不均，国家级开发区均分布在海口、儋州两市，省级开发区主要集中在东方和澄迈两市。

按国家级开发区类型划分，截至 2021 年 11 月，海口有 3 家国家级开发区，涉及 2 种类型，其中有 2 家监管区和 1 家高新区，开发区综合性功能较强，但同层次监管区间存在竞争。

二、产业分布①

（一）广东省

截至 2021 年，东莞开发区以电子产业为主，占比 31.25%；深圳开发区注重电子信息产业发展，占比 38.46%；清远开发区新材料和机械设备产业地位凸显，占比 55.55%；河源开发区以电子产业为主，占比 42.86%；韶关开发区以电子和金属产业为重，占比 47.37%；佛山开发区以装备和汽车产业为重点产业，占比 40%；珠海开发区强调电子信息产业发展，占比 30.77%；茂名开发区农副产品、电子和机械三大产业居于重要地位，占比 49.98%；阳江开发区注重金属制品和农副食品产业发展，占比 52.97%；湛江农副产品产业地位凸显，占比 34.78%；梅州开发区生物医药和电子信息产业突出，占比 43%；揭阳开发区以金属制品为重点产业，占比 27.78%；广州开发区物流、汽车、电子和装备产业占比较大，达 61.28%；江门开发区以电子产业为重，占比 26.32%；汕尾、潮州、云浮、惠州、肇庆、汕头、中山开发区主导产业分布相对均匀，产业差异化明显。

（二）广西壮族自治区

截至 2021 年，南宁开发区食品、农副产品加工、建材、电子信息产业更加突出，占比达 33.34%；北海开发区电子信息产业占重要地位，占比 18.75%；钦州开发区以医药和建材两大产业为重，占比 25%；桂林市主导产业以机械、食品、电子信息和生物医药产业为主，占比 66.66%；柳州开发区以发展机械、汽车零部件、食品和汽车产业为重，占比 64.67%；百色铝加工业突出，占比 33.33%；来宾以电力、制糖两大产业为主，占比

---

① 不包含广东自贸区、自创区、新区、深合区和广西自贸区以及海南自贸港，资料来自公开资料。

80%；河池、玉林、崇左、防城港、梧州、贺州、贵港各类主导产业分布相对均匀，产业差异化发展趋势较为明显。

（三）海南省

截至2021年，海南省的海口、儋州、三亚、澄迈、东方五市开发区主导产业分布主要有医药、加工制造、航空维修、康体、农产品等。产业整体分布相对均匀，差异化也比较明显，很好地避免了城市间、产业类型及各层次方面的不良竞争。

三、土地分布 [①]

（一）广东省

截至2021年，广东省开发区土地面积排名前三的城市分别是广州、湛江和江门，分别为14179.97公顷、10299.21公顷、7091.45公顷，分别占全省开发区土地面积比例14.47%、10.51%、7.24%。珠三角开发区面积占比最大，其中又以广州为聚点，而在粤西，湛江开发区面积占比最大，粤东开发区面积由汕头和揭阳贡献，云浮在粤北开发区面积中占比最大。国家级开发区土地面积排名前三的城市分别是广州、湛江和惠州，分别为11928.76公顷、2950.93公顷、2751.04公顷，分别占全省国家级开发区土地面积比例33.72%、8.34%、7.78%。广州、汕头、湛江和清远市是珠三角、粤东西北国家级开发区土地的主要贡献者。省级开发区土地面积排名前三的城市分别是湛江、江门和揭阳，分别是7348.28公顷、5633.52公顷、4790.93公顷，分别占全省省级开发区土地面积比例11.74%、9.00%、7.65%。江门、揭阳、湛江和韶关市珠三角以及粤东西北省级开发区土地的利用聚集地。

---

① 不包含广东自创区、深合区、自贸区、新区和广西自贸区以及海南自贸港，资料来源公开资料。

若按国家级开发区类型划分，广州 5 家监管区土地面积最小，为 1077.04 公顷，3 家经开区面积最广，为 7117.72 公顷，两者倍差为 6.6。深圳 4 家监管区面积最小，为 833 公顷，1 家高新区面积最广，为 1150 公顷，两者倍差为 1.98。珠海 3 家监管区土地面积最小，为 580.4 公顷，1 家经开区面积最广，为 1588 公顷，两者倍差为 2.73。从整体来看，监管区占地面积相对于其他类型国家级开发区要小，各个城市之间的不同类型开发区占地面积差异性明显。

（二）广西壮族自治区

截至 2021 年，广西壮族自治区开发区土地面积排名前三的城市分别是柳州、钦州、桂林，分别为 6437.72 公顷、5867.91 公顷、5751.74 公顷，分别占全省开发区土地面积比例 11.37%、10.36%、10.16%。国家级开发区土地面积排名前三的城市分别是钦州、北海和南宁，分别为 2963 公顷、2839.34 公顷、2479.5 公顷，分别占全省国家级开发区土地面积比例 27.37%、26.23%、22.90%。省级开发区土地面积排名前三的城市分别是柳州、百色和玉林，分别是 6327.72 公顷、5324.27 公顷、5018.89 公顷，分别占全省省级开发区土地面积比例 13.82%、11.63%、10.96%。可见，南宁、柳州、玉林、桂林、钦州、百色和北海是广西开发区的主要土地贡献者，其中南宁、钦州和北海是主要的国家级开发区土地贡献者，柳州、百色、玉林、贵港和桂林是省级开发区土地的主要贡献者。

若按国家级开发区类型划分，南宁 1 家监管区土地面积最小，为 237 公顷，2 家经开区，为 1392.5 公顷，两者倍差为 5.88。钦州 1 家监管区土地面积最小，为 463 公顷，2 家经开区面积最大，为 2500 公顷，两者倍差为 5.40。北海 1 家高新区土地面积最小，为 120.34 公顷，1 家经开区面积最广，为 1291 公顷，两者倍差为 10.73。从整体来看，监管区占地面积相对于其他类型国家级开发区要小，而经开区与度假区等类型国家级开发区占地面积相对要大，各城市不同类型开发区占地面积大小差异明显。

（三）海南省

海南省开发区土地面积排名前三的城市分别是儋州、澄迈和三亚，分别为 3225.84 公顷、2607.8 公顷和 1860 公顷，分别占全省开发区土地面积比例 32.32%、26.13%、18.63%。国家级开发区土地面积排名前三的城市分别是儋州、三亚和海口，分别为 3225.84 公顷、1860 公顷和 514 公顷，分别占全省国家级开发区土地面积比例 57.61%、33.22%、9.18%。省级开发区土地面积排名前二的城市分别是澄迈与东方，分别是 2607.8 公顷、1713.95 公顷，分别占全省省级开发区土地面积比例 48.08%、31.92%。不难看出，海口、儋州、三亚、澄迈和东方是海南开发区土地的主要贡献者，其中海口、儋州和三亚承担了国家级开发区土地划出，东方和澄迈是省级开发区土地主要出让者。

若按国家级开发区类型划分，海口 2 家监管区与 1 家高新区面积相当。儋州 1 家监管区面积最小，为 225.84 公顷，1 家经开区面积最广，为 3000 公顷，两者倍差为 13.28。从整体来看，监管区和高新区占地面积相对于其他类型国家级开发区要小，而经开区、度假区等类型国家级开发区占地面积相对要大。

第三节　产业发展

华南三省（区）开发区的产业发展主要包括为数字化发展、智能化发展和新兴产业发展三个方面在数字化发展上，数字企业引培、数字技术应用、数字基础设施建设实现了新突破；在智能化发展上，智能化服务、智能化仓储、智能化监管成效突出；在新兴产业发展上，信息产业、生物产业和新能源产业发展迅猛。

一、数字化发展

（一）数字企业引培。2020 年 12 月，广州琶洲高新区正式获省政府发文批准，将建设成为"数字＋会展＋总部"融合创新、外向型和创新型经济集聚发展的高质量经济增长极。作为广交会的所在地，汇集了腾讯、阿里巴巴、复星、粤传媒、科大讯飞、小米、唯品会等大批人工智能和数字经济的龙头企业，人工智能和数字经济发展渐入佳境。2021 年，广西—东盟经济技术开发区管理委员会颁布的《广西—东盟经济技术开发区推进工业振兴的若干措施》明确提出扶持企业做大做强，鼓励工业企业实施购置自动化、数字化、网络化、智能化等生产设备对生产线改造升级，提升产品质量稳定性。支持企业建立技术创新平台，促进科技成果转化等。随着 ATB 国际数字化资产交易平台于 2019 年入驻海口国家级高新区创业孵化中心，园区的孵化能力得以大大提升，促进了海南旅游、文化、体育、竞技等产业的蓬勃发展，并吸引力更多的区块链企业到园区聚合发展，进而又推进了园区的产业创新。

（二）数字技术应用。佛山高新区通过政企合力利用龙头企业和标杆企业的带领作用加强"头雁效应"以加速数字技术转型应用，引领产业集聚发展。同时，佛山高新区瞄准前沿技术应用，积极开展数字化研发，在智能化生产、个性化定制、网络化协同、精细化管理方面取得了很好的成效，产业链转型效能不断提升。广西南宁经开区在推行"定企业、定领导、定部门、定目标"的"四定"机制基础上强化数字技术赋能，以高质量、高标准建设选出传音手机及智能穿戴 OEM 项目，赢拓 AI 智能创新终端生产项目，联纲光通讯类、声学信号类及电源传输类产品项目等 24 个重点服务项目助力企业高质量发展。[①] 海南洋浦经开区紧抓新一轮科技和产业革命带来的新机遇，

---

① 　向国泽、陈羽、陈伟冬：《南宁经开区释放高质量发展新动能》，《广西日报》2021 年 5 月 24 日第八版。

着力推动数字技术赋能产业转型升级，通过技术链与产业链融合加快产业数字化、智能化发展，通过强化 5G 技术研发与应用作为企业数字化转型的关键支撑以推动企业在生产指标、成本、销售、损耗等方面信息共享互通。

（三）数字基建强化。面对新一轮科技革命和产业变革，珠海保税区通过与珠海联通签订战略协议，携手打造"5G 智慧园区"，强调以 5G 网络新基建培植发展新动能、打造经济增长的新引擎，并以 5G 技术提升园区管理和企业服务能力，促进企业先进制造能力、创新发展能力和资源配置能力大幅提升。[①] 为进一步推动数字化新基建步伐，中通快递南宁转运中心进驻广西五象新区，"按照智能科技电商产业链物流产业园运营模式建设智能快递转运中心、智能国际物流服务中心、星联航空物流中心等配套工程，为入驻电商及广西全境、粤西、湘北、黔东南、海南地区及东盟十国企业提供智能化云运输、仓储、金融等一体化产业链服务"。[②]2019 年，海南重点项目海南华为云计算数据中心落户老城经开区，将致力于立足海南自贸港国家战略定位，辐射东南亚，成为大数据时代海南省域发展数字经济的新型基础设施，有力推进了海南信息智能岛建设。

二、智能化发展

（一）智能化服务。为进一步提高惠企惠民服务能力和效用，广东河源高新区积极推动园区智能化建设项目，通过硬件设备连接、智慧网关部署及配套、综合屏应用配置及联调和大厅设备集成等大厅一体化接入项目切实提升园区服务效能，打造园区智能服务新高地。南宁经开区通过智能化技术培训提升园区工作人员智能审批服务水平，力求提高政务服务便利性，营造园

---

① 《打造"5G 智慧园区"！珠海保税区与珠海联通签约携手》，南方新闻网，2020 年 7 月 9 日。

② 王志鹏：《中通快递东盟跨境（南宁）智慧物流产业园落户广西自贸试验区南宁片区》，广西新闻网，2020 年 5 月 22 日。

区良好营商环境。同时，南宁经开区通过引进数字政务一体化自助终端机来优化服务流程，减少行政审批环节，以"人机"并驱的方式不断提升服务水平。2020 年 8 月由推进海南全面深化改革开放领导小组办公室印发的《智慧海南总体方案（2020—2025）》强调通过实施国际信息通讯服务能力提升工程、建设国际信息高速通道、培育国际数据服务业务等方面为创新驱动力，推动海南自贸港智能化建设。

（二）智能化仓储。广东广州南沙经开区通过打造占地约 5000 平方米、约 5200 个全封闭的货架自动化仓库，实现了仓库货物自动化传输和升降，提升了南沙全球分拨中心的能级，不仅极大提升了货物分拨中心货物周转的效率，还大幅降低了跨境电商仓储的成本。① 另外，广西南宁经开区释放高质量发展新动能，强化百会药业等龙头企业引领作用，通过立体仓库项目着力打造医药智能立体仓储及物流中心，既为企业后续仓能扩张提供配套设施，又为园区推动智能化物流仓储增添新动力，树立新表率。为打造新型智能化仓储，洋浦经开区通过建设洋浦国际智慧供应链和现代物流中心、期货交割中心、保税仓储中心、产业互联中心、箱务管理中心为洋浦港各项贸易业务提供仓储保障，为园区建设发展注入新的发展活力与动力。

（三）智能化监管。广东自贸区南沙片区第二批可复制推广改革创新经验清单明确了空箱落地放行改革的相关事项，其中便包括了构建海运物流智能化监督平台以推动空箱落地快速验放子系统建设的具体措施，强调以智能化系统切实提升空箱落地监管效能。2020 年 11 月，广西—东盟经开区秸秆禁烧智能化视频监控系统正式投入运行。为确保系统有效运作，广西—东盟经开区对网格监督员进行培训并通过建立健全秸秆禁烧智能化监控管理机制，切实提高监管效率，做到秸秆禁烧监管发现及时、处置快速、解决有

---

① 董业衡、耿旭静：《广州南沙综合保税区首个智能仓启用！》，《广州日报》2021 年 7 月 9 日。

效、监督有力。为推动新型健康产业快速发展，海南自贸港率先建立起针对药械安全性检测的信息化、数字化、智能化集成系统，通过系统的赋能实现药械智能审查、安全性预警和风险评估决策，推动药械安全性检测事中事后监管有效落实。

三、新兴产业发展

（一）信息产业。在通信、网络、光电、消费电子等多领域支柱型产业发展推动下，广东东莞松山湖高新区已逐步实现高端电子信息产业集群，逐步构建起独具竞争力的电子信息产业生态系统。广西自贸区南宁片区推动数字信息企业强强联合，强化龙头信息企业引领作用，以云服务、云计算、大数据研发、科创空间等高质量数字驱动大力发展新技术、新业态、新模式、新材料，为传统制造业转型升级注入"数字"动力与"信息"内芯，助力自贸区数字信息产业蓬勃发展。海南清水湾国际信息产业园作为海南最具发展潜力的产业园区之一，始终致力于打造国际领先、国内首创的集教育、医疗、娱乐、文化、休闲等多元产业于一体的信息产业集群；产业园紧紧依托海南生态优势、先进建设理念和人才优势，聚焦构建高端云计算、云服务、智慧物联平台以为海南自贸港高质量发展赋能添力。

（二）生物产业。广州高新区以"四个面向"为引领，全力推进生物医药产业高质量发展，大力推动世界级生物医药产业集群。目前，园区已聚集3000多家生物医药企业，营收规模突破千亿大关，已进入国内生物医药产业发展第一梯队[1]。面对新冠肺炎疫情的挑战，广西南宁经开区迎难而上，紧抓机遇，积极发挥自身生物医药产业优势，通过防疫物资的生产服务、储存运输等工作一方面为疫情防控做好大后方物资保障，另一方面为加快复工

---

[1] 广州市黄埔区科学技术局：《黄埔区广州高新区生物医药产业高质量发展新闻发布会顺利召开》，广州市黄埔区人民政府网，2021年4月22日。

复产和推动产业转型升级按下"加速键"。① 在海南自贸港推动世界一流生态环境建设过程中，澄迈老城经开区抓住绿色商机积极对接，通过推动园区企业绿色转型升级和引进全生物降解塑料企业为园区提供了优质绿色服务，并进一步优化了园区绿色发展环境。

（三）新能源产业。在"双碳"目标背景下，广州开发区紧抓新能源产业发展机遇，立足国家新能源综合利用示范区定位，通过提升财政支持力度、把握风电、光电发展方向和抓好新能源汽车"制造端"与"消费端"等方式开辟新能源产业新发展空间。广西南宁高新区坚持"大企业引领、大项目支撑、大力度推进、大手笔招商"等多样化结合方式不断完善园区基础设施建设，以优化企业营商环境促进新能源企业培育和产业发展，助力新能源领域实现新变革。② 2021 年 7 月，海南省印发《海南省高新技术产业"十四五"发展规划》，提出依托洋浦经开区和海南（昌江）清洁能源高新技术产业园等园区大力发展核能、氢能等清洁能源，聚焦打造电动汽车、氢燃料电池汽车等重点产业，壮大新能源产业链，助推海南自贸港绿色发展。

第四节 创新发展

华南三省（区）开发区创新发展主要涉及创新载体建设、创新人才培育、创新成果转化三个方面，整体创新发展势头良好。在创新载体建设上，三省开发区聚焦科研平台搭建和高新企业引领；在创新人才引育上，积极探索引进＋培育并驱模式；在创新成果转化上，转化平台构建逐步完善，技术应用型人才培养成果显著。

---

① 杨波：《为产业转型升级按下"加速键"》，《广西日报》2020 年 3 月 13 日。
② 《高新区签约 3 个大项目》，广西人民政府网。

一、创新载体建设

（一）强化科研平台支撑。2018 年，广州开发区与创维集团签订投资总金额 70 亿元的框架协议，协议致力于打造智能产业创新基地，通过促进创新与制造融合推动创维全面转型升级，助力广州开发区占领智能制造"新高地"。2017 年，《广西壮族自治区高新技术产业开发区创新能力提升计划》明确指出了加强技术研发平台建设，通过在高新区建立一批技术研究中心、博士后工作站等科研载体来推动高新区高质量发展。为进一步壮大高新技术产业规模，提升高新技术企业科创水平，海南洋浦经开区紧抓海南自贸港建设机遇，通过推动高校联合、设立重点实验室、打造研究中心和超级研究院等方式，结合实施创新主体倍增、科研平台倍增、创新创业生态化三大工程强化创新引领发展。

（二）强化高新企业引领。2020 年，广东省高新企业在疫情冲击下依旧彰显出强大韧性，发展成效显著，不仅经营指标全部实现正增长，而且数量已达 5.3 万家，继续领跑全国，也已成为广东创新能力提升的"领头羊"和"新引擎"。广西通过从资金、培训、技术、人才等多方面进一步释放政策红利，依托高新区"孵化器"大力培育高新企业，培育出来的高新企业已成为推动广西经济高质量发展的"主力军"。海南自贸港积极围绕国家战略定位和部署，大力促进海南高新区的蓬勃发展，高新企业正逐步成为引领海南高新技术产业提质增效的"顶梁柱"。

（三）创新服务机构赋能。2021 年 10 月，广州科技创新联盟揭牌成立，将通过平台构建、对接高校、联结政府、精准服务等方式，遵循"平等、开放、共赢"原则加快构建粤港澳大湾区科技科创新新型生态圈，为推动开发区科技创新能提升注入新的动力。广西高校创新创业教育联盟的成立无疑也将为广西开发区创新驱动发展培养高层人才。以教育孵化为重点进一步加强校企联动也将助推大众创业、万众创新，为广西开发区创新发展赋能。2021

年9月，海南法奥网互联网法律服务创新平台启动运营，将致力于以更加精准、及时、便捷的服务为海南自贸港营造良好的电商运营环境，为海南各类开发区提供优质的法律服务。

二、创新人才培育

（一）创新型外人才引进。广东珠海富山工业园区积极依托"珠海英才计划"，通过构建和完善人才住房公积金体系解除高新技术人才的后顾之忧，实现"栽下梧桐树，引得凤凰来"。近年来，广西—东盟经开区不断加大人才政策落地力度，着力打通人才政策落实的"最后一公里"，通过人才政策红利的释放培育了广西吸引人才的"沃土"，为国内外高层次人才到广西高新区创新创业奠定了政策基础。海口高新区充分发挥高新区在人才高地建设中的引领作用，通过"四个统筹"，聚当地、外地、国内、境外四方人才所用。

（二）创新型人才培育。广州开发区紧抓粤港澳大湾区建设机遇，依托《广州市黄埔区、广州开发区、广州高新区创新创业领军人才聚集工程实施办法》等人才政策，根据现有人才计划和项目，聚焦培养复合型高素质人才，着力打造高起点、高质量、高标准人才新高地。为加快人才培育，广西北部湾经济区建立了高层次人才梯次培育模式，通过深入实施院士后备人选培养等工程加大培养高水平行业领军人才力度。同时推动重大人才项目建设，围绕港航物流人才、北钦防产业发展"高精尖缺"人才、北钦防一体化人才共引共育平台构建智库建设等人才项目加大人才引育力度。[1] 为进一步加快创新型人才培育，海南洋浦经开区出台了《洋浦经济开发区鼓励人才引进十条措施》，聚焦通过成立高级技工学校紧抓发展机遇，抢占人才高地，突出人才定位，为洋浦经开区发展强化人才支撑，扎实人才基座。

---

[1] 《广西财政安排3000万元为北部湾经济区招才》，广西壮族自治区人民政府网，2021年3月24日。

三、创新成果转化

（一）创新成果转化平台建设。花都经开区以花都高新技术产业服务中心为平台积极推动技术合同认定登记业务有序开展，采取"广宣传、建联系、汇需求"等方式充分培育当地技术市场，促进辖区内市场主体技术合同"应登尽登"。2021年广西—东盟经济技术开发区颁布的《广西—东盟经济技术开发区加快推进科技创新若干措施》明确提出支持鼓励企业开展技术交易，并强调通过完善技术交易平台以推动技术合同及项目签订，切实提升企业依靠技术合同以及项目转化科技成果的积极性。2021年1月，海南出台的《关于支持重大新药创制国家科技重大专项成果转移转化的若干意见》提出从公共服务平台、优化医疗保险支持机制、促进生物医药创新要素高效跨境流动等方面推动创新技术成果转化。未来，海南国家科技成果转移转化示范区将成为落实该政策和推广应用先进科技成果的主阵地。

（二）技术应用型人才培养。2019年，GE医疗生命科学事业部与广州开发区共建生物医药人才培育基地，通过精准人才培训服务，共同打造广州开发区生物医药型人才的"黄埔军校"。广西桂林经开区通过产学融合为园区企业培养高素质应用型和复合型人才，不断扎实企业健康稳定发展人才基础，通过人才培育推动科研创新成果有效转化以助力园区破解技术应用难题。近年来，海南外国语职业学院聚焦为推动海南开发区创新成果走向国际化搭建人才"孵化平台"，着力为海南自贸港建设培育国际化应用型外语人才，以国际化应用型人才培育进一步强化海南自贸港科技成果应用。

第五节　开放发展

华南三省（区）开发区积极依托"一带一路"等国家战略开辟开放发展

新通道，强调引进来和走出去并重。在引进来上，着重从打造对外阵地、畅通对外通道、务实对外成果三大方面入手；走出去上，聚焦对外合作、外资利用和国际人才引进三大主题。

一、走出去

（一）打造对外阵地。2020 年 5 月，广州自贸区南沙片区与中国信保广东分公司签署战略合作协议，构建帮助自贸区企业走出去的政策性信用保险综合服务平台。平台旨在通过建立完善的出口信用风险防范体系以推动南沙自贸区参与"一带一路"建设保险业务，构建企业"走出去"重点项目清单，全面提升南沙对外开放水平。广西积极推动国家级开发区深度融合"一带一路"建设与合作，一方面加强国内中马钦州产业园投资，通过推动稀土高铁铝合金电缆国际产能合作基地等项目造好国内"走出去"重要支点。另一方面强化马来西亚马中关丹产业园投资，推进联合钢铁项目高炉工程合作。海南洋浦经开区通过建设面向东南亚国家的石油化工产品出口加工基地、国际能源交易中心以及千万吨级炼油和百万吨级石化类项目为海南完善"一带一路"互联互通格局奠定了良好基础。同时，洋浦经开区积极实施企业"走出去"战略，通过简化审批程序，推行"一次提交申报、统一办理反馈、一站式通关"审批模式构建"单一服务窗口"，着力为企业走出国门，参与国际竞争提供便利化服务营造良好的对外贸易环境。

（二）畅通对外通道。2021 年 3 月，广州白云机场综合保税区打造"空铁联运"物流运输网络，通过中欧班列保税物流集散中心实现空运与陆运的无缝自由切换，极大提升了货物周转效率，降低了企业"走出去"交通运输成本。广西南宁综合保税区紧紧抓住新一轮科技革命和产业变革机遇，依托跨境电商平台强化与东盟各国贸易合作，通过 Lazada 跨境生态创新服务中心（南宁）面向东南亚进行新商家孵化、提供本地化服务以及加大跨境电商人才培养力度，逐构建起中国—东盟跨境电子商务产业链。① 近年来，海南立足自贸港定位且借助"一带一路"倡议乘势而上，积极拓宽对外通道，推动全省港口班轮航线布局不断优化，同时加快搭建以海口港为中心的外贸航线网络，陆续开通越南、菲律宾、泰国等泛南海集装箱航线，基本形成覆盖全国沿海各主要港口的内贸航线网络及连结东南亚、辐射亚欧的外贸航线布局。

（三）务实对外成果。广东汕头综合保税区坚持"疫情防控与复工复产两手抓"，充分发挥"综合保税区＋跨境电商综试区＋华侨试验区＋自贸区"四区政策叠加优势，突出保税功能，做大保税主业，持续发力推进外贸新业态新模式发展。②2021 年前三季度辖区预计实现外贸进出口 63 亿元，同比增长 291.3%；固定资产投资同比增长 8.6%；一般公共预算收入同比增加21%。③ 广西充分利用试验区改革优势，发挥敢闯、敢试、敢干精神，积极推进沿边、跨境和地方金融创新，服务于"一带一路"建设。2021 年海南全省企业累计新增境外投资备案项目 135 个，同比增长 286%；投资总额 27.92 亿美元，同比增长 671%。投资领域覆盖通信基建、油气勘探、商业服务等；投资国别覆盖更广，其中新加坡、印尼等"一带一路"沿线国家增长比较快。④

二、引进来

（一）外企合作。2019 年 11 月，广州开发区与德意志工商中心有限公司携手签署战略合作备忘录，通过共建广州德国企业中心为德国中小企业搭

---

① 《数字经济赋能中国—东盟经贸合作》，广西壮族自治区人民政府网站，2021 年 9 月5 日。

② 《打造高质量发展的活力特区，各职能部门谈新思路新举措》，腾讯网，2021 年 4 月1 日。

③ 《前三季度外贸进出口预计同比增 291.3%》，南方日报新闻网，2020 年 11 月 2 日。

④ 《2021 年海南境外投资总额 27.92 亿美元同比增长 671%》，中国日报网，2022 年 1月 27 日。

建合作桥梁。该中心扮演着政府间合作媒介角色，旨在为引进外企提供良好的环境和交流合作机会。为进一步推动外资和新兴制造企业发展，广西自贸区紧抓新一轮对外开放发展新机遇，连续出台《中国（广西）自由贸易试验区南宁片区支持外商投资若干措施（试行）》《中国（广西）自由贸易试验区南宁片区关于支持新兴制造业发展的若干措施》等支持政策从技术研发、厂房建造、项目补贴等方面加大对新兴制造企业落户优惠力度。近年来，海南积极发挥自贸港建设优势，不断通过外资引进项目积极拓宽外企引进渠道。2020 年 12 月，海南自贸港第四批重点项目进行集中签约，其中包含的 14 个外资项目加强了与美国通用电气公司、韩国医药企业宝奥普乐、法国电力集团等外企合作共建，外企深度合作环境进一步优化。

（二）外资利用。广东自贸区通过汇聚全球创新资源，加快对外开放步伐和推动国际航运枢纽建设等措施积极开辟对外引资新战场。据统计，广东自贸区自挂牌 5 年以来实际利用外资 255.6 亿美元，超过全省 1/4，年均增长 34%，每平方公里引进外资是全省平均水平的 330 倍。[1] 面对 2020 年严峻的外资利用环境，广西自贸区、经开区以创新提升为抓手，通过外资审批权的下放，加大资金支持力度和搭建新型平台等方式推动自贸区与经开区外向型经济水平提升。截至 2020 年底，广西自贸区与 7 家经开区实际利用外资分别占比 27% 和 30.49%。[2] 为持续改善营商环境，吸引外商来琼投资，海南印发《关于扩大对外开放积极利用外资的实施意见》，鼓励和引导外资向旅游、医疗、热带高效农业等重点农业投资，旨在加大各类园区配套设施建设力度和全面提升海南自贸港和各类开区利用外资水平。

（三）人才引进。2021 年 6 月，广州开发区发布《中新广州知识城国际人才自由港聚集人才若干措施（试行）》，强调通过延伸创新人才激励

---

① 《广东自贸试验区 5 年实际利用外资 255.6 亿美元》，搜狐网，2020 年 4 月 22 日。
② 《广西去年利用外资规模创五年新高》，光明网，2021 年 1 月 19 日。

扶持链条、打造全过程人才服务体系、建设国际人才社区等措施进一步丰富引才育才方式以增强开发区人才创新活力，谋求用更积极开放的姿态面向全球汇聚人才。为进一步优化人才环境和加强人才支撑，广西北部湾经济区通过强化重点人才项目建设扎实人才发展底座。其中，开发区一方面不断强化服务于北部湾国际门户港建设的国际人才项目建设；另一方面全力打造服务于西部陆海通道门户枢纽人才"项目包"，不断提升园区对国际性人才的吸引力。自《海南自由贸易港建设总体方案》实施以来，为进一步加大自贸港人才引进力度，海南积极推行《百万人才进海南行动计划（2018—2025年)》，通过构建起"一揽子"人才政策体系包括大力实施国际人才集聚工程以及举办面向全球招才引智活动引进国际科技领军人才、创新团队和高端人才。

第六节　绿色发展

华南三省（区）开发区在引领绿色制造、探索绿色模式和推动污染防治绿色发展征程上迈出坚实一步。在推行绿色制造上，绿色产业发展成就显著，绿色基地建设步伐加快，绿色园区建设范围进一步推广；在绿色模式上，强调绿色改造、绿色监管和绿色金融三管齐下；在污染防治上，着力生态保护和环境整治两手抓。

一、绿色制造

（一）绿色产业发展。为加快推进化工新材料产业链升级改造，广东珠海高新区紧抓时代机遇，从资源利用、生态环保、绿色管理等方面着手培育新材料千亿级产业集群，聚焦打造园区高质量发展新增长极。广西钦州港经开区瞄准新时代新机遇不断加强全面融入"一带一路"建设，充分利用改革开放深化契机坚持绿色发展，强调以绿色理念引领和绿色规划引导推动园区现有产业集群转型升级，实现发展与生态的平衡、大工业与白海豚"共存共荣"。海南老城经开区深入挖掘生态红利，通过打造绿色产业发展"新引擎"筑牢产业高质量发展"绿色底线"。同时，通过产业整治、企业引进、"腾笼换鸟"绿色计划三大途径转变经济发展方式，大力推进区内企业技术改造，引领产业转型升级。

（二）绿色基地建设。近年来，广东惠州大亚湾经开区对标世界园区建设标准，坚持高起点、高标准加强区内基础设施建设。其中，石化园区的世界级绿色石化产业基地成为推动大亚湾做大做强新能源新材料产业的前沿阵地。广西南宁经开区通过建设"绿色食品"基地为园区绿色发展赋能添力。基地项目具备集粮食收储烘干和精深加工等综合功能，项目通过实行定制农业模式以倒逼农产品种植结构调整，不断擦亮绿色发展的生态"底色"。根据《海南省高新技术产业"十四五"发展规划》，海南洋浦经开区遵循"绿色、循环、低碳"发展理念，通过打造绿色生态石化产业基地进一步健全石化新材料产业链，推动形成上游勘探开发、中游油气加工、下游新材料一体化的绿色产业布局，注重补链、强链、延链三路并行推动石化产业高质量发展。

（三）绿色园区搭建，近年来，广州开发区坚持绿色发展引领，围绕侦测、平台、创新等多个抓手积极推动绿色产业发展，着力构建国家绿色产业示范基地，推动绿色产业集群，总体建设成效斐然，已先后获评国家循环化改造示范试点园区、国家生态工业生态园区、国家绿色园区。[①] 广西桂林经开区聚焦"最绿色、最高效、最美丽"战略目标，通过内部建设与经济建设"两手抓"推动园区发展迈上新台阶。同时，经开区不断加大绿色、优质重大项目引进，重点打造电子信息、机械装备、医药食品等特色品牌，并于

---

① 缪璟、何瑞琪：《连续四年！广州开发区又获这一国家级荣誉称号》，《广州日报》2020 年 12 月 7 日。

2018年获评国家级绿色园区。海南中部绿色产业园依托海榆中线布局全力打造琼中绿色经济带，强调通过各个分园功能布局与产业联动促进产城融合互动，重点将园区建设成为农副产品、生物医药与物流仓促的产业集群园区和集科研与创新一体化发展的海南中部绿色产业园区。

二、绿色模式

（一）绿色改造。为推动实现绿色转型升级，广东南海工业园通过三旧改造淘汰落后产能，积极探索产业升级以破解园区发展困境。同时利用国资撬动充分挖掘土地潜力，通过集体土地开发和利用公有资本搭建平台解决"工改工"社会资金不足问题。此外，工业园积极探索城乡融合发展之路，以"两条腿"走路推动工业园绿色改造转型。2021年10月，广西良庆经开区出台了园区循环化改造实施方案，旨在进一步从工业能耗、污染物排放、水污染、大气污染、固体废弃物和环保投入等方面着力推动经开区绿色改造升级，进而提升园区综合竞争力和可持续发展能力。作为海南自贸港的先行示范区和自贸港政策先行先试重要功能平台，海南洋浦经开区通过精准把握其功能定位，以化工产业绿色改造为重点打造园区新增长极，助力海南自贸港发展。

（二）绿色监管。2021年5月，广州开发区出台了首个国家经开区碳中和专项政策。政策从支持循环经济、节能降碳、绿色品牌建设、能源管理、重点项目配套、新能源和可再生能源推广应用、优化绿色产业发展环境七个维度构建绿色政策支持和监管体系，旨在全面推动园区企业向碳达峰、碳中和目标进发。① 为进一步改善环境质量，保护环境安全，广西南宁经开区采用环境监管网格化管理方式，通过五级网格管理强化园区环境整治，力求做

---

① 何瑞琪、缪璟：《广州开发区出台国家级经开区首个碳中和专项政策》，《广州日报》2021年5月25日。

到环境监管不留死角、不留盲区、不留隐患，做到监管到位、服务到位和互通到位，切实提高开发区绿色监管效能。近年来，海南洋浦经开区检察院立足职能定位，通过"绿色宝岛·生态检察"专项工作不断加强生态环境资源检察与监管，着重从提高群众保护生态意识、健全生态检察协作机制以及开展公益诉讼加强生态保护三个方面入手为构建"绿色园区"贡献力量。①

（三）绿色金融。为加快园区低碳转型步伐，广州开发区成立了全省首家绿色融资担保机构。作为新生力量，该机构将重点突出绿色定位，通过强化普惠金融与绿色金融支撑，助力园区企业转型升级和开发区可持续发展。近年来，广西积极贯彻新发展理念，绿色金融发展取得积极成效。目前，作为绿色金融改革创新示范区的南宁、柳州、桂林、贺州四个城市通过不断凝练特色、扩大宣传，已成为加快建设面向东盟金融开放门户的重要平台。海南自贸港绿色金融研究院作为海南绿色发展的重要智库，始终致力于通过挖掘海南在国家战略和自然环境等方面的独特优势以提高海南绿色金融支持力度，强调金融引领倒逼产业转型升级，为海南自贸港绿色、可持续发展注入"金融活水"。

三、污染防治

（一）生态保护。为进一步加强园区生态环境保护，广东梅州经开区根据《广东梅州经济开发区环境综合整治方案》不断加强园区环评工作，着力推动产业精准定位和布局优化，通过改善污水处理方式和提升废气处理效率以切实提升开发区软硬实力，为高质量绿色发展打好基础。2021年4月，广西—东盟经开区召开生态环境保护工作会议，要求强化政治意识，坚持党建引领，以党政"亲手抓，负总责"的工作部署推动生态环境保护目标和责任落实。同时，会议还强调推动形成园区齐抓共管工作机制来为打赢污

---

① 李轩甫、范通广：《守护"绿色园区"的碧海蓝天》，《检察日报》2018年4月2日。

染防控攻坚战"保驾护航"。2020年7月，海南省生态环境保护百日大督察第三督察组对儋州市和洋浦经济开发区开展生态环境保护大督察工作动员汇报会，会议强调坚持问题导向、责任导向和目标导向，严格贯彻党中央、国务院和省委、省政府关于全面加强生态环境保护工作的精神，以压实政治责任，健全工作机制等方式来巩固提升经开区生态环境保护效果，助力海南自贸港建设。[①]

（二）环境整治。广东湛江经开区积极探索"湖河长+检察长"协作机制，并针对湛江经开区部分河渠存在的水体污染和河道垃圾堆放等问题进行了有效整治。通过截污河道、疏通河渠、加强管网建设等方式，协同经开区河长办、湛江市水务局、住建局等多个部门切实把好水体污染整治项目进度关、质量关和管理关，努力实现"办理一案、惠及一方"。广西—东盟经开区以积极争创全国文明典型城市为契机，深入开展开发区环境整治工作，以细抓实干，提升群众幸福感与获得感为目标推动环境治理项目落成。为进一步改善农村人居环境，海南洋浦经开区依托《洋浦经开区农村人居环境政治三年实施方案（2018—2020年)》，从加强环卫体系建设、推动"厕所革命"、实施安全饮水和污水治理工程、推动燃气工作下乡等方面入手加快乡村振兴步伐，加强美丽乡村建设，为建设宜居宜业、民富村美洋浦新蓝图打下基础。

第七节　体制改革

华南三省（区）开发区进一步深化体制机制改革，"放管服"成效突出。在招商引资上，不仅强调规划统筹、注重方式多样，还注重整合多元主体力

---

① 《省生态环境保护百日大督察第三督察组督察儋州市和洋浦经济开发区工作动员汇报会召开》，儋州市人民政府网，2020年7月6日。

量，提升引资效能；在行政审批改革上，审批流程进一步简化、审批主体进一步整合、暖心审批服务进一步推广。

一、加强招商引资的制度供给

（一）强调规划统筹。为了进一步优化营商环境，广东省政府于 2020 年 3 月印发了《广东省深化营商环境综合改革行动方案》，该方案提出的深化商事制度改革、完善企业投资管理体制、推进贸易便利化改革等措施为开发区招商引资工作提供了方向指引，提升了开发区招商引资的能力。2021 年 6 月，为进一步贯彻《广西壮族自治区人民政府办公厅关于印发 2021 年广西持续优化营商环境行动方案的通知》，自治区市场监管局等 8 部门印发《2021 年广西优化营商环境市场监管能力指标实施方案》，该方案提出的"互联网＋监管"、提升商务诚信等方面的内容为开发区优化营商环境明确了方向。2021 年 5 月，海南省印发《2021 年海南省提升营商环境重要量化指标便利度实施方案》强调从开办企业、获得水电气、获得信贷等十五个方面来优化营商环境，不断激活主体活力，加大投资的吸引力。

（二）注重方式多样。广东珠海高新区以深化商事登记改革和完善改革后续监管服务为主线，书写了营商环境的珠海"高新方案"，提出了包括商事登记便利化、商事登记实行"先照后证"登记、简化住所（经营场所）登记手续、落实容缺受理制度在内的六大优化营商环境举措。[①] 广西—东盟经开区全面落实"强首府"战略部署，扎实开展"三企入桂"，全力推进招商引资工作，培育营商沃土。海南洋浦经开区通过做好交通出行服务保障、聘用政务服务监督员、设立企业发展服务中心、推行"一网通办"等措施查问题，补短板，推动营商环境不断优化升级。

---

① 珠海高新区:《推进体制机制改革　激发高质量发展活力》，珠海国家高新区网，2019 年 11 月 25 日。

（三）整合主体力量。广东省清远市成立了由副市长牵头，纪委、工商局、发改委等多部门联合组成的优化营商环境工作领导小组统筹营商环境改革，开发区营商环境改善主体力量得到进一步整合强化。此外，广东湛江经开区协调区社保局、城综局、税务局、招商局和法院等多主体共同推进招商引资工作。2021年2月，广西自贸区片区第二次联席会议审议通过了《广西自贸试验区2021年外资招商引资工作方案》，要求各部门、各管委会凝心聚力狠抓外资招商，围绕主导产业多措并举开展外资招商引资。海南洋浦经开区弘扬"快准实好"作风，以多部门、各局办全力配合形成招商引资"大合唱"，从练就合唱功、找准合唱本和建好合唱团三个方面促进产业高质量转型升级，提升园区全球资源配置能力，交出了招商引资满意答卷。①

二、优化行政审批

（一）优化审批流程。广州开发区历经五年探索推出了全流程优化、订制式审批服务、承诺信任审批、施工图集中审查、审批与监管分离等一系列行政审批流程优化举措。② 广西南宁经开区积极探索"拿地即开工"审批模式，通过优化审批流程，简化审批手续等措施让企业以最快速度建设投产，切实解决以往存在的工业类企业建设项目审批滞后、企业开工慢等难题，极大地降低了企业落地投产制度性成本。③ 海口桂林洋经开区围绕深化"放管服"和"极简审批"，就审批的时限、原则、类型、事项等内容进行了研究部署，打造出"流水线"审批流程，提升行政审批效率。

（二）整合审批主体。作为广东省首批"相对集中行政许可权"试点改革区之一，广州开发区把由多个部门办理的事项集中于行政审批局，极大地提高了审批效率。2014年，广西南宁经开区将原由21个部门审批的300多个审

---

① 林书喜：《唱响招商引资"大合唱"》，《海南日报》2021年2月24日。

② 张玉琴：《广州开发区行政审批改革五周年成果发布》，《信息时报》2021年5月26日。

③ 南宁经开区：《高质量发展创佳绩》，中国经济网，2021年11月25日。

批事项划归至南宁经开区行政审批局，有效杜绝了碎片化审批问题。海南澄迈老城经开区则是获得澄迈县人民政府部分授权，由海南澄迈老城经济开发区管委会依法依规履行相关的行政审批职责，大大提升了行政审批效率。

（三）转变审批方式。广州开发区专设政务服务中心，为企业市民提供个性化、定制化的优质审批服务，通过"现场审批、送证上门""来了就办、一次搞定"等手段来解决企业和群众的难题。广西—东盟经开区事先开展摸底排查工作，并通过主动提醒、主动联系和主动告知的方式让企业和市民少跑腿，多暖心。海南省政府不断深化行政审批制度改革，通过"极简审批""一枚印章管审批""综合窗口受理制"等来优化自贸港营商环境，切实做到让企业、群众"只跑政府，不跑部门"。截至 2021 年 7 月，全省已有 12 个重点园区推行极简审批制度，15 个县（市）和 8 个辖区实现了"一枚印章管审批"。①

第八节　园区治理

华南三省（区）开发区的园区治理主要体现在园区规划的引领作用，园区就业服务、健康服务等功能的综合化，以及公共设施改善等方面。

一、强调规划引领作用

2020 年，广东出台了《广东省开发区总体发展规划（2020—2035 年)》，其目标是把开发区打造成为高水平营商环境的示范区、开放型经济和制度创新的先行区。2010 年，广西印发了《广西北部湾经济区南宁—东盟经济开发区总体发展规划（2010—2030 年)》，力求将开发区打造成为北部湾活力

---

① 《海南省深化行政审批制度改革优化政务服务营商环境》，界面新闻网，2021 年 7 月 17 日。

轻工城、大南宁魅力卫星城、示范性实例华侨城等。2011 年，海南颁布了《洋浦经济开发区总体规划（2011—2030 年）》，突出以规划强化开发区协调发展，构建"四带两廊、一心多园"空间结构，通过充分发挥区位优势、建港条件、环境容量和资源条件等优势着力打造成为南海油气资源开发服务基地、环北部湾地区国际航运和物流中心、海南省重要临港工业基地。根据规划的内容，可发现华南地区三省有关开发区的规划具有以下两个特征：

一是强调规划的战略性。广东省开发区规划的时间长度为 15 年、广西为 20 年，海南为 19 年，规划涉及的时间都比较长。二是各省出台的规划方案与国家战略紧密相连，都注重服务于国家战略的需要，充分发挥战略的支点作用。广东省出台的开发区规划方案不仅是中央推动《关于促进开发区改革和创新发展的若干意见》、国务院《关于推进国家级经济技术开发区创新提升打造改革开放新高地的意见》等方案的进一步延伸与落实；也是服务于"一带一路"倡议、粤港澳大湾区建设的需要。广西出台的开发区规划与《广西北部湾经济区北钦防一体化发展规划（2019—2025 年）》规划紧密衔接，在服务于北部湾经济区建设的同时，力求于西部陆海新通道建设。海南开发区规划是《洋浦经济开发区总体规划（2011—2020 年）》的新一轮延续，是《国务院关于推进海南国际旅游岛建设发展的若干意见》等规划及文件的落实体现。

二、突出园区综合功能

2021 年 1 月出台的《黄埔区、广州开发区城市更新专项总体规划（2020—2035 年）》提出了构建生态组团、产业创新组团、复合居住组团、城市服务组团四大功能区，以多元组团发展模式以引领开发区工作出新彩，创新绩。广西防城港高新区将园区划分为公车物流园、高新技术产业园、配套生活区、配套商业区和云朗科技园。此外，广西—东盟经开区积极打造产业园区配套服务节点、休闲旅游服务节点、教育科研服务节点、创新孵化服务节点、高铁现代服务节点等等。为进一步加强开发区功能区建设，推动各类功能合理布局，海南洋浦经开区设置了游艇公共码头区、保税港游艇产业区、游艇公共下水码头区、游艇公共服务区四大游艇产业分区，强调通过四大功能区分工合作实现游艇产业优势互补。

三、加强基础设施建设

（一）大力推进交通设施建设。2020年出台的《广东省开发区总体发展规划（2020—2035年）》明确提出构建"区内区外"、便捷高效对接的交通基础设施体系。广西百色重点开发试验区通过强化试验区的综合交通网络建设，推动试验区在新的历史起点上实现跨越式发展。海南江东区着力强调规划引领交通升级，通过搭建起完善的交通设施架起江东新区的经济联通"大动脉"。

（二）提升公用设施配套水平。一是完善开发区的用水、用电、用气等基础能源的供应及安全保障；二是完善园区排污、垃圾处理等配套设施建设；三是加大教育、医疗、商业、人才等行业的培育，以打造综合性现代化服务体系提升园区发展动力。

第九节　未来展望

党的十八大以来，华南地区开发区建设与发展总体水平不断提升，成就显著。今后仍必须牢牢把握立足新发展阶段、贯彻新发展理论、构建新发展格局的重大意义和丰富内涵，推动开发区高质量发展。

一、坚持协调共进

协调发展是制胜要诀，开发区作为重要经济发展载体，既扮演着推动经济高质量发展的重要角色，也肩负着促进区域、城乡协调发展的重任。

一是加强府际合作，建立健全府际合作机制，为推动生产要素的自由、合理流动、构建起统一的市场奠定基础。首先是完善公务员交流机制，强化公务员经验、知识、技能流动，逐步推行管委会行政人才对口支援。其次是健全同城管理机制，在现有行政体制下探索独立的同城管理模式，推动开发区生态保护、资源互补、交通规划等职能一体化。最后是配套协调机制，探索联席会、协调会、座谈会等开发区高层人员合作交流形式，通过共同协定完善权责体系，厘清职责关系。

二是在充分的府际合作基础上加快构建统一市场，盘活市场资源，为区域发展注入新动力，服务于"双循环"发展战略。首先是推行项目机制，以开发区为"主力军"推动环境治理、基础设施建设、生态环境保护等重大项目合作，由外围到中央，从易到难逐步深入金融、人才、资本、关键技术等核心领域合作。其次是完善统一市场法律法规，拔高规划层次，加速推进统一市场的形成。既要拓宽规划参与路径，实现主体多元化，又要推动规划目标转换，追求目标多元化，并推动新设规划与已有规划有效衔接。最后是搭建安全、高效、便捷的统一市场要素流通载体，依托大数据、物联网、区块链、人工智能等新兴技术强化成果转化应用，推动信息、政策、资金、文化等资源高速度高质量联动。

三是培育社会组织，借鉴香港科技园区"市场主导、社会赋能、政府服务"的园区管理模式，以开发区为"桥头堡"逐步搭建起开发区协会、异地商会、同乡会、校友会等沟通联动平台，鼓励社会组织参与园区建设、组织和管理，积极发挥社会组织在绿色环评、创新驱动、城乡联通、服务扩散等领域的作用，弥补市场、政府治理的失灵。

二、推进共享发展

共享经济既是新时代促成的新业态新模式，也是在高质量发展过程中走向共同富裕的重要内核。

一是加大数据共享力度。全面深化数字化改革，充分利用开发区创新资源搭建共享数据平台、数据库、数据中心，以数字化驱动推动开发区纵向、横向制度改革重塑，加强数据信息纵横自由、充分流通。建立健全开发区数字治理体制机制，推动数据变革与开发区生产、生活、治理深度融合。提高数据利用效率，充分利用公用数据为园区发展"画像"，提升园区运行情况透明度，通过数据开放共享进一步优化营商环境，减少企业入驻信息成本，提高区内企业融资可获得性。同时强化数据赋能，提升数据对技术、物流、生态支撑作用，打造园区智慧运营中心，提升管委会在监测预警、预测研判等方面的服务能力，以数据共享筑牢智慧园区大数据基座。

二是拓宽机遇共享渠道。加强粤港澳大湾区、海南自由贸易港、广西陆海新通道、广西北部湾经济区建设、珠江—西江经济带建设、广东全运会举办、泛珠三角合作等国家战略协同，以战略协同推动跨省、跨区域合作交流和联动发展，逐步构建起以国家战略实施为纽带，以三省开发区为支点的联动发展格局。建立健全产业发展的激励引导机制，进一步拓宽三省开发区合作领域，探索数字经济、对外经济、工业互联网、新能源新材料等新兴产业共商、共建、共研、共产、共享"无人区"。立足三省发展定位，挖掘各自特色资源，强化三省开发区优势互补，聚焦融合发展目标，提升园区合作共建、共创能力，把握机遇共享未来。

三是优化成果共享机制。积极借鉴国内外开发区的先进发展经验，探索城乡融合、产城融合发展之路。充分发挥开发区在劳动力、资金、土地等多要素集聚优势推动城乡共存共荣，通过增加工作机会，提升居民收入，提高居民消费水平。依靠道路、电网、通信、供水等基础设施建设完善周边地区基建环境，充分利用开发区集群效应所带来的生活消费需求扩增带动周边地区发展。强化开发区在政警、消防、环保、教育文化、医疗保健等方面的溢出效应，利用开发区辐射带动作用积极回馈地方，助推乡村振兴。

第七章　西南地区开发区建设与发展

西南地区包括四川、云南、贵州、重庆和西藏，截至 2021 年底，西南地区共有各类开发区 349 个，总面积 226827.07 公顷，占西南地区国土总面积约 0.1%。2020 年西南地区开发区实现总产值约 6 万亿元，约占地西南地区总产值的 50.9%。党的十八大以来，更是突飞猛进，其中贵州、重庆和西藏 GDP 增速连续多年位居全国前三名，是近十年间我国推进高质量发展的典型缩影，而开发区是其实现后发赶超的主要动力。

开发总体概况。截至 2021 年底，西南地区共有各类开发区 349 个，其中国家级经开 19 个，国家级高新区 17 个，海关特殊监管区 16 个，边/跨境合作区 5 个，国家级自贸区 3 个，国家级新区 4 个，国家级自创区及其他国家级开发区 3 个，省级开发区 282 个。开发区总面积 226827.07 公顷，占西南地区国土总面积约 0.1%。2020 年西南地区开发区实现总产值约 6 万亿元，约占地西南地区总产值的 50.9%。

表 7-0-1　西南地区开发区总体情况表

省区市	国家级经开区	国家级高新区	海关特殊监管区	边/跨境合作区	国家级自贸区	国家级新区	省级开发区	其他国家或省级开发区	合计
四川	8	8	6	0	1	1	116	0	140

省区市	国家级经开区	国家级高新区	海关特殊监管区	边/跨境合作区	国家级自贸区	国家级新区	省级开发区	其他国家或省级开发区	合计
云南	5	3	2	5	1	1	48	1	66
贵州	2	2	2	0	0	1	69	1	77
重庆	3	4	4	0	1	1	41	0	55
西藏	1	0	1	0	0	0	4	0	6
合计	19	17	16	5	3	4	282	1	349

党的十八大以来，西南地区开发区按照"创新、协调、绿色、开放、共享"新发展理念，依托资源禀赋条件，不断提升基础设施水平，推进体制机制改革，持续加大招商引资，涌现出了一批在全国有较高影响力的开发区。成都高新区位列2020年全国十大高新区第七名，两江新区位列国家级新区第四名。成都经济技术开发区位列2020年全国吸引外资10强经开区。贵阳高新区、绵阳高新区等排名大幅向前迈进，进入全国50强行列。

总体布局。党的十八大以来，西南地区不断加快区域协作发展，开发区是协作发展的火车头。2016年5月，国务院印发《成渝城市群发展规划》，规划指出，依托成渝北线、中线和南线综合运输通道，积极推进重庆两江新区和四川天府新区建设，加快推动核心城市功能沿轴带疏解，辐射带动资阳、遂宁、永川、大足、荣昌、璧山等沿线城市加快发展，打造支撑成渝城市群发展的"脊梁"。2019年3月，重庆市和贵州省联合印发《渝黔合作先行示范区建设实施方案》，方案指出，在重庆和贵州两地的合作先行示范区形成"一轴一核，一带三片"布局，"一轴一核"：即渝黔南北发展主轴，主要依托以铁路、高速公路为主的国际陆海贸易新通道，积极推进重庆两江新区和贵州贵安新区建设，辐射带动沿线各区市县加快发展；在主轴基础上，以綦江区、万盛经开区、江津区（江津综合保税区）、遵义市（红花岗区、汇川区等）为核心区，建成渝黔合作先行示范区的桥头堡和主阵地。"一带

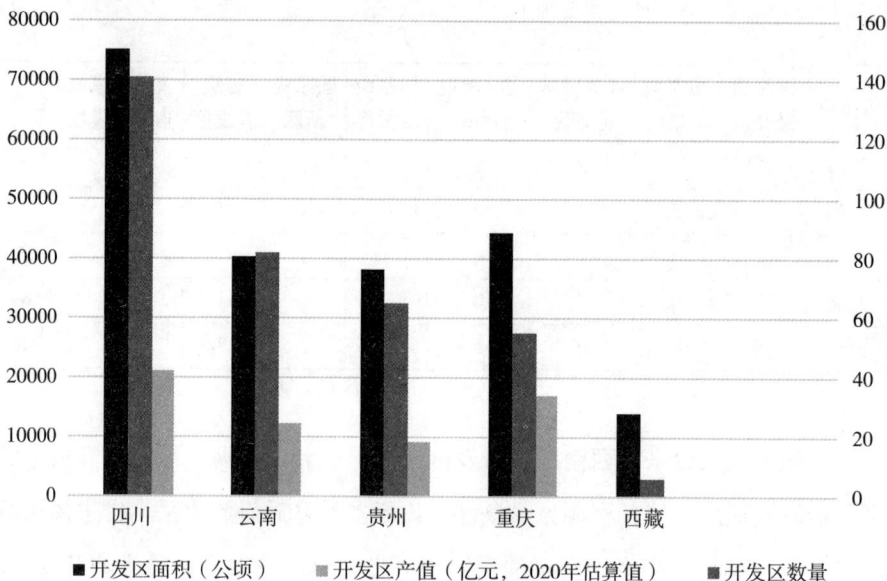

图 7-0-1　西南地区各省区市开发区比较图

三片"：即围绕一带"渝黔东西向文旅融合示范带"，以全域旅游为主攻方向，着力打造"江津—赤水、习水""南川—道真、正安""秀山—铜仁"三大片区。2019 年 11 月，云南、四川签署了《经济社会发展合作行动计划》，两省同意将积极推动重大展会、国家级新区、自贸试验区、金融创新平台共赢发展，不断拓展对外开放合作空间。2020 年 1 月，四川、西藏两省区在成都举行经济社会发展交流座谈会，双方同意加强区域经济、社会治理、基础设施建设、生态保护等多方面的合作，以互利共赢新成果促进两省区各项工作不断迈上新台阶。2021 年 10 月，中共中央、国务院印发了《成渝地区双城经济圈建设规划纲要》，进一步推动成渝一体化发展。为此，西南地区开发区建设和发展总体上形成了以成渝地区双城经济圈为核心，渝黔先行合作示范区为重点，依托四川与云南、西藏省区经济合作机制，形成以国家级新区、自贸、经开区等先导的开发区区域协作发展格局。

　　发展情况。一是特色产业不断壮大。得益于西南地区高原特点、少数民族传统和"三线"建设历史等资源禀赋，西南地区在特色医药、食品加工、航空装备等方面集聚了优势，形成了一大批特色产业园区和领军企业，拉萨经开区被评为藏药业为特色的新型工业化示范基地，贵阳高新区被评为以大数据特色的新型工业示范基地，昆明高新区被评为生物医药特色的新型工业化示范基地等，成都高新区成飞公司、仁怀经开区贵州茅台、拉萨经开区六藏医药公司等均是行业内领军企业。二是创新能力不断提高。根据《中国区域科技创新评价报告2020》，重庆、四川位于全国第二梯队领先位置，其中重庆高新区、成都高新区获批国家自主创新示范区。成都高新区的高端无人机研发制造、重庆高新区的智能驾驶车辆研发、贵安新区的FAST数据处理、昆明高新区干细胞研究等处于国内乃至世界前列。三是开放格局持续扩大。党的十八大以来，西南地区开发区构建了重庆、四川和云南自贸区（试验区）为引领、两江、天府、贵安、滇中国家级新区为核心，各国家及省级高新区、经开区等为主体的开放格局。随着渝新欧铁路、蓉新欧和黔新欧铁路以及老挝万象至云南昆明铁路相继开通，我国"一带一路"倡议已提升至新的高度，面向东南亚的开放格局将进一步夯实。西南地区各类开发区作为对外开放的主要平台，对我国实施"双循环"战略起到了举足轻重的作用。四是绿色发展不断出新绩。西南地区全面坚持"生态优先、绿色发展"的理念，以严的标准、实的作风推进生态环境保护各项工作，推进绿色园区治理、管理，截至2021年底，西南地区累计获国家级绿色园区认定23家。同时，贵州贵安新区作为西南地区唯一入选全国五个绿色金融试验区，近年来，积极利用绿色金融的优势助力开发区产业发展、基础设施建设，为西南地区乃至全国高质量发展探索出了一条绿色发展之路。

本章从各省区市开发区发展概况、发展定位、空间布局、产业发展、创新发展、开放发展、绿色发展、体制改革、产城融合、园区治理和未来展望等方面梳理开发区建设和发展情况。

第一节 发展概况

一、四川省

（一）发展规模

开发区数量和占地规模：

在党和国家及地方政府的坚强领导下，四川省经济建设取得了长足的进步。截至 2020 年 12 月，四川省现有经济开发区 140 个，如表 7–1–1 所示。全省开发区以约占全省 3‰的国土面积贡献了全省约 80%进出口、70%规模以上工业企业数、50%利用外资和 30%固定资产投资，成为四川省改革开放的排头兵和高质量发展的主要支撑。

表 7–1–1　2020 年四川省开发区情况

开发区类型	数量（个）	面积（公顷）
国家级经开区	8	7407.26
国家级高新区	8	6068.20
海关特殊监管区	6	1641.93
其他国家级开发区	2	13577.00
省级开发区	116	61511.12

（二）发展效益

2020 年全省 8 个国家级经开区实现地区生产总值 4566.2 亿元、同比增长 6.9%。其中成都经开区更是连续三年稳居全国经开区 20 强第一方阵，宜宾临港经开区首次进入全国前 40，75%的国家级经开区进入"全国百强"行列。"十三五"期间 8 个经开区贡献了全省 12%的实际利用外资、9%的地区生产总值和进出口总额。主导产业有工程机械、食品饮料、电子信息、化工环保、生物医药、电子机械、有色金属、新材料等。

国家级高新区建设取得突出成绩。根据成都高新区官网报道，2020年全区地区生产总值突破2400亿元，以8.3%的经济增长率领跑全国，并力争到2021年末实现地区生产总值2600亿。国家高新区综合排名晋升，稳居全国高新区第一方阵。在"十三五"时期，成为四川省经济规模首次突破2000亿元的高新技术产业园；独角兽企业培育实现"零"的突破并达到5家；签约招引项目156个；高新技术企业数量2705家，较"十二五"末增长271%；聚集世界500强企业130家，较"十二五"末净增31家。

海关特殊监管区域建设取得重大突破。其中成都高新综合保税区建设更是走在全国海关前列。2020年成都高新综合保税区以5491.7亿元的进出口规模位列全国综合保税区第一，同比增长26.8%。据成都海关统计：2021年1—10月，四川货物贸易进出口总值7542.4亿元，规模位列全国第8，与2020年同期相比增长14%，与2019年同期相比增长37.2%，其中出口4473.5亿元，增长18.5%，与2019年同期相比增长42%；进口3068.9亿元，增长8%，与2019年同期相比增长30.8%。

其他国家级开发区中，2020年，自贸试验区利用外资同比增长308.6%，货物贸易进出口总值同比增长20.7%，引领全省进出口规模跃居全国第8、增幅第2，天府新区更是实现地区生产总值3561亿元，同比增长6.7%，居国家级新区第五位。

二、云南省

（一）总体规模

根据中共云南省委、云南省人民政府2020年4月印发的《云南省各类开发区优化提升总体发案》和现有数据，截至2021年云南省共有67个省级以上开发区，其中保留的省级开发区48个，国家级经开区5个，国家级高新区3个，海关特殊监管区2个，边/跨境合作区5个，国家级自贸区1个，国家级新区1个，其他国家级1个。国家级开发区总的规划面积约10302公项，玉溪高新技术产业开发区规划面积 1312 公顷位居首位，昆明经济技术开发区 11980 公顷和曲靖技术开发区 1000 公顷位居第二和第三。

（二）发展定位

1.国家级新区：云南省滇中新区（杨林经开区、安宁产业园区、空港经济区）坚持实体经济发展为本，重点打造新能源汽车、生物医药、石化等先进制造业集群，培育临空商贸物流等现代服务业集群。加快建设综合保税区、临空产业园、航空物流园等专业园区，发挥平台叠加聚集效应。

2.高新区：以昆明高新技术产业开发区等为引领的高新区重点突出创新驱动发展。高新技术产业开发区、高新技术产业园区着力打造生物医药、新材料、信息技术等产业集群，推进落实创新型云南行动计划，全方位汇聚各类创新资源。鼓励建设工程（技术）研究中心、技术创新中心、重点实验室、企业技术中心、国家地方联合创新平台等研发平台。

3.经开区：以昆明、大理经开区等为引领的经济技术开发区、经济开发区和工业园区要主动培育战略性新兴产业，积极推进装备制造、新能源、有色、化工等重点产业发展，加快培育特色产业集群。

4.海关监管区：瑞丽边（跨）境经济合作区等突出加工贸易和边境贸易等产业特色，建设外向型特色产业基地，积极参与国际产能合作，推动优势产业和企业在境外建立生产基地、研发平台和营销网络，促进区域内要素自由流动和提升便利化程度。

5.自贸区：中国（云南）自由贸易试验区以制度创新为核心，以可复制可推广为基本要求，对标国际先进规则，形成更多有国际竞争力的制度创新成果。推动经济发展质量变革、效率变革、动力变革，努力建成贸易投资便利、交通物流通达、要素流动自由、金融服务创新完善、监管安全高效、生态环境质量一流、辐射带动作用突出的高标准高质量自由贸易园区。

（三）发展成效

产业园区是产业集聚发展的重要载体，是推动工业化、城镇化发展和对外开放的重要平台。经过近 30 年的发展，开发区已成为全省区域经济发展的增长极、工业发展的主战场、产业转型升级的主阵地和招商引资的大平台。全省建成昆明高新区、自贸区昆明片区（昆明经开区）2 家主营业务收入超 2000 亿元开发区，5 家超 1000 亿元开发区、11 家超 500 亿元开发区、32 家超 100 亿元开发区。创建国家企业技术中心 3 个，累计认定国家小型微型企业创业创新示范基地 14 个、国家级中小企业公共服务示范平台 9 个、国家技术创新示范企业 3 个。昆明经济技术开发区、玉溪高新技术产业开发区等 6 个开发区被认定为国家级绿色园区，昆明经济技术开发区建成国家生态工业示范园区，普洱景谷林产工业园列入全省唯一的国家绿色产业示范基地，安宁、东川、兰坪列入国家工业固体废物综合利用基地。

截至 2020 年底，昆明高新区、自贸区昆明片区（昆明经开区）、五华产业园、安宁产业园主营业务收入分别突破 2450 亿元、2200 亿元、1340 亿元和 1200 亿元，杨林、空港、七甸、呈贡、宜良等 7 个园区突破百亿元。

1. 自贸区昆明片区（昆明经开区）

云南省唯一集国家级经济技术开发区、国家级综合保税区、国家出口加工区、国家科技兴贸创新基地、国家级新型工业化产业示范基地、国家大众创业万众创新示范基地、长江经济带国家级转型升级示范开发区、国家绿色园区、国家生态工业示范园区和省级高新技术产业开发区于一体的多功能、综合性产业园区，已成为云南省最大的新型工业化基地、招商引资和对外贸易的重要平台、推动城市化进程的重要力量和体制机制创新的试验示范区。至 2020 年底，昆明经开区主营业务收入突破 2200 亿元。昆明园区工业增加值、工业总产值、利润总额、税金总额、工业固定资产投资、进出口总额、实际到位外资总额、高新技术企业数分别占全省园区比重的 32%、33%、38%、39%、30%、57%、73% 和 60% 以上，园区成为拉动地方经济快速增长的重要支撑。

2.大理经济技术开发区

大理经济技术开发区近三年区内新注册企业呈逐年递增趋势，2019年新增企业1163家，注册资金达79.33亿元；2020年新增企业1364家，注册资金达120.24亿元；2021年新增企业1518家，注册资金约128.65亿元。

三、贵州省

（一）总体规模

截至2020年12月，贵州省开发区数量共77个（含贵安新区），总面积72027.18公顷，其中国家级新区1个，国家级开发区4个，海关监管区2个，省级开发区69个，临港经济区1个。贵阳高新区为全省第一个国家级开发区。从单个面积来看，贵安新区（直管区）是面积最大的开发区，为470平方公里。

从区域分布来看，遵义市拥有全省最多的开发区16个，其次为贵阳市有开发区11个（含贵安新区，因2019年11月起贵安新区由贵阳市代管）。从产值规模看，以2020年贵阳市开发区工业总产值合计约1900亿元，黔东南州开发区工业总产值合计约230亿元，工业总产值最大者与最小者相差8倍多（即使不含贵安新区产值，两者差距也近8倍）。

（二）发展定位

1.国家级新区：国家级新区由国务院批准设立，主要承担国家重大发展和改革开放战略任务的综合功能区。贵安新区于2014年1月成立，国务院批复设立贵安新区时要求：贵安新区建设要着力推进体制机制创新，探索欠发达地区城市发展建设新模式；着力调整优化经济结构，建立现代产业体系；着力提升对内对外开放水平，促进区域经济协调发展；着力推进生态文明建设，促进人与自然和谐发展，不断增强综合竞争实力，带动周边地区共同发展，把贵安新区建设成为经济繁荣、社会文明、环境优美的西部地区重要的经济增长极、内陆开放型经济新高地和生态文明示范区。

2.经开区：以贵阳国家经开区、遵义国家经开区的主要定位：以发展先进制造业、提高利用外资质量、优化出口结构为主，成为实施区域发展战略的重要载体、构建开放型经济新体制和培育吸引外资新优势的排头兵、绿色集约发展的示范区。以安顺经开区、都匀经开区等为代表的省级经开区主要定位：依托区域资源优势，向主导产业明确、产业链条延伸、综合配套完备的方向发展，有序承接国内外产业转移，成为区域经济发展的增长极、特色优势产业的聚集地。

3.高新区：以贵阳国家高新区、安顺国家高新区的主要定位：面向全球，积极发挥创新示范和战略引领作用，大力发展战略性新兴产业，打造具有国际竞争力和影响力的创新型产业集群，成为创新驱动和科学发展的先行区域。以黔南州高新区、铜仁高新区等省级高新技术产业园区的主要定位：集聚整合创新资源，促进科技创新和成果转化，着力发展高新技术产业，成为带动区域经济结构调整和加快发展方式转变的重要引擎。

4.海关监管区：以贵阳保税区和遵义保税区为代表的海关监管区主要定位：以创新制度、统一类型、拓展功能、规范管理为重点，促进加工贸易转型升级，加快整合优化，逐步从单一的加工制造中心向贸易销售中心、交易结算中心、物流配送中心、检测维修中心等多元化发展转变。

（三）发展成效

1.产出规模

党的十八大以来，全省开发区综合实力不断增强，承载能力逐步提升，产业集中度明显提高，贵阳经济开发区、贵州仁怀经济开发区总产值先后突破千亿元大关，建成总产值200亿元级以上开发区19个、100亿元级以上开发区38个；创建国家新型工业化产业示范基地14个，国家级中小企业创新创业特色载体4个。全省开发区规模以上工业企业户数、总产值占全省比重分别达到79%和81%，较2015年分别提高10个和16个百分点，开发区吸纳就业超过130万人，为产业集聚集约集群发展提供了有力支撑。2020年，贵州省开发区规模以上工业总产值突破 9000 亿元大关。

2. 产出强度

近年来，贵州省积极整治各种形式主义，着力主抓开发区高质量发展，一是全面整合工业用地、清退"僵尸企业"，着力推动园区用地的规范化、集约化；二是创新精准招商模式，努力招"好"商、招"强"商、招"特"商；三是注重企业的集群化、产业的关联化、园区的协同化发展。其中成长园区虽然在绝对值上低于重点园区，但凭借其"船小好调头"的后发优势，呈现"加速追赶"的向好态势。根据贵州省工信厅提供的有关数据，2019 年贵州省开发区（核心指工业园区）的地均产值达到 184.03 万元 / 亩，其中重点园区地均产值达到 230.39 万元 / 亩，2020 年受疫情影响各项指标略有小幅收缩。

3. 投入强度

由于疫情原因，各项数据统计不完整，根据贵州省工信厅 2019 年统计的有关数据显示，贵州省经开区 2019 年的地均投入达到 228 万元 / 亩，增速达到 19.12%；重点园区地均投入达到 263.87 万元 / 亩，增速 18.75%；成长园区地均投入达到 171.78 万元，增速 19.70%。全省工业园区的投入强度呈现稳字当头、稳中缓升的总体趋势，与投入规模保持一致；其中，重点园区投入强度增速高于投资规模增速，表明投入质量有所提升，"大船顶风浪"的韧性正在增强；成长园区投入强度增速低于投资规模增速，表明整体在投入集中度、用地集约化等方面与重点园区仍有较大差距。

4. 招商引资

2019 年，贵州省开发区招商引资额达到约 3500 亿元，其中，重点开发区招商引资额约为 3000 亿元，成长开发区招商引资额约 450 亿元。随着营商环境的持续提升、基础配套的不断完善、产城融合的深入发展和招商引资工作的扎实推进、模式的锐意创新，贵州省开发区招商引资呈现稳中有进、稳中向好的总体趋势。但是，受经济下行影响，部分成长园区出现短期波动，招商引资的延续性、招商企业关联性难以保证、围绕产业链招商、供应链招商、产业组团招商仍是今后的主要方向。

四、重庆市

（一）总体规模

截至 2020 年，重庆现有开发区共 53 个（含两江新区和重庆自贸区），其中两江新区为内陆第一个国家级开发开放新区，重庆经开区为全市唯一上榜国家绿色产业示范基地，重庆涪陵工业园区、重庆江津工业园区、重庆永川工业园区、重庆长寿经济技术开发区等入选国家新型工业化产业示范基地。

（二）发展定位

1. 国家级新区：国家级新区由国务院批准设立，主要承担国家重大发展和改革开放战略任务的综合功能区。2010 年 5 月 5 日，国务院正式印发《关于同意设立重庆两江新区的批复》批准设立重庆两江新区，范围涵盖江北区、北碚区、渝北区三个行政区的部分区域，要求依托重庆及周边省份，服务西南，辐射中西部。作为国家综合配套改革试验区，根据国务院批复，中央赋予重庆两江新区五大功能地位：统筹城乡综合配套改革试验的先行区，内陆重要的先进制造业和现代服务业基地，长江上游地区的经济中心、金融中心和创新中心等，内陆地区对外开发的重要门户，科学发展的示范窗口。

2. 国家级开发区：以"生态优先，绿色发展"为主基调，以"开放创新，智慧引领"为着力点，做高做新国家高新区、经开区等平台，全力打造现代化科技产业区。同时，以"三生三宜，品质生活"为落脚点，推进产城融合，彰显绿色化重庆魅力、人文化重庆味道、智能化重庆品质和国际化重庆形象，成为地区经济发展的"发动机"和"推土机"。

3. 国家自贸区：根据 2017 年国务院批复的《中国（重庆）自由贸易试验区总体方案》，重庆自贸区的定位是：以制度创新为核心，以可复制可推广为基本要求，全面落实党中央、国务院关于发挥重庆战略支点和连接点重要作用、加大西部地区门户城市开放力度的要求，努力将自贸试验区建设成为"一带一路"和长江经济带互联互通重要枢纽、西部大开发战略重要支点。

4. 市级特色工业园区：以空港工业园区、港城工业园区、重庆建桥工业园区等十大工业园区为代表的发展定位：按照全市区域产业定位要求，根据各工业园区每个组团或分区不同的资源特征，依据国家统计部门确定的产业分类明确园区主导产业，定位要体现差异化、配套程度要高、产业特色要突出。结合地域资源优势和产业特色形成省级特色工业园区，这是重庆市经济发展、对外开放的重要平台和构建内陆开放高地的重要支撑体系。

（三）发展成效

截至 2020 年底，全市园区规模以上工业总产值达到 1.88 万亿元，占全市 84%，成为全市制造业高质量发展的主平台和主引擎。

2020 年，两江新区 GDP 占全市比重 14.7%，规模以上工业总产值、社会消费品零售总额、一般公共预算收入、税收收入占全市比重分别达到 20.7%、12.6%、13.8%、17.1%，规模以上工业总产值 4500 亿元、占全市比重超过 20%，两江经济总量在全国国家级新区中居全国第四位。

2020 年，重庆高新区直管园实现地区生产总值 487.45 亿元、增长 6.8%。其中，一产增加值 4.25 亿元、增长 3.8%；二产增加值 276.52 亿元、增长 8.7%；三产增加值 206.69 亿元、增长 4.1%。实现工业增加值 197.15 亿元，增长 8.5%，规模以上工业总产值增长 14.8%，固定资产投资增长 22.8%，社会零售总额增长 1.8%。

五、西藏自治区

（一）总体规模

截至 2020 年 12 月，西藏拥有国家级经济技术开发区 1 家，海关特殊监管区 1 家，省级开发区 4 家。此外，还有自治区级工业园区 2 家，国家级农业科技园区 3 家，自治区级高新技术产业开发区 2 家，其他开发区 10 余家。

全区开发区合计占地面积约 8000 余公顷。

（二）发展定位

1.经开区：拉萨经开区作为西藏唯一的国家级经济技术开发区，未来将以综合保税区建设为契机，发挥国家级开发区政策优势，加快推进"一区多园"，强化经开区工业中心、双创中心、综合保税区的平台功能，集聚高端要素，引领各园区转型升级、高质量发展，进一步增强拉萨西部功能支撑。

2.高新区：建成拉萨市城市副中心之一，形成以"客运枢纽、现代服务、旅游集散、总部经济、特色居住"为主的西藏现代化城市典型示范区。建设"世界屋脊高原生物创新中心"，力争发展成为我国高原生物产业创新发展示范区、西藏产城融合和谐发展的首善区、拉萨大众创业万众创新的动力源、"一带一路"向南亚开放合作的重要枢纽。

3.海关监管区：拉萨综合保税区作为西藏唯一一家海关特殊监管区域，以生产、加工、物流、内外贸易、公铁联运为基础，集保税物流、保税加工、商贸商务为一体，逐步发展成为面向南亚开放发展的重要门户和贸易节点，吸引国内外先进制造、现代物流、商贸流通企业等，带动国际化的人流、物流、信息流和资金流聚集拉萨，加快拉萨及周边地区产业结构调整和经济增长方式转变，推动拉萨市发展成为新的经济增长中心。

（三）发展成效

党的十八大以来，开发区经济已成为拉动西藏经济转型升级、持续健康发展的"轮子"和主要经济增长极。拉萨经开区作为西藏唯一一家国家级经济开发区，是拉萨中关村科技成果产业化基地、国家循环经济示范园区和西藏首家国家级园区类博士后科研工作站，被工信部批设为全国新型工业化产业示范基地（高原绿色食品）。2020 年，西藏开发区合计地区生产总值突破150 亿元，实现规模以上工业总产值 60 余亿元。各开发区累计注册企业超过 2 万家，累计上市企业十余家，注册资金合计超过 5000 亿元。

第二节　空间布局

一、四川省

(一) 整体布局

目前四川省的整体经济发展战略布局是紧紧围绕"一干多支，五区协同"，构建"一轴两翼三带"区域经济布局，积极参与并融入国家重大战略，打造内陆开放战略新高地。充分发挥各地区比较优势，引导各地开发区科学把握功能定位，明确发展方向，突出发展重点，形成布局合理、错位发展、功能协调的开发区区域发展格局。

按照区域经济发展布局情况，在区域经济发展上总体呈现"一核一主轴三带四区七心"的战略布局。"一核"指作为四川省省会城市的成都，其综合实力强大，是整个四川经济增长的引擎所在；"一主轴"是指一个成渝发展主轴；"三带"指三条不同方向的经济带，第一条是以成都为中心向北连接德阳、绵阳、广元，向南连接眉山、乐山、雅安和攀西地区的成德绵眉乐雅广西攀经济带，第二条是从成都向东北延伸连接南充和达州两大区域中心的成遂南达经济带，第三条是沿长江上下连接宜宾、泸州两大区域中心的攀乐宜泸沿江经济带；"四区"指宜宾三江新区、南充临江新区、成都东部新区、绵阳科技城新城，按照功能定位，这四个新区将成为带动城市发展，促进地区经济增长发展的动力源；"七心"指德阳市、绵阳市、乐山市、宜宾市、泸州市、南充市、达州市，其可在自身的经济发展辐射下，影响或带动区域内其他城市经济增长，从而提高四川省的整体实力。

(二) 开发区布局

为贯彻主体功能区规划和全省"一干多支、五区协同"区域经济战略布局的要求，牢牢把握科学功能定位，因地制宜，充分利用各区域比较优势，协同与错位发展，有序竞争，重点突出，打造多元化、高水平产业体系，根据四川省人民政府印发《关于促进全省开发区改革和创新发展的实施意见》和《四川省开发区发展规划（2018—2022年)》对全省整个经济开发区发展格局作出了部署。

二,, 云南省

云南省实施主体功能区战略，以资源环境承载能力和国土开发适宜性为基础，以"三线一单"为约束，围绕全省"滇中崛起、沿边开放、滇东北开发、滇西一体化"区域协调发展格局，以资源、交通等要素布局为基础，以产业、城镇、人口协调发展为导向，构建与全省区域经济相协调的"一核、一带、多点"开发区发展空间布局。

"一核"以滇中城市群（昆明市、曲靖市、玉溪市、楚雄州以及红河州北部7县市）的33个开发区为载体，发挥人才、科技、市场、资本等要素集聚优势，以昆明市为龙头，以战略性新兴产业为导向，围绕把新材料产业打造为千亿级新兴支柱产业的目标，大力发展有色金属新材料、化工新材料、稀贵金属新材料、光电子微电子及半导体新材料、新能源材料，统筹布局生物医药、先进装备制造、绿色食品加工、卷烟及配套、电子信息等产业，推动产业向高附加值精深加工发展，强化科技创新，大力发展总部经济、数字经济，壮大生产性服务业，推动先进制造业和现代服务业深度融合，着力打造创业创新高地、战略性新兴产业高地，成为全省工业发展核心增长极，助推"滇中崛起"。

"一带"以位于沿边州市（保山市、普洱市、临沧市、红河州、文山州、西双版纳州、德宏州、怒江州）的边（跨）境经济合作区、开发开放试验区等为引领，经济技术开发区、产业园区等为支撑，构建全省开发开放发展带。强化对外开放功能，主动融入新发展格局，利用好国际国内两个市场、两种资源，强化招商引资和对外开放，积极发展进出口贸易加工、消费品制造、商贸物流、跨境电商等外向型产业，推动开发区绿色发展，打造沿边开放的重要平台和面向南亚东南亚辐射中心建设的重要支撑，助推沿边开放。

"多点"以昭通市、大理州工业基础较好州市的开发区为引领，丽江市、迪庆州等开发区为支撑，结合地区特色，充分发挥比较优势，围绕以绿色硅、绿色铝为重点的新材料产业以及生物医药、化工、绿色食品加工、电子信息等产业，推动产业集群化、规模化发展，打造特色产业集群，建设全省工业发展重要支撑点。

三、贵州省

贵州省开发区布局与全省工业布局相对应，形成了"两区六基地"空间布局，两区即世界酱香白酒产业集聚区和全国大数据电子信息产业集聚区。六基地即国家新型综合能源战略基地、全国重要磷煤化工产业基地、全国重要新型功能材料产业基地、全国重要绿色食品工业基地、全国重要中药（民族药）生产加工基地、全国重要高端装备制造及应用基地。

其中，世界酱香白酒产业集聚区。以赤水河流域为中心，以贵州仁怀经济开发区、贵州习水经济开发区、贵州金沙经济开发区为主要载体，布局发展优质酱香白酒产业，打造酱香型白酒产业集群。全国大数据电子信息产业集聚区，以贵阳贵安为核心，以贵阳国家高新技术产业开发区、贵安综合保税区（电子信息产业园区）为主要载体，布局发展智能终端、电子元器件、锂离子电池、高性能计算机、"云服务"等产业，打造大数据电子信息产业集群。

国家新型综合能源战略基地。以毕节、六盘水、黔西南为重点，以贵州织金经济开发区、六盘水盘南工业园区、兴义市清水河—威舍经济开发区为主要载体，布局发展煤炭、电力、氢能等产业，打造新型综合能源基地。全国重要磷煤化工产业基地。以贵阳、黔南、毕节为重点，以福泉—瓮安—开阳—黔西—织金磷煤资源连片区域为核心，以贵州开阳经济开发区、贵州瓮安经济开发区、贵州黔西经济开发区为主要载体，布局发展磷化工、煤化工产业，打造磷煤化工产业基地。

全国重要新型功能材料产业基地以贵阳贵安—黔南为核心，以铜仁、黔西南、六盘水为支撑，以贵安新区、贵阳国家高新技术产业开发区、贵州大龙经济开发区、黔西南高新技术产业开发区、盘北经济开发区等为主要载体，布局发展新能源电池材料、高性能复合材料、非金属矿物材料、电子功能材料等产业，打造新型功能材料产业基地。全国重要绿色食品工业基地。以黔南、黔东南、铜仁等区域为重点，以贵州昌明经济开发区、贵州炉碧经济开发区、贵州碧江高新技术产业开发区为主要载体，布局发展辣椒、酸汤、茶、刺梨、蓝莓和天然饮用水等产业，打造绿色食品工业基地。全国重要中药（民族药）生产加工基地。以黔南、黔东南、贵阳为重点，以贵州龙里经济开发区、黔东南高新技术产业开发区、贵州乌当经济开发区为主要载体，大力推动中药材精深加工，布局发展中药民族药产业，打造中药民族药生产加工基地。全国重要高端装备制造及应用基地。以贵阳、遵义、安顺为核心，以贵阳经济技术开发区、遵义经济技术开发区、安顺经济技术开发区、观山湖区现代制造产业园为主要载体，布局发展航空航天装备、新能源汽车、工程机械、电力装备及器材、智能装备等产业，打造高端装备制造及应用基地[①]。

四、重庆市

党的十八大以来，重庆开发区逐步形成了以两江新区、重庆高新区为双核的"2+10+36"产业园区架构体系，建成区面积超 700 平方公里，其中

---

① 根据《贵州省"十四五"工业发展规划》有关表述整理。

"2"是两江新区、重庆高新区,"10"是3个国家级高新区和3个国家级经开区,以及4个综合保税区,"36"是9个市级高新区和27个市级特色工业园区。

五、西藏自治区

(一) 空间形态

根据《西藏自治区主体功能区规划》,打造"一带两极多点支撑"的开发区产业布局空间形态。"一带"为雅鲁藏布江沿线产业发展带,贯穿以"一江三河"为中心的重点地区,以拉萨山南经济一体化为契机,加强地市之间的经济联系和产业互动,打造支撑全区工业发展的产业走廊。"两极"为拉萨国家级经济技术开发区和藏青工业园区,加强对两大园区的建设力度,通过承接项目引入外部发展动力,打造全区核心增长极。"多点支撑"为各重点产业集聚区,加快发展达孜工业园区、那曲物流中心工业加工区、曲水工业园区、林芝生物科技产业园等产业园区,加快建设昌都经济开发区、山南工业园区(筹建),形成对全区产业发展的重要支撑。

(二) 空间分布

西藏开发区主要集中于藏中南地区,大部分分布在拉萨市及其周围,入选《中国开发区审核公告目录(2018年版)》的西藏开发区,大致分布在藏中南地区,藏东;藏北及藏西地区则零星分布着一些自治区级开发区和农业科技园区。就开发区分布数量而言,藏中南地区开发区数量最多,密度也最大,其他地区开发区呈包围状散落于西藏四周。可以看出,西藏开发区分布整体格局是以拉萨市为中心,其他地区呈包围状,即"中间多,四周少"分布。

就开发区类型分布而言,西藏唯一的国家级经济开发区和综合保税区都分布在拉萨市,四家省级开发区中有两家分布在拉萨,其余两家分布在藏北地区。开发区分布主要集中在拉萨地区,资源和工业发展也主要集中在西藏中部地区。

第三节　产业发展

一、四川省

(一) 工业发展概况

2020 年，开发区工业增加值约 13428.7 亿元，同比增长 3.9%，对经济增长的贡献率为 36.3%。年末规模以上工业企业 14843 户，全年规模以上工业增加值增长 4.5%，全年工业企业实现营业收入 45250.1 亿元，同比增长 5.5%。从轻、重工业看，轻工业增加值同比增长 1.1%，重工业增加值同比增长 6.2%，轻重工业增加值之比为 1∶2。规模以上工业前十大行业增加值占比达到 64.8%。

(二) 传统产业转型升级

根据《四川省促进制造业项目投资建设若干政策措施》和《四川省开发区发展规划 (2018—2022 年)》要求，为贯彻落实省委、省政府"强工业"部署，推动工业经济高质量发展，加强实体经济建设，以科技创新为动力，提升产业供给端质量效益和核心竞争力为目标，把培育新动能和改造提升传统动能有机结合，加快促进产业结构优化升级，扩大高质量产品和高水平服务供给。

第一是支持传统产业转型升级，提高自主创新能力，转换园区发展动能，加快重大产业关键性技术攻关，力争在航空与燃机、核技术、轨道交通、北斗导航、高分遥感、石墨烯等重要科技领域实现突破。建设创新载体，增强中小企业创新创业活力，支持创新资源整合、创新成果转化，支持重点研发中心、工程实验室、创新中心、科创基地等建设。鼓励开发区加大科技研发投入，培育一批掌握核心技术、拥有自主知识产权和自主品牌、具有较强竞争力的高新技术企业。

第二是推动产业向智能化、数字化、绿色化、融合化、多元化发展，紧紧围绕"5+1"新发展格局，重点培育和引进高新技术产业、战略性新兴产业和现代服务业。推动云计算、互联网、物联网、大数据和人工智能等信息技术在开发区的深度融合，加快基于信息技术方面的各类创新。

第三是进行体制改革，增强园区经济发展活力，发展符合地区功能定位的特色优势产业。加快推进开发区市场建设，引入市场机制，淘汰"僵尸企业"；加大优势品牌（区域品牌和国际品牌）建设，相对优势显著且具有较强竞争力的产业集群建设。

（三）战略性新兴产业发展

根据《四川省"十三五"战略性新兴产业发展规划》《关于促进全省开发区改革和创新发展的实施意见》《汇集创新资源推动四川产业发展三年行动计划》等要求，提出到2020年在战略性新兴产业、高端成长型产业等领域创建10家以上省级制造业创新中心，5家以上省级产业创新中心，3家以上国家产业创新中心，争取1家以上省级制造业创新中心纳入国家制造业创新中心培育计划；战略性新兴产业总产值大幅度增长，增加值占地区生产总值比重力争达到15%。聚焦"发展高科技、实现产业化"，加快培育"独角兽"企业和"瞪羚"企业，打造全国领先示范园，为四川省构建新发展格局提供强劲支撑和永续动力。

（四）现代服务业发展

1.总体概况

自1952年以来，全省产业结构随工业化进程的不断推进和现代服务业的不断崛起，产业结构比例从"一二三"逐步升级为"三二一"。三次产业结构比例从1952年的59.2：14.9：25.9，升级为2020年的11.4：36.2：52.4。目前全省正形成以软件与信息技术、现代金融、科学研究等为代表的现代服务业。2020年，全省以成都高新区、天府新区等为代表的开发区贡献全省金融业实现增加值3375.8亿元，房地产业实现增加值3498.8亿元，信息传输软件和信息技术服务业呈爆发式增长，实现增加值1436.1亿元，占经济总量的比重达3.0%。

2.天府新区天府总部商务区——发展举措和成效

全省开发区在现代服务业发展中天府新区天府总部商务区起着示范作用。根据四川省2019年出台的《关于加快天府新区高质量发展的意见》，"成都未来城市新中心"成为天府中央商务区的定位。2020年印发《关于加快构建"4+6"现代服务业体系推动服务业高质量发展的意见》，推动商业贸易、现代物流、金融服务、文体旅游等4大支柱型服务业转型升级，科技信息、商务会展、人力资源、川派餐饮、医疗康养、家庭社区等6大成长型服务业做大做强，现代服务业发展前景广阔。

"十三五"期间，天府新区天府总部商务区成功入选2020年四川省现代服务业集聚区。目前，天府总部商务区已集聚重大产业项目71个、总投资达2526.6亿元，共有总部项目53个，占其签约项目的74.6%；集聚高能级500强25家，占其签约项目比重的35.2%，包括世界500强11家。未来，将继续推进强化产业链供应链建设，逐步完善支持政策体系，促进生产性服务业集聚，加快形成总部经济新极核。同时以"公园城市"理念为先导，实施公园引领（POD）+轨交引导（TOD）+活力引动（VOD）"3D融合"规划策略，致力于打造一个功能复合、业态多元、职住平衡、充满活力的7×24小时新型城市活力区。

（五）产业链供应链现代化

为加快构建以国内大循环为主体，国内国际双循环新发展格局，提高全省产业链供应链现代化水平、产业核心竞争力，维护产业链供应链的稳定和安全，促进制造业高质量发展，开发区紧紧围绕发展"5+1"现代工业体系[①]

---

① "5+1"现代工业体系：5是指"电子信息、食品饮料、装备制造、先进材料、能源化工"，1是指数字经济。

和配套生产性服务企业，包括工业设计服务、工业物流及供应链管理、研发服务、检验检测认证服务、信息技术服务、生产性金融服务、节能与环保服务、生产性租赁服务、人力资源管理与职业教育培训服务、生产性支持服务等领域企业，实现上下游、产供销有效衔接、高效运转，畅通生产、分配、流通等环节，推动制造业与研发设计、物流及供应链管理、现代金融、人力资源等生产性服务业协同发展。

当前，全省园区产业仍处于国际分工产业链价值链的中低端，产品和服务的质量还不能满足多层次、多样化市场需求。必须从强核心、补短板和提价值的维度出发，突破关键核心技术，提升自身的创新和竞争能力，同时打通生产、分配、流通、消费的各个环节，实现全省经济上下游、产供销有效衔接、高效运转，加快提升产业链供应链现代化水平，积极发展嵌入全球产业分工，成为全球产业链供应链不可或缺的成分。

二、云南省

（一）全省产业概况

由《云南省产业发展规划（2016—2025）》明确的 6 大重点产业（不含旅游产业、高原特色现代农业产业），涵盖一二三产业，成长性好、产业链长、带动性强。生物医药产业集中在昆明、玉溪、楚雄高新技术产业开发区和文山高兴技术产业开发区、大理经济技术开发区、昭阳工业园区。电子信息产业的核心集聚区和创新发展新高地是呈贡信息产业园，2021 年上半年，昆明呈贡信息产业园区双创企业累计完成营业收入突破52.95 亿元，带动就业约 4000 人，获得知识产权 545 项，创业创新培育成果显著。玉溪高新技术产业开发区、保山国际数据服务产业园等结合自身实际，打造新一代信息技术及特色产业集群。红河综合保税区、蒙自经济技术开发区等发展外向型电子信息制造集群。现代物流产业以昆明为中心、以滇中城市群为依托打造中部物流产业核心区，以及东部、南部、西部、北部 4 个物流产业集聚区，规划建设一批物流园区。2020 年，全省物流总收入实现 5866 亿元，以昆明王家营、晋宁、安宁和河口、磨憨、瑞丽等省级重点物流产业园区集聚效应明显。包含绿色硅、绿色铝、铜、钛、铅锌等金属新材料产业、先进装备制造产业集中在昆明经济技术开发区、昆明高新技术产业开发区、曲靖经济技术开发区、曲靖高新技术产业开发区、蒙自经济技术开发区、临沧高新技术产业开发区、云南安宁产业园、云南禄丰产业园等开发区。统计显示，"十三五"期间，云南省先进装备制造业规模以上企业增加至 516 户，营业收入由 2015 年的 695.7 亿元增长至 2020 年的 1505.4 亿元，年均增速达 16.7%。2020 年，全省先进装备制造业占全省工业增加值比重为 6.4%，累计实现工业增加值 1422.1 亿元。云南省的食品加工产业发挥各地的地理环境优势，结合"一县一业"，极力打造各地特色产业园区。云南云县产业园、云南宣威经济技术开发区、大理经济技术开发区、云南通海产业园分别是制糖、肉制品、乳制品、精制茶、果蔬加工业的重点园区。

（二）园区重点产业

云南省园区产业集群发展趋势显现，滇中新区（杨林经开区、安宁产业园区、空港经济区）重点发展新能源汽车、电子信息、生物医药、石油及化工产业，打造全省先进制造业示范基地。昆明高新区、昆明经开区、五华产业园、云南省数字经济开发区重点发展生物医药、智能终端、高端装备、稀贵金属新材料、数字经济产业，打造全省高端制造业核心区和生产性服务引领区。截至 2020 年底，昆明市成功创建了国家级新型工业化产业示范基地 4 个、省级新型工业化产业示范基地 6 个，国家级基地认定数量占全省的 50%、省级基地占全省的 28.6%，园区成为产业集群发展的重要载体。七甸、东川、宜良、富民、寻甸、禄劝产业园区重点发展绿色食品与消费品制造、新材料与新型建材、生物医药、节能环保产业，打造全省绿色低碳新型工业示范区。大理经开区以高原特色绿色食品加工、生物科技、先进装备制造和现代商贸服务为重点产业。

三、贵州省

2010 年贵州省委、省政府提出工业强省战略，指出要坚定不移走新型工业化道路。党的十八大以来，历届政府持续全面贯彻落实新发展理念，以振兴工业产业为主线，以开发区为主阵地，持续巩固夯实形式主义整改成效，深入扎实推进供给侧结构性改革，努力加快提升高质量发展步伐，在全球经济下行的严峻压力下，充分担当起"缓冲器"和"防洪堤"的角色，保障了贵州工业经济的平稳向好运行。2018 年，省政府提出了打造"十大"千亿级工业产业，截至 2020 年底，十大工业产业全部迈入千亿级，全省十大工业产业合计总产值 13887.28 亿元。其中，清洁高效电力总产值为 1866.39 亿元、优质烟酒总产值为 1780.69 亿元、新型建材总产值为 1595.48 亿元、生态特色食品总产值为 1400.85 亿元、大数据电子信息总产值为 1400.07 亿元、基础材料总产值为 1358.91 亿元、先进装备制造总产值为 1281.47 亿元、基础能源总产值为 1279.56 亿元、现代化工总产值为 1188.91 亿元、健康医药总产值为 1164.67 亿元。对规模以上工业增加值的贡献率达到 98%；各产业加快转型升级和提质增效，白酒、基础材料、先进装备制造等产业利润同比增长 10%以上，全省规模以上工业单位增加值能耗同比下降 4.5%，朝着高端化、绿色化、集约化的目标迈进，为打赢脱贫攻坚战、推动经济社会发展作出了重要贡献。

2020 年，十大工业产业中，入驻全省各类产业园区的规模以上工业企业共 3364 家，入园率为 78.9%，总产值为 7712.67 亿元，占十大工业产业总产值的 55.5%；实现营业收入 6572.54 亿元，占比为 59.5%；实现利润总额 917.37 亿元，占比为 76.2%；上缴税金 467.25 亿元，占比为 48.1%；从业人员 50.86 万人，占比为 57.9%。

四、重庆市

(一) 全省产业概况

2020 年重庆市八大支柱产业持续复苏，汽车、电子和材料产业对全市工业增长的拉动较大，增加值分别比上年增长 10.1%、13.9% 和 7.1%；装备、医药、消费品产业和能源工业分别增长 2.9%、4.5%、0.8% 和 0.9%。

其中，汽摩产业主要分布在两江新区以及渝中、渝西片区的沙坪坝、九龙、綦江、双桥、江津等工业园区，截至 2020 年两江新区拥有 10 家整车企业、200 余家核心配套企业以及一大批研发企业，汽车产业产值突破 1000 亿元，产量达到 55 万辆。

电子信息产业也是两江新区的主要产业，该产业主要分布在重庆经开区、重庆西永综保区、重庆港城工业园区等开发区，截至 2020 年底，重庆全市电子信息企业达 639 家，营业收入居全国电子信息产业第七位，是全球最大的笔记本电脑生产基地、重要的手机生产基地。

装备制造业分布十分之广，主要集中在主城片区的两江新区、重庆经开区及沙坪坝、茶园、巴南工业园区和渝西片区的长寿、璧山经开区及万盛、双桥工业园区等开发区。重庆作为中国六大工业基地，三线建设的核心，中国最大的常规武器生产基地，重庆的装备制造业十分雄厚，2020 年，全市 1094 户装备制造业规模以上企业实现工业总产值 2101 亿元，首次突破 2000 亿元，同比增长 6%，工业增加值同比增长 2.9%，实现出口交货值 111 亿元，同比增长 15.8%。

重庆市是中国四大医药生产基地之一，重庆市生物医药产业主要分布在两江新区、重庆高新区、涪陵工业园区、荣昌区和巴南区，主要产业载体包括两江综合性医药产业园、高新区医药创新孵化园、涪陵现代中药产业园、荣昌医 (兽) 药产业园和巴南化学药产业园。2020 年，重庆生物医药产业产值规模 600 多亿元，产业集群初步成型，规模以上医药企业 191 家，其中年产值 10 亿元级的企业有 13 家；11 家生物医药企业在沪深交易所上市，市值超 3000 亿元，市值和数量在重庆所有行业中均排名第一。

（二）园区重点产业

重庆市要打造特色产业集群，推动各产业园区聚焦 2—3 个细分领域，集中力量打造形成支撑强劲的特色产业。

五、西藏自治区

（一）全区产业概况

西藏以生态保护为前提，将旅游文化与高原生物、绿色工业、清洁能源、现代服务、高新数字、边贸物流，同列为"七大产业"大力推进。党的十八大以来，西藏产业建设驶入快车道，七大产业实现增加值超 1900 亿元，发展效益逐步显现。拉萨经开区、达孜工业园、昌都经开区、藏青工业园等成为全区工业发展的主要力量。

（二）园区重点产业

按照因地制宜、特色发展、分工协作、功能互补的原则，西藏各开发区发布了各自具有自身特点和符合自身状况的发展方向。其中，拉萨经开区以创建国家电子商务基地和高原特色产业基地为定位，重点发展电子商务和净土健康等产业；拉萨高新区聚焦高新科技，重点发展高原生物技术相关产业；藏青工业园以绿色矿产品为定位，主要发展绿色矿产业加工和绿色制造；达孜工业园区定位于综合性产业集聚区，着力发展高原生物产业、藏药产业、文化旅游产业等多项产业；那曲高新区以打造藏北科技城为目标，重点发展高新技术产业。

第四节　创新发展

一、四川省

（一）发展概况

1. 创新能力

根据《中国区域科技创新评价报告 2020》所示，四川省科技创新水平指数达 65.8%，科技进步贡献率超过 60%。其中以天府新区、成都高新区、德阳经济技术开发区等为代表的国家级开发区发展最为抢眼。

2020 年，天府新区引进重大产业项目 86 个、总投资达 2285 亿元。国家级创新平台 17 个，科技创新基地 15 个；累计引进"中科系"机构 14 家，"中核系"机构 2 家；新引进校院地合作项目 10 个，累计 42 个；孵化科技型企业 152 家，培育高新技术企业 265 家，汇聚科研团队 47 个，科研人才 5000 余人，高学历人才 19040 人；新增市场主体 1.8 万户，注册资本 1734 亿元；科技成果 3568 项，意向合作 18 项，签约项目 100 项。据 2021 年天府新区上半年统计：专利授权 1444 件，同比增长 19.64%；发明专利授权 185 件，同比增长 65.18%；有效发明专利拥有量 1089 件，同比增长 76.21%；万人有效发明专利拥有量为 12.6 件，同比增长 43.2%。

成都高新区重点突出"产业高端、头部带动"。截至 2019 年底，落户各类新经济企业达 8.8 万余家，新经济企业营收达 4127.6 亿元。区内科技型企业超过 5 万家，有效高新技术企业达 2053 家；有效发明专利拥有量达 1.7 万件，占全市 40.15%，其中万人有效发明专利拥有量达 178 件。2020 年下半年成都高新区已汇聚各类市场经济主体近 20 万家，上市企业近 40 家，新三板累计挂牌企业 126 家；已建设 6 家省级产研院、1 家市级产研院，已导入 13 个创新中心，引进高级人才 143 名。2020 年底，成都高新区成功获批国家自主创新示范区，正朝着 2035 年建成"世界一流高科技园区"的目标坚实迈进。

以国产大飞机 C919 关键部件、世界最大核电汽轮机低压转子等为代表的"德阳造"产品遍及巴基斯坦、印度、马来西亚等"一带一路"沿线 27 个国家。德阳经济技术开发区作为全国重工业科技创新前沿阵地，先后荣获联合国"清洁技术与新能源装备制造业国际示范城市"挂牌园区、全国首批"国家新型工业化产业示范基地"、国家循环化改造示范试点园区、四川省首批院士（专家）产业园等多项改革创新试点，综合实力位居全国 219 家国家级经开区第 40 位，全省第 2 位。

2. 品牌创新

自"大众创业、万众创新"启动以来，四川省各类市场主体蓬勃发展，特别是实施"'双创'八大升级行动"以来，人才创新活力、双创平台等全面升级。2020 年底，全省累计建成众创空间、大学生科技园等各类孵化载体 1000 余家，毕业企业超过 5000 家。绵阳科技城进入"1+5+2"国家自主创新示范区推进序列。"创业天府——菁蓉汇""磨子桥创业街区""蓉创茶馆"等更是成为全国知名"双创"品牌，双创示范基地数量稳居西部第一。

（二）创新技术和产品

全省开发区基础设施建设坚持以创新驱动为引领，聚焦数字转型、智能化发展，打造智慧园区。全省大国重器硕果累累。"成都高新造"大陆地震预警系统最快预警时间已提前至 61 秒；南充市中科九微生产的芯片分子泵一举打破国外垄断、填补国内空白；打破国际垄断的超导磁医学成像技术、获得国际国内双认证的 4 项新冠病毒检测试剂盒、全国首个获批临床的昆虫细胞生产的重组蛋白（新冠）疫苗；世界最重加氢反应器、白鹤滩世界首台百万千瓦水电机组、50MW 重型燃气轮机；电子信息、航空航天、核技术等领跑全国，重型燃机、高端无人机等领域跻身世界前列；涌现了翼龙—Ⅱ无人机、歼 20、"华龙一号"核电机组、世界首台百万水电机组、"北斗"卫星移动通信系统等重大成果；完成 3D 打印、钒钛综合利用等领域重大科技联合攻关项目，参与的国际热核聚变实验堆（ITER）计划取得积极进展，纳米膜层制备、复合材料工艺集成等关键技术达到国际领先水平，"汶川地震地质灾害评价与防治"等成果获国家科技进步一等奖，高速列车—轨道—桥梁动力相互作用安全评估关键技术的突破为我国高铁建设作出了重要贡献。

（三）创新平台

科技创新平台是科技基础设施建设的重要内容，是激活创新资源，促进科技成果转移转化，实现创新驱动的载体。各类科技创新平台将为四川省孕育更多原始创新、推动学科建设发展和解决重大紧迫需求方面发挥重大作用。

截至 2020 年底，全省已建成各类科技创新平台 2053 个，其中国家级科技创新平台 179 个；国家重点实验室 14 个，居全国第九；国家重大科技基础设施（重大装置）9 项，居全国第三；国家级工程技术研究中心 16 个、省级 305 个，四川省重点实验室 130 个。全省开发区科技创新平台主要集中天府新区、成都高新区、德阳经开区、绵阳经开区等国家级开发区。

（四）创新生态

根据《四川省"十三五"战略性新兴产业发展规划》《四川省开发区发展规划（2018—2022 年)》《四川省国民经济和社会发展第十四个五年规划和二〇三五年远景目标纲要》等一系列指导文件，以实体经济为本，系统性、协同性、整体性推进深化供给侧结构性改革，聚焦经济产业体系绿色化、高质量、高水平创新发展，紧紧围绕"5+1"工业产业体系，重点打造 16 个特色产业集群。党的十八大以来，在党的坚强领导下，体制机制改革逐步深化，研发投入持续增加，重大成果不断涌现，区域竞争能力显著增强，不断推动着四川经济结构稳步优化升级、发展动能加速转化，为四川省经济发展格局注入了强大动力。

根据四川省统计局数据显示：至 2020 年底，全省建成企业国家重点实验室（工程实验室）29 个、企业国家工程（技术）研究中心 15 个、国家级企业技术中心 89 个，认定国家技术创新示范企业 31 家，入库登记科技型中小企业 1.23 万家，在科技中介服务体系中，拥有国家级技术转移示范机构 22 个、省级 61 个，国家级大学科技园 5 个、省级 13 个，国家级科技企业孵化器 41 个、省级 130 个，国家级备案众创空间 76 个、省级 153 个。对全省 3.32 万家规模（限额）以上企业调查显示，2020 年全省有 1.37 万家企业开展创新活动，占 41.4%；企业投入研发经费预计达 550 亿元，占全社会研发经费支出的 52%。同时截至 2020 年底，全省实有市场主体 695 万户，排名全国第六、西部第一。

四川科创看成都，成都科创看高新，以具有代表性的成都高新区为例，发展取得重大突破。

二、云南省

（一）打造高级研发平台

近年来，云南省以增强产业技术创新能力为目标，积极推进制造业创新平台建设，集聚整合省内外企业、科研院所、高校等各类创新主体的资源及优势，以优势龙头企业为主培育创建新型创新联合体，推动产学研用深度融合，促进科技创新能力转化为产业创新能力。"十三五"期间，云南综合科技创新水平指数提升 2 位，建成国家重点实验室 7 个、省重点实验室 105 个、省工程技术研究中心 123 个、省临床医学研究中心 10 个。举办科技入滇对接活动，引导国内外科技成果、科研平台、科技型企业、科技人才和团队入滇落地创新创业。

1. 玉溪高新技术产业开发区

截至 2020 年，玉溪高新区拥有研究院所 4 家，省级以上重点实验室 2 家，市级以上工程技术研究中心 17 家，市级以上企业技术中心 36 家，各类院士（专家）工作站 7 个，其中，省级企业技术中心 16 家，国家级企业技术中心 1 家。

2.楚雄高新技术产业开发区

楚雄高新区集聚国家级工程（技术）研究中心2个、院士工作站5个、省级工程（技术）研究中心2个、省级实验室2个、省级企业技术中心8个、省级科技企业孵化器1个，引进"两院"院士7人，建成产业创新联盟1个、创新型试点企业5家，获批云南省首家国家知识产权试点园区、云南省首批高层次人才创新创业示范基地和首个云南省知识产权局专利信息工作站。

3.昆明呈贡信息产业园

昆明呈贡信息产业园发挥高校聚集的资源优势，园区以人工智能、新兴软件开发、空间遥感、物联网以及安全领域为主要研究方向，设立院士工作站1个，博士团队6个，探索构建产学研一体化合作机制。目前，昆明呈贡信息产业园区万名从业人员累计拥有有效发明专利4423件，共有国家级研发机构9个，成为昆明市创业创新服务集聚力强、创业氛围活跃的区域之一。

（二）推进园区和工厂智能化

云南白药数字三七产业平台以生产车间为线下载体，结合基建、设备和数字技术，对三七产业全流程进行数字化的采集分析、监测控制以及营销管理，实现了数据的可追溯、可利用，提供了产业发展的数据支持，搭建了覆盖农户、企业、客户、监管方以及消费者的三七产业协同发展、共生共享的生态圈、俱乐部。

以昆明云内动力股份有限公司为牵头单位创建的云南省尾气环保后处理制造业创新中心，自主开发的国五尾气后处理系统已实现成果转化和批量销售。其自主创新开发的国六尾气后处理系统已与多家品牌电喷系统实现技术融合，取得突破性进展，并已实现小批量搭载匹配；以昆明船舶设备集团有限公司为牵头单位创建的云南省智慧停车制造业创新中心，开发了横向移动垂直升降立体停车装备，并在昆明市东风东路公共立体停车库实施。智慧停车信息平台已建设完成，联网停车场已接入366个，停车泊位接入4.2万余个，注册会员数量已达到 13.5 万余个；以云南中宣液态金属科技有限公司为牵头单位创建的云南省液态金属制造业创新中心，液态金属导热膏系列产品首次进入国际知名企业供应链，实现规模化应用。该中心联合中科院理化所制定了首个液态金属国家标准《镓基液态金属》荣获全国有色金属标准化技术委员会技术标准一等奖。

三、贵州省

（一）打造高能级研发平台

贵州省开发区是全省企业创新平台的主要聚集地，以贵阳国家高新区、贵阳国家经开区、贵安新区、遵义国家经开区和安顺经开区等为代表的开发区，在大数据、航空航天等领域引领全省创新发展。2016 年以来，全省规模以上工业企业 R&D 经费支出年均增长 16% 以上，占主营业务收入比重由 0.46% 上升到 0.9%，贵阳国家经济技术开发区航天江南集团有限公司"高比能量锂离子电池关键技术及应用"项目获国家技术发明二等奖。全省开发区累计新增一批省级工程（技术）研究中心、企业技术中心和技术创新示范企业，开展省级制造业创新中心试点 6 个，为推进产业基础高级化、产业链现代化注入了强大动力。到 2020 年，贵州省区域创新能力上升到全国第 20 位。

全省重点产业园区 R&D 经费支出占园区经营业务收入比重接近 4%；高新技术企业工业总产值占园区工业总产值比重约 24%。贵州省重点产业园区的创新动能正在积蓄发力，磷煤化工等传统工业企业积极利用数字化、信息化、网络化改造转型升级、降本增效，提升产品附加值，向中高端迈进，以大数据、云计算、人工智能为特征的软件服务产业，数字经济产业、高新技术产业发展势头向好，对产业园区的贡献不断加大。

（二）推进园区和工厂智能化

2016 年以来，贵州工业云公共服务平台率先成为国家制造业与互联网融合发展的试点示范；贵州开阳经开区磷化集团等 7 个项目入选工信部工业互联网创新发展工程；获得国家智能制造试点示范项目 7 个，贵阳国家经济开发区航天电器智能制造样板车间达到全国一流水平。全省数字化研发设计工具普及率从 48.2% 提高到 55.6%，关键工序数控化率从 34.6% 提高到 38.8%，全省工业企业两化融合发展水平由 31.9 提高到 47.7，在全国排名提高 3 位，为数字经济发展按下了加速键。

四、重庆市

（一）创新园区、科创平台

目前，重庆已建成重庆高新区、璧山高新区、永川高新区、荣昌高新区 4 个国家高新区。地区生产总值占全市 GDP 的 12.4% 以上，国家高新区对区域发展的示范带动作用日益显现。重庆高新区依托大学城创新资源，启动打造数字经济产业生态区、科技创新小镇、国家产教融合生态示范区和科技创新生态社区等综合体等，凸显“科学”特色。璧山高新区坚持“双创”引领着力创建“1+3+N”科技创新体系，全年实现规模以上工业产值 650.1 亿元，同比增长 6.8%；永川高新区以“产城职创”为路径，全年营业收入 1150 亿元，规模以上工业总产值 1108 亿元，GDP 总量 535.88 亿元；荣昌高新区，依托人源化抗体转基因动物等建成全国唯一无菌猪试验基地，聚集了多家知名饲料研发、加工企业，成为全国最大的饲料生产基地。除了特色创新园区，重庆还有各类特色产业基地 77 个，其中国家级新型工业化产业示范基地 13 个、市级特色产业示范基地 11 个、市级特色产业建设基地 53 个，覆盖了全市 85% 以上产业园区。数据显示，目前重庆市已布局国家科技创新基地 67 个，研发人员增长 64.4%，研发投入强度提高 0.56 个百分点，高技术产业和战略性新兴产业对工业增长贡献率分别达到 37.9%、55.7%，科技进步贡献率 58.6%。

截至 2021 年 4 月，已建成国家级创新创业孵化平台 77 家，打造环大学创新生态圈 6 个，孵化总面积 61.4 万平方米，入驻孵化企业 1803 家、团队 1281 个，孵化毕业企业 622 家、高新技术企业 46 家；重庆已获批建设运行 10 个国家重点实验室，其中省部共建国家重点实验室 2 个、学科国家重点 实验室 5 个、企业国家重点实验室 3 个。

（二）推进园区和工厂智能化

2018 年，重庆市经济信息委印发了《重庆市智慧园区建设总体方案的 通知》，正式启动了重庆以信息基础设施优化、管理服务平台建设、产业智 能化转型为主要任务的智慧园区建设。要求到 2020 年，全市智慧园区体系 基本建成，实现对全市市级及以上园区的全覆盖。按照"基础设施网络化、 开发管理精细化、功能服务专业化、产业发展智能化"的建设思路，完成升 级园区信息基础设施、构建智慧园区平台体系、推进园区产业智能化、打造 智慧园区试点示范、智慧园区标准体系建设等任务。

2020 年，重庆市经济信息委印发了《重庆市工业设计数字化智能化提 升专项行动方案》，大力促进工业设计与大数据、人工智能、虚拟现实等新 技术新业态深度融合。在"十三五"期间，重庆累计实施 2780 个智能化改 造项目，建成 67 个智能工厂和 359 个数字化车间。

重庆空港工业园作为渝北区传统制造业的发源地和集聚区，区委、区政 府将其定位为转型升级示范基地，依托以大数据智能化为主的创新驱动发 展，园区智能化改造升级初战告捷。目前为止，空港工业区园区内，已有 80 余家企业参与了智能化改造。从 2019 年以来，已改造建成数字化车间 13 个、智能工厂 1 个。

五、西藏自治区

（一）打造科技创新平台

近年来，西藏科技创新平台基地建设明显加快，推进拉萨高新技术产业 开发区建设。以发展高新技术产业为主导方向，充分发挥拉萨、昌都高新区国家级"双创"示范基地"领头羊"作用，推动那曲高新区转型发展，支持日喀则、林芝等创建自治区级高新区，打造全区创新创业高质量发展核心引擎。

拉萨经开区 2021 年科学技术预算支出 2 亿元，占一般公共预算的 4.7%，共设立 7 处双创载体，孵化各类企业 200 余家，带动就业 1000 余人，培养双创专业服务人才 50 余人。拉萨高新区大力培养万兴科技、宁算科技数据中心、中国移动数据中心等一批国内外领先的数字经济产业，搭建领先全区的创业创新服务平台 15 个，其中 N·次元众创空间被认定为国家级备案众创空间，北创营众创空间被认定为自治区级众创空间；截至 2020 年底，拉萨高新区拥有 20 个"双创"载体，"双创"载体在孵企业 266 家（包括场外孵化），带动就业总人数 2058 人，新区小微企业就业人数累计增长 26.3%。

（二）促进成果转化应用

依托多层次创新成果转化体系，打通创新成果产业化全链条，优化成果转化示范基地布局。建设一批科技园区、产业基地和成果转化基地，完善技术转移和产业化服务体系。建立完善科研成果转化机制，创新成果产权拥有—技术应用—收益分享协调共生模式，推进科技成果转化基地建设，支持企业成果在开发区内部转化，农牧业成果在科技园区实地转化，提高技术成果转化和应用水平。促进创新成果与产业发展紧密对接，为绿色新兴产业在西藏转化落户提供契机。

（三）推进开发区两化融合发展

近年来，西藏开发区加快信息基础设施建设，促进信息化和工业化深度融合发展，着力推动工业互联网、云计算、大数据、物联网与实体经济融合协调发展，助力工业转型升级。搭建以开发区为载体面向企业的园区信息化服务平台，开展智慧园区、智能工厂、数字车间的试点应用。试点推动工业企业"云上平台"，分阶段推进企业数字化、网络化、智能化升级，推动工业云及大数据应用发展。现阶段，开发区管理信息化深入推进，智慧旅游、电子商务、智慧物流等基础环境初步搭建完成，加速生成经济新动能。

拉萨高新区充分利用拉萨能源资源丰富优势，积极引进数据存储、数据应用产业，培育发展以大数据、云计算、工业互联网等为代表的现代信息服务业，推动产业与信息化多元融合发展。规划在经开区、高新区等产业基础较好的园区有序开展智能生产单元、智能生产线、数字化车间、智能工厂建设，提高工业互联网对生产制造的服务支撑作用，提高企业生产效率，再逐步向其他园区复制扩散。

第五节　开放发展

一、四川省

（一）发展概况

根据四川省商务厅数据显示：2020年四川货物进出口额首次突破8000亿元，达到8081.9亿元，同比增长19.0%。其中，出口额4654.3亿元，同比增长19.2%，进口额3427.5亿元，同比增长18.8%。外贸增速位列全国第2位，外贸依存度达到16.7%。全省对外贸易载体实现进出口额6760.8亿元，约占全省外贸进出口总额的84%。全年实际利用外资100.6亿美元，同比下降19.4%，其中外商直接投资25.5亿美元，增长2.9%，规模居中西部第1位。

由于开发区有关数据缺失，且开发区外贸基地是全省贸易总额的主要贡献者，故以全省角度分析。

（二）招商引资

2020年，为认真贯彻落实党中央国务院和省委省政府决策部署，支持经开区重点引进跨国公司地区总部、研发、采购、销售、物流、结算等功能性机构。鼓励建立外资并购投资，支持各地各部门出台和细化配套吸引外资政策。做好"六稳"工作，落实"六保"任务，采取各种"硬"措施，以重大平台活动招大引强，以产业专题活动延链补链精准招商。2020年，根据四川省经济合作局数据发布，第7届"中外知名企业四川行"招商引资活动顺利开展。790余家企业、1390余名客商参加"四川行"主题活动，签约项目879个、签约总额8931.5亿元。搭乘中外知名企业四川行快车，14个市（州）紧跟举办了18场专题推介活动，取得了丰硕成果。此外，省政府驻外办事处聚焦粤港澳大湾区、长三角、成渝等地区，致力搭建区域经济合作平台；第七届四川国际旅游交易博览会、第八届中国（绵阳）科技城国际科技博览会等平台；疫情防控期间，省经济合作局积极搭建线上交流对接平台，开展国内境外联动招商，对吸引外资都起到了重大支撑作用。2020年1—9月，全省举办展会900多场，为招商引资搭建起更多平台、增添新的动力。

2020年，全省引进到位国内省外资金1.1万亿元，同比增长1%。外资招引方面，全省新设外商投资企业（机构）842家，同比增长24.56%；合同外资120.39亿美元，同比增长16.55%；新增落户世界500强企业12家，累计达到364家，居中西部第一。

（三）对外贸易

根据《四川省关于支持外经贸企业应对疫情稳定外贸发展九条措施的通知》《全省对外贸易高质量发展工作任务清单》《关于稳外贸稳外资若干政策措施》和《强化法律救济支持外贸企业联合行动方案》等措施开展对外贸易活动，强化产业基础，扩大贸易容量、机会，优化综合服务，推动贸易平台搭建，促进国内国际双循环经济发展格局建设，支持条件成熟的经开区优先申建综合保税区。

根据四川省统计局资料显示：2020年全省国家级、省级外贸基地已达28家，涉及成都、攀枝花、宜宾、达州、甘孜等14个市（州），实现了对全省"五大经济区"的全覆盖。其特色产业涵盖电子信息、装备制造、新材料、能源化工、智能制造、农产品、汽车零部件等行业领域，实现了对全省"5+1"现代工业体系的全覆盖。共聚集特色产品相关企业3800余家,2020年实现销售收入超过2万亿元,实现进出口6760.8亿元、约占全省外贸进出口总额的84%,成为推动全省对外贸易高质量发展的重要支撑。

(四)营商环境

根据四川省人民政府印发《四川省深化"放管服"改革优化营商环境2020年工作要点》《四川省优化营商环境条例》《四川省进一步优化营商环境工作方案》和《四川省优化口岸营商环境促进跨境贸易便利化措施》等一系列实施方案,对标国内一流、国际先进,坚持破立并举、改革创新,持续深化"放管服"改革,继续推进减负工作落到实处,促进营商环境不断优化,激发市场主体活力。

具体包括:优化政务环境,进一步推进简政放权、放管结合、优化服务改革。加快转变政府职能,逐步建立权力清单、责任清单、负面清单管理新模式。建立健全清单公开制度,增强政府决策的透明度和公众参与度,提高政务公开水平。加快推进"最多跑一次"改革。优化市场竞争环境,建立健全统一开放、竞争有序的市场体系和监管规则,保证开发区各类所有制企业依法平等使用生产要素、公平参与市场竞争、同等受到法律保护。优化投资便捷、安全高效、法制规范的发展环境,营造诚信经营、公平竞争的市场环境。优化开发区企业设立、项目审批、设施配套、投资服务等流程。在开发区率先打造"互联网+政务服务",完善一体化在线公共服务体系。积极发展中介组织,鼓励开发区发展律师事务所、会计师事务所、劳务公司等中介机构。培育一批市场化、国际化程度较高的行业协会、商会等社会组织,加强与国家和其他省份行业组织的交流合作,建立与境外知名协会、商会的战略合作机制。

下一步,四川省将按照党中央、国务院决策部署,继续加强新发展阶段减负工作特点研究,进一步强化措施、创新方法,不断巩固拓展提升工作成效，为推动全省开发区企业高质量发展保驾护航。

二、云南省

（一）开发平台打造

云南省发挥区位优势，构建了全方位开放创新格局，广泛吸纳国内外创新资源助力创新发展。一方面，推动"科技入滇"常态化，以沪滇为代表的区域科技合作成果丰硕，建设院士专家工作站422个。另一方面，中国—南亚技术转移中心、中国—东盟创新中心、金砖国家技术转移中心等一批国际科技合作平台落地，与南亚东南亚国家共建中—老可再生能源开发与利用联合实验室等20余个创新合作平台，与科技发达国家、金砖国家合作的"朋友圈"不断扩大。

中国（云南）自贸区昆明片区（昆明经开区）：

在云南融入和服务"一带一路"和长江经济带等国家战略，建设面向南亚东南亚辐射中心的大背景下，中国（云南）自贸区昆明片区设立挂牌两年来，围绕昆明区域性国际中心城市建设的目标，紧扣"四产业、一枢纽、两中心"的功能定位，突出沿边、跨境特色，致力于通道建设、融合开放和创新发展。在制度创新上，大胆探索实践，"国际商事仲裁调解服务供给""昆明电力交易中心跨境'淘电'"、小币种跨境结算"一户百币"等案例积累了昆明片区跨境合作经验。在协同发展上，成功加入世界自由区组织，参与了国内自贸创新联盟，与中国（山东）自贸区济南片区、中国（云南）自贸区红河片区、德宏片区及临沧边境合作区开展协同创新，与中老磨憨—磨丁合作区联合创新推出10项"跨区通办"事项，形成了"片区区域""沿边省会跨境口岸"的融合联动、创新开放发展新路径。在区域联通上，依托我国第六大国际门户枢纽机场——昆明长水国际机场，航空两小时即可覆盖整个南亚东南亚地区的优势，开展"空空空地"货物集疏模式为跨境物流提供有力支撑；以中欧货运班列、中越货运班列可集散出境，以及片区王家营西站为中心开行至钦州港多式联运普快班列定点开行的优势，形成"仓仓联动、一体通关"模式，激活西部陆海新通道铁路枢纽。

（二）对外贸易

2015 年至 2020 年，云南省进出口总额由 245.27 亿美元增长至 389.46 亿美元，年均增长率 9.69%。建成了以中国（云南）自由贸易试验区为引领，2 个国家级重点开发开放试验区（瑞丽、磨憨）、5 个国家级经开区（昆明、曲靖、蒙自、嵩明杨林、大理）、2 个综合保税区（昆明、红河）、3 个跨境经济合作区（中老、中缅、中越）、4 个国家级边境经济合作区（瑞丽、畹町、河口、临沧）为纽带，26 个口岸为窗口的多层次开放平台体系。其中，中国（云南）自由贸易试验区成为开放型经济发展新载体，2020 年新设注册企业约 1.8 万户，占同期全省新登记企业数的 13.5%；外贸进出口额 717.9 亿元，占全省外贸进出口总额的 26.8%；实际利用外资 3.7 亿美元，占全省实际利用外资的 49%。

三、贵州省

（一）发展对外贸易

受新冠疫情影响，2020 年贵州省重点产业园区出口有所回落，有关数据统计未能反映正常情况，之前一年贵州省重点园区出口总额实现 88.46 亿元，利用外资 9938 万美元，其中仁怀经开区实现出口 34.49 亿元、贵阳高新区实现出口 25.32 亿元。除上述园区外，其他产业园区的出口总额及增幅和实际利用外资指标均处于较低水平，说明贵州省工业园区的开放程度与省外相比仍有较大差距，对国际市场和国际资源的利用水平较低。

（二）打造开放平台

党的十八大以来，尤其是 2016 年以来，贵州省深入推进内陆开放型经济试验区建设，主动融入"一带一路"倡议等国家发展战略，积极参与西部陆海新通道建设，加强与泛珠三角、成渝经济圈等区域合作，充分利用

"1+8"国家级开放创新平台加快建设，"1"即贵安新区，"8"即贵阳高新区、贵阳经开区、遵义经开区、安顺高新区、贵阳保税区、贵安保税区、遵义保税区和贵阳双龙航空港经济区。

通过运营"1+8"开放平台的作用，为贵州省落实国家双循环战略，构建新发展格局奠定了坚实基础。

四、重庆市

（一）开放平台打造

综保区属于海关特殊监管区，是重庆重要的开放平台，也是重庆外贸进出口的主力军。目前，重庆已形成"1 个自贸试验区 +4 个开放口岸 +6 个海关特殊监管区域 +4 个保税物流中心 +4 类指定商品监管场所"的开放平台格局，数量位居内陆地区前列，其外贸值占全市近七成。两江新区作为重庆对外开放的排头兵、内陆开放重要窗口，平台效能发挥也十分明显。据海关统计，2020 年重庆外贸全年进出口总值 6513.4 亿元，比 2019 年增长 12.5%。重庆外贸连续三年保持两位数增长，其中，出口 4187.5 亿元，同比增长 12.8%；进口 2325.9 亿元，同比增长 11.9%。重庆对东盟、美国、欧盟三大贸易伙伴分别进出口 1121.7 亿元、1076.5 亿元和 1037.8 亿元，分别增长 3.4%、10.5%、7.7%。其中两路寸滩保税港区在 2020 年实现进出口总额 1513.84 亿元、增长 22%。实际利用外资 12.42 亿美元，同比增长 96.6%，外贸进出口总额位列全国 14 个保税港区首位。

（二）对外贸易

作为我国内陆开放的先进城市，重庆对外贸易西部地区领先地位，两江新区、重庆自贸区等开发区扮演了举足轻重的角色。2009 年 1 月，《国务院关于重庆统筹城乡改革和发展的若干意见》正式颁布，强调要将重庆建设成为长江上游地区金融中心，长江上游地区金融中心的建设，要进一步推动金融更好地为实体经济服务，切实加强金融监管和风险防控，保持金融平稳向好的发展态势，加快推进重庆建设长江上游金融中心。重庆作为长江上游地区金融中心、内陆开放高地，已是全球重要投资目的地。2020 年重庆实际利用外资预计达到 102.72 亿美元，外商直接投资（FDI）21.01 亿美元，位居中西部前列。2011 年，"渝新欧"铁路开行，扩大了重庆开放度、带动台企产品出口、加速中欧贸易往来。同时拉近了中国与中亚、欧洲国家之间的关系，使得中国与沿线亚洲各国及欧洲国家的贸易往来日益紧密，保障了中国的外部资源需求。

五、西藏自治区

（一）加快重要开放载体平台建设

西藏充分发挥拉萨经开区改革开放的"试验区"和"排头兵"作用，加快推进拉萨综合保税区申报建设，积极推进拉萨综合保税区基础设施和项目落地，支持拉萨经开区加快推进中尼友谊工业园筹建，促进中尼友谊工业园取得实质性进展。依托西藏文化旅游创意园，积极推进国家文化出口基地建设，加快建设南亚文化交流中心和尼泊尔·中国西藏文化旅游产业园。依托空港新区推动口岸配套设施及"电子口岸"建设，加快空港新区指定监管场所地建设。

（二）积极参与面向南亚开放重要通道建设

全面提升对外开放水平，建设面向南亚开放的重要通道，积极推动"环喜马拉雅经济合作带"、高原丝绸之路、冈底斯国际旅游合作区、跨喜马拉雅立体互联互通网络建设，加快建设吉隆国家重点开发开放试验区和国家级边境经济合作区，推动亚东、日屋（陈塘）口岸开放及限定区域划定建设，加快开通里孜口岸。加强与周边国家毗邻地区经济合作区建设，加强边贸市场建设，开展边民互市贸易进口商品落地加工试点。以建设中尼友谊工业园、尼泊尔·中国西藏文化旅游产业园为基点，提升企业"走出去"能力，实施"百企出国门"行动。

（三）提升开放型经济发展水平

全区开发区不断提高对外开放水平，继续发挥开放型经济主力军作用。支持开发区完善外贸综合服务体系和促进体系，依托拉萨综合保税区建设，承接加工贸易产业向西藏中西部地区梯度转移，并加快推进中尼友谊工业园区建设。

拉萨经开区充分发挥空港优势，大力发展服务贸易，加大巴基斯坦、孟加拉国、印度、欧盟等外贸市场开拓力度，拓展贸易渠道，推动与贸易地区产品结构优势互补，促进净土健康、文化、信息服务、新型建材、纺织品、运输等领域出口。

第六节　绿色发展

一、四川省

（一）绿色低碳发展

全省开发区聚焦"双碳"目标，以供给侧结构性改革为主体，构建经济高质量发展格局出发，对园区经济发展作出一系列规划。

加强开发区节约用水、用电管理，加快推进节能减排降碳工作的贯彻和落实。实行水资源、电能的消耗总量控制和强度控制，引入市场机制，对能源的使用权进行有偿交易，对碳排放使用权进行交易、定价。大力发展可循环经济，推动园区企业循环式生产、产业循环式组合，搭建资源共享、废物处理、服务高效的公共平台，促进废物交换利用、能量梯级利用、水资源分类利用和循环使用。

逐步推动产业结构调整，大力推动落后产能退出，积极推动氢能产业发展。支持园区重点企业与科研院所开展联合技术攻关，在电解水制氢、氢燃料电池系统等重点领域实现突破。推动氢燃料电池制造龙头企业、氢能基础设施设备制造企业及氢能终端产品企业提高产品竞争力，培育一批国际知名、国内领先的头部企业。

着力构建绿色制造体系。鼓励开发区推行绿色工厂建设，实现厂房集约化、原料无害化、生产洁净化、废物资源化、能源低碳化。推行绿色设计、绿色供应链、绿色工艺、绿色生产、绿色产品、零排放、产品回收，推进制造全过程规范控制、智能控制，加快绿色制造与再制造技术的研究和应用，开展和参与绿色产品标准研究与制定，发展绿色制造业。"十三五"期间全省累计创建国家和省级绿色工厂296家、绿色园区35家（国家级7个、省级28个）、绿色供应链6家、绿色设计产品62种、绿色数据中心3家。

（二）污染治理

四川是长江上游重要生态屏障和水源涵养地，肩负维护国家生态安全的重大使命。党的十八大以来，以习近平同志为核心的党中央把生态文明建设放到了一个全新的高度。开发区坚持学习贯彻习近平生态文明思想，坚持以"绿水青山就是金山银山"的新发展理念，深入开展大气、水、土壤污染防治"三大战役"工作，大力推进经济绿色高质量发展，全力打好污染防治攻坚战。

第一，大气治理方面。找准根源，对症下药，开发区大气污染主要来源于工业排放、露天粉尘、露天焚烧、汽车尾气等。因此必须建立严格的预警措施和对应的标准化规章制度，调整产业结构，在能源、冶金、有色金属、化工、印染等方面全面推进清洁生产和绿色化改造，构建绿色产业体系，淘汰落后产能，制定开发区产能工作方案，引导落后产能的退出。

第二，水治理方面。建立开发区废水监测站，强化水质监督，水污染重点领域严格整治，大力开展优良水体保护，同时保障水质和饮用水全部达标；逐年加严废水排放限制要求，建立责任清单制度，倒逼企业改造结构转型升级，加大水治理项目投入；加大防洪防涝措施，有效避免人民财产损失和生命健康危险。

第三，土壤污染治理方面。相较于治理大气、水污染，治理土壤污染难度更大。特别是对于成都平原经济区、川南经济区和攀西经济区等区域土壤污染较为严重，这些区域主要承载着石油、化工、矿物等加工，污染较大。必须重视源头整顿，严防新增是关键，加快推进垃圾分类处理，强化固体废物集中防治处理，实施土壤风险管理和监测，依法处置不合规的企业，开发区土壤污染详查工作领导小组，统一调查方法、标准和规范，开展农用地和重点行业企业用地土壤污染详查。

二、云南省

（一）绿色产业

1.绿色环保产业

云南省依托昆明高新技术产业开发区、富民工业园区等，推进新型节能环保技术在重点资源型产业中的推广应用，提升节能环保装备的安全性能指标，构建资源循环利用产业链条，推进水、土、气环保装备攻关及产业化。扎实推进固体废弃物无害化处理处置和资源化利用，深化再生资源综合利用，推进工业集聚区资源高效化利用改造，建立"资源—产品—再生资源"闭环经济模式。探索建立政产学研用创新技术体系，构建创新技术转化平台，建立鼓励创新机制，实现绿色环保产业体系新突破。

2.绿色硅光伏产业

曲靖经开区抢抓绿色硅光伏产业发展新机遇，围绕"硅棒—硅片—电池片—组件"的硅晶全产业链布局，全力打造世界一流的绿色硅光伏产业基地，推动绿色能源与绿色制造深度融合，实现"硅光伏、新能源电池、数字经济"三大产业"三足鼎立"，为建设云南省名副其实的副中心城市筑牢产业基础。至2021年，经开区已引进全球光伏龙头企业隆基股份、晶澳太阳能、锦州阳光3家企业落户硅光伏产业园。至2025年，经开区将建成100GW硅棒、100GW切片、50GW电池片、40GW组件产能规模，建成国内最大的绿色硅光伏基地。

3.绿色低碳产业

蒙自经济开发区围绕减碳降耗，促进绿色低碳循环发展。一是实施重点行业绿色化改造，推动一批企业实施节能降耗，如铝电解废槽衬资源化综合利用关键技术研究及产业示范目、烟气脱硫减排综合利用、尾气脱硝等项目。二是围绕辖区废旧资源、废旧物资综合利用，建成报废旧汽车拆解、废轮胎综合利用等项目；三是大力发展循环经济，建成企业热电联产、蒸汽循环利用、高炉废渣资源回收利用、新型墙体材料项目等，促进资源能源高效利用和副产物、废物循环利用，努力构建以绿色、循环、低碳为特色的工业共生体系。截至"十三五"末，经开区有色金属、钢铁、化工三大产业产值占比，分别从"十二五"末的31.3%降至20.6%、从16.6%降至12.8%、从19.9%降至8.7%，电子信息制造业从无到有，到"十三五"末产值占比达34.8%，绿色转型升级取得明显成效。

（二）绿色工厂

在国务院印发的《中国制造2025》中，将"全面推动绿色制造"作为九大战略重点和任务之一，明确提出要坚持绿色发展的基本方针和实施绿色制造工程，要建设绿色工厂，实现厂房集约化、原料无害化、生产洁净化、废物资源化、能源低碳化。

1.玉溪高新技术产业开发区——旭日塑料有限公司

旭日塑料有限公司积极开发绿色产品，一方面积极与各高校、研究院所合作，成功实现生物降解薄膜产业化，实现终端产品绿色化；一方面通过更换节能设备、循环用水、固废回收再利用等方式多角度降低能耗，实现生产过程绿色化。

2.大理经济开发区——大理沧龙物流有限公司

大理沧龙物流有限公司经过多年有效的探索和大胆尝试，已经基本形成了比较成功的"绿色物流产业链"经营模式。沧龙物流在探索和实施"绿色物流产业链"中，紧紧围绕公司在为云南省内在建和新建的高速公路工程项目提供建材物资供应，并提供物流运输服务的业务定位，整合产业资源，调整产业发展思路，把投资建设天然气加气站基础设施，推广使用天然气清洁能源汽车进行"绿色运输"，赋之于传统的物流产业以新的内容，实现绿色物流产业链的延伸，从而获得降本增效的最佳效益。

（三）绿色园区

云南省坚持"绿水青山就是金山银山"的理念，努力走出一条以绿色为底色的高质量发展之路。昆明经济技术开发区、玉溪高新技术产业开发区等5个开发区被认定为国家级绿色园区，昆明经济技术开发区建成国家生态工业示范园区，普洱景谷林产工业园列入全省唯一的国家绿色产业示范基地，安宁、东川、兰坪列入国家工业固体废物综合利用基地。

三、贵州省

2016年以来，贵州省规模以上工业企业单位增加值能耗累计下降25%以上。截至2020年12月，认定了贵阳经开区、清镇经开区、三穗经开区、龙里经开区等累计10家省级绿色园区，红果经济开发区等6个开发区获国家绿色园区，同时，还认定了25家省级绿色工厂、8个绿色设计产品、1个绿色供应链纳入国家绿色制造名单，2家企业入选国家工业产品绿色设计示范企业；创建一批省级绿色制造示范单位。园区新增清洁生产审核企业235家，瓮福化工磷石膏生产20万吨/年α型高强石膏、兴义清水河60万吨/年粉煤灰分选综合利用建设、铜仁万山年改造10万吨电解锰渣循环经济利用等项目获立项支撑。率先在全国推行磷化工企业"以渣定产"，2020年实现当年磷石膏"产销平衡"，大宗工业固废资源综合利用率较2015年提高7个百分点；水泥窑协同处置城市生活垃圾项目获批全国唯一试点省份，绿色发展能力显著增强，为开发区工业可持续发展提供了保障。

四、重庆市

党的十八大以来，重庆市积极践行绿色发展理念，大力推进绿色园区、绿色工厂建设。

重庆永川港桥工业园区是重庆市唯一一个国家生态工业示范园区。长寿经济开发区是国家循环经济示范园区，重庆璧山工业园区、重庆双桥工业园区为国家低碳工业园区。在国家发展和改革委员会绿色产业体系标准中，重庆经开区拥有 6 大类绿色产业，其中包括节能环保产业、清洁能源产业、清洁生产产业、生态环境产业、基础设施绿色升级、绿色服务等。截至国家工业和信息化部办公厅公布的五批绿色制造名单，重庆共有 28 家绿色工厂。截至 2020 年末，重庆国家级绿色工业园区有重庆高新技术产业开发区、重庆两江新区水土工业开发区、长寿经济技术开发区。

重庆长寿经开区从企业小循环、园区中循环、社会大循环三个层面，大力推进循环化改造，形成了副产尾气综合利用、特色副产物综合利用、废弃物综合利用等循环经济产业链，循环经济关联度提高到 96% 以上，粉煤灰、脱硫石膏、化工废弃物等综合利用率处于全国领先水平。

第七节　体制改革

一、四川省

近年来，四川省先后印发了《关于促进全省开发区改革和创新发展的实施意见》《四川省深化"放管服"改革优化营商环境行动计划（2019—2020年)》《四川省开发区管理条例》《四川省开发区发展规划（2018—2022年)》等系列文件，大力推进开发区体制机制改革步伐。

一是加强和完善开发区法制规章建设，制定相应行政管理制度并监督执行，鼓励地方行政管理部门将经开区机构设置、工作力量配备与经开区发展指标挂钩。理顺经开区管理机构与当地党委、政府及其部门的职责关系，推进简约协同高效管理，提升政府决策科学化法治化水平，探索赋予经开区与所在地政府同等的经济管理权限。二是规范行政审批和监管行为。建立了全省统一的开发区审批平台，进一步规范开发区审核标准、工作程序和办文流程，同时深化"放管服"改革，允许开发区按照编制管理相关规定组建行政审批机构；科学制定开发区权责清单，推进并联审批、网上办理等模式创新，提高审批效率。三是推进了市场化建设运营。进一步降低了市场准入门槛，全面实施市场准入负面清单制度，积极引导社会资本参与开发区建设，探索多元化的开发区运营模式。通过政府性债务剥离、优质资产注入、法人治理结构完善等方式，推进开发区现有开发平台市场化改造，引导开发区现有投融资模式向市场化融资、综合性投资转变。四是引入了考核、激励制度。对各地各部门（单位）深化"放管服"改革和优化营商环境工作绩效进行考评，邀请人大代表、政协委员、专家学者、企业群众代表参与，确保考核结果公正公开。

二、云南省

（一）园区管理机制

开发区是推动云南工业化、城镇化发展和沿边开放的重要平台聚焦"八大重点产业"，云南省围绕打造世界一流"三张牌"，以理顺开发区建设发展中存在的管理机构设置不规范、职能定位不准、体制机制不畅等问题为导向，以构建符合云南实际、简约高效的开发区管理架构为重点，对2020年《云南省各类开发区优化提升总体方案》全省158个开发区的管理机构进行全面清理规范，着力打造优化协同高效的开发区管理体制机制。明确予以保留的开发区，按照优化协同高效的原则设置管理机构；明确整合、合并至其他开发区统一归口管理的开发区，相应的管理机构进行整合设置；明确不予保留的开发区，相应的管理机构一律撤销。同时，建立开发区管理机构动态调整机制，省委、省政府决定调整变动的开发区，及时调整管理机构设置。优化整合后，全省开发区管理机构从 158 个大幅精减至 60 个左右，管理机构精简率近 62%。各地在政策、编制、人员等方面保障开发区建设发展的统筹能力进一步增强，开发区管理机构"小机构、大服务"的格局逐步形成。

针对部分开发区管理机构既承担经济发展职责，又承担教育、卫生、医保、社保、综治维稳、脱贫攻坚等社会事务管理职能，开发区管理机构行政化倾向严重，抓社会事务管理力不从心，抓经济发展"主责主业"精力分散等问题，进一步厘清开发区管理机构和所在地政府之间的权责关系，切实为开发区"松绑减负"，让开发区"轻装上阵"。明确开发区管理机构主要负责与经济发展密切相关的开发区组织领导、发展规划、区域开发、产业发展、投资促进、协调服务等工作；开发区所在地政府按照属地和职责范围，负责开发区社会事务管理工作；各地根据相关法律法规的规定，推动管理权限的下放，将开发区规划建设、工程建设项目审批、土地开发管理、环评审批等行政审批权限，依法授权或者委托开发区管委会行使。通过权责的调整优化，更好地促进了各开发区管理机构集中精力专司"主责主业"，开发区发展活力不断增强。

（二）行政审批

近年来，云南省持续深化"放管服"改革优化营商环境全力打造"办事不求人、审批不见面、最多跑一次"和"全程服务有保障"的政务服务新环境。2020 年印发的《云南省优化营商环境办法》学习借鉴省外做法，结合云南实际，相对集中行政许可权改革，一般投资项目承诺制改革，不动产登记改革，"照后减证""一业一证""一照含证"改革，政务服务"一件事一次办"改革，"提前申报""两步申报""先放后验"通关模式改革，以信用为基础的分级分类监管改革等均作了明确。

1.自贸区昆明片区（昆明经开区）

自贸区昆明片区（昆明经开区）针对企业发展遇到的问题和困难，采取预审预查、分级分类、流程优化等举措，推行区域评估、先建后验、拿地即开工、集群式注册、一业一证、一颗公章管审批等改革，加快项目落地实施步伐，为招商引资项目建设保驾护航。"先建后验"管理新模式实行以来，昆明经开区项目建设成效显著，2021 年同比增长 22.7%。在全省率先实行"全类型市场主体刻章政府买单"服务，市场主体 1.5 小时即可完成注册并免费领取全套印章；完成"证照分离"改革，启动连锁药店等 15 个行业的"一业一证"改革试点，仅医药行业平均审批时限压减近 80%，申请材料压减近 70%。

2.楚雄高新技术产业区

楚雄高新区行政审批局结合楚雄高新区的实际，以企业投资项目落地审批改革为重点，将原来由州、市 18 家部门负责审批的 52 项行政审批事项，以授权的方式，集中由楚雄经济开发区行政审批局履行审批职能，将原来多家部门管审批变为一颗印章管理审批，实现审批事项"一窗制"受理、"一网制"服务、"一站制"办理、"一章制"审结，申请人提供一套资料即可得到"一个窗口受理出件，所有审批事项一站式限时办结"的高效服务。

三、贵州省

（一）园区管理机制

从贵州全省来看，开发区的管理模式，普遍采用的是政府管委会＋平台公司模式。但在职能分配上，两者的权重存在差异。如：贵阳高新区、贵阳经开区等国家开发区，管委会与平台公司职能分工较为清晰，前者主要负责开发区经济管理、招商引资、统计工作、人才工作等，平台公司则负责投融资、基础设施建设等。贵安新区高端装备制造产业园管委会和贵州贵安产业开发投资有限公司，一个作为管委会、一个作为平台公司，采用"一套人马、两块牌子"的做法，这在招商引资的时候，可以减少决策讨论的一些环节，提高效率。贵州清水河开发区管理办公室和园区平台公司则以前者为主，后者仅仅在园区燃气管道建设方面承担部分职责，几乎不涉及产业投资和招商工作。

近年来，"一区多园"和"飞地园区"等新管理模式也在贵州开发区中得以应用。黔西南州的贵州清水河经开区和贵州威舍经开区采用"一区两园"的模式进行管理，整合两个省级开发区资源，合力发展；水城经开区结合自身实际，创新"逆向飞地"模式，与辽宁省大连花园口经济区合作共建新材料产业园；遵义湄潭园区则立足自身优势，以"黔茶联盟"为平台整合规模以下茶企，推动茶产业集群集聚发展；毕节市威宁经开区着眼扶贫短板，推行"扶智在前、培训先行"的理念，围绕工业产业发展，通过"车间"培训、以工代训、"课间"培训等模式解决贫困劳动力就业不稳问题。

（二）行政审批改革

贵州省开发区在"放管服"改革方面，成效最为显著的是贵安新区，是国家相对集中行政许可权试点。贵安新区行政审批局在全国率先探索实施"取消办证、改为备案、自主办证、承诺办证、证照合发、严格准入"等"六个一批""证照分离"改革新模式。核心做法包括：构建以信用为基础的"双随机、一公开"新型监管机制，出台管理细则，强化动态更新机制和重点对象信用风险标识；推行包容审慎监管，明确对107种轻微违法行为以批评教育为主、免予行政处罚，对47种违法行为减轻处罚，对48种违法行为从轻处罚，为新业态、新模式、新经济发展提供更多成长空间。营造高效便捷的准入环境。持续推进证照分离改革，在市场监管领域对28项审批事项实施"容缺受理、容缺办理"。深化审批服务便利化改革，改造升级企业开办"一网通办"平台，企业开办"一网通办"平均办结时间持续保持在1个工作日以内。持续优化服务降低企业开办成本，引入专业服务团队开展在线"志愿者免费代办企业开办"服务，大力推行全城通办，实现新区及贵阳市更广范围的"同城同标、同城同质"办理等。

（三）投融资改革

党的十八大以来，贵州省各级开发区坚持以质量效益为导向，优化投资结构、拓展投资空间，扩大有效投资，着力催生工业发展"乘数效应"。一是统筹用好产业基金、工业融资担保、中小企业信贷通等融资政策手段，借助"政府＋市场"两个资金渠道，最大限度引导更多资本支持贵州新型工业化发展。贵阳高新区、贵安新区通过产业基金和政府扶持资金等共同着力，引进了一大批优质企业，如大数据独角兽企业运满满、贵州白山云科技公司等。二是建立精细化信贷服务体系，大力发展绿色金融，着力提升制造业信贷规模。贵安新区利用绿色金融大力发展绿色，有力推动了新能源汽车、分布式能源等战略新兴产业。三是充分利用资本市场，鼓励企业通过发行标准化债权产品、资产证券化、私募股权等方式融资，提高直接融资比重。贵安新区积极探索"供应链金融＋担保"等金融创新服务模式，提升企业融资效率。

四、重庆市

（一）园区管理体制

重庆市创新管理体制，实施大部门制机构改革，按程序精简设置符合开发区发展特点的机构；开发区按现代企业制度组建开发公司，负责开发区管理范围内投融资、建设、运营、招商及企业服务等，鼓励有实力、有经验的企业与开发公司合作，共同参与开发区建设运营，通过资源整合和股份制改造等，采取共建、托管等方式，建设一批具有特色的产业园、区中园、国别园；创新选人用人和薪酬激励机制，所在行政区可赋予开发区对中层干部的任免权和核定编制内自主用人权；推进开发区人事管理和薪酬制度改革，鼓励开发区实行全员聘用制，建立以实绩为导向的差异化薪酬激励机制，允许实行兼职兼薪、年薪制、协议工资制等多种分配方式。

两江新区积极探索"开发公司＋地方政府"管理模式，以资本作为纽带，两江新区管委会控股，各行政区参股，成立两江新区开发投资集团公司（以下简称"两江集团"）。在开发新片区时，两江集团代表管委会与所在行政区合资，成立控股公司进行开发建设，其中，两江集团控股占55%，行政区控股占45%，三个行政区负责管理社会事务，如征地、拆迁、安置，两江集团负责建设开发、投融资及招商引资。通过这一管理模式，两江新区与三个行政区在土地增值收益、新增税收分配等方面形成利益共享、风险共担的机制，充分调动了新区各利益主体参与开发建设的积极性和主动性。

（二）深化"放管服"改革

2019年重庆市人民政府办公厅印发实施《促进我市国家级开发区改革和创新发展若干政策措施》，该文件对重庆市国家级开发区的相应管理制度。重庆市深化"放管服"改革，全面增强开发区的内生动力，要求开发区的事在开发区办，推进开发区管理地方立法工作，为开发区管理体制及各项政策措施的落实落地提供制度支撑和法治保障，开发区管委会要按照权责一致的原则，依法承担承接事项的审批责任和管理职责，规范行政审批程序，切实提高承接能力和审批效率，主动接受上级部门的指导监督，确保权力运行顺畅高效。同时建立行政审批事项清单制度，实行审批事项办事流程"一表清"，对审批事项名称、审批条件、申报材料、审批流程、审批意见开展标准化建设并向社会公布。并且实施项目告知制度，推行政务服务"网上办"，且对行政执法体制机制进行改革。

重庆经开区全面吹响深化"放管服"改革集结号，坚持问题导向，数据先行，高效便民的原则，将构建"管理闭环"，实现"一窗受理"，推进"一网办理"，开展"多评合一"，实行"联审联办"，试行"信用审批"，持续推进简政放权；加强公正监管，完善信用监管，推进智能监管，强化网格监管，实行流程监管，切实提高监管效能；建立项目代办机制，推进服务标准化，推进中介服务市场化，建立完善改革成效评价机制，深入推进"疏堵解难"专项服务行动，全面优化政务服务，最终实现一枚印章管审批、一张清

单管权力、一个窗口管服务、一个平台管全程、一个体系管信用、一支队伍
强监管。

两江新区推进将市政、环卫、园林绿化等城市管理与行政执法的行政处
罚权集中到一个部门，实现执法一体化。深化行政审批改革，大力推进行政
审批一体化，率先打造法治化、国际化、便利化的投资环境，探索成立行政
审批局，将全部审批事项优化整合，全面公布权力清单，清理和规范行政收
费和中介服务，推行'"一窗办理"，同时将大量的行政审批权下放。

（三）开发区土地制度

党的十八大以来，重庆市科学规划开发区功能布局，突出工业发展，
统筹生产、生活、商务、办公等城市功能建设，坚持开发区内工业用地规
模及布局一经确定，原则上工业用地总量不得减少、布局不得调整。在制
度探索方面，一是全面推行弹性年期出让、长期租赁、租让结合、先租后
让等方式供应工业用地。健全工业用地弹性出让价格机制，按照实际出让
年限占法定最高年期比值确定土地价款并可按合同约定分期缴纳，切实降
低用地成本。原划拨国有建设用地使用权人申请办理协议出让的，除划拨
决定书、法律、法规、规章等明确应当收回重新出让的外，经依法按程序
批准，可采取协议方式出让。二是保障开发区用地指标，加大对批而未供
和闲置土地的处置力度，建立批而未供和闲置土地消化利用工作与下一年
度新增建设用地指标分配挂钩机制，对处置工作完成情况好且批后供地率
高、闲置土地少的开发区，在新增用地指标分配上予以优先保障。三是开
发区管委会作为土地供后监管责任主体，要建立产业项目土地利用绩效考
核评估制度，依据土地出让合同和招商引资协议对产业项目约定的投资强
度、产出强度、亩均税收等指标实行全周期土地利用绩效评估，作为产业
项目享受优惠政策、用地续期及退出的依据。开发区内符合条件的土地优
先纳入土地储备范围。

五、西藏自治区

（一）绿色产业

西藏响应国家关于绿色工业发展要求，发挥西藏绿色能源优势，以保护并优化西藏生态环境为前提，重点发展绿色新能源产业，积极发展绿色建材产业，大力培育节能环保产业，打造具有高原特色的绿色工业体系，培育一批龙头骨干企业，推进产业集聚发展，强化对内对外产业服务功能，力争形成西藏工业经济新增长点。

1. 绿色新能源

根据《西藏"十四五"规划》，"十四五"期间，西藏加快清洁能源规模化开发，形成以清洁能源为主、油气和其他新能源互补的综合能源体系，2025 年建成国家清洁可再生能源利用示范区。西藏发改委数据显示，截至2020 年 11 月末，全区电力总装机容量达 401.85 万千瓦，其中清洁能源增长迅速，同期水电、风电、地热以及太阳能光伏发电装机容量达 358 万千瓦，清洁能源在发电装机容量中的占比达 89.09%。

2. 绿色建材

根据《西藏建筑业"十四五"规划》，2025 年全区绿色建材产品区内市场占有率将达 70% 以上。未来将大力发展装配建筑、节能建筑等绿色装配式建筑建材产业，以服务绿色建筑发展为主线，依托龙头骨干企业，建立健全建材绿色化生产体系、管理体系，积极应用新型工艺发展具备绿色、节能、民族特点的高原适宜性特色建材业。

3. 节能环保

围绕生态净土及循环经济体系建设，以净土永续、绿色健康为原则，积极发展高原制氧、节能环保装备、静脉产业等产业。重点依托拉萨经开区，重点支持碧水源公司在西藏拉萨经济技术开发区建设高科技环保设备制造基地，开发适应高寒地区的节水和污水处理的新工艺和新设备。依托循环经济产业园，运用先进的技术，将生活垃圾、工业固废、废旧电器等生产和消费过程中产生的废物转化为可重新利用的资源和产品，实现各类废物的再利用和资源化。

（二）绿色工厂

坚持生态保护的高标准，推动绿色工业规模发展，围绕《生态文明建设目标评价考核办法》中提出的绿色发展指标体系，从资源利用、环境治理、环境质量、生态保护、增长质量、绿色生活、公众满意程度等方面推进生态文明建设。

（三）绿色园区

开发区应推进园区循环化改造，按照循环经济"减量化、再利用、资源化"的理念，推动企业循环式生产、产业循环式组合，搭建资源共享、废物处理、服务高效的公共平台，促进废物交换利用、能量梯级利用、清洁能源利用、水的分类利用和循环使用，实现绿色循环低碳发展。

藏青工业园区着力打造绿色工业示范园区，切实把资源优势转化为经济优势，实现藏青两省区优势互补、互惠共赢。园区构建了以资源加工转换为主导、循环经济产业和物流商贸产业为支撑的"一体两翼"产业体系，将经济发展对生态环境的影响降到最低限度，实现经济效益、社会效益、生态效益的统一。

第八节　园区治理

一、四川省

（一）党建引领

经济高质量发展是党的十九大提出的新时代经济发展的新要求。要求园区以党建引领进行发展，强化"四个意识"，树牢"四个自信"，坚决做到

"两个维护"。园区党工委、管委会始终坚持"围绕发展抓党建、抓好党建促发展"的工作思路，以党建引领园区发展谋划与布局，以服务经济社会发展为中心，把党建工作与园区各项重点工作深度融合，丰富党建工作内涵，凝聚发展动力，全力推进高质量发展。

创新管理体制和运行机制。推进园区治理体系现代化，突出园区党组织的政治引领作用，建立与多点多极支撑发展战略相匹配的园区布局体系，建设高能高效、智能智慧的园区服务体系。坚持党建在企业技术创新中发挥骨干引领作用，同时也在服务人才战略中起到桥梁纽带作用。秉承人才为第一资源的理念，实施人才发展战略，提升园区创新发展能力和人才集聚水平，建设创新驱动发展先导区、创新创业人才聚集区、产学研协同创新先行区以及人才创业生态环境示范区。加强园区基层党组织建设。推进党的组织和工作有形有效覆盖，建立全域覆盖的党组织体系，加强园区服务型党组织建设，推进园区基层治理法治化；强化对园区发展和党建工作的领导，为园区科学发展加快发展提供坚强保障。

（二）社会治理

在开发区内打造高度重视、措施有力、功能齐全、信息化建设超前的社区治理现代化体系。优化社区服务。建立便民中心，面对不同群体的需求分别进行公共资源整合，为群众办事；改造园区环境，改造过于老旧的房屋，绿化街道，提高居民环保意识，打造碧水蓝天的画面。同时严格落实相应制定标准，提升综治工作规范化、标准化水平；强化科技信息应用，夯实基层基础，强化预测预警预防措施，严厉打击各类违法犯罪，着力推进社会结构治理精细化，构建全民共建、共治、共享的社会治理格局。

促进开发区产城融合创新发展，明确"社区是主体，社会组织是载体，社工是两者之间的桥梁"。在条件允许的前提下，支持开发区与所在地政府相关机构共享公共资源交易、人口、交通、空间地理等信息。支持规划建设示范性社区，引进国际知名教育、知名医疗机构、专业人才，积极发展建设繁荣商圈、城市街道、公园绿道等，营造一个一流的宜居环境，吸引更多的人才和资本进来。

二、云南省

（一）人才服务

1.自贸区昆明片区（昆明经开区）

自贸区昆明片区（昆明经开区）通过创新自贸试验区人才政策、引进培育重点产业高层次人才、建立重点人才管理目录与体系、提高片区人才职业技能水平等措施，打造自贸试验区昆明片区人才高地。实施"昆明英才"计划、"人才创业服务提升"计划，有针对性地引进昆明片区产业发展急缺人才。探索建立外籍务工人员管理长效机制，探索外籍员工办理就业许可、签证及居留许可便利措施。重点扶持培育一批领军型企业家及具有一定社会影响力的知名企业家和具有高成长潜力的青年职业经理人等。昆明片区拥有较多的人事制度改革自主权，以市场化为导向开展全员聘任制，完善"人员身份分类管理+全员岗位聘用管理"的"双轨制"运行机制，实行以岗定薪、优绩优酬，优化"一体化领导、双轨制运行、大部门整合、多方式运转"的人事管理制度，真正做到"吸引人才、培养人才、用好人才"。

2.昆明呈贡信息产业园

近年来，昆明呈贡信息产业园区管委会坚持党建引领，紧跟数字经济竞争格局，以创新举措践行新发展理念，以改革思维构建新发展格局，坚持产学研一体化发展思路，多维度撬动人才资源、提升发展质量，园区人才工作取得新成效。建成"校企实训实习基地""呈贡区大学生实习实训基地"，采用专业优势突出、运作模式成熟、服务优质高效的大学生实习实训模式，推动园区成为学生触手可及的实践"大本营"。打造开放式环境。搭建校企联动通道，形成常态化学习交流机制，带动高校人才向园区流动，推动园区成为高校输送人才的"首发站"。打造会展式环境。通过承办全国双创周云南分会场活动，"数字云南"区块链国际论坛昆明市招商恳谈会等大型展赛会，发挥众创空间、青少年科创教育示范基地、南亚东南亚科技服务合作中心等平台交流功能，推动园区成为产业人才及信息的"集散地"。2021年，昆明呈贡信息产业园区2个人才项目得到立项支持，分别为瑞立视科技（昆明）有限公司的全息3D智能交互技术创新人才培养项目，以及昆明花易宝科技有限公司的呈贡区花卉行业电商人才队伍建设项目。

（二）党建工作

1. 曲靖经济技术开发区

中共曲靖经济技术开发区园区委员会现有党组织52个、党员545名、企业基层工会62个、会员9514名、团组织11个、团员626名。园区党委聚焦"绿色硅光伏、新能源电池、数字经济"三大重点产业等非公企业，探索"党组织＋产业＋项目"发展新路径，秉承"服务企业抓党建，助力企业谋发展"的工作理念，帮助非公企业党建工作找准路子、迈开步子，将党建化作红色引擎促进公司项目落地、建设、投产、发展工作，一步步将园区非公党建工作抓紧抓实，实现了"党建强、企业兴"的目标。助推经开区"世界光伏之都"核心区高质量发展，让经开区产业发展遍地开花。

2. 自贸区昆明片区（昆明经开区）

昆明经开区按照"系统化推进、模块化建构、内外网驱动、分步骤实施、差别化指导、全域化提升"的思路，结合实际打造"数字经开"智慧党建平台，开发"活力经开""幸福经开"等8个功能模块32个子系统，为辖区党员、企业、群众提供高效、便捷、精准服务。

3. 昆明高新技术产业开发区

昆明高新技术产业开发区按照"区域统筹、条块结合、联动共建"原则，整合区域内各类型党组织。昆明高新区依托其细胞产业集群创新园建立了细胞产业园党建联盟，以"区域党建＋产业联盟＋教育实践"为运行模式，通过促进机关党建与非公党建共建共促，形成"以党建驱动园区产业高质量发展"的党建联合体。以云南贺尔思细胞生物技术有限公司党支部为主体，联合园区内现有党组织，通过党建不断提升园区建设、管理、服务水平，为加快推进园区建设提供坚强组织保证。

三、贵州省

（一）党建工作

加强开发区的党建工作，构建与工业经济发展需求相适应的组织体系、队伍体系、制度体系和服务体系，是推进工业化进程、实现高质量发展的重要保障。

党的十八大以来，贵州开发区积极推进党建工作，发挥党员在园区建设、产业招商、服务企业等方面的带头作用，取得一定成绩，主要有三方面经验。一是逐步实现党的工作全覆盖，构建与工业经济发展需求相适应的组织体系。二是不断加强开发区组织和队伍建设，构建与工业经济发展需求相适应的服务体系。比如贵阳国家经开区采取"单独组建、联合组建、挂靠组建"等方式，灵活、有效地设置党组织，初步构建了园区组织体系，党组织和党员在流转土地、协调关系、化解纠纷等方面发挥了积极作用。三是积极引导企业人才引进和培养，构建与工业经济发展需求相适应的干部人才队伍体系。贵安新区积极鼓励党员人数超过 3 人的民营企业组建党支部，并给予各方面支持。

（二）生态治理

贵州是我国南方典型的喀斯特地区，石漠化程度较为严重，生态脆弱，建设开发区发展工业先天条件不佳。党的十八大以来，贵州历届省委省政府不断创造条件，克服各种困难，积极发展生态工业园区，推进贵州工业经济取得长足发展。一是敢于向山要地，创造"工业梯田"。为不占用农用地，铜仁大兴工业园建在山坡上，在全国首创"工业梯田"，既发展了经济，也守住了生态。二是大力发展循环经济，贵州是煤炭大省，在六盘水、毕节、兴义等地建设了一批以煤电化、煤电材等为主导产业的开发区，为减轻燃煤电厂固体污染，在六盘水水月工业园、水城经开区、六枝经开区、清水河经开区等建设了一批煤电循环经济产业园。三是发展生态工业。在靠近生态敏感区域的开发区大力发展生态工业，如在贵阳高新区重点发展大数据电子信息、文化旅游、高端装备等产业，在赤水经开区重点发展生态特色食品加工产业等。四是实行环保一票否决制。对于有显著环境污染的企业，贵州实行严格的环境保护制度，率先在全国成立了环保法庭。其中在贵安新区等靠近水源保护地的开发区执行最为严格。

五、西藏自治区

（一）人才服务

创新人才引进机制。通过人才交流、技术援藏、定期服务、定向委培等"走出去、引进来"的方式，积极招募领军型人才、骨干型人才、实用型人才，为产业发展提供智力支持。优化人才培养制度。大力发展职业教育，推进产职教育融合，为企业培养和输送职业技术人才。加大人才激励力度。聚焦西藏特色产业，在机构设置、薪酬福利、住房、家属安置、职称等方面给予优惠待遇，保障其在藏的生产力水平，发现人才，留住人才。

（二）党建工作

党的十八大以来，西藏各开发区坚持党建引领，以开发区党建建设为重点，将党建工作与开发区管理进行充分结合。以拉萨经开区为代表的开发区管委会充分发挥党工委在把方向、谋大局、定政策、促改革、抓落实方面的核心领导作用，积极探索"党建强思想、思想强行动、行动强管理"的工作方法，构建"党建引领、统筹推进"的新格局，聚焦各项重点工作，强化落实"四力"举措，推动了党建工作与业务工作深度融合。

（三）招商引资

营造公平、透明、良好的营商环境，用好中央对西藏的财税、金融、投资、人才等专项特殊优惠政策和扶持措施，吸引各大知名企业来藏投资发展。加强产业项目空间布局引导，如拉萨经开区、拉萨高新区等产业发展相对成熟的开发区、重点选择引进大型国有产业和行业龙头企业；而如日喀则经开区和昌都经开区等产业基础刚刚起步的开发区，则应以引进中小企业为主。

第九节　未来展望

一、四川省

按照四川省有关规划，未来全省开发区将形成一批极具特色、优势明显的战略性新兴产业和具有市场竞争力的行业排头兵企业，创新驱动转型发展迈出实质性步伐，经济高质量发展抒写出新篇章，力争符合条件的地区"一市一国家级开发区、一县一省级开发区"，开发区地区生产总值占全省比重超过40%，着力打造一批千亿级园区。

成都平原经济区将强化"一极一地两区"战略地位。具体地，"一极"是打造高质量发展活跃增长极；"一地"是打造科技创新重要策源地；"两区"分别是内陆改革开放示范区、大都市宜居生活典范区。围绕建设改革开放新高地，在市场化改革、创新型试验、系统式集成等方面率先突破；打造畅通国内国际双循环的内陆开放战略枢纽；统筹生态、生活、生产空间布局，大幅改善城乡人居环境，全面增强人民群众的获得感幸福感安全感。

川南经济区打造川渝滇黔结合部区域经济中心。坚持高端产业引领带动，深度融入全球产业链创新链价值链，强化科技创新和产业协同融合，加快发展战略性新兴产业，促进传统产业提档升级，提升产业链供应链稳定性，协同构建现代产业体系。到 2025 年，打造成为全省第二经济增长极。

川东北经济区建设川渝陕甘接合部区域经济中心。充分发挥区位优势、资源优势，强化综合交通枢纽功能，提升对外开放水平，增强要素聚集和转化能力，强化区域内有机、生态、富硒特色农产品优势，构建现代产业集聚区，打造辐射带动川渝陕甘接合部的区域消费中心、物流中心、商贸中心和绿色产业示范基地。到 2025 年，将川东北经济区打造成为成渝地区发展新兴增长极。

攀西经济区形成"一区三地"发展格局。其中，"一区"是国家战略资源创新开发试验区，打造世界级钒钛产业集群、全国重要的稀土研发制造基地。"三地"分别是全国重要的清洁能源基地、现代农业示范基地、国际阳光康养旅游目的地。目标是建设清洁能源产业集群；加快推进农业规模化经营和标准化生产，建设全国知名的农业现代化示范区、现代农业创新示范区和粮食增产战略后备区；推进农文旅融合发展，加快攀西文旅经济带和阳光生态经济走廊建设，打造世界知名的阳光康养休闲度假胜地。

川西北生态示范区创建国家生态文明建设示范区。加快推进建设全国生态文明高地；打造精品旅游景区、线路和品牌，优化旅游发展环境，建成具有较高国际影响力和知名度的生态文化旅游目的地；建成现代高原特色农牧业基地，同时响应国家"碳达峰、碳中和"目标，打造水、风、光多能互补的国家级清洁能源综合开发基地。

二、云南省

（一）稳固经济增长发动机地位

站在新发展格局、新一轮科技革命和产业变革以及全省加快推进产业强省建设带来的三大机遇面前，云南省确定了"将开发区打造成为产业强省的主引擎、改革开放的先行区、创新驱动的引领区和产城融合的示范区"目标。根据《云南省"十四五"产业园区发展规划》，到 2025 年，开发区工业总产值占全省工业总产值比重提高 10 个百分点以上，开发区营业收入年均增长 15% 左右。培育打造营业收入超 5000 亿元开发区 2 家、超 2000 亿元 5 家、超 1000 亿元 12 家。规模以上工业企业数量、上市企业数量实现翻番。新增 1 家国家级高新技术产业开发区、1 家国家级经济技术开发区。质量和效益全面提升。

（二）坚守高质量发展主基调

根据《云南省"十四五"产业园区发展规划》，到 2025 年，开发区产业集聚效应不断增强，产业分工明确、产业链互补的特色产业集群基本形成。各开发区主导产业营业收入占全部营业收入的 60% 以上，主导产业在国内和国际产业链中竞争力显著增强，一批龙头企业成为细分领域或行业的"领头羊"。产业、产品高端化发展成效明显，以绿色铝、绿色硅为重点的新材料产业发展水平达到世界一流行列，有色金属等重点产业全产业链格局基本形成。先进制造业和现代服务业深度融合，打造 1 个"两业融合"国家级示范园区。

（三）对外开放主要阵地

在新的国际环境之下，云南省未来继续保持主动融入"大循环、双循环"，强化跨境、跨区域、跨开发区协同发展，打造一流营商环境，提升开发区开放发展水平的对外开放发展理念。推动进出口、外资企业向开发区集聚，提升云南利用外资水平，进一步减少对外商投资准入限制，重点扩大沿边服务业和制造业对外开放，积极有效引进境外资金、先进技术和高端人才。充分利用各类开放平台，积极与周边欠发达国家开展跨境经贸、国际生产合作、口岸合作的新模式探索，加强推动周边国家经贸规则对接，形成共商共建共享的最大合力，形成相对于全国的开放优势。

三、贵州省

（一）稳固开发区经济增长发动机地位

2022 年 1 月，国务院印发《关于支持贵州在新时代西部大开发上闯新路的意见》，意见指出要将贵州打造为西部大开发综合改革示范区、内陆开放型经济新高地、数字经济发展创新区等。2021 年 3 月，贵州省政府办公厅印发了《关于推进开发区高质量发展的指导意见》，文件指出，到 2025 年，贵州省开发区规模以上工业总产值、工业增加值占全省工业的比重均达到 90% 左右。国家及省级具有重大战略性意义文件的出台将进一步巩固贵州开发区作为经济增长发动机的地位。同时，全省继续开展"退城进园"，让大部分工业集中进入开发区。并同步推动产城融合，为区内工业企业保障产业和生活配套。促进生产服务及商贸业与工业并行发展，夯实开发区经济引擎功能。

（二）坚持开发区高质量发展主基调

高质量发展是我国"十四五"经济发展的主基调，开发区的发展也必须服从这一原则。一是土地用地要集约化。按照贵州省政府关于推进开发区高质量发展的指导意见，到 2025 年，贵州国家级开发区的工业产业值须达 500 万元 / 亩，省级开发区的工业产业值须达 300 万元 / 亩。二是产业发展绿色化。这既是落实国家"碳达峰、碳中和"目标的需要，也是贵州建设国家生态文明试验区的必由之路，更是实现人与自然和谐发展，构建人类命运共同体的根本要求。为此，贵州经开区火电、水泥、化工等高排放企业须积极利用"千企改造"等政策，提前布局，实现转型发展，适应发展要求。三是园区发展智能化。要充分利用贵州省作为国家大数据试验区和"东数西算"的契机，以推进开发区两化融合为基础，大力推动 5G 基站、数据中心等设施建设。

（三）强化开发区对外开放主阵地

开发区是贵州省对外发展外向型经济的主阵地。未来时期，贵州省将抢抓国家政策和贵州内陆开放型经济试验区建设机遇，重点以"1+8"国家级开放创新平台、各类省级经开区和高新区为载体，积极发挥各类资源要素聚集、优惠政策先行先试、产业链配套升级吸附等优势，吸引相关领域世界500强、跨国公司、大型央企国企等境内外龙头企业、科研机构等在贵州开发区设立地区总部、研发中心、物流中心等功能性机构，促进引资、引技、引智相结合，打造形成集投资贸易便利化、营商环境国际化、行政职能精简化、经济发展生态化、产业聚集高端化的产业集聚区和产业招商平台。

四、重庆市

（一）西部地区经济增长极更加夯实

"十四五"时期，重庆市坚持推动两江新区高质量发展，支持两江新区优先承接国家重大战略项目、试点示范项目，强化全球资源配置、科技创新策源、高端产业引领功能，打造内陆开放门户和智慧之城，努力成为高质量发展引领区、高品质生活示范区，规划到 2025 年，地区生产总值达到5000 亿元，服务贸易进出口总额占全市比重达到 30%。2021 年 10 月，重庆市人民政府印发了《重庆市人民政府关于加快推进全市产业园区高质量发展的意见》，要推动全市园区高质量发展，建设国家重要先进制造中心，到2025 年，基本形成特色引领、创新驱动、智慧赋能、绿色发展的园区高质量发展新格局，经济支撑持续扩大，全市园区规模工业产值年均增长 6.5%以上、占全市规模工业产值比重提高到 86%以上，战略性新兴产业占比提高到 37%以上。将进一步夯实重庆作为我国西部地区经济增长极的地位。

（二）建成西部金融中心

2021 年 12 月重庆、四川两省市印发贯彻落实《成渝地区双城经济建设规划纲要》联合实施方案，要求共建西部金融中心，提升重庆集聚金融要素、服务实体经济发展能力，发展壮大本地金融机构。推动区域金融改革创新，在科创金融、绿色金融、普惠金融等方面开展先行先试，加快发展消费金融、商贸金融、智慧金融、供应链金融，开展跨境人民币、本外币合一账户等试点业务创新。探索在自由贸易试验区设立人民币海外投贷基金，深化中新（重庆）战略性互联互通示范项目下的"点对点"金融合作，带动西部地区与东盟国家"面对面"互联互通。在重庆开展区域性股权市场制度和业务创新。2021年12月，中国人民银行、国家发改委、财政部、银保监会、证监会、国家外汇管理局、重庆市人民政府、四川省人民政府联合印发《成渝共建西部金融中心规划》（以下简称《规划》），规划提出，到2025年，西部金融中心初步建成，到2035年，西部金融中心地位更加巩固。

（三）打造西部内陆开放的新高地

重庆围绕"一枢纽两高地"建设，充分利用中欧班列（渝新欧）、西部陆海新通道等国际物流通道资源，发挥整车进口口岸功能，立足西部、面向全国开展汽车整车等大宗商品进口，培育和繁荣西部地区消费市场，促进对外贸易提质增效。重庆通过全面融入共建"一带一路"和长江经济带发展，并构建东西南北"四向"连通、铁公水空"四式"联运、人流物流资金流信息流"四流"融合的开放通道体系，构建了内陆国际物流枢纽支撑。2015年中新双方在新加坡签署中新（重庆）战略性互联互通示范项目框架协议及其补充协议。2021年10月重庆市人民政府印发《重庆市全面融入共建"一带一路"加快建设内陆开放高地"十四五"规划（2021—2025年）》，要求到2025年基本建成内陆开放高地，到2035年建成具有全球重要影响力的国际门户枢纽城市，成为我国内陆开放战略高地和参与国际竞争的新标杆。两江新区和重庆自贸区作为国家级开放新区和对外贸易平台，在重庆对外开放、打造内陆开放高地的过程中起到至关重要的作用。

五、西藏自治区

(一) 稳固经济增长发动机地位

《西藏"十四五"规划》提出，西藏开发区将着力打造产业发展载体，未来将充分发挥拉萨经开区和藏青工业园区"两极"的引领和带动作用，并持续做大做强拉萨高新区、拉萨综合保税区、达孜工业园等开发区。力争在"十四五"结束，西藏开发区总产值和工业产值将增长50%以上，开发区经济将成为西藏经济发展的强大动力之一。

(二) 坚守高质量发展主基调

着力推动七大产业高质量发展，编制特色产业发展规划，立足资源禀赋，发挥比较优势，推动清洁能源、旅游文化高原生物、绿色工业、现代服务业、高新数字、边贸物流产业成为经济增长的重要引擎、转型发展的重要动力、人民幸福生活的重要指标、国民经济的重要支柱性产业、高质量发展的亮点和标志，产业增加值年均增长10%以上。

未来西藏将着力推动七大特色产业高质量发展，立足资源禀赋，发挥比较优势，针对其编制特色产业发展规划。持续推进清洁能源、旅游文化高原生物、绿色工业、现代服务业、高新数字、边贸物流产业成为促进经济增长的重要引擎、转型发展的重要动力，力争七大特色产业工业增加值年均增长10%以上，实现经济高质量发展。

(三) 实现新发展格局

"十四五"期间，西藏改革开放力度不断加大，将更加积极实施开放政策。全区将以川藏铁路建设为契机，充分发挥青藏铁路的辐射带动作用，建设繁荣的铁路经济带。加快推进产业布局，稳步提高沿线城镇化水平，主动对接成渝地区双城经济圈，全面融入以国内大循环为主体、国内国际双循环相互促进的新发展格局。

第八章 中国在"一带一路"沿线设立的
开发区建设与发展

自提出"一带一路"倡议以来，中国国外开发区在沿线国家进入了快速发展阶段，截至 2021 年底，中国共有中国国外开发区 237 家，其中加工制造型开发区 113 家，农业生产型开发区 40 家，商贸物流型开发区 39 家，资源利用型开发区 26 家，科技研发型开发区 19 家。中国国外开发区在"一带一路"沿线就达近 150 家，成为"一带一路"愿景与行动的重要平台，逐渐构成沿丝绸之路经济带、21 世纪海丝绸之路，以及环非洲海岸的"一带、一路、一环"全球空间布局。

第一节 中国在"一带一路"沿线设立的
开发区取得显著成效

中国在国外设立的开发区多由中外两国政府或企业共同推动、合作建设。主要包括加工制造型开发区、资源利用型开发区、农业生产型开发区、商贸物流型开发区、科技研发型开发区和多元综合型开发区等。中国在国内具有丰富的开发区建设实践和经验，各类开发区对中国经济发展起到了非常重要的促进作用。在此基础上，近年来中国各级地方政府、有实力的国内开发区开发企业纷纷"走出去",在世界各国建立了各种类型、各种级别的中国海外开发区。中国国外开发区遍布六大经济走廊所覆盖的亚欧非地区,其中近80%在亚洲,并以东盟、中亚、西亚、南亚较多,欧洲等发达地区相对不多。中国国外开发区大部分位于"一带一路"沿线国家和地区,对沿线国家经济发展起到了重要的带动作用,中国国外开发区逐渐成为中国推动共建"一带一路"的重要抓手。

第一,中国在国外设立的开发区的数量增幅和经济规模增速明显。截至2020年1月,中国累计已与138个国家和30个国际组织签署了200份共建"一带一路"双边或多边合作协议文件,覆盖范围进一步扩大,与多国政府签订协议,为企业走出提供了良好平台。截至2019年底,纳入中国商务部统计注册的中国国外开发区已经达到113家,中国已经在57个国家或地区建设了201家中国国外开发区,其中138家位于"一带一路"沿线国家和地区,占比达到69%。[①] 在这些中国国外开发区中"中国—柬埔寨西哈努克港经济特区""中国—埃及苏伊士经贸合作区""中国—埃塞俄比亚东方工业开发""中国—白俄罗斯工业开发""越南龙江工业开发区""泰中罗勇工业开发区"等是其中的典型代表,取得了显著成效。2013—2013年,中国对"一带一路"沿线国家和地区的投资由126.3亿美元增加到186.9亿美元,基本呈现稳步增长的态势,未来还将继续增长。2020年1—5月,中企在"一带一路"沿线国家新增非金融类对外直接投资65.3亿美元,同比增长16%,占比较2019年同期上涨2.9个百分点;宣布的并购交易金额47.8亿美元,同比增长39.8%,占比较2019年同期上涨8.7个百分点;进出口总额4906亿美元,占同期总额29.8%,比整体高2.9个百分点。截至2018年上半年,中国企业共在46个国家建设了113家初具规模的境外经贸合作区,累计投

---

① 严兵、贾辉辉:《推进中国境外经贸合作区高质量发展》,《中国社会科学报》2020年5月8日。

资 348.7 亿美元，入区企业 4542 家，上缴东道国的税费 28.6 亿美元，为当地创造就业岗位 28.7 万个。中国国外开发区为中欧班列这类跨洲跨洋运输通道提供固定的站点和稳定的货源。另外，中国国外开发区提升了中国计算 GNP 的便利度。

第二，中国在国外设立的开发区广泛分布于"一带一路"沿线的各个国家和地区。中国在国外设立的开发区大多数位于"一带一路"沿线国家和地区。这主要是因为"一带一路"沿线国家和地区在自然资源、地理位置、劳动力成本、产业发展等方面与中国存在着一定的互补关系。许多沿线国家和地区与中国在地理位置上比较接近且劳动力成本优势明显，如俄罗斯、巴基斯坦、泰国、柬埔寨、越南等。另外一些国家特别是非洲国家则与中国一直保持着良好的政治经贸关系，并拥有自然资源方面的优势，如埃塞俄比亚、埃及、毛里求斯、赞比亚、尼日利亚等。这使得中国海外开发区广泛分布于几乎所有"一带一路"沿线国家和地区，但是也呈现出"大分散、小集中"的空间分布特征。中国在"一带一路"沿线国家和地区的中国国外开发区中，大部分分布在亚洲特别是东南亚各国，形成了中国国外经贸合作区的集聚区；其次是分布在非洲和南亚地区；中亚和西亚地区的中国国外开发区近年来增长较快。相对来看，中国目前在欧洲等中国海外开发区还较少，且主要分布在白俄罗斯、俄罗斯、匈牙利等少数几个节点国家。

第三，中国在"一带一路"沿线设立的国外开发区仍以传统产业为主，但转型升级趋明显。中国"一带一路"沿线开发区多以传统行业为主，其中主要纺织服装、鞋帽、家电、电子、建材、化工、资源开发等加工制造型开发区数量最高，占总数超 30%，而科技开发以及创新研发中心型开发区的跨境合作仍处于起步阶段。这一方面与中国建立中国国外开发区的动因以及沿线国家的比较优势有关，另一方面也表明中国在国外设立的开发区还面临较大的转型升级压力。近年来，随着中国与"一带一路"沿线国家经贸合作逐渐深化，中国在国外设立的开发区产业结构逐渐向多元化和综合化方向发展。例如商贸物流开发区、高新技术开发区等服务型、科技研发型开发区数量不断增加。

第二节 中国在国外设立的开发区新形势与重要意义

近年来,开发区已经成为世界各国吸收外资、促进经济发展的重要方式。中国在开发区建设方面取得了重要成绩,积累了丰富的经验。在此基础上,中国"走出去"企业在发展中国家特别是"一带一路"沿线国家建立了大量中国国家级和省级开发区,对东道主国家的经济发展起到了非常重要的促进作用,也对中国与"一带一路"沿线国家的经济互联互通发挥了重要作用。

在 2019 年新冠肺炎疫情暴发后,全球经济进入明显减速期,通货膨胀、债务和收入不均等因素影响了新兴经济体和发展中国家的经济复苏。世界银行预测到 2023 年,对新兴和发展中经济体增长幅度仍将低于其疫情前增速4 个百分点。但 2020 年 1—5 月,中国企业在"一带一路"沿线国家新增非金融类直接投资逆势增长 16%,预示着"一带一路"沿线国家在中国企业国际化的道路上将扮演愈发重要的角色。突发的疫情凸显了"一带一路"沿线各国在医疗、卫生健康和通信等基础设施领域的缺口,这将助推"一带一路"沿线各国大力推进"健康丝绸之路"和"数字丝绸之路"建设,为本土经济发展创造更多新增长点,为全球经济复苏注入更多新动力。

一、中国开发区已成为促进全球经济循环和经济发展的重要手段

中国开发区逐渐成为带动全球对外投资和吸收外资的重要手段,在一国经济发展中的作用越来越突出,对世界经济循环越来越重要。对此,联合国贸易与发展会议(UNCTAD)专门以特殊经济区为主题撰写了《世界投资

报告（2019）》，① 系统考察了其对吸引外国投资、促进对外贸易和产业升级的重要作用。特殊经济开发区成为一国吸收外商直接投资的主要方式，例如其贡献了越南60%—70%的外商直接投资，而孟加拉国的8个国家级开发区中72%的投资者来自境外。因此，世界各国设立大量各类型开发区以促进国内外经济合作。世界各国共建成了近5400家开发区，仅在2014—2018年，全球范围内就设立将近1000家开发区。此外，研究发现大部分已经建成、正在建设和计划建设的开发区大都位于发展中国家或者"一带一路"沿线国家，这说明其已经成为发展中国家促进经济发展的重要方式。② 大量的开发区使得各国的资本、劳动力、技术等要素以及各类商品有了更广泛的交汇联通机制，从而成为国际经济循环的重要枢纽。

二、中国在国外设立的开发区有助于共建"一带一路"沿线产业链供应链

中国在"一带一路"沿线国家和地区的中国国外开发区的主体是中国的制造业企业，这些企业一般是在国内形成竞争力之后才"走出去"对外投资的，其主要依托于国内的产品生产能力和技术水平，与国内经济大循环有着天然的紧密联系。共建"一带一路"沿线国际产业链的形成不是靠运输和物流的畅通就能完成，也不是靠金融支持运作就能实现，而是需要实实在在的产业体系的构建。中国传统制造业企业可以在"一带一路"沿线中国海外开发区建立加工贸易生产基地，成为中国主导的国内产业链的国际延伸，形成了初步的国际产业链。中国的资源、能源、农产品企业也可以大量在"一带一路"沿线中国国外开发区建立生产加工中心，形成能源资源类产品的国际生产链。中国经济未来要参与的国际循环，以及要达到的"国内国际双循环

① UNCTAD, World Inuestment Report 2019, United States, Geneva, 2019.
② 刘洪愧：《新时期中国对外直接投资高质量发展的实践基础、前景及建议》，《经济学家》2020年第6期。

相互促进",不仅是地理意义上的经济循环,还立足于中国的自主科技创新,打造以中国为主导的新产业及其国际产业链供应链。中国国外开发区可以在这个过程中起到沟通国内国外企业、市场和技术的重要桥梁作用。

三、中国在国外设立的开发区有利于营造"一带一路"沿线友好环境

中国"一带一路"沿线中国国外开发区对东道国经济社会发展也具有非常重要的积极作用,有利于对当地经济形成一种示范效应,从而营造出中国参与国际循环的更好环境。关于中国国外开发区对东道主国家投资、就业、税收方面的作用已经被事实所证明。[1] 中国在国外设立的开发区已经带动一大批重大产业项目在"一带一路"沿线国家和地区落地,推动了中国与沿线国家在贸易、投资、金融等领域的深度融合,加快了当地的工业化进程,也增加了就业和税收。一些开发区已发展成为所在国重要产业基地和批发采购中心。截至 2019 年 11 月,纳入商务部统计的中国国外开发区累计投资超过410 亿美元,入区企业近 5400 家,上缴东道国税费 43 亿美元,为当地创造就业岗位近 37 万个。[2] 中国企业将已经在中国成功实践的开发区建设模式和经验带到"一带一路"沿线国家和地区,并在当地落地生根,有利于提高当地的生产技术水平,积累产业发展经验,从而促进"一带一路"沿线国家和地区由以往单纯依赖外部输血向自己造血的成功转换。中国在国外设立的开发区带来的两国人民之间的工作交流和日常交往也有助于促进中国与"一带一路"沿线国家和地区的民心相通。

四、中国在国外设立的开发区助力高水平经济发展

围绕"一带一路"倡议与沿线国家和地区共建开发区,加快建设一批综

---

① 刘晨、葛顺奇:《中国境外合作区建设与东道国经济发展:非洲的实践》,《国际经济评论》2019 年第 3 期。

② 魏桥:《境外经贸合作区防疫发展两不误》,《国际商报》2020 年 2 月 18 日。

合功能突出、服务配套完善、市场化运作、平台型组织形式的高水平中国海外开发区意义重大，有利于促进共建双方经济高水平大发展。高水平中国海外开发区能够为"一带一路"倡议提供新发展阶段实践平台，在全球范围内构建产业配套体系。共建高水平中国海外开发区是中国产业"走出去"和国际产能合作的发展需要。共建"一带一路"沿线高水平中国海外开发区是中国产业转型升级的全球必然需求，带动一批成熟产业向外形成雁阵式梯度转移，这样可以延续中国企业的竞争优势，也能为国内产业升级腾出空间。共建"一带一路"沿线高水平中国海外开发区能够为中国创造更好的开放发展条件。经过多年的积累，中国已出现了巨大的国际收支顺差，并与全球失衡紧密联系起来。而中国经济进入新常态，借助高水平中国在国外设立的开发区促进产业"走出去"，不仅有利于改善经济发展的外部环境，从中找到经济再平衡的出路，也有利于更好地开展跨国产业协作，进一步推动人民币国际化。共建"一带一路"沿线高水平中国海外开发区可以对外介绍、推广"中国经验"。

第三节　中国在国外设立的开发区空间布局

中国在国外设立的开发区主要由中国在国外的生产基地升级扩建而来，作为中国企业开拓国际市场的重要载体，有效促进了中国在国外设立的开发区及其所在国家产业的发展。中国在国外设立的开发区的发展形成产业类别多样和空间"大分散、小集聚"的分布特征，逐渐构成沿"新丝绸之路经济带""21世纪海上丝绸之路"，以及环非洲海岸的"一带、一路、一环"全球空间布局。

一、中国在国外设立的开发区的产业合作布局

《境外经济贸易合作区确认考核和年度考核管理办法》对中国国外开发

区的类型进行了划分，主要包括加工制造型开发区、资源利用型开发区、农业生产型开发区、商贸物流型开发区以及科技研发型开发区。

一是从国家来看。加工制造型中国海外开发区主要与俄罗斯、柬埔寨、埃塞俄比亚、印度尼西亚、马来西亚、尼日利亚等国家合作，与这些国家开展加工制造产业合作主要是因为当地林业、棉纺织业、橡胶等原材料丰富便于加工制造。农业生产型中国国外开发区多与俄罗斯、塔吉克斯坦、坦桑尼亚、澳大利亚等国家合作，中国国外开发区选址地人口密度较小，农业用地丰富，为建立大农场、种植开发提供有利条件。商贸物流型中国国外开发区多与俄罗斯、印度尼西亚、阿联酋、斯里兰卡以及哈萨克斯坦等国家合作，主要是因为这些国家或与中国接壤，或海陆交通便利，便于商贸物流业的发展。资源利用型中国国外开发区多布局在印度尼西亚、马来西亚、老挝、毛里塔尼亚以及俄罗斯等国家，这是因为东南亚国家矿产资源丰富，俄罗斯远东地区林业丰富，毛里塔尼亚海域则为西非渔场主要组成部分，具有丰富的渔业资源。科技研发型中国国外开发区数量较少，主要与美国和俄罗斯开展合作，在美国与俄罗斯布局的科技研发型中国国外开发区数量接近科技研发型中国国外开发区总数量的1/2。总的来看，中国国外开发区以向外输出一、二产业为主，合作国家众多，且大多以邻国或非洲国家为合作国家，这种产业布局符合中国新旧动能转换以及国际产业梯次转移的大趋势，但也体现出中国科技创新领域薄弱、产业结构有待优化升级的短板。

二是从洲际来看。中国设立在亚洲、非洲、欧洲与北美洲的中国国外开发区产业类型较为多样，分布在大洋洲与南美洲的中国国外开发区因数量有限而产业发展较为单一。亚洲与非洲主要分布加工制造型中国海外开发区、农业生产型中国国外开发区、资源利用型中国国外开发区和商贸物流型中国国外开发区，这也是因为中国国外开发区主要分布在"一带一路"沿线国家与非洲沿海国家。设立在欧洲、北美洲的中国国外开发区多以科技研发型中国国外开发区、加工制造型中国国外开发区为主，此两类中国国外开发区的结合可为中国工业制造向工业智造转变提供发展契机。设立在大洋洲与南美洲的中国国外开发区数量不多，产业类型单一，分别为农业生产型中国国外开发区和加工制造型中国国外开发区。总的来看，中国国外开发区的主导产业主要以加工制造业为主，其次为农业与商贸物流业，产业布局较多以当地国家优势资源为出发点与落脚点，产业发展针对性较强，但产业发展较为单一，产业空间配置不均衡，联动性较弱。

三是从开发区类型来看。加工制造型中国国外开发区主要集中在亚洲、非洲与欧洲，特别是在东北亚、东南亚与中亚以及非洲各国，且主要以木材加工、装备制造等资源深加工与轻工业为主。农业生产型中国国外开发区主要分布在非洲与东南亚等国，在俄罗斯远东、澳大利亚以及中亚等国家也多有布局，大多为中国中西部省份参与建设的中国国外开发区。其中，在非洲建设的农业生产型中国国外开发区主要以帮扶当地农业发展为主，在东南亚建设的农业生产型中国国外开发区以橡胶种植为主。随着农业生产型中国国外开发区的发展，已经从单纯农业种植延伸至农产品加工、畜牧业乃至农业科技研发等领域。商贸物流型中国国外开发区分布较为零散，主要布局在港口或陆路交通便利的城市。其中，分布在非洲与东南亚的商贸物流型中国国外开发区主要布局在港口城市，海运交通便利；分布在中国邻国的商贸物流型开发区主要为中国跨境经济合作区外方部分，与中国邻接，便于商贸物流业的发展。资源利用型中国国外开发区主要分布在东南亚与非洲西海岸的沿海国家，当地存在丰富的钢铁、有色金属、石油等资源，同时具有丰富的渔业资源。这种类型中国国外开发区多为中国东部沿海省份参与建设。中国科技研发型中国国外开发区布局较少，主要分布在西欧国家与美国，一方面能够便于中国学习与吸收欧美发达国家的先进技术，但另一方面，科技研发型开发区数量较少也反映出中国仍然需要加强科技研发的国际合作。

二、中国在国外设立的开发区多层级布局体系

自"一带一路"倡议提出后,中国企业或各级政府到海外设立产业开发区速度加快,逐步形成多向产业联系,初步架构起全球产业合作网络。产业合作类型多样,主要形成以加工制造领域合作为主和农业生产、商贸物流、科技研发等为辅助的开发区多层级体系。

从其不同发展阶段产业布局来看,加工制造产业一直是向外输出的主力,但已经从最初的初级加工制造向高端装备智造转变。农业生产型中国国外开发区数量持续增长,也从最初的种植开发经济与畜牧业向种植、加工、农业技术创新等一体化合作转变。商贸物流型开发区的大力建设与多地布局则体现了"一带一路"倡议中的贸易畅通与设施联通的原则。截至 2021 年底,中国共有加工制造型开发区 113 家,农业生产型开发区 40 家,商贸物流型开发区 39 家,资源利用型开发区 26 家,科技研发型开发区 19 家。总的来看,随着中国经济的发展、产业结构的升级以及科学技术的进步,中国以共建中国国外开发区的方式,利用先进技术与优势产业,向外输出与合作,不仅符合全球范围内产业转移浪潮的本质与规律,也契合推动构建人类命运共同体的发展理念。

三、中国在国外设立的开发区空间布局

党的十八大以来,中国在国外设立的开发区空间布局集聚性加强,逐渐构成沿"新丝绸之路经济带""21 世纪海上丝绸之路",以及环非洲海岸的"一带、一路、一环"全球空间布局,中国在国外设立的开发区的全球空间布局响应了"一带一路"倡议,也成为"一带一路"愿景与行动的重要平台。第一,中国在国外设立的开发区在亚洲、欧洲、非洲、大洋洲、北美洲以及南美洲等 6 大洲均有分布,构建起多向联系,基本上打造了中国对外开放的新高地。第二,从中国各省份来看,形成中东部省份国外建厂设开发和

沿边疆省份与接壤国家合作建开发的新的发展格局。第三，从全球空间网络联系来看，中国已经形成与"一带一路"沿线国家和非洲沿海国家的强强联系特征，并在欧洲、美洲形成多点状国家联系特征。第四，从空间网络结构来看，中国国外开发区节点省份与节点国家合作空间联系网络呈现以东部沿海省份、"一带一路"沿线国家与非洲沿海国家为核心的核心—边缘结构，且形成了沿"新丝绸之路经济带""21世纪海上丝绸之路"，以及环非洲海岸的"一带、一路、一环"全球空间网络结构特征。

第四节 中国在"一带一路"沿线设立的开发区经验

中国在国外设立的开发区的成功发展离不开双方政府的支持和推动，也需要一系列政策优惠的吸引，此外还需要定位明确的产业发展规划。所以，本章接下来结合发展较好的典型中国海外开发区，从开发区建设过程中的政府推动和政策优惠、产业发展导向等方面来总结开发区建设的经验。

一、政府推动和政策优惠

由于共建"一带一路"中国在国外设立的开发区涉及两个国家及其市场主体，这使得两国政府特别是领导人的推动和引导成为中国海外开发区成功发展的先决条件。以"一带一路"在欧洲的桥头堡中白工业开发区为例，两国领导人和政府在开发区的规划和建设过程中发挥了重要作用。两国先后签署了《关于在白俄罗斯共和国境内建立中国—白俄罗斯工业开发区的合作协议》《中华人民共和国与白俄罗斯共和国关于中白工业开发区的协定》。白俄罗斯总统还曾先后颁布三个总统令，为开发区创造了良好的投资环境，并以国家立法、专项国际协定和义务来保障，为其提供前所未有的优惠和特惠条件。之后，两国领导人指出，要把中白工业园建设作为合作重点，发挥政府间协调机制作用，谋划好园区未来发展，将园区项目打造成丝绸之路经济带上的明珠和双方互利合作的典范①。中白工业开发区目前已经成为中国建设面积最大、合作层次最高的中国国外开发区，成为共建"一带一路"的标志性工程。

企业在境外生产经营通常面临比国内更大的政策不确定性，所以需要有足够的经济激励。而总结中国在"一带一路"沿线国家的中国国外开发区建设经验，不难发现良好的政策优惠是吸引企业入驻开发区的重要条件。同样以中白工业开发为例，2017年5月颁布的白俄罗斯总统令规定了零地价、入开发企业前10年免税、后40年减半征收等系列政策优惠。又以中柬西哈努克港经济特区为例，开发区可以提供一站式政府部门和其他公共事务服务，柬埔寨发展理事会、商务部、劳动部、海关、检验检疫、银行、税务、保险等都在特区设有办事机构，方便企业办理各类事务。而且在政策优惠方面，该经济特区规定：企业用于投资建厂的生产设备、建材、零配件及用于生产的原材料等免征进口关税；企业投资后根据产品种类最多可享受柬方9年的免税期；利润用于再投资免征所得税；产品出口免征出口税；无外汇管制，外汇资金可自由出入；无土地使用税。再如埃塞俄比亚东方工业开发，②其是中国在埃塞俄比亚唯一的一家国家级中国国外开发区，开发区内企业所得税可享受5—10年免税期，比区外外资企业多2年，企业出口产品比重高于50%的可以享受更长时间的免税优惠；外汇可留存30%，比区外企业多10%；区内设保税仓库，为企业提供保税业务服务；埃塞俄比亚国家船运公司优先承接区内企业海陆运输服务，运费比平均价低5%。工业开发

---

① 《习近平同白俄罗斯总统卢卡申科举行会谈：一致同意开创中白全面战略伙伴关系新时代》，人民网，2015年5月11日。

② 埃塞俄比亚东方工业开发是中国在埃塞俄比亚建设的唯一的国家级海外开发区，位于首都亚的斯亚贝巴附近的杜卡姆市，规划面积5平方公里。该开发区最初由江苏民营企业永元投资有限公司开发建设，股权100%为中国所有。东方工业开发于2007年11月在商务部海外开发区招投标中成功中标，2008年开始大规模开发建设，2015年通过商务部和财政部确认考核。

还可为企业提供注册、登记、报关、报税、仓储运输、政府事务、法律咨询等各类服务。而且，埃塞俄比亚派驻海关、税务、商检、质检等机构在开发区设立直属机构，给开发区企业提供"一站式"服务。此外，当开发区面临较大融资压力时，江苏省和苏州市给予东方工业开发超过1亿元的资金支持。

二、地理位置与产业发展导向

除了良好的政府间关系和政策优惠外，开发区本身的地理位置选择以及产业发展定位也是影响中国在国外设立的开发区建设成败的关键因素。从目前中国在"一带一路"沿线国家和地区的经贸合作区来看，发展较好的开发区一般建设在"一带一路"沿线的关键节点位置，或处于重要的交通位置上，或可以快速便捷地进入消费市场。在此基础上，中国在国外设立的开发区根据两国间的资源要素禀赋的比较优势发展互补性产业，取得了较好的成效。

以中白工业开发区为例，其处于"一带一路"进入欧盟市场的最前沿位置，位于白俄罗斯明斯克州斯莫列维奇区，距首都明斯克市25公里，紧邻国际机场，柏林—莫斯科洲际高速公路穿越开发区。根据规划，开发区总体规划面积为91.5平方公里，土地使用期限99年，其中一期用地面积8.5平方公里。2010年，由白俄罗斯总统卢卡申科提出建立。中白工业开发是中白两国之间最大的投资合作项目。其中中方占股60%；白方占股40%。目前，已有7家首批入区企业，分别是招商局集团、中国一拖、华为、中兴通讯、中联重科、成都新筑、白俄纳米果胶，14家意向企业包括甘肃聚馨、烽火通信等。中白工业开发是两国合作的一个旗舰项目，也是中国倡导建设丝绸之路经济带合作的标杆项目。开发区特点是其地理位置优越，是计划发展欧亚经济联盟市场和欧盟市场的重要平台和桥梁。

中国—柬埔寨西哈努克港经济特区位于东南亚地区的重要港口，处于

"海上丝绸之路"的重要航线上，产品可快速抵达东南亚和欧美市场，且可以在一定程度上规避中国与其他国家的贸易摩擦。该经济特区由江苏省红豆集团主导，占股80%，中国—柬埔寨西哈努克经济特区有限公司占股20%，联合中柬企业在柬埔寨西哈努克省波雷诺县共同开发建设。中国—柬埔寨西哈努克港经济特区总体开发面积11.13平方公里，共分为多期开发。目前，该特区6平方公里已初步完成了"五通一平"（通路、通电、通水、通信、通气和平地），建有厂房185栋；配套建设了综合服务中心大楼和员工寓所、邻里中心、社区卫生服务中心等设施，成为柬埔寨西哈努克省发展最好、就业人口最多的经济特区。根据柬埔寨劳动力比较优势明显的特点，开发区目前重点发展加工制造业，一期建设以纺织服装箱包皮具、木制品等为主，二期将重点引入五金机械、建材、家电、化工等更高端产业。截至2020年6月，该经济特区已经吸引来自中国、东南亚、欧美国家的165家企业入驻，解决当地就业3万多个产出占该省工业总产值约80%。

第五节　中国在国外设立的开发区建设挑战与趋势机遇

中国企业投资的中国在国外设立的开发区现阶段大都还处在开发建设的初期。截至2020年底已建立的113家中国国外开发区只有20家通过了商务部的考核。然而，中国国外开发区还面临投资资金到位有限、企业入驻量也不大、经济效益远未充分体现、东道国宏观政治经济不稳定、营商环境有待改善、合作模式缺乏保障机制、中国在国外设立的开发区发展缺乏系统性统筹规划等挑战。

一、中国在国外设立的开发区项目经营方面

一是公共卫生影响。受疫情影响，国际物流影响巨大，海运费价格普遍

上涨，大大增加了物流成本。国际航班大量减少，人员通行严重受阻，国内人员上场成本大幅增加。做好管控措施应对，成为考验抵御风险能力的要求。二是碳中和目标。"碳达峰、碳中和"理念的提出，环保要求对建筑业标准提出了更高的预期，将对传统的施工模式产生重大影响，新的施工管理理念、技术、标准将会逐步转型，未来建筑业将会有一个更加标准化、更统一和集成化的过程。三是不发达国家熟练劳动力短缺，企业数字化进程滞后。由于项目进入门槛低，一些落后国家非正规劳动力占有很大比例，致使劳动技能不高、劳动效率低下。更加要求中国国外开发区适应现代化企业国际化管理和属地化管理。四是不发达国家市场产业协作水平低。从劳务分包、专业分包到设计、规划以及材料供应商，整个价值链的协作水平很低，多为筒仓式的生态系统，更倾向于自身的风险管理，相互之间的摩擦在所难免。提高价值链的协作水平，应注意在当地国建立企业的产业能力、技术能力，建立相对稳定的长期合作伙伴。五是低价中标的问题。由于国际通行的现汇项目招标往往采用低价中标的模式，通常只能把变更索赔当成获利的方式，而不是在项目的早期强调通过优化设计来降低成本，通常倾向于在施工过程中通过变更来收取更多费用。六是政府配合效率。不发达国家市场往往受征拆以及政府、业主工作效率的影响，建设活动很不稳定，材料和设备部件可能会延迟到现场，这也妨碍了央企的生产能力，限制了规模经济，降低了产出质量和客户满意度。七是行业头部企业的挑战。有实力、有技术，能为属地国带来生产力解放的大型企业将会在国际市场独领风骚，新技术、集成化、机械化将在市场变革中成为主流方向，适应新国际发展形势以及成本低的需求，现代数字化产业革命带来的技术革新要求，环保意识的增强，这些都会带来行业市场工业化技术变革。八是创新管理的挑战。BIM等建筑管理系统的渠道和接口将更好地融入价值链，在施工管理过程中，将更加注重使用先进的分析技术进行信息管理，实现从供应商至模块化，从工厂至工地的准时交货，使得工作的计划性、准确性、效率都将为承包商和客户创造新价值。转变海外发展思路,更多地从民间渠道去推进项目,从商业角度出发去运作项目,要适时地做好国际管理能力的转型和变革。在全球化浪潮下,坚定"走出去"步伐,以更加务实、开放的姿态,关注新兴产业,积极参与国际分工,走好开放合作之路。

二、中国在国外设立的开发区面临的风险

一是政治法律风险。中国在国外设立的开发区建设面临着东道国政局变动、政府政策、法律法规等政治风险,东道国出于国家利益考虑,往往颁布一些法律法规(反垄断法)对海外并购进行限制。中国在国外开发区和海外项目遭遇的政治风险也不少,主要集中在项目搁置、政权不稳等。二是经济产业风险。中国在国外设立的开发区建设面临着投融资和成本收益等经济风险。投融资风险方面,中国国外开发区建设本身需要的资金量很大,不仅是开发区建设需要,而且投资项目也需要。只依靠国开行、亚投行、丝路基金、中资银行等金融机构是远远不够的。这就需要研究考虑搭建投资的新平台和再融资的通道,为开发区和入驻开发区的企业提供全方位的服务。但是,受限于多数"一带一路"沿线国家和地区资本市场发育并不充分,国际资本流动存在诸多的障碍,直接融资的渠道和通道尚不健全,中国尚缺乏以人民币计价的证券交易平台,没有项目上市融资、风险管理和资本退出的畅通渠道。成本收益风险方面,投资成本能否获得收益,是值得慎重考虑的问题。根据相关部门统计公开发布信息,截至2014年底,中国企业国外投资失败或受阻的风险案例共130起,涉及全球59个国家或地区,总金额高达2359.7亿美元,每起案例平均涉案金额18.2亿美元。其中,发生在"一带一路"沿线国家的风险案例33起,总金额565.2亿美元,涉及20个国家,每起案例平均涉案金额17.1亿美元。海外投资风险案例主要集中在能源、矿产资源丰富的国家以及社会动荡国家。三是建设运营风险。中国国外开发区建设周期长。中法经济贸易合作开发区从2013年签订合作协议,截至

2020 年底还未见重大进展。武汉和泰国合作的中国—东盟北斗科技城建设期从 2015 年跨度到 2025 年。这些案例都证明中国国外开发区建设周期长的特征。中国海外开发区盈利模式尚需探索。中国国外开发区大多采用单一商业模式，很多产业开发区的盈利模式主要停留在传统的工业开发区"五通一平"的基础设施建设上，之后仍然面临招商难、承诺兑现难、土地闲置多、服务跟进难等问题。目前，多数的中国国外开发区采用的是土地出让、不动产租赁以及基础设施运营（物业）的盈利模式，只有少部分在探索资金理财和人民币结算模式。四是中国国外开发区招商和运营压力。中国国外开发区同质化竞争严重，招商竞争的白热化趋势非常明显，开发区企业侧重国内企业为主，缺乏引入大型国际公司和所在国企业的参与，容易形成单一产业或单一来源的潜在风险。另外，很多中国国外开发区的知名度并不高，招商存在困难，还有一些产业开发产业定位不明，东道国周边的配套设施又不健全，加之国际技工及管理人员缺乏等原因，导致入驻开发区的企业比较少，导致产业开发经营状况也并不是很好。

三、中国在国外设立的开发区未来发展趋势机遇

未来的产业发展和经贸合作建设将呈现新的发展趋势带来新的发展机遇。一是产业将向高精尖转型，并实现数字化经营。通过数字化方式解决企业海外投资运营过程遇到的问题、改善开发区营商环境、降低企业成本、提高开发区核心竞争力并最终增强开发区招商引资吸引力，实现多赢局面。二是运营主体呈多元化趋势，多方合作促进开发区和企业发展。未来的中国国外开发区运营方将融合政府、开发区实施企业、外部企业等更多参与主体，各参与主体群策群力，共同推动中国在国外设立的外开发区的发展。三是产城融合将成为中国在国外设立的开发区发展的新方向。将中国丰富的产业新城发展经验在进行本土化改进后复制到沿线国家和地区，借助开发区助力东道国形成如高端制造、信息科技等特色主导产业，并结合房地产业、商务服

务业、城市服务业等相关配套，将开发区与城市发展进行有机结合，实现产城融合，促进东道国经济和社会的发展。四是对接专业服务机构，更好地开展业务。未来随着入驻中国在国外设立的开发区的中企数量增加，企业的诉求也将更加多元化，对各类专业配套服务的需求也将日益增加，搭建专业服务机构对接平台也有助于入驻企业快速与相关专业服务方对接，充分利用当地要素资源，更高效地开展业务。随着"一带一路"倡议的深入发展，中企的参与形式在不断变化。基建先行已经为中国与东道国的产业合作开辟了道路，而建设高水平的中国国外开发区将带动中国与沿线国家更紧密的产业合作，为实现倡议的高质量发展开启新的篇章。

第六节　中国在"一带一路"沿线设立的开发区发展建议

"一带一路"沿线在国外设立的开发区既有助于中国充分利用积累的开发区经验助力中国企业走出去，有效化解供给冲击，又能形成中国与"一带一路"沿线国家的新产业链和供应链，不断倒逼中国开发区转型升级，促进实现高质量发展。对于新发展阶段的中国海外开发区来讲，建议要从创新政府间有效合作机制、谋划高端的融资平台予以支持、不断完善经营模式、标准互认互通、数字经济、中欧班列等方面探索夯实。要在研究和总结中国及其他国家中国在国外设立的开发区建设运营管理经验、优点和先进做法的基础上，探索编制一套中国在国外设立的开发区建设的经验手册，以供各开发区和今后的开发区建设学习和借鉴。

一、创新中国在国外设立的开发区政府间有效合作机制

中国在国外设立的开发区最重要的风险就是国别风险，与共建国政府间的有效合作机制是第一合作前提。充分总结中国—新加坡成功合作共建的苏

州工业园区、中国—白俄罗斯中白工业开发区等经验，在各类型中国海外开发区建立一个部门级或者副部门级正式的关于两国经贸合作区建设的沟通协调机制或机构。可由中华人民共和国商务部倡议，联合各省市商务厅或者商务委员会建立一个中国国外开发区建设开发委员会，制定相关政策，统筹所有中国海外开发区的各项政府事务的协调工作。中国在国外设立的开发区建设开发委员会要积极与境外开发区企业交流，与东道主国家商议，解决开发区发展的迫切政策问题。此外，也可以在中国与其他国家的"一带一路"框架性协议中加入中国国外开发区建设的正式安排，作为以后政府间协调的依据。厘清经贸合作开发区管理委员会与开发区一级开发企业的关系，不能将本应该属于开发区管理委员会的事务都推给开发区开发企业，尽可能减少开发企业的风险和成本。明晰引入开发企业的审批权归属。在条件允许的情况下，可以将企业引入开发的审批权从开发区管理委员会转移给开发企业审批，提高企业引入开发的效率。尽可能提高开发区管理体制的市场化和规范化，可以引入其他国家的企业一起参与开发区开发建设，推动开发区管理体制更加市场化。

二、高端设计融资平台支持促进中国企业"走出去"

中国金融机构高端设计融资平台，使中国企业"走出去"有了资金通道。"一带一路"基金、中非发展基金、中非产能基金、丝路基金等金融机构都为企业"走出去"提供了资金支持。以孟加拉国为例，注重研究中国与孟加拉国政府的双边政策，深感政策保障的力量。2018 年 5 月，中国深交所和上交所组成的联合体正式收购达卡证券交易所 25% 的股份。中孟两国在基础设施和高科技领域的合资公司可以在中国和孟加拉国达卡证券交易所上市，也可以发行以人民币计价的熊猫债券，为企业在所在国融资提供了优质平台。孟加拉国率先提出了基于 PPP 项目 G2G 的框架协议，韩国、马来西亚、阿联酋和新加坡等国已与该国签署。中国政府也启动了该协议的谈判工作，如果能成功签署，无疑会对央企在当地 PPP 基建项目的投资提供国家优惠政策支持，提高企业投资的积极性。中国在对外援助性协议，设立双边或多边金融组织，人民币国际化，两国合作协议，以及国家对"走出去"企业在税收、补贴、奖励等优惠政策上，高端设计，强化引导，为企业走出去提供有力政策支持。建议中国大型银行类金融机构争取对于中国在国外设立的开发区设立分支机构。一方面，这有利于解决中资企业的融资问题，另一方面也可促进中国金融机构的海外发展，推进中国与"一带一路"沿线国家的金融领域合作。对于有实力的大公司，可以允许其在境外发行人民币债券进行融资。对于国内企业向中国在国外设立的开发区的外汇业务可以适当放宽管制、简化审批流程。开发区企业特别是一级开发企业要更多考虑在东道主国家进行融资，可以组织东道国的银行进行银团贷款。

三、夯实中国在国外设立的开发区项目经营模式

一是建强建实"一带一路"核心国别节点。全力加强国外支柱国别开发区建设，着力打造"一带一路"核心支柱国别节点，在市场开发、项目管理、风险管控上加强资源配置和要素建设，扎根经营，滚动发展，筑牢"一带一路"沿线发展的四梁八柱，确保实现海外规模、营收、效益高质量发展，将支柱国别节点开发区打造成高端发展、持续强劲、风控平稳的海外开发区示范区域运营中心，形成具有在建规模、市场开发、风险管控、营收效益的优势国外发展根基。二是着力打造高端人才队伍。要着力打造国外专业化人才队伍，其中重点强化国外经营管理领军人才、高级商务管理人才、高级项目管理和技术人才，构建适应国外发展的人才管理体系、国外薪酬体系，形成企业高管、属地化人才、国际化人才的人才发展架构，建立国际一流的海外人才管理团队。三是大力开发国外产业经营。在传统项目业务模式基础上，拓展以投、建、营为主体的全产业链项目开发模式，充分发掘所在国当地的资源优势和企业的管理优势，聚焦新能源等趋势产业，

以联合经营、股份制经营等模式，强化属地化、国际化合作，实现以管理型为主、多种合作模式、产业化经营的海外高端发展格局。四是拓展开发低碳环保项目。中国的装配式建筑已经初步走向成熟，材料、技术具有较强的竞争力，符合"碳中和"产业方向。这一模式在"一带一路"沿线国家亦有很大的需求，将以在建项目为依托，利用在建项目的梁场设备，充分调研当地市场，向当地政府和民众积极推广，加快装配式新兴产业项目的布局和推进。

四、支持中国标准"走出去"

在中国在国外设立的开发区的建设过程中，各项标准的不同也导致开发区建设推进缓慢。标准的不同导致中国在国外设立的开发区建设的交易成本和转换成本特别大，给中国的开发区开发企业带来了很大的成本负担和风险。这些标准主要包括基础设施建设方面的标准、环保标准、材料污染物含量标准、污染物质排放标准、噪声等各项标准、生产环节的各项技术标准以及产品进入市场的各项标准等。这一类标准越多，就会造成越大的不确定性和交易成本。针对这一问题，可以先考虑推动中国与"一带一路"沿线国家之间的标准互认。对于各项具体标准，从成本和收益角度先选择某一方的标准，也建议对于东道国某项技术标准低于中国技术标准的领域，直接采纳中国的标准。支持中国技术标准走出去。在欠发达国家市场，一些行业的技术标准尚未形成，有些国家在一些发展行业还处于标准的探索形成阶段。中国在许多行业技术标准已相对成熟，实现中国技术标准走出去，将大大增强竞争的话语权，提升中国在国际的影响力。通过标准、技术、服务走出去，才能更好地带动中国资本、中国企业、中国装备走向世界，才能更好地建设跨境产业链。国家在主导区域的合作中，可发起和主导相关区域国家共同制定新的区域标准。企业可以在PPP项目，以及主导的融资项目中，要求或推荐采用中国标准设计建设。

五、发挥数字经济优势助推产城一体化发展

　　未来数字经济将是发展趋势，是转型升级的主要业态，国际贸易将更多进入数字贸易发展阶段，跨境电商的作用将更加突出，数字产品的贸易比重将逐渐增大，成为国际贸易新的动力。[①] 所以，国际国内双循环不仅仅是实物商品的物理意义上的循环，还包括信息、服务和数字产品的循环。可以考虑在国外设立的开发区引进专门的跨境电商企业，特别是大型的跨境电商龙头企业。可以在国外设立的开发区建立数字产品和数字贸易的开发，集中于生产数字产品，既可以提高开发区的科技含量促进产业升级，也有利于充分发挥中国在数字产品和数字贸易方面的人才优势和市场优势，推动国际贸易模式创新。提高数字产业促进对传统产业的升级，发展商贸、物流、仓储服务，进行一定程度的数字化、绿色化发展。应该积极鼓励国内商贸企业、电子商务企业在中国在国外设立的开发区建立分拨、集拼、采购和分销功能利用中欧班列将经贸合作开发区的产业销往欧洲市场。倡议建设若干个产城一体化的中国在国外设立的开发区，即鼓励开发区和城市发展同步建设，提高中国的国际形象。

六、用好"中欧班列"等物流路径

　　中欧班列的大量开行、海外站点和海外仓库的建立，不仅开创了亚欧大陆新的运输物流贸易方式，而且改变了传统的经济合作形式形成了新的经济循环形式。[②] 未来随着中欧班列的普及以及运营模式的成熟，它将不仅是一种运输手段，更将形成新的生产分工模式，形成中国与"一带一路"沿线国

[①] 裴长洪、刘洪愧：《中国外贸高质量发展：基于习近平百年大变局重要论断的思考》，《经济研究》2020年第5期。

[②] 裴长洪、刘洪愧：《习近平新时代对外开放思想的经济学分析》，《经济研究》2018年第2期。

家之间的新的国际产业链、供应链和价值链。特别是，新冠肺炎疫情更加强化了中欧班列的作用，未来中国与"一带一路"沿线国家也需要积极利用中欧班列在经贸合作区建设中的作用。进一步打通中国与"一带一路"沿线国家之间的陆上运输通道。陆上交通运输方式具有高效且安全的特性，它是形成中国倡导的、所有"一带一路"沿线国家共建的国际产业链和供应链网络的基本依托。未来，要进一步修建中国与东南亚各国的高铁运输通道，同时进一步完善中国与中亚、西亚和中欧国家之间的运输方式，可帮助他们修建若干铁路，从而使得中欧班列更加畅通。鼓励中欧班列在中国国外开发区设立国外站点和保税仓库，加强中国国外开发区与中国国内大市场、国内经济大循环的联系。

七、积极完善中国在"一带一路"沿线设立的开发区布局

以"一带一路"为发展契机，在巩固"一带、一路、一环"中国在国外设立的开发区空间格局的基础上优化以区域空间治理为导向的开发区产业空间。在全球范围内与不同大洲国家开展多领域、常态化的互信互利友好合作，构筑全方位、多层次、深领域的开发区合作格局。对内发挥各临海、临边等省份的区位、产业优势，对外与开发区所在国构建良好经贸合作平台，发挥节点省份与节点国家的联动作用。以中国国外开发区空间布局与联系为基础，进一步构筑以中国国外开发区为载体的国内—国际区域空间治理体系，积极服务于"以国内大循环为主体，国内国际双循环相互促进"的新的发展格局。

后　记

　　为了更好推进关于粤港澳大湾区发展的国家社科重大项目研究，课题组提出对区域发展有重大影响的开发区进行国家层面的研析，尤其是对党的十八大以来中国开发区发展进行系统的梳理。希望通过课题组的研究努力，一方面对党的十八大以来中国开发区发展成效进行评析，另一方面探索中国开发区在构建新发展格局的新使命担当。

　　课题组对中国开发区的范围进行了研究层面上的界定，在国家发展改革委、科技部、自然资源部、住建部、商务部、海关总署印发《中国开发区审核公告目录（2018年版）》基础上，为了更好统筹研究国家层面的开发区，本次研究范围增加了国家自贸区、国家自创区、国家级新区、经济特区、"一带一路"沿线中国开发区，这样能更全面系统研究中国开发区。从行政地区角度，增加了对港澳台地区开发区的研究，尤其是香港和台湾地区的开发区已经经过几轮的转型升级，相互启发借鉴意义很大，这样也更能真实准确地反映中国开发区的发展状况，有利于发挥中国开发区在促进构建新发展格局关键作用。课题组团队包括来自华北、华南、西南、华中、华东等不同高校、不同智库和不同专业专家团队，他们是华南师范大学政治与公共管理学院陈景云老师等（负责第六章）、乐山师范学院经济管理学院秦劲松老师等（第五章）、内蒙古财经大学安锦老师等（第一章）、三峡大学经济学院盛三化老师等（第二章）、湖南省委党校公管教研部李礼老师等（第三章）、贵州经博智库杨秀伦老师等（第七章）、黄山学院经济研究所胡方老师等（第四章）、梁盛平、刘洪愧、叶振宇老师等（第九章）。大家克服疫情的影响，与国家社科重大专项课题研究有机融合，每周一研讨，效果还是很明显。在此，非常感谢所有参与的团队和人员辛勤努力，其中，华北地区杨壁宁（5.1万字）、刘晓佳（5.1万字）、郭琼（世界经博智库1.1万字）、杨周（贵州大学1.64万字）、夏俊波（贵州大学1.64万字）、赵娇（贵州大学1.36万字）、杨真（贵州师范大学0.7万字）、李萃（黄山学院2万字）、葛露姗（0.6万字）、韩怡（2.47万字）、游婷（3.9万字）等。感谢国家社科办张泰源和王保庆、国家发改委外资司孙宇、贺鹏举、商务部外资司开发区处张扬、江苏南京生物医药谷李金兵等领导的宝贵建议，感谢中国开发区协会会长师荣耀、特聘专家李国良、广州开发区政策研究室李耀尧、何力武等专家宝贵建议，感谢国研大数据研究院执行院长李蓉、副院长王永胜的大力支持。

党的十八大以来中国开发区发展成效显著，尤其是在自主创新示范、自由贸易试验、国家综合示范区等方面，探索出具有中国特色的开发区发展"先行先试"实践经验。面临世界百年未有之大变局深度演化与我国社会主义现代化建设新征程开局起步相互交融和外部环境内部条件复杂而深刻变化的新发展阶段，中国开发区将发挥中国规模市场优势，紧紧聚焦新经济新动能新模式，不断在挖掘中国未来经济发展潜力担当作为，大力推动构建新发展格局，积极推进实现中国开发区高质量发展。

2013年，笔者有幸作为第一批"创客"参与第八个国家级新区贵安新区规划建设，在"一张白纸"上创新探索实践，作为第一任总规划师历经7年持续深度参与贵安新区实践感受很深，为此完成了《绿色国家级新区》系列丛书，触摸了与时俱进的国家级新区发展脉动。之前，笔者还担任过苏州工业园区某规划院院长、中关村管委会规建处处长助理、北京市平谷区中国乐谷管委会副主任、南明区临空经济区副指挥长等职务，感觉自己就是开发区人。从个人工作角度来看，对开发区情感是浓厚期待的，现在到国务院发展研究中心系统工作后总觉得自己可以做些什么。2021年有幸作为首席专家主持国家社科基金重大项目（批准号"20VGQ005"），以此为契机，对中国经济发展的重要载体中国开发区进行一次全国层面的初步摸底和研究分析，内心感觉无比激动过瘾又忐忑不安。激动的是原来主要对贵安新区等国家级新区进行实践分析，现在可以对不同类型开发区进行全国层面系统梳理而迈进"开发区森林"里，对中国未来经济发展重要推动力进行研析，在新发展阶段，为中国开发区贯彻新发展理念、推动构建新发展格局、促进高质量发展、践行新历史使命，而奋力研究、奔呼着，而倍感自豪充实，也为自己半辈子寒窗求学有个注脚；忐忑的是由于第一次系统梳理分析，时间急促加上疫情期间线下调研和研讨的局限，数据仅为公开数据存在不很完整，研究深度不够，并且受自身认识所限，还存在很多问题。在此特说明下，因为资料均为公开资料，有些引用的资料把原作者作为主要人员列入，请原作者如有发现请及时联系出版社或编者。其他方面如有数据出入或文字不妥也请及时联系以校正。但愿这次研究作为对中国开发区系统探索的敲门砖，下一步通过更全面更深入调研，与相关部门对接夯实数据，结合国研大数据平台，为开发区完善数据，更系统更深入对中国开发区进行研究。在此，欢迎大家提出宝贵意见，为下一次研究进步做更多的新的准备。

最后，非常感谢40多个开发区管委会提供的典型经验借鉴与参考资料。一是华北东北西北地区。北京经开区：打造北京"两区"建设样板；河北雄安新区：新时代中国的诗与远方；天津北辰经开区：产城融合宜居宜业；河北秦皇岛经开区：产业链链长制解决企业施工问题；河北廊坊经开区：打造高品质优化营商环境；辽宁沈抚示范区：构建创新型产业体系；辽宁沈阳经开区：推动高水平对外合作经验；辽宁大连普湾经济区：数智建设应用经验；陕西西安曲江新区：践行文旅融合驱动城市高质量发展；宁夏银川经开区：构建智能制造服务体系；新疆库尔勒经开区：培育打造国家级纺织服装产业示范基地；新疆石河子经开区：深入推进"链长制"赋能高质量发展；山西太原经开区：打造国家加工贸易产业园。二是华中华东地区。上海漕河泾开发区：抓住优势、突出特色转型发展；龙南经开区"六管齐下"勇攀新高峰；江西井冈山经开区：践行绿色发展理念推动园区高质量发展；江西赣江新区：科技创新引领示范；江西上犹经开区：打造"绿色发展模式"示范区；湖北宜昌高新区：三区联动改革创新引领区域发展；湖南湘江新区：深化府际治理改革创新推进高质量发展；河南平顶山新华区：以深化改革激发新发展活力；河南郑州经开区：培育创建国家级孵化器；江苏昆山开发区：培育和打造国家级产业示范基地；江苏海安经济技术开发区：培育机器人产业；浙江杭州经开区：加快"未来工厂"打造智能制造星城；浙江宁波经开区：数字赋能制造业和现代服务业融合发展；浙江丽水经开区："双招双引"经验；浙江余杭经开区：增强"三项能力"推动"制造"向"智造"转型升级；山东青岛经开区：创新管理机制蹚出经济高质量发展新模式；福建宁德东侨经开区：以新发展理念推动高质量发展；江苏南京生物医药谷：构建以基因细胞产业为引领的生命健康产业集群。三是华南西南地区。海南自贸港：打造人才新高地；广东广州开发区：硬核举措助力行政审批提速增效；贵州贵安新区：践行"绿色化、高端化、集约化"建设城市新区；重庆经开区：推进产业升级引领开放发展；四川天府新区：建设践行新发展理念的公园城市先行区；西藏拉萨经开区：因地制宜打造民族特色开发区；云南曲靖开发区：绿能新赛道；广东大亚湾经开区：全力建设卓越型国家新型工业化产业示范基地；成都高新区：集聚优势资源，打造国际科技金融创新中心；成都经开区：强化建圈强链，推动汽车产业高质量发展。其中，辽宁沈抚示范区刘为东、河北秦皇岛经开区经发局李英薇、尚庆云、辽宁大连普湾经开区王剑峰、陕西西安曲江新区张宁、江西龙南经开区李森彪、江西上犹经开区罗晶、河南平顶山新华区龚宪君、浙江余杭经开区产业发展局王永忠、江苏南京生物医药谷李金兵、广东广州开发区王飞阳、云南曲靖开发区何谷峰等反复对稿，由于篇幅受限，详细内容在下一册出版，再次表示感谢。

梁盛平

2022 年 9 月

责任编辑：杨瑞勇

封面设计：姚　菲

图书在版编目（CIP）数据

中国开发区建设与发展／梁盛平，张召堂 主编 . —北京：人民出版社，
　2022.11

ISBN 978－7－01－025035－9

I. ①中… II. ①梁…②张… III. ①开发区建设－研究－中国 IV. ① F127.9

中国版本图书馆 CIP 数据核字（2022）第 161942 号

中国开发区建设与发展

ZHONGGUO KAIFAQU JIANSHE YU FAZHAN

梁盛平　张召堂　主编

人民出版社 出版发行

（100706　北京市东城区隆福寺街 99 号）

天津文林印务有限公司印刷　新华书店经销

2022 年 11 月第 1 版　2022 年 11 月北京第 1 次印刷
开本：710 毫米 ×1000 毫米 1/16　印张：29
字数：414 千字

ISBN 978－7－01－025035－9　定价：198.00 元

邮购地址 100706　北京市东城区隆福寺街 99 号
人民东方图书销售中心　电话（010）65250042　65289539